21世纪高校规划教材——机车车辆类

铁道机车车辆结构强度

米彩盈 编著
李 芾 主审

西南交通大学出版社
·成 都·

内 容 提 要

本书由绪论、有限元法基本理论和机车车辆承载结构分析三部分主要内容组成。

本书文字简明，便于自学，适合作为铁道机车车辆机械结构设计与分析专业本科高年级或研究生的教材，同时也是从事机械结构分析的工程技术人员的一本好的参考书。

图书在版编目（CIP）数据

铁道机车车辆结构强度 / 米彩盈编著. —成都：西南交通大学出版社，2007.8（2018.12 重印）
ISBN 978-7-81104-654-0

Ⅰ. 铁… Ⅱ. 米… Ⅲ. 机车－结构强度－研究 Ⅳ. U260.3

中国版本图书馆 CIP 数据核字（2007）第 125784 号

铁道机车车辆结构强度

米彩盈 编著

责 任 编 辑	李晓辉
封 面 设 计	跨克创意
出 版 发 行	西南交通大学出版社 （四川省成都市金牛区二环路北一段 111 号 西南交通大学创新大厦 21 楼）
发行部电话	028-87600564 87600533
邮 编	610031
网 址	http: //press.swjtu.edu.cn
印 刷	四川森林印务有限责任公司
成品尺寸	185 mm×260 mm
印 张	15.375
字 数	386 千字
版 次	2007 年 8 月第 1 版
印 次	2018 年 12 月第 2 次印刷
书 号	ISBN 978-7-81104-654-0
定 价	38.00 元

前 言

随着机车车辆运行速度和载重量的不断提高，轻量化承载结构的疲劳可靠性问题成为影响列车安全运行和旅客生命财产安全的首要问题。为了准确分析机车车辆承载结构在列车运行中的应力分布状态和其刚度特性，在现代机车车辆产品设计过程中，其承载结构的强度和刚度分析采用有限元法进行分析与验证。

目前，介绍有限元方法和有限元理论的参考书很多，然而其中的绝大多数是基于变分原理等的有限元法，其起点较高，对于只学过材料力学的学生和工程技术人员有一定的难度。本书在材料力学的基础上，通过杆系结构的直接解法引入有限元法的基本概念、原理和方法，继而在弹性力学基础之上进一步介绍连续弹性体的有限元法，最后基于有限元法对机车车辆承载结构强度分析进行系统介绍。本书是为车辆工程专业高年级学生和研究生编写的一本通俗易懂、内容深广适中的教材，也适合于工程技术人员自学使用。

本书由绪论、有限元法基础和铁道机车车辆承载结构设计与分析三部分内容组成。

第一部分是绪论，即第 1 章。介绍机车车辆承载结构强度分析的意义、现状及有限元法的产生和发展概况。

第二部分是有限元法基础，包括第 2 章～第 5 章。第 2 章由杆系结构引入有限元法的基本概念、分析步骤和求解方法。第 3 章介绍弹性力学基础知识和基本能量原理。第 4 章介绍弹性力学问题的有限元法，分别讨论平面问题和空间问题的有限元网格划分、单元形函数构建和解的收敛性。第 5 章详细介绍常用等参元、等参变换、节点等效载荷计算、高斯数值积分、应力处理和应力计算。

第三部分是铁道机车车辆承载结构设计与强度分析，包括第 6 章～第 9 章。第 6 章介绍单轴和多轴应力状态的判定方法、机车车辆承载结构强度评定准则及疲劳强度分析的工程方法和修正 Goodman 疲劳曲线的绘制方法及其应用范围。第 7 章介绍车轴与车轮的设计原理和强度分析方法。第 8 章介绍焊接结构的疲劳设计方法、转向架构架与车体结构强度分析方法和疲劳强度评定。第 9 章介绍弹簧悬挂系统设计原理、横向刚度计算、稳定性评定准则和应力计算。

在本书的编写过程中，李芾教授对本书的内容提供了大量有价值的建议，并认真审阅了本书的文稿；傅茂海研究员、卜继铃副研究员和黄运华副研究员对本书提出了宝贵建议；安琪等同志对本书的校对和插图绘制做了大量工作，在此对他们表示衷心的感谢。

由于作者水平有限，本书难免有一些不妥和需要进一步修改之处，恳请广大读者批评指正。

作　者

2007 年 6 月

目　录

第1章 绪 论

1.1 机车车辆结构强度分析的意义

我国自从20世纪实行改革开放政策以来，国民经济发展迅速，人民生活水平不断提高，人们的时间观念发生了巨大改变，提升运输能力与效率的愿望也逐渐强烈。由于我国幅员辽阔，人口众多，多年来铁路运输以其运量大、能耗低、安全便利和运价低廉赢得了社会的广泛青睐，铁道机车车辆也就成为交通运输的主要工具。但是，铁路运输技术的发展速度远远低于国民经济增长速度，致使铁路运输的运输能力成为限制国民经济发展的主要因素。为了缓解我国铁路运能的紧张情况，国家从20世纪90年代开始，对铁路运输进行了全面提速，相继在全国主要铁路干线开通了准高速列车和重载列车。从2005年开始，我国陆续引进了日本川崎公司、法国阿尔斯通公司、加拿大邦巴迪公司和德国西门子公司的运行速度为200 km/h和300 km/h高速列车的关键技术。

自1964年10月1日，世界上第一列最高运行速度为210 km/h的商业运营高速列车——日本东海道新干线诞生以来，欧洲的铁路技术发达国家相继研制出商业运营高速列车，如1965年前联邦德国研制出最高运行速度为200 km/h、Co－Co轴式E103电力机车和1990年开始投入商业运营的历代ICE高速列车等；法国1972年开始投入商业运营的历代TGV高速列车；英国、西班牙、意大利和瑞典等国也相继投入商业运营高速列车。我国从国家“七五”计划开始研制最高运行速度为160 km/h的准高速机车车辆，国家“八五”计划开始进行高速列车相关关键技术研究，国家“九五”计划对万向轴式动力转向架和雅可比客车转向架进行预研究，于2000年年初试制出第一台具有自主知识产权的“蓝箭”200 km/h高速动力车和高速客车，在国家“九五”计划期间开始修建“秦沈”高速客运专线和研制“中华之星”270 km/h商业运营高速列车。

随着列车运行速度和载重量不断提高，为了改善机车车辆动力学性能、提高旅客乘坐舒适性、降低铁路线路维修成本、减小列车运行阻力、降低承载结构的工作载荷和振动冲击能量，机车车辆承载结构相继采用轻量化技术设计。众所周知，在轴重一定的条件下，随着列车载重量和配备设备质量不断增加，承载结构自重和动态刚度即固有频率随之降低；随着列车运行速度不断提高，轮轨系统激扰频率显著加剧，轻量化承载结构的服役环境急剧恶化，其结构的疲劳可靠性问题将变得越来越突出。

在现有商业运营的世界各国高速列车中，1998年6月4日德国第一代ICE高速列车客车转向架弹性车轮的轮箍在Eschede铁路桥上发生疲劳断裂，给德国铁路运输业造成巨大损失，也在世界各国引起巨大震动。在我国，由于对准高速和高速机车车辆的研究起步较晚，与高速列车技术水平先进国家相比，我国对高速列车技术的认识和研究水平尚有一定的差距。在近年来投入运营的重载列车、准高速和高速列车中，时有影响列车安全运行的关键承载部件发生疲劳破坏，如 160 km/h 准高速内燃机车 DF11 的车轮、快运货车转 K4 转向架的弹簧托板和准高速客车 CW-2 转向架焊接构架的箱型侧梁等的疲劳破坏，给我国机车车辆制造产业及铁路运输带来巨大的经济损失。

随着国内外重载列车和提速、准高速和高速列车承载结构疲劳破坏事件的屡屡发生，加强铁道机车车辆承载结构动力学性能和疲劳强度可靠性的研究就显得越来越重要了。近年来，以重载列车和提速、准高速和高速列车承载结构的轻量化设计、疲劳强度可靠性和列车系统动力学的研究为主题的科技文献也比比皆是。

人类对机车的结构疲劳强度或寿命研究已经有一百多年的历史。早在 19 世纪初期产业革命以后，随着蒸汽机车和机动载运工具的发展以及机械设备的广泛使用，工程技术人员就开始对承载结构的疲劳问题进行研究。1829 年，德国采矿工程师阿尔倍特（W. J. Albert）做了铁链的重复载荷试验，提出第一份关于疲劳问题的研究报告。在 19 世纪 30 年代，铁路在欧洲各国迅速发展，铁道机车车辆车轴的轴肩经常发生疲劳破坏。到了 1850 年，德国铁路工程师韦勒（Wöhler）在由他本人发明的试验机上对车轴进行了大量重复交变应力下的疲劳试验，首次对车轴的疲劳问题进行了系统研究，他在 1870 发表的论文中，系统地阐述了疲劳寿命与应力的关系，首次提出了 S-N 曲线和疲劳极限的概念，并指出应力幅值比最大应力对材料疲劳寿命的影响要大得多，奠定了金属疲劳的基础。1870—1900 年，一些学者发展了韦勒的经典研究工作，如古德曼（J. Goodman）提出了一个有关平均应力的简化理论。20 世纪 40 年代，苏联学者谢联先推导出常规疲劳设计的计算公式，根据 S-N 曲线的水平段（疲劳极限）进行无限寿命设计；根据 S-N 曲线的斜线段进行有限寿命设计。为了解决变幅应力下的有限寿命设计问题，1954 年美国学者迈纳（M. A. Miner）在对疲劳累积损伤问题进行大量试验研究的基础上，将帕姆格伦（J. V. Palmgren）在 1924 年提出的线性累积损伤理论公式化，形成了至今仍被广泛使用的 Palmgren-Miner 疲劳线性累积损伤法则，简称 Miner 法则。这些疲劳强度或寿命分析的基本原理自今仍被机车车辆技术水平发达国家的工程技术人员采用，分析或预测承载结构的疲劳强度或寿命。

随着重载和准高速、高速列车逐渐投入运营，结构的疲劳强度问题更加显得重要了。世界各国在开展材料疲劳理论研究的基础上，广泛发展适合本国实际情况的结构疲劳强度分析的工程评定方法，开展动态多柔体轻量化结构优化设计方法和研究随机载荷作用下结构疲劳强度预测方法。在新产品开发阶段，对指导产品轻量化设计、优化承载结构动态性能、评定结构疲劳强度或疲劳寿命和预测机车车辆-轨道耦合系统动力学性能具有重要的理论和现实意义。

1.2 国内外机车车辆承载结构强度分析发展现状

从 20 世纪 80 年代开始，日本学者对高速列车轻量化承载结构疲劳强度和可靠性问题进行了广泛的理论、实验室试验和线路试验研究，提出承载结构疲劳设计的工程方法和延长其使用寿命的理论方法。在工程上，对于设计阶段的机车车辆承载结构，主要依据 JIS

标准规定的载荷工况及载荷组合，利用 Haigh 形式的 Goodman 曲线对整体结构进行静强度和疲劳强度分析；对焊接结构细节根据日本钢结构协会疲劳设计指南给出的疲劳设计曲线（即 S-N 曲线）进一步考核。同时进行概率设计或按疲劳损伤理论计算当量应力实施评估。

在欧洲，通过大量的机车车辆线路运行试验，国际铁路联盟（UIC）和欧洲标准（EN）试验中心专家委员会发布了大量机车车辆承载结构设计载荷、载荷工况组合和强度试验的研究报告（其研究报告的代号/缩写为 ORE 和 ERRI），制定出了相关的设计和试验标准，如：UIC510－3、UIC510－5、UIC515－3、UIC515－4、UIC615－1、UIC615－4、UIC566、EN13103、EN13104、EN12633 和 EN13749 等。在机车车辆承载结构设计阶段，在上述相关标准的基础上，各国结合自身实际情况对承载结构进行强度考核。

Bartosch 和 Exner 首先根据 UIC566、GM/RT 2100 和/或 EN12866 等标准制定了 Voith Turbo 公司液力传动机车动力包焊接承载框架结构设计的基本载荷工况；其次根据用户的特殊要求，即在静力学方面、特别是在动力学方面（由于列车运行线路、线路断面和各地区技术规范的不同），有各种特殊的载荷类型组合，补充标准载荷工况文件。在上述标准和要求确定的载荷循环下，利用载荷组合，可以给出相应的载荷工况数目在 12～20 种之间。在静态载荷工况下，结构的安全系数应达到材料屈服极限的 1.1 倍或 1.15 倍；在动态载荷工况下，焊接区域的安全系数应达到疲劳强度的 1.65 倍，非焊接区域应达到 1.5 倍，或分别代之以抗拉强度的 2.2 倍。在结构分析阶段，采用 3D 实体单元对该焊接结构进行网格划分。对由有限元方法获得的应力计算结果采用 Hobbacher 教授提出的ⅡW 方法，按坡口应力设计原理评定其疲劳强度。

Schabert 和 Moser 采用 3D 实体单元对焊接构架进行有限元网格划分，获得构架母材和焊缝区域的结构应力（包含结构应力集中系数的应力），借助于 Siemens SGP Graz 公司开发的应力转化程序，将焊缝区域的结构应力转化为名义应力，按照德国工业标准 DIN15018 给出的焊接接头设计和强度级别准则评定构架的疲劳强度。

Raison 根据 UIC515－3 和 ORE B136RP1 制定了货车车轮强度计算载荷工况，用轴对称实体单元对车轮进行网格划分，用 ANSYS 有限元软件分析货车车轮在轮轨作用力、制动载荷、制动热载荷和离心力作用下的应力分布，按照 UIC510－3 和 UIC515－4 给出的结构疲劳强度评定准则，在 SNCF（法国国营铁路）开发出按车轮最大拉应力评定车轮疲劳强度分析程序，指导车轮结构设计和疲劳强度评定。

我国在高速列车关键技术预研究阶段，由于结构强度设计和试验标准滞后于机车车辆技术发展，在承载结构设计阶段，主要根据服役环境和现有相关设计标准对设计产品进行静强度和疲劳强度分析。传统的设计方法以静强度理论为基础，根据实践经验将制造材料的屈服极限或强度极限与安全系数之比作为结构设计的许用应力，校核结构强度是否满足设计和线路运行要求。例如：中华人民共和国铁道部标准（以下简称“铁标”）TB/T 1335—1996《铁道车辆强度设计及试验鉴定规范》给出铁道车辆转向架主要承载部件（轮对除外）和车体结构强度的评定方法、铁标 TB/T 2368—1993《内燃、电力机车转向架构架静强度试验方法》给出根据静强度试验结果评定机车转向架构架疲劳强度的方法、TB/T 2395—1993《机车车轴设计与强度计算方法》和 TB/T 2705—1996《车辆车轴设计与强度计算方法》给出的车轴强度评定方法等。

TB/T 2368—1993 对构架疲劳强度的评定方法源于日本早期的构架设计和试验方法。在该标准中，对构架在运行过程中承受的横向载荷和扭曲载荷数值没有给出具体的确定方法，使用者很难确定准确的载荷数值；在以静强度试验结果评定构架疲劳强度的方法中，由垂向静载荷和横向载荷之半产生的应力人为地规定为构架应力循环的平均应力，既没有理论依据，也不符合实际情况。

在产品设计阶段，TB/T 1335 仅对车辆转向架承载结构的静强度进行考核，对客车和货车车体强度仅从第一和第二载荷工况及其组合载荷工况进行考核。该标准的制定主要依据源于 1982 年国际铁路联盟试验中心专家委员会提出的研究报告 ORE B12RP17。众所周知，在该报告中，纵向压缩载荷工况主要考虑列车编组、车辆通过机械化驼峰、产生的冲击载荷和列车紧急制动时由于车钩纵向间隙引起的纵向冲击载荷；纵向拉伸载荷主要考虑列车启动和加速阶段由于车钩纵向间隙或操纵不当引起的纵向冲击载荷。在 TB/T 1335 标准规定的计算载荷工况中，结构静强度评定的许用应力取值偏于保守。

1.3　本书的主要内容

本书的主要内容包括：有限元法基础和机车车辆承载结构设计与强度分析。

1.3.1　有限元法概述

有限元法在 20 世纪 50 年代起源于航空工程结构的矩阵分析方法。这一方法主要用来解决复杂杆系结构中力与位移的关系。为此，它先把整个杆系结构分解开来，对每一杆件，在桁架结构中，不计连接各个杆件的铰的摩擦力，则单个杆件是二力杆；在刚架结构中，则单个杆件是梁。上述结构可以利用材料力学或结构力学方法进行分析以得出其力学特性。然后再把这些杆件的内力特性借助于刚度矩阵方法综合起来，以得出整个结构的力学特性。这一方法在 20 世纪 50 年代后期开始被用来处理弹性力学中的连续体问题。1960 年，Clough 在进一步处理平面弹性问题时，并第一次提出了“有限单元法”（后来简称为“有限元法”）这个名称，使人们开始认识了有限单元法的功效。从此，有限元法在工程领域得到了广泛应用。

有限元法的基本思想是将具有无限个自由度的连续的求解区域离散为具有有限个自由度的、且按一定方式（节点）相互联结在一起的离散体（单元），即将连续体假想划分为数目有限的离散单元，而单元之间只在数目有限的指定点处相互联结，用离散单元的集合体代替原来的连续体。由于单元可以按不同的联结方式进行组合，且单元本身又具有不同的几何形状，因此可以对几何形状复杂的连续体模型简化并对其进行求解。对每个单元，由于其离散形状较为规则且具有的几何形状较小，因而可选择一个较简单的函数来近似地表示其位移的分布规律，并用弹性力学中的基本方程建立起单元上节点力与位移的关系。最后，将所有单元的这种力学特性借助于矩阵方法集合起来，就得到整个连续体上的力学特性的近似解。显然，随着单元数量的增加和单元几何形状的减小，解的近似程度将不断改进，如果单元满足收敛要求，近似解最后将收敛于精确解。一般情况下，有限元方程是一组以节点位移为未知量的线性方程组，解此方程组可得到连续体上有限个节点上的位移，进而可求得各单元上的应力分布规律。

1. 有限元法的主要优点

(1) 概念浅显，容易掌握，可以在不同水平上建立对该法的理解。
(2) 有很强的适用性，应用范围广。
(3) 该方法用矩阵形式表达，便于充分发挥计算机运算优势。
(4) 精度高，速度快，可以建立更符合实际结构的计算模型。

2. 有限元法按待求解未知参数的不同分类

(1) 位移法：以节点位移为基本未知数。
(2) 力法：以节点力为基本未知数。
(3) 混合法：以节点位移和节点力为基本未知数。

3. 有限元法的基本内容

(1) 结构的离散化，将连续体离散成为单元组合体的过程。

(2) 选择位移模式，即假定单元中位移分布是坐标的某种函数，位移模式一般选为多项式函数。

(3) 分析单元的力学特性，利用弹性力学的平衡方程、几何方程、物理方程和虚功原理建立单元刚度矩阵。

(4) 计算等效节点力，根据虚功相等原则，用等效节点力来替代所有作用于单元边界上或单元内部的荷载。

(5) 建立整体结构平衡方程，集合所有单元的刚度矩阵。

(6) 求解未知节点位移和计算单元应力。

随着现代力学、计算数学和计算机技术等学科的不断发展，有限元法已被广泛应用于固体力学、流体力学、热传导、电磁学、声学和生物力学等多个领域及各个领域之间的相互耦合问题，允许在同一个有限元模型上进行各式各样的耦合计算。例如：热—结构耦合、磁—结构耦合和电—磁—流体—热—结构耦合等。涌现出大量商业有限元分析软件，例如：ANSYS、MSC/NASTRAN、ABAQUS、ADINA和Super SAP等，其具有较强的前后处理功能，显著提高了有限元分析效率。

1.3.2 机车车辆承载结构强度分析

随着提速、准高速、高速和重载机车车辆在我国铁路交通运输领域的推广应用，现代机车车辆承载结构的设计越来越多地采用轻量化设计，传统的设计方法已不能满足现有铁路运输要求。为此在本书的第6章～第9章将会对机车车辆承载结构设计和强度分析进行系统地论述。

【习　题】

1-1　有限元法的基本思想是什么？

1-2　有限元法的主要优点是什么？

1-3　按求解未知数的不同，有限元法可分为几种方法？

1-4　有限元法包含的主要内容是什么？

第 2 章　杆系结构的有限元法——直接法

2.1　基本概念

有限元法源于航空工程结构的矩阵分析方法，这一方法主要用来解决复杂的杆系结构中力与位移的关系。它先把整个杆系结构分解开来，对每一杆件用材料力学或结构力学方法进行分析，得出其力学特性，然后再把这些杆件的内力特性借助于刚度矩阵方法综合起来，最终得到整个结构的力学特性，这是早期有限元法的直接求解方法。

2.1.1　结构离散化

结构离散化是用有限元法分析问题的基础。离散化是指将分析对象划分成有限个单元体，使相邻单元体之间在节点处连接，用这样的单元集合体来替代原有的结构。离散化主要包括确定单元类型。单元划分以及节点和单元编号三个过程。

2.1.2　单元划分原则

两个节点之间的杆件构成一个单元，节点可按以下原则选取。

(1) 杆件的交点一定要选为节点；

(2) 阶梯形杆截面变化处一定要取为节点；

(3) 支承点与自由端要取为节点；

(4) 集中荷载作用处最好取为节点；

(5) 欲求位移的点要取为节点；

(6) 单元长度最好基本相同。

2.1.3　节点和单元

在以节点位移为基本未知数的位移法中，节点自由度是指单元上每个节点的位移（线位移和角位移）。

杆系结构的单元类型分为杆单元和梁单元，二者均为线单元。杆单元的节点仅传递力而不传递力矩，其节点位移只有沿坐标系各个轴向的线位移；梁单元的节点不仅传递力，而且还传递力矩，其节点位移有沿坐标系各个轴向的线位移和绕坐标系各轴旋转的角位移。

节点和单元编号是对离散模型的每一个节点和单元都给予的一个确定号码，节点顺序对计算结果无影响，但对求解计算时间有较大的影响。

1. 节点编号原则

编号不能重复且不能遗漏，相邻节点编号号码差尽量小，如图 2.1 所示。

2. 单元编号原则

编号不能重复且不能遗漏，同类单元尽可能编号相近。

目前，随着商业有限元应用软件的发展，节点和单元编号基本由有限元分析程序的前处理部分自动完成。

边界条件是在计算模型部分节点上的约束和荷载的总称。约束是对结构位移的限制，即结构的支撑条件，在指定节点处给定刚性位移和强迫位移等；荷载即为结构所受外力等效转化到节点上的力。

整体坐标系是指标出计算模型空间位置关系的坐标系，常用的整体坐标系有笛卡尔坐标系、柱坐标系和球坐标系。

节点坐标是表示节点在整体坐标系下的空间位置。

单元节点信息是指每个单元所包含的节点数量。例如在图 2.1（a）中，单元①包含节点 1 与 2，单元②包含节点 1 与 3，依次类推。在图 2.1 中，单元节点编号有两种方法：图 2.1（a）中的最大节点号差为 2，图 2.1（b）中的最大节点号差为 4，显然前者的节点编号较好。

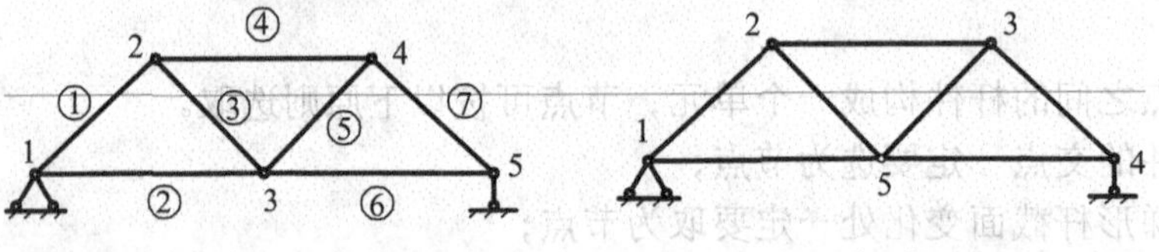

图 2.1　单元和节点编号方法

单元局部坐标系：选取一个节点为坐标轴原点 $\bar{o}$（例如节点 i），通常以出现在单元信息中的第一个节点号作为 i 点，第二个节点号为 j 点。规定单元局部坐标系的 $\bar{x}$ 轴由节点 i 指向节点 j，并按由 $\bar{x}$ 轴到 $\bar{y}$ 轴逆时针转 90°确定局部坐标系的 $\bar{y}$ 轴。（实际上是按右手定则确定坐标系的 $\bar{y}$ 轴和 $\bar{z}$ 轴，则 $\bar{z}$ 轴由纸面向外。）

单元材料特性是指每个单元的材料特性参数。对于线性弹性结构有限元分析，单元材料特性参数主要包括弹性模量 E、泊松比 μ 和密度 ρ。如果一个结构模型由多种不同类型的材料组成，可以事先规定相应的材料类型，然后在相应的单元信息中指出该单元属于哪种材料类型。

杆单元的截面参数包含截面面积和截面形心位置。

梁单元的截面形状参数包含截面面积、截面形心位置、剪切中心位置、截面剪切面积

（考虑剪切对变形的影响时输入）、抗弯惯性矩和极惯性矩等。

2.2　平面桁架

图 2.2 所示为一的平面桁架。在桁架结构中，每个杆件与其他杆件在杆件的两端铰接，只承受轴向力。因此，桁架用杆单元进行离散化，即划分单元、确定节点坐标、并对节点和单元编号。

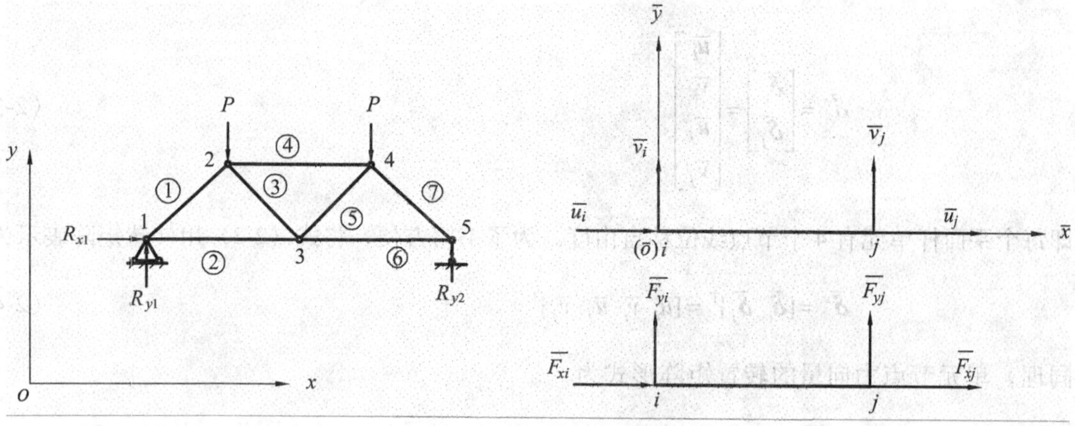

图 2.2　平面桁架有限元模型

对平面桁架用平面杆单元进行离散时，可按其自然组成将每个杆件当做一个单元，因其节点是铰结点，每个节点有两个方向的线位移，即每个节点有两个自由度。在整体坐标系 $oxyz$ 下，沿 x 轴方向的位移用 u 表示，沿 y 轴方向的位移用 v 表示。则节点 i 沿 x 轴方向的位移用 u_i 表示，沿 y 轴方向的位移用 v_i 表示。如图 2.2 所示的桁架共由 7 个平面杆单元组成，编号为①，②，③，④，⑤，⑥和⑦。同时将各杆件的铰接点作单元的节点，共有 5 个节点，编号为 1，2，3，4，5。

2.2.1　局部坐标系下的单元刚度矩阵

1. 单元局部坐标系下的节点位移和节点力

在局部坐标系 $\overline{oxy}$ 下，平面杆单元节点位移如图 2.2 所示。节点位移 $\bar{u}$ 和 $\bar{v}$ 分别表示沿 $\bar{x}$ 轴和 $\bar{y}$ 轴方向的位移，节点位移规定以沿局部坐标系的坐标轴方向为正，反之为负。节点 i 在局部坐标系下的位移分量分别为 $\bar{u}_i$ 和 $\bar{v}_i$，节点 j 在局部坐标系下的位移分量分别为 $\bar{u}_j$ 和 $\bar{v}_j$，其向量形式分别为

$$\bar{\boldsymbol{\delta}}_i=\begin{bmatrix}\bar{u}_i\\ \bar{v}_i\end{bmatrix},\quad \bar{\boldsymbol{\delta}}_j=\begin{bmatrix}\bar{u}_j\\ \bar{v}_j\end{bmatrix} \tag{2-1}$$

式中，$\bar{\delta}_i$ 和 $\bar{\delta}_j$ 分别表示节点 i 和 j 在局部坐标系下的位移向量。

在单元局部坐标系下，由单元节点位移引起的单元节点力沿 $\bar{x}$ 轴和 $\bar{y}$ 轴方向分别为 $\bar{F}_x$ 和 $\bar{F}_y$，其方向的规定与相应节点位移方向一致。

在单元 e 中，节点 i 和 j 在单元局部坐标系下的节点力向量分别表示为

$$\bar{\boldsymbol{F}}_i^e=\begin{bmatrix}\bar{F}_{xi}\\ \bar{F}_{yi}\end{bmatrix},\quad \bar{\boldsymbol{F}}_j^e=\begin{bmatrix}\bar{F}_{xj}\\ \bar{F}_{yj}\end{bmatrix} \tag{2-2}$$

对于单元 e，将节点 i 和 j 的位移向量合写在一起，构成单元节点位移向量，表示为

$$\bar{\boldsymbol{\delta}}^e=\begin{bmatrix}\bar{\boldsymbol{\delta}}_i\\ \bar{\boldsymbol{\delta}}_j\end{bmatrix}=\begin{bmatrix}\bar{u}_i\\ \bar{v}_i\\ \bar{u}_j\\ \bar{v}_j\end{bmatrix} \tag{2-3}$$

即每个平面杆单元有 4 个节点线位移自由度。为了书写方便，将式（2-3）用转置矩阵表示为

$$\bar{\boldsymbol{\delta}}^e=[\bar{\boldsymbol{\delta}}_i\ \ \bar{\boldsymbol{\delta}}_j]^{\mathrm{T}}=[\bar{u}_i\ \ \bar{v}_i\ \ \bar{u}_j\ \ \bar{v}_j]^{\mathrm{T}} \tag{2-4}$$

同理，单元节点力向量的转置矩阵形式为

$$\bar{\boldsymbol{F}}^e=[\bar{\boldsymbol{F}}_i^e\ \ \bar{\boldsymbol{F}}_j^e]^{\mathrm{T}}=[\bar{F}_{xi}\ \ \bar{F}_{yi}\ \ \bar{F}_{xj}\ \ \bar{F}_{yj}]^{\mathrm{T}} \tag{2-5}$$

2. 单元节点位移与节点力的关系

从桁架中任意取出一个杆单元（即一根杆）为研究对象，如图 2.3 所示。计算两端铰接的杆单元在节点位移作用下的单元节点力，单元在轴向拉压荷载下的受力如图 2.3 所示。

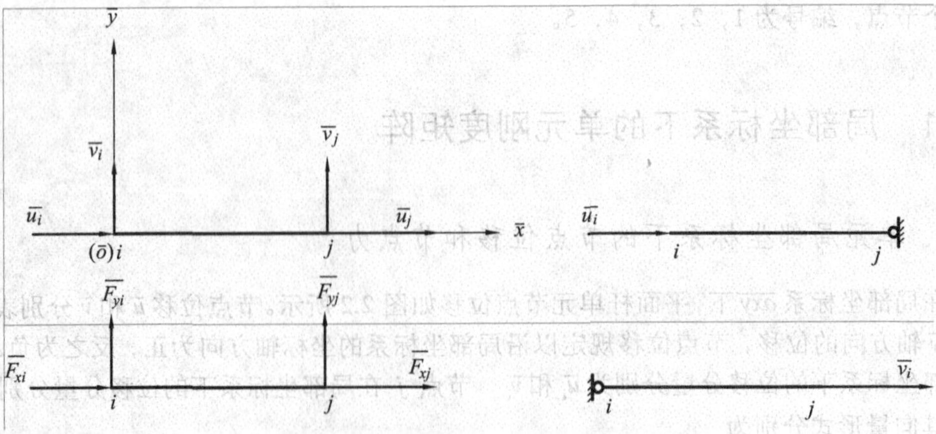

图 2.3　平面杆单元受力分析

假设节点 j 铰接固定，在单元节点位移 $\bar{u}_i$ 和 $\bar{u}_j=0$ 的作用下，根据材料力学中学过的虎

克定律，在线弹性范围内，轴向力 $\bar{F}_{xi}^i$ 与变形满足关系式

$$\frac{\bar{F}_{xi}^i}{EA}l=\bar{u}_i \tag{2-6}$$

式中，E 为材料的弹性模量；A 为杆的横截面面积；l 为杆单元长度。

由式（2-6）求得

$$\bar{F}_{xi}^i=\frac{EA}{l}\bar{u}_i \tag{2-7}$$

根据单元的力平衡关系得出节点 j 端的轴向力 $\bar{F}_{xj}^i$ 为

$$\bar{F}_{xj}^i=-\bar{F}_{xi}^i=-\frac{EA}{l}\bar{u}_i \tag{2-8}$$

同理，假设节点 i 铰接固定，在单元节点位移 $\bar{u}_i=0$ 和 $\bar{u}_j$ 的作用下，节点 i 和 j 的轴向力分别为

$$\left.\begin{aligned}\bar{F}_{xj}^j&=\frac{EA}{l}\bar{u}_j\\ \bar{F}_{xi}^j&=-\bar{F}_{xj}^j=-\frac{EA}{l}\bar{u}_j\end{aligned}\right\} \tag{2-9}$$

由于节点 i 和 j 为单元的铰接点，单元节点位移 $\bar{v}_i$ 和 $\bar{v}_j$ 对单元节点力无影响。根据线性叠加原理，单元在节点 i 和 j 的位移联合作用下，其节点位移与节点力满足关系式

$$\left.\begin{aligned}\bar{F}_{xi}&=\bar{F}_{xi}^i+\bar{F}_{xi}^j=\frac{EA}{l}\bar{u}_i-\frac{EA}{l}\bar{u}_j\\ \bar{F}_{xj}&=\bar{F}_{xj}^i+\bar{F}_{xj}^j=-\frac{EA}{l}\bar{u}_i+\frac{EA}{l}\bar{u}_j\end{aligned}\right\} \tag{2-10}$$

此外，由于轴向位移仅产生轴向力，而不产生横向力 $\bar{F}_y$。因此，上述单元节点位移与节点力的关系用矩阵的形式表示为

$$\begin{bmatrix}\bar{F}_{xi}\\ \bar{F}_{yi}\\ \bar{F}_{xj}\\ \bar{F}_{yj}\end{bmatrix}=\begin{bmatrix}\frac{EA}{l} & 0 & -\frac{EA}{l} & 0\\ 0 & 0 & 0 & 0\\ -\frac{EA}{l} & 0 & \frac{EA}{l} & 0\\ 0 & 0 & 0 & 0\end{bmatrix}\begin{bmatrix}\bar{u}_i\\ \bar{v}_i\\ \bar{u}_j\\ \bar{v}_j\end{bmatrix} \tag{2-11}$$

式（2-11）可缩写为

$$\bar{\boldsymbol{F}}^e=\bar{\boldsymbol{K}}^e\bar{\boldsymbol{\delta}}^e \tag{2-12}$$

式中，

$$\bar{\boldsymbol{K}}^e=\begin{bmatrix}\bar{k}_{11} & \bar{k}_{12} & \bar{k}_{13} & \bar{k}_{14}\\ \bar{k}_{21} & \bar{k}_{22} & \bar{k}_{23} & \bar{k}_{24}\\ \bar{k}_{31} & \bar{k}_{32} & \bar{k}_{33} & \bar{k}_{34}\\ \bar{k}_{41} & \bar{k}_{42} & \bar{k}_{43} & \bar{k}_{44}\end{bmatrix}=\begin{bmatrix}\frac{EA}{l} & 0 & -\frac{EA}{l} & 0\\ 0 & 0 & 0 & 0\\ -\frac{EA}{l} & 0 & \frac{EA}{l} & 0\\ 0 & 0 & 0 & 0\end{bmatrix}=\frac{EA}{l}\begin{bmatrix}1 & 0 & -1 & 0\\ 0 & 0 & 0 & 0\\ -1 & 0 & 1 & 0\\ 0 & 0 & 0 & 0\end{bmatrix} \tag{2-13}$$

$\bar{K}^e$为杆单元在局部坐标系下的单元刚度矩阵。

每个单元有两个节点，每个节点有两个线位移自由度，因此，在单元局部坐标系下，平面杆单元的刚度矩阵为4×4阶矩阵。

3. 单元刚度矩阵 $\bar{K}^e$ 的性质

（1）$\bar{K}^e$是单元e上由节点位移向量$\bar{\delta}^e$求节点力向量$\bar{F}^e$的转换矩阵。

（2）刚度矩阵中各元素的力学意义为：$\bar{K}^e$中的元素均是单位节点位移所引起的节点力的数值，所以称它们为刚度系数。刚度矩阵中每行或每列元素的力学意义是：同一行的4个元素是4个节点位移对同一个节点力的影响系数(或称贡献系数)；同一列的4个元素是同一个节点位移对4个节点力的影响系数。

（3）对称性：根据力学中力的互等定理和单元刚度系数的力学意义，有$\bar{K}_{ij}=\bar{K}_{ji}$，由此可知单元刚度矩阵$\bar{K}^e$为对称矩阵。

（4）奇异性：单元刚度矩阵是奇异矩阵，即单元刚度矩阵对应行列式值等于零，即$|\bar{K}^e|=0$。若把式（2-13）表示的单元刚度矩阵的第3行加到第1行上去，能使第1行的元素全部为零，因此，单元刚度矩阵对应的行列式值等于零。单元刚度矩阵的奇异性反映了矩阵中还没有考虑到单元两端与整个结构的联系，所以可以产生任意的刚体位移。

（5）分块性：在式（2-4）中，单元节点位移向量是由两个子向量组成的，每一子向量包含一个节点上的两个位移分量；在式（2-5）中，单元节点力向量也是由两个子向量组成的，每一个子向量包含一个节点上的两个力分量；同样，在式（2-11）中，对单元刚度矩阵$\bar{K}^e$的行与列按同样的原则划分，这样就得到单元刚度矩阵$\bar{K}^e$的分块形式。若将其中每一子块记作$\bar{K}_{ij}^e$，则式（2-13）可写为

$$\bar{K}^e=\begin{bmatrix}\bar{K}_{ii}^e & \bar{K}_{ij}^e\\ \bar{K}_{ji}^e & \bar{K}_{jj}^e\end{bmatrix} \tag{2-14}$$

式（2-12）若按单元节点向量的形式可写为

$$\begin{bmatrix}\bar{F}_i^e\\ \bar{F}_j^e\end{bmatrix}=\begin{bmatrix}\bar{K}_{ii}^e & \bar{K}_{ij}^e\\ \bar{K}_{ji}^e & \bar{K}_{jj}^e\end{bmatrix}\begin{bmatrix}\bar{\delta}_i\\ \bar{\delta}_j\end{bmatrix} \tag{2-15}$$

由上式可以得出单元节点力向量为

$$\left.\begin{aligned}\bar{F}_i^e=\bar{K}_{ii}^e\bar{\delta}_i+\bar{K}_{ij}^e\bar{\delta}_j\\ \bar{F}_j^e=\bar{K}_{ji}^e\bar{\delta}_i+\bar{K}_{jj}^e\bar{\delta}_j\end{aligned}\right\} \tag{2-16}$$

在式（2-13）中，每个单元刚度矩阵可划分为4个子刚度矩阵，由于每个单元有2个节点，所以每个子刚度矩阵为2×2阶矩阵。主对角线上的子块反映了单元上同一节点处的力与位移的关系，如$\bar{K}_{ii}^e$反映了单元e上节点i的力与该点上的位移之间的关系，而非对角线上的子块反映的是单元e上不同节点上的力与位移的关系，如$\bar{K}_{ij}^e$反映了单元e上节点i上的力与j节点上的位移之间的关系。

上述性质虽然是针对平面桁架杆单元来讨论的，但仍具有普遍性。尽管其他各种单元的自由度数可能不同，刚度系数也可能不同，但其刚度矩阵仍具有以上性质。

2.2.2　整体坐标系下的单元刚度矩阵

在 2.2.1 节中，对局部坐标系下单元的特性进行了研究。可以看出，在局部坐标系下，单元刚度矩阵的形式是完全相同的，分析也十分方便。但是，由于各个单元的空间位置各不相同，在模型的整体坐标系下，单元的局部坐标系的空间位置也各不相同。因此，为了能将单元集合起来进行整体分析，用局部坐标系分析就不那么方便了。为此需要建立一个整体坐标系，它要求不随着单元位置的变化而变化，应是整个结构模型的公共的、统一的坐标系。

在进行整体分析之前，需对整体坐标系和局部坐标系进行坐标变换，把在 2.2.1 节中得到的局部坐标系下的单元刚度矩阵 $\bar{\boldsymbol{K}}^e$ 转换成整体坐标系下的单元刚度矩阵 $\boldsymbol{K}^e$。

1. 坐标变换

在整体坐标系下，同样可以将单元节点位移和节点力用向量的形式表示为

$$\boldsymbol{\delta}_i=\begin{bmatrix}u_i\\v_i\end{bmatrix},\qquad \boldsymbol{\delta}_j=\begin{bmatrix}u_j\\v_j\end{bmatrix}$$

$$\boldsymbol{F}_i^e=\begin{bmatrix}F_{xi}\\F_{yi}\end{bmatrix},\qquad \boldsymbol{F}_j^e=\begin{bmatrix}F_{xj}\\F_{yj}\end{bmatrix}\tag{2-17}$$

式中，δ_i 和 δ_j 分别表示节点 i 和 j 在整体坐标系下的位移向量；$\boldsymbol{F}_i^e$ 和 $\boldsymbol{F}_j^e$ 分别表示节点 i 和 j 在整体坐标系下的力向量。

在整体坐标系下，单元节点位移和节点力向量的转置矩阵形式分别为

$$\boldsymbol{\delta}^e=[\boldsymbol{\delta}_i\quad \boldsymbol{\delta}_j]^{\mathrm{T}}=[u_i\quad v_i\quad u_j\quad v_j]^{\mathrm{T}},$$

$$\boldsymbol{F}^e=[\boldsymbol{F}_i^e\ \ \boldsymbol{F}_j^e]^{\mathrm{T}}=[F_{xi}\ \ F_{yi}\ \ F_{xj}\ \ F_{yj}]^{\mathrm{T}}\tag{2-18}$$

在平面桁架问题中，整体坐标系与单元局部坐标系的空间位置关系如图 2.4 所示，整体坐标系 x 轴与局部坐标系 $\bar{x}$ 轴之间的夹角 α，规定夹角 α 由 x 轴向 $\bar{x}$ 轴逆时针旋转为正。局部坐标系和整体坐标系下的节点位移之间的关系为

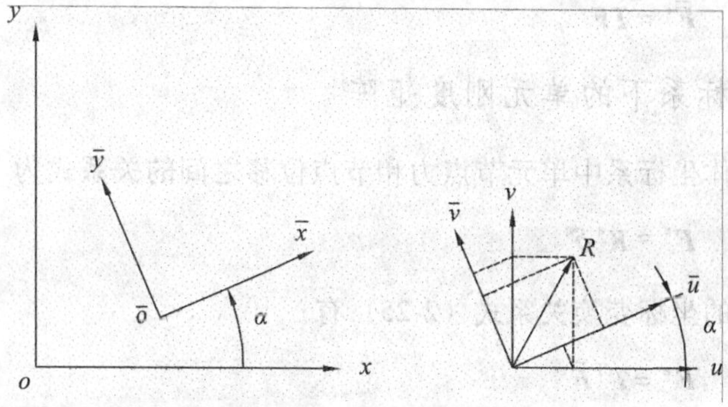

图 2.4　局部坐标系与整体坐标系及其变换

$$\left.\begin{aligned}\bar{u}&=u\cos\alpha+v\sin\alpha\\ \bar{v}&=-u\sin\alpha+v\cos\alpha\end{aligned}\right\} \tag{2-19}$$

上式用矩阵的形式表示为

$$\begin{bmatrix}\bar{u}\\ \bar{v}\end{bmatrix}=\begin{bmatrix}\cos\alpha & \sin\alpha\\ -\sin\alpha & \cos\alpha\end{bmatrix}\begin{bmatrix}u\\ v\end{bmatrix} \tag{2-20}$$

令

$$\boldsymbol{\lambda}=\begin{bmatrix}\cos\alpha & \sin\alpha\\ -\sin\alpha & \cos\alpha\end{bmatrix}$$

则λ称为节点坐标转换矩阵，为 2×2 阶矩阵。此时式（2-20）为

$$\begin{bmatrix}\bar{u}\\ \bar{v}\end{bmatrix}=\boldsymbol{\lambda}\begin{bmatrix}u\\ v\end{bmatrix} \tag{2-21}$$

单元节点位移的坐标变换公式为

$$\begin{bmatrix}\bar{u}_i\\ \bar{v}_i\\ \bar{u}_j\\ \bar{v}_j\end{bmatrix}=\begin{bmatrix}\boldsymbol{\lambda} & 0\\ 0 & \boldsymbol{\lambda}\end{bmatrix}\begin{bmatrix}u_i\\ v_i\\ u_j\\ v_j\end{bmatrix} \tag{2-22}$$

式（2-22）可简化为

$$\bar{\boldsymbol{\delta}}^e=\boldsymbol{T}\boldsymbol{\delta}^e \tag{2-23}$$

式中，$\boldsymbol{T}$ 称为单元坐标转换矩阵，为 4×4 阶矩阵，且

$$\boldsymbol{T}=\begin{bmatrix}\boldsymbol{\lambda} & \boldsymbol{O}\\ \boldsymbol{O} & \boldsymbol{\lambda}\end{bmatrix}=\begin{bmatrix}\cos\alpha & \sin\alpha & & \\ -\sin\alpha & \cos\alpha & \multicolumn{2}{c}{\boldsymbol{O}}\\ \multicolumn{2}{c}{\boldsymbol{O}} & \cos\alpha & \sin\alpha\\ & & -\sin\alpha & \cos\alpha\end{bmatrix} \tag{2-24}$$

对单元节点力，同样有类似的转换关系：

$$\bar{\boldsymbol{F}}^e=\boldsymbol{T}\boldsymbol{F}^e \tag{2-25}$$

2. 整体坐标系下的单元刚度矩阵

若假设在整体坐标系中单元节点力和节点位移之间的关系式为

$$\boldsymbol{F}^e=\boldsymbol{K}^e\boldsymbol{\delta}^e \tag{2-26}$$

则由单元节点力的坐标变换关系式（2-25）有

$$\boldsymbol{F}^e=\boldsymbol{T}^{\mathrm{T}}\bar{\boldsymbol{F}}^e \tag{2-27}$$

因为 $\boldsymbol{T}$ 为正交变换矩阵，所以 $\boldsymbol{T}^{-1}=\boldsymbol{T}^{\mathrm{T}}$(正交变换矩阵的判定方法是：同一行或同一列

各元素的平方和等于 1，不同行或不同列对应元素乘积之和等于 0)。

将式（2-12）代入式（2-27）有

$$\boldsymbol{F}^e=\boldsymbol{T}^{\mathrm{T}}\bar{\boldsymbol{F}}^e=\boldsymbol{T}^{\mathrm{T}}\bar{\boldsymbol{K}}^e\bar{\boldsymbol{\delta}}^e \tag{2-28}$$

再将式（2-23）代入式（2-28）有

$$\boldsymbol{F}^e=\boldsymbol{T}^{\mathrm{T}}\bar{\boldsymbol{K}}^e\boldsymbol{T}\boldsymbol{\delta}^e \tag{2-29}$$

比较式（2-26）和式（2-29），则有

$$\boldsymbol{K}^e=\boldsymbol{T}^{\mathrm{T}}\bar{\boldsymbol{K}}^e\boldsymbol{T} \tag{2-30}$$

式（2-30）即为整体坐标系下的单元刚度矩阵 $\boldsymbol{K}^e$ 与局部坐标系下的单元刚度矩阵 $\bar{\boldsymbol{K}}^e$ 之间的关系式，即由式（2-29）建立了单元在整体坐标系下的节点力与节点位移之间的关系式。

整体坐标系下的单元刚度矩阵 $\boldsymbol{K}^e$ 写为子刚度矩阵的形式为

$$\boldsymbol{K}^e=\begin{bmatrix}\boldsymbol{K}_{ii}^e & \boldsymbol{K}_{ij}^e\\ \boldsymbol{K}_{ji}^e & \boldsymbol{K}_{jj}^e\end{bmatrix}=\begin{bmatrix}\boldsymbol{\lambda}^{\mathrm{T}} & \boldsymbol{O}\\ \boldsymbol{O} & \boldsymbol{\lambda}^{\mathrm{T}}\end{bmatrix}\begin{bmatrix}\bar{\boldsymbol{K}}_{ii}^e & \bar{\boldsymbol{K}}_{ij}^e\\ \bar{\boldsymbol{K}}_{ji}^e & \bar{\boldsymbol{K}}_{jj}^e\end{bmatrix}\begin{bmatrix}\boldsymbol{\lambda} & \boldsymbol{O}\\ \boldsymbol{O} & \boldsymbol{\lambda}\end{bmatrix}=\begin{bmatrix}\boldsymbol{\lambda}^{\mathrm{T}}\bar{\boldsymbol{K}}_{ii}^e\boldsymbol{\lambda} & \boldsymbol{\lambda}^{\mathrm{T}}\bar{\boldsymbol{K}}_{ij}^e\boldsymbol{\lambda}\\ \boldsymbol{\lambda}^{\mathrm{T}}\bar{\boldsymbol{K}}_{ij}^e\boldsymbol{\lambda} & \boldsymbol{\lambda}^{\mathrm{T}}\bar{\boldsymbol{K}}_{jj}^e\boldsymbol{\lambda}\end{bmatrix}$$

即有

$$\boldsymbol{K}_{ij}^e=\boldsymbol{\lambda}^{\mathrm{T}}\bar{\boldsymbol{K}}_{ij}^e\boldsymbol{\lambda} \tag{2-31}$$

在式（2-30）中，若按单元节点向量的形式可写为

$$\begin{bmatrix}\boldsymbol{F}_i^e\\ \boldsymbol{F}_j^e\end{bmatrix}=\begin{bmatrix}\boldsymbol{K}_{ii}^e & \boldsymbol{K}_{ij}^e\\ \boldsymbol{K}_{ji}^e & \boldsymbol{K}_{jj}^e\end{bmatrix}\begin{bmatrix}\boldsymbol{\delta}_i\\ \boldsymbol{\delta}_j\end{bmatrix} \tag{2-32}$$

由式（2-32）可以得出整体坐标系下的单元节点力向量为

$$\left.\begin{aligned}\boldsymbol{F}_i^e&=\boldsymbol{K}_{ii}^e\boldsymbol{\delta}_i+\boldsymbol{K}_{ij}^e\boldsymbol{\delta}_j\\ \boldsymbol{F}_j^e&=\boldsymbol{K}_{ji}^e\boldsymbol{\delta}_i+\boldsymbol{K}_{jj}^e\boldsymbol{\delta}_j\end{aligned}\right\} \tag{2-33}$$

整体坐标系下的单元刚度矩阵 $\boldsymbol{K}^e$ 仍为 4×4 阶矩阵，且具有局部坐标系下单元刚度矩阵的所有特性。

2.2.3　整体分析

求得单元在整体坐标系下的刚度矩阵 $\boldsymbol{K}^e$ 后，单元刚度矩阵分析结束，进入结构整体分析。在整体分析中，需采用整体坐标系，如图 2.2 所示的整体坐标系 *oxyz*。要把离散模型的所有单元重新集合起来，需以单元节点为研究对象，建立单元节点力与作用于节点的外荷载和结构支撑处的支座反力的力平衡方程，导出以节点位移为未知数的线性方程组——有限元方程。

1. 等效节点荷载计算

对于作用在节点上的荷载，可以直接与单元节点力建立平衡方程。但对于非节点荷载，必须进行等效处理转化，使之成为等效节点荷载，在组建有限元方程时按节点外荷载的方式进行处理。

将非节点荷载转换到节点上，转化为等效节点荷载，应按静力等效原则来进行。由此转化而引起的内力和应力差异，只是局部的，不会影响整个结构上的应力分布。在桁架结构中，将其中某一杆件上的非节点荷载转化为等效节点荷载，只影响该杆件上的应力分布，而对其他杆件的应力不产生影响。

对于杆系结构，等效节点荷载的确定方法有：将作用于单元上的非节点荷载既可以根据单元的连接方式用力法计算等效节点荷载；也可以用虚功等效原理（原荷载和等效节点荷载在任何虚位移上所做的虚功都相等）或用变分原理求得等效节点荷载。

在桁架结构中，铰节点即为单元的节点，由于铰节点仅传递力，因此，以下根据单元连接方式用力法计算等效节点荷载。

对于图 2.5（a）所示承受集中荷载的杆单元，设单元长度为 l，集中力 P 距节点 i 的距离为 a，距节点 j 的距离为 b。由于单元两端为铰接，则两节点的等效节点荷载分别为

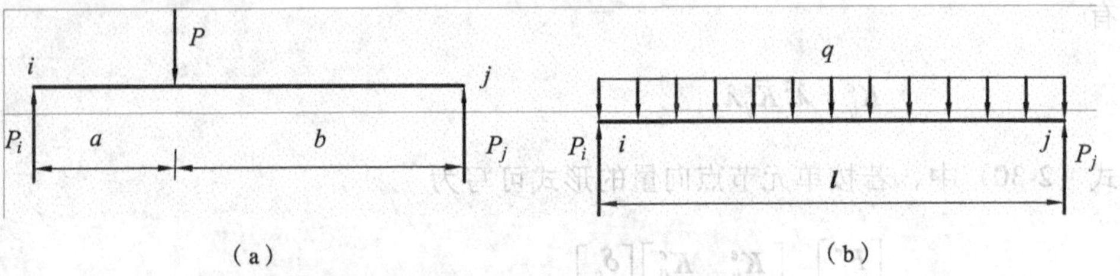

图 2.5　集中力和均布载荷的等效节点载荷

$$\left.\begin{aligned} P_i^e &= \frac{b}{l}P \\ P_j^e &= \frac{a}{l}P \end{aligned}\right\} \tag{2-34}$$

对于图 2.5（b）所示承受均布线荷载的杆单元，如其上作用有均匀分布荷载 q，则相应的等效节点荷载为

$$P_i^e = P_j^e = \frac{ql}{2} \tag{2-35}$$

等效节点荷载的方向与原荷载方向一致。如原荷载沿着其一坐标轴方向，那么等效节点荷载也沿该坐标方向；如果原荷载与坐标轴斜交，那么，该荷载将按坐标轴方向进行分解，求得相应坐标轴方向上的等效节点荷载。

2. 求整体刚度矩阵

图 2.2 所示的桁架结构由 7 个平面杆单元和 5 个节点组成，每个节点有 2 个自由度，整个有限元模型共有 10 个自由度，即模型的节点位移分量共有 10 个，用节点位移向量的形式表示为

$$\boldsymbol{\delta}=[\boldsymbol{\delta}_1\ \boldsymbol{\delta}_2\ \boldsymbol{\delta}_3\ \boldsymbol{\delta}_4\ \boldsymbol{\delta}_5]^{\mathrm{T}}=[u_1\ v_1\ u_2\ v_2\ u_3\ v_3\ u_4\ v_4\ u_5\ v_5]^{\mathrm{T}}$$

相应地每个节点有 2 个方向的节点荷载分量，包括作用于节点的荷载和支座反力。因此，模型的节点的荷载分量也有 10 个，用力向量的形式表示为

$$\begin{aligned}\boldsymbol{P}&=[\boldsymbol{P}_1\ \boldsymbol{P}_2\ \boldsymbol{P}_3\ \boldsymbol{P}_4\ \boldsymbol{P}_5]^{\mathrm{T}}\\&=[P_{x_1}\ P_{y_1}\ P_{x_2}\ P_{y_2}\ P_{x_3}\ P_{y_3}\ P_{x_4}\ P_{y_4}\ P_{x_5}\ P_{y_5}]^{\mathrm{T}}\\&=[R_{x_1}\ R_{y_1}\ 0\ -P\ 0\ 0\ 0\ -P\ 0\ R_{y_2}]^{\mathrm{T}}\end{aligned}$$

根据整体坐标系下单元刚度矩阵的分块性，可将单元①、②、③、④、⑤、⑥和⑦的节点力与节点位移写成如下子刚度矩阵的形式：

对于单元 ①

$$\begin{bmatrix}\boldsymbol{F}_1^1\\\boldsymbol{F}_2^1\end{bmatrix}=\begin{bmatrix}\boldsymbol{K}_{11}^1 & \boldsymbol{K}_{12}^1\\\boldsymbol{K}_{21}^1 & \boldsymbol{K}_{22}^1\end{bmatrix}\begin{bmatrix}\boldsymbol{\delta}_1\\\boldsymbol{\delta}_2\end{bmatrix}$$

对于单元 ②

$$\begin{bmatrix}\boldsymbol{F}_1^2\\\boldsymbol{F}_3^2\end{bmatrix}=\begin{bmatrix}\boldsymbol{K}_{11}^2 & \boldsymbol{K}_{13}^2\\\boldsymbol{K}_{31}^2 & \boldsymbol{K}_{33}^2\end{bmatrix}\begin{bmatrix}\boldsymbol{\delta}_1\\\boldsymbol{\delta}_3\end{bmatrix}$$

对于单元 ③

$$\begin{bmatrix}\boldsymbol{F}_3^3\\\boldsymbol{F}_2^3\end{bmatrix}=\begin{bmatrix}\boldsymbol{K}_{33}^3 & \boldsymbol{K}_{32}^3\\\boldsymbol{K}_{23}^3 & \boldsymbol{K}_{22}^3\end{bmatrix}\begin{bmatrix}\boldsymbol{\delta}_3\\\boldsymbol{\delta}_2\end{bmatrix}$$

该单元的局部节点号 i 是整体节点号 3，局部节点号 j 是整体节点号 2，故该式顺序为 3，2。

对于单元 ④

$$\begin{bmatrix}\boldsymbol{F}_2^4\\\boldsymbol{F}_4^4\end{bmatrix}=\begin{bmatrix}\boldsymbol{K}_{22}^4 & \boldsymbol{K}_{24}^4\\\boldsymbol{K}_{42}^4 & \boldsymbol{K}_{44}^1\end{bmatrix}\begin{bmatrix}\boldsymbol{\delta}_2\\\boldsymbol{\delta}_4\end{bmatrix}$$

对于单元 ⑤

$$\begin{bmatrix}\boldsymbol{F}_3^5\\\boldsymbol{F}_4^5\end{bmatrix}=\begin{bmatrix}\boldsymbol{K}_{33}^5 & \boldsymbol{K}_{34}^5\\\boldsymbol{K}_{43}^5 & \boldsymbol{K}_{33}^5\end{bmatrix}\begin{bmatrix}\boldsymbol{\delta}_3\\\boldsymbol{\delta}_4\end{bmatrix}$$

对于单元 ⑥

$$\begin{bmatrix}\boldsymbol{F}_3^6\\\boldsymbol{F}_5^6\end{bmatrix}=\begin{bmatrix}\boldsymbol{K}_{33}^6 & \boldsymbol{K}_{35}^6\\\boldsymbol{K}_{53}^6 & \boldsymbol{K}_{55}^6\end{bmatrix}\begin{bmatrix}\boldsymbol{\delta}_3\\\boldsymbol{\delta}_5\end{bmatrix}$$

对于单元 ⑦

$$\begin{bmatrix}\boldsymbol{F}_5^7\\\boldsymbol{F}_4^7\end{bmatrix}=\begin{bmatrix}\boldsymbol{K}_{55}^7 & \boldsymbol{K}_{54}^7\\\boldsymbol{K}_{45}^7 & \boldsymbol{K}_{55}^7\end{bmatrix}\begin{bmatrix}\boldsymbol{\delta}_5\\\boldsymbol{\delta}_4\end{bmatrix}$$

该单元的局部节点号 i 是整体节点号 5，局部节点号 j 是整体节点号 4，故该式顺序为 5，4。

现以节点 2 为例，建立节点位移与节点荷载的关系式。与节点 2 相连的单元共有 3 个，分别为单元 ①、③ 和 ④，单元 ① 包含的节点为 1 和 2；单元 ③包含的节点为 2 和 3；单元 ④ 包含的节点为 2 和 4。每个平面杆单元 e 都受到节点 2 对单元的作用力 $\boldsymbol{F}_2^e$。由于作用力与反作用力的关系，单元 e 对节点 2 的作用力为 $-\boldsymbol{F}_2^e$。在节点 2 上，全部单元对节点的作用力向量与作用于节点上的荷载向量相平衡，满足关系式

$$\sum_{3} -\boldsymbol{F}_2^e + \boldsymbol{P}_2 = 0 \quad 或 \quad \sum_{3} -\boldsymbol{F}_2^e = \boldsymbol{P}_2$$

由于单元刚度矩阵的分块性，由式（2-33）得，节点 2 对每个单元的作用力用子刚度矩阵表示为

对于单元①

$$\boldsymbol{F}_2^1 = \boldsymbol{K}_{22}^1\boldsymbol{\delta}_2 + \boldsymbol{K}_{21}^1\boldsymbol{\delta}_1$$

对于单元③

$$\boldsymbol{F}_2^3 = \boldsymbol{K}_{22}^3\boldsymbol{\delta}_2 + \boldsymbol{K}_{23}^3\boldsymbol{\delta}_3$$

对于单元④

$$\boldsymbol{F}_2^4 = \boldsymbol{K}_{22}^4\boldsymbol{\delta}_2 + \boldsymbol{K}_{24}^4\boldsymbol{\delta}_4$$

将单元①、③和④对节点 2 的作用力代入上式得：

$$(\boldsymbol{K}_{22}^1 + \boldsymbol{K}_{22}^3 + \boldsymbol{K}_{22}^4)\boldsymbol{\delta}_2 + \boldsymbol{K}_{21}^1\boldsymbol{\delta}_2 + \boldsymbol{K}_{23}^3\boldsymbol{\delta}_3 + \boldsymbol{K}_{24}^4\boldsymbol{\delta}_4 = \boldsymbol{P}_2$$

同理，可以对其余节点进行分析，得出节点位移与节点荷载的向量关系式，并将其综合，得出整个模型的节点位移与节点荷载用向量表示的关系式为

$$\boldsymbol{K}\boldsymbol{\delta} = \boldsymbol{P} \tag{2-36}$$

其中，

$$\boldsymbol{K} = \begin{bmatrix} \boldsymbol{K}_{11} & \boldsymbol{K}_{12} & \boldsymbol{K}_{13} & \boldsymbol{K}_{14} & \boldsymbol{K}_{15} \\ \boldsymbol{K}_{21} & \boldsymbol{K}_{22} & \boldsymbol{K}_{23} & \boldsymbol{K}_{24} & \boldsymbol{K}_{25} \\ \boldsymbol{K}_{31} & \boldsymbol{K}_{32} & \boldsymbol{K}_{33} & \boldsymbol{K}_{34} & \boldsymbol{K}_{35} \\ \boldsymbol{K}_{41} & \boldsymbol{K}_{42} & \boldsymbol{K}_{43} & \boldsymbol{K}_{44} & \boldsymbol{K}_{45} \\ \boldsymbol{K}_{51} & \boldsymbol{K}_{52} & \boldsymbol{K}_{53} & \boldsymbol{K}_{54} & \boldsymbol{K}_{55} \end{bmatrix}$$

$$= \begin{bmatrix} \boldsymbol{K}_{11}^1 + \boldsymbol{K}_{11}^2 & \boldsymbol{K}_{12}^1 & \boldsymbol{K}_{13}^2 & 0 & 0 \\ \boldsymbol{K}_{21}^1 & \boldsymbol{K}_{22}^1 + \boldsymbol{K}_{22}^3 + \boldsymbol{K}_{22}^4 & \boldsymbol{K}_{23}^3 & \boldsymbol{K}_{24}^4 & 0 \\ \boldsymbol{K}_{31}^2 & \boldsymbol{K}_{32}^2 & \boldsymbol{K}_{33}^2 + \boldsymbol{K}_{33}^3 + \boldsymbol{K}_{33}^5 + \boldsymbol{K}_{33}^6 & \boldsymbol{K}_{34}^5 & \boldsymbol{K}_{35}^6 \\ 0 & \boldsymbol{K}_{42}^4 & \boldsymbol{K}_{43}^5 & \boldsymbol{K}_{44}^4 + \boldsymbol{K}_{44}^5 + \boldsymbol{K}_{44}^7 & \boldsymbol{K}_{45}^7 \\ 0 & 0 & \boldsymbol{K}_{53}^6 & \boldsymbol{K}_{54}^7 & \boldsymbol{K}_{55}^6 + \boldsymbol{K}_{55}^7 \end{bmatrix} \tag{2-37}$$

式中，$\boldsymbol{K}$ 为整体刚度矩阵，为 10×10 阶矩阵。

式（2-36）用子刚度矩阵表示的形式为

$$\begin{bmatrix} \boldsymbol{K}_{11}^1+\boldsymbol{K}_{11}^2 & \boldsymbol{K}_{12}^1 & \boldsymbol{K}_{13}^2 & 0 & 0 \\ \boldsymbol{K}_{21}^1 & \boldsymbol{K}_{22}^1+\boldsymbol{K}_{22}^3+\boldsymbol{K}_{22}^4 & \boldsymbol{K}_{23}^3 & \boldsymbol{K}_{24}^4 & 0 \\ \boldsymbol{K}_{31}^2 & \boldsymbol{K}_{32}^2 & \boldsymbol{K}_{33}^2+\boldsymbol{K}_{33}^3+\boldsymbol{K}_{33}^5+\boldsymbol{K}_{33}^6 & \boldsymbol{K}_{34}^5 & \boldsymbol{K}_{35}^6 \\ 0 & \boldsymbol{K}_{42}^4 & \boldsymbol{K}_{43}^5 & \boldsymbol{K}_{44}^4+\boldsymbol{K}_{44}^5+\boldsymbol{K}_{44}^7 & \boldsymbol{K}_{45}^7 \\ 0 & 0 & \boldsymbol{K}_{53}^6 & \boldsymbol{K}_{54}^7 & \boldsymbol{K}_{55}^6+\boldsymbol{K}_{55}^7 \end{bmatrix} \begin{bmatrix} \boldsymbol{\delta}_1 \\ \boldsymbol{\delta}_2 \\ \boldsymbol{\delta}_3 \\ \boldsymbol{\delta}_4 \\ \boldsymbol{\delta}_5 \end{bmatrix} = \begin{bmatrix} \boldsymbol{P}_1 \\ \boldsymbol{P}_2 \\ \boldsymbol{P}_3 \\ \boldsymbol{P}_4 \\ \boldsymbol{P}_5 \end{bmatrix} \tag{2-38}$$

式（2-36）或式（2-38）称为模型的有限元方程。如果单元的节点自由度为 m、总节点数为 N，则整体刚度矩阵的阶数为 $m \cdot N \times m \cdot N$；节点位移列向量的元素个数为 $m \cdot N$ 个；节点荷载列向量元素个数为 $m \cdot N$ 个。

从上述分析可以看出，整体刚度矩阵中的元素是由有关单元的单元刚度矩阵中的元素叠加而成的。例如在式（2-37)中，整体刚度矩阵中的 $\boldsymbol{K}_{11}$ 是由单元①的 $\boldsymbol{K}_{11}^1$ 和单元②的 $\boldsymbol{K}_{11}^2$ 叠加而成；又如在式（2-37)中，整体刚度矩阵中的 $\boldsymbol{K}_{33}$ 是由单元②的 $\boldsymbol{K}_{33}^2$、单元③的 $\boldsymbol{K}_{33}^3$、单元⑤的 $\boldsymbol{K}_{33}^5$ 和单元⑥的 $\boldsymbol{K}_{33}^6$ 叠加而成。可以认为是每个单元的刚度对结构刚度的贡献。反映到整体刚度矩阵中，应根据单元在结构中的位置，将单元刚度矩阵中的元素放入总刚度矩阵的相应位置上。实际上，单元对结构刚度贡献可以逐点来考虑，由于每个节点有 2 个自由度，且连在一起编号，因此将单元刚度矩阵放入整体刚度矩阵时，不必逐个元素进行，而可以逐个子块来进行。此外，由于节点 1 分别与节点 4 和 5 及节点 2 与节点 5 不在同一个单元上，所以在整体刚度矩阵中，$\boldsymbol{K}_{14}$，$\boldsymbol{K}_{41}$，$\boldsymbol{K}_{15}$，$\boldsymbol{K}_{51}$，$\boldsymbol{K}_{25}$ 和 $\boldsymbol{K}_{52}$ 均为零，以上这种确定有限元模型整体刚度矩阵的方法称为“刚度集成法”。

由式（2-37）的整体刚度矩阵可以看出，整体刚度矩阵 $\boldsymbol{K}$ 与单元刚度矩阵 $\bar{\boldsymbol{K}}^e$ 一样，具有以下相似的性质：

（1）$\boldsymbol{K}$ 是结构上的节点位移向量与节点荷载向量之间的转换矩阵。

（2）矩阵中的元素均为刚度系数，其力学意义是：同一行所有元素是所有节点位移对同一个节点力的影响系数(或称贡献系数)；同一列的所有元素是同一个节点位移对所有节点力的影响系数。

（3）对称性：由力学中力的互等定理可知，$\boldsymbol{K}_{ij}=\boldsymbol{K}_{ji}$。从而可知整体刚度矩阵是个对称阵。这个性质可为整体刚度矩阵的存放节省内存。一般来说，只要存放矩阵的下三角或上三角就可以了。

（4）分块性：处于主对角线上的子块称为主子块，其余子块称为副子块。主子块反映的是同一节点处的力与位移的关系，为正非零子块。副子块反映了结构上不同节点间的力与位移的相互关系。对于副子块 $\boldsymbol{K}_{ij}$，如果节点 i 与节点 j 在一个单元上，则 $\boldsymbol{K}_{ij}$ 是非零子块；如果节点 i 与节点 j 不在一个单元上，则 $\boldsymbol{K}_{ij}$ 就是零子块。

（5）稀疏性：即在 $\boldsymbol{K}$ 中的非零元素集中在主对角线的周围，在其余位置上存在大量的零元素。其主要原因是只有在同一单元上的各个节点之间才能形成子刚度矩阵和整体刚度矩阵的元素，不在同一单元上的各个节点不形成刚度矩阵的元素。因此，整体刚度矩阵中零子块是大量的，如式（2-37）所示。

(6) 奇异性：即刚度矩阵 $\boldsymbol{K}$ 对应的行列式值为零，因此 $\boldsymbol{K}$ 是奇异阵。其力学原因是结构上的几何约束还未在有限元方程式（2-36）中体现，其结构的刚体位移尚未消除，该结构属于自由结构。由于没有位移限制，求解其位移时，结构可以在任何位置处于平衡状态，其位移有无穷多组解。为了使式（2-36）有定解，必须对其修正——引入约束条件。

3. 约束条件的引入

由于整体刚度矩阵的奇异性，必须对整体刚度矩阵进行修正，即引入约束条件后才能求解。进行有限元方程修正时，必须限制结构刚体运动的线位移和角位移，即消除结构刚体运动的自由度。对于平面结构至少应合理布置 3 个方向的约束；对于空间结构至少应有 6 个方向的约束。在实际结构中，应按结构约束的实际情况，合理地选择某些节点的某些自由度（线位移或角位移），使其位移值为零，或为某个定值。修正后的有限元方程式（2-36）或式（2-38）即可求解，而且其系数矩阵(修正后的总体刚度矩阵)是正定矩阵，可以不必换主元而顺利求解。

引入约束条件常用的几种方法是：

(1) 划行划列法。

把整体刚度矩阵中位移为零的自由度所对应的行、列和相应的荷载项划去，缩小线性方程组的规模。其原因是：若节点位移已知可不必再解，该方程可以划去。同时该位移对其他方程的影响也为零。因此，尽管在其他方程中该位移前的系数不为零，但在整体刚度矩阵中这些列仍然可以划去。最后只剩下对求解未知位移有用的系数矩阵和荷载项。

例如有以下方程组：

$$\begin{bmatrix} k_{11} & k_{12} & k_{13} & k_{14} & k_{15} & k_{16} \\ k_{21} & k_{22} & k_{23} & k_{24} & k_{25} & k_{26} \\ k_{31} & k_{32} & k_{33} & k_{34} & k_{35} & k_{36} \\ k_{41} & k_{42} & k_{43} & k_{44} & k_{45} & k_{46} \\ k_{51} & k_{52} & k_{53} & k_{54} & k_{55} & k_{56} \\ k_{61} & k_{62} & k_{63} & k_{64} & k_{65} & k_{66} \end{bmatrix} \begin{bmatrix} X_1 \\ X_2 \\ X_3 \\ X_4 \\ X_5 \\ X_6 \end{bmatrix} = \begin{bmatrix} P_1 \\ P_2 \\ P_3 \\ P_4 \\ P_5 \\ P_6 \end{bmatrix} \tag{2-39}$$

当 $X_5=0$ 时，则 P_5 未知，因此划去系数阵第五行和右端荷载项的第 5 行。由于 $X_5=0$，系数矩阵的第五列的其他元素在其他方程中不再起作用，也可以划去。

用划行划列法引入约束条件，道理简单，适用于例题演示，且降低系数矩阵的规模；但是划行划列之后需将节点编号重新编排一下，编程不大方便。这种方法不能用于非零位移的约束条件。

(2) 主对角线元素置“1”法。

这一方法与划行划列法相比，不同之处在于它不将约束自由度所对应的方程划去，而是将其改写成为已知的位移约束条件。其对整体刚度矩阵 $\boldsymbol{K}$ 的处理方法为

在刚度系数矩阵 $\boldsymbol{K}$ 中，如果第 i 个位移自由度 $\delta_i=0$，那么将其所对应的行和列中的全部元素都置“0”，而在行和列交点处的元素置“1”，同时将右端荷载项中相应的元素置为“0”。

例如，在式（2-39）中，当 $X_5=0$ 时，则方程式（2-39)可以写成如下形式：

$$\begin{bmatrix} k_{11} & k_{12} & k_{13} & k_{14} & 0 & k_{16} \\ k_{21} & k_{22} & k_{23} & k_{24} & 0 & k_{26} \\ k_{31} & k_{32} & k_{33} & k_{34} & 0 & k_{36} \\ k_{41} & k_{42} & k_{43} & k_{44} & 0 & k_{46} \\ 0 & 0 & 0 & 0 & 1 & 0 \\ k_{61} & k_{62} & k_{63} & k_{64} & 0 & k_{66} \end{bmatrix} \begin{bmatrix} X_1 \\ X_2 \\ X_3 \\ X_4 \\ X_5 \\ X_6 \end{bmatrix} = \begin{bmatrix} P_1 \\ P_2 \\ P_3 \\ P_4 \\ 0 \\ P_6 \end{bmatrix}$$

从上式取出第 5 个方程简化得：

$$X_5=0$$

这就是约束条件，这种做法既引入了支承条件，又保持了原方程的阶数与对称性，是处理固定约束条件的常用方法，但是这一方法一般不能直接用于非零位移约束。

(3) 主元赋大值法。

如果说主对角线元素置“1”法引入的位移约束条件是精确的话，那么主元赋大值法引入的位移约束条件是近似的。

在刚度系数矩阵 $\boldsymbol{K}$ 中，如果第 i 个位移自由度 $\delta_i=\delta_i^*$，那么将系数矩阵中对应的主元赋一个大值 A（如 $A=10^{20}$），右端荷载项中的对应行用此大值与已知位移的乘积 $A\delta_i^*$ 代替。例如：在式 (2-39) 中，当 $X_5=\delta_5^*$ 时，则方程式 (2-39)可以写成如下形式：

$$\begin{bmatrix} k_{11} & k_{12} & k_{13} & k_{14} & k_{15} & k_{16} \\ k_{21} & k_{22} & k_{23} & k_{24} & k_{25} & k_{26} \\ k_{31} & k_{32} & k_{33} & k_{34} & k_{35} & k_{36} \\ k_{41} & k_{42} & k_{43} & k_{44} & k_{45} & k_{46} \\ k_{51} & k_{52} & k_{53} & k_{54} & A & k_{56} \\ k_{61} & k_{62} & k_{63} & k_{64} & k_{65} & k_{66} \end{bmatrix} \begin{bmatrix} X_1 \\ X_2 \\ X_3 \\ X_4 \\ X_5 \\ X_6 \end{bmatrix} = \begin{bmatrix} P_1 \\ P_2 \\ P_3 \\ P_4 \\ \delta_5^* A \\ P_6 \end{bmatrix}$$

从上式取出第 5 个方程

$$k_{51}X_1+k_{52}X_2+k_{53}X_3+k_{54}X_4+AX_5+k_{56}X_6=A\delta_5^*$$

方程的两端均除以大值 A（如 $A=10^{20}$），由于各个刚度系数远远小于 A，略去小项得

$$X_5=\delta_5^*$$

只要 A 足够大，上式同样可以近似地表示已知的位移约束条件。

这种方法在计算程序处理中十分方便，在引入支承条件的同时，保持了原方程的阶数与对称性。更大的优点是它们既能用于零位移约束，也可以用于非零位移约束，是常用的引入约束条件的方法。

4. 求单元内力

对有限元方程式 (2-36) 引入约束条件，在整体坐标系下求得全部节点位移，经过坐标变换求得局部坐标系下的单元节点位移 $\bar{\boldsymbol{\delta}}^e=\boldsymbol{T}\boldsymbol{\delta}^e$；利用局部坐标系下的单元节点位移与节点力的关系式 $\bar{\boldsymbol{F}}^e=\bar{\boldsymbol{K}}^e\bar{\boldsymbol{\delta}}^e$，求得局部坐标系下的单元节点力向量 $\bar{\boldsymbol{F}}^e$，将局部坐标系下的单元节

点力向量 $\bar{\boldsymbol{F}}^e$ 与作用于单元上的力组合在一起，求出杆件的内力和应力，进行强度校核。

由于整体刚度矩阵的奇异性，必须对整体刚度矩阵进行修正即引入约束条件后才能求解。

5. 有限元法的求解步骤

由上面的介绍可知，有限元法求解桁架结构的步骤为：

(1) 合理简化结构，将结构离散化（划分单元），选取局部和整体坐标系，对单元和节点编号；

(2) 给出原始参数（各杆件的几何参数、材料特性参数、节点坐标等）；

(3) 计算节点荷载列阵（节点荷载和等效节点荷载）；

(4) 计算局部坐标系下的单元刚度矩阵 $\bar{\boldsymbol{K}}^e$，确定每个单元的坐标转换矩阵 $\boldsymbol{T}$，求得整体坐标系下的单元刚度矩阵 $\boldsymbol{K}^e$；

(5) 用刚度集成法形成整体刚度矩阵；

(6) 引入约束条件；

(7) 用线性方程组的求解方法解（高斯消元法等）方程组，求得节点位移；

(8) 计算各杆件内力与应力，并可进行强度校核。

〖例 2-1〗 计算如图 2.6 所示平面桁架的节点位移和杆件的内力。设各杆件的截面尺寸和制造材料均相同，其截面面积为 $A=4\times10^{-2}$ (m^2)，弹性模量 $E=2.1\times10^{11}$ (N/m^2)。

解：

（1）结构离散化

图 2.6（a）所示平面桁架的单元划分、节点和单元编号及整体坐标系与单元局部坐标系如图 2.6（b）所示。

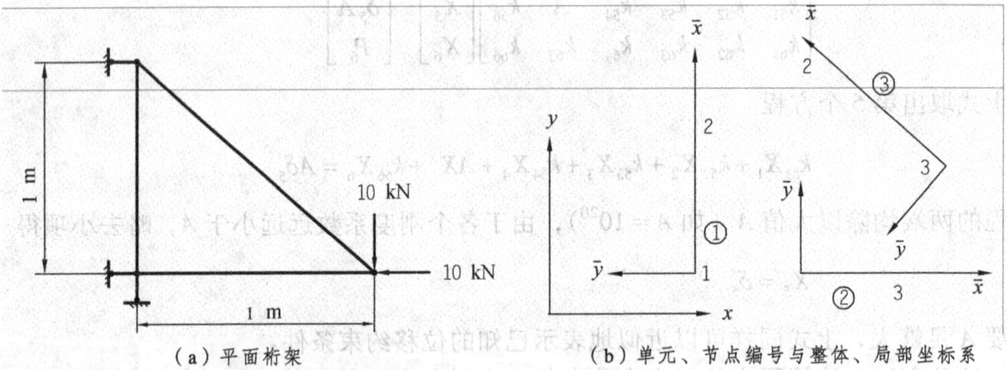

（a）平面桁架　　（b）单元、节点编号与整体、局部坐标系

图 2.6 平面桁架及单元、节点编号与整体、局部坐标系

（2）计算单元在局部坐标系下的刚度矩阵

因为图示的单元①和②的长度、截面尺寸和制造材料均相同，所以，2 个单元①和②在局部坐标系下的单元刚度矩阵完全相同。

由式（2-13）知，3 个单元刚度矩阵中各个元素的分别为：

对于单元①和②：

$$\frac{EA}{l}=8.40\times10^{9}\ (\mathrm{N/m})$$

对于单元③：

$$\frac{EA}{l}=5.939\,7\times10^{9}\ \text{(N/m)}$$

将以上各个参数代入式（2-13），得：

$$\bar{\boldsymbol{K}}^1=\bar{\boldsymbol{K}}^2=8.4\times10^9\times\begin{bmatrix}1&0&-1&0\\0&0&0&0\\-1&0&1&0\\0&0&0&0\end{bmatrix}$$

$$\bar{\boldsymbol{K}}^3=5.939\,7\times10^9\times\begin{bmatrix}1&0&-1&0\\0&0&0&0\\-1&0&1&0\\0&0&0&0\end{bmatrix}$$

（3）计算单元在整体坐标系下的刚度矩阵

对于单元①，$\alpha=90°$，代入式（2-24）求得单元的坐标变换矩阵为

$$\boldsymbol{T}^1=\begin{bmatrix}0&1&&\\-1&0&&\boldsymbol{O}\\&&0&1\\\boldsymbol{O}&&-1&0\end{bmatrix}$$

由式（2-30）得，该单元在整体坐标系下的刚度矩阵为

$$\boldsymbol{K}^1=8.4\times10^9\times\begin{bmatrix}0&-1&0&0\\1&0&0&0\\0&0&0&-1\\0&0&1&0\end{bmatrix}\begin{bmatrix}1&0&-1&0\\0&0&0&0\\-1&0&1&0\\0&0&0&0\end{bmatrix}\begin{bmatrix}0&1&0&0\\-1&0&0&0\\0&0&0&1\\0&0&-1&0\end{bmatrix}$$

$$=8.4\times10^9\times\begin{bmatrix}0&0&0&0\\1&0&-1&0\\0&0&0&0\\-1&0&1&0\end{bmatrix}\begin{bmatrix}0&1&0&0\\-1&0&0&0\\0&0&0&1\\0&0&-1&0\end{bmatrix}$$

$$=8.4\times10^9\times\begin{bmatrix}0&0&0&0\\0&1&0&-1\\0&0&0&0\\0&-1&0&1\end{bmatrix}$$

对于单元②，由于单元的局部坐标系与整体坐标系的方向相同，且$\alpha=0°$，则有

$$\boldsymbol{T}^2=\boldsymbol{I}$$

$$\boldsymbol{K}^2=8.4\times10^9\times\begin{bmatrix}1&0&-1&0\\0&0&0&0\\-1&0&1&0\\0&0&0&0\end{bmatrix}$$

对于单元③，$\alpha=135°$，代入式（2-24）求得单元的坐标变换矩阵为

$$
\boldsymbol{T}^3=\begin{bmatrix}
-\frac{\sqrt{2}}{2} & \frac{\sqrt{2}}{2} & & \\
-\frac{\sqrt{2}}{2} & -\frac{\sqrt{2}}{2} & \multicolumn{2}{c}{\boldsymbol{O}} \\
\multicolumn{2}{c}{\boldsymbol{O}} & -\frac{\sqrt{2}}{2} & \frac{\sqrt{2}}{2} \\
 & & -\frac{\sqrt{2}}{2} & -\frac{\sqrt{2}}{2}
\end{bmatrix}
$$

由式（2-30）得，该单元在整体坐标系下的刚度矩阵为

$$
\boldsymbol{K}^3=5.939\,7\times10^9\times\begin{bmatrix}
-\frac{\sqrt{2}}{2} & -\frac{\sqrt{2}}{2} & 0 & 0\\
\frac{\sqrt{2}}{2} & -\frac{\sqrt{2}}{2} & 0 & 0\\
0 & 0 & -\frac{\sqrt{2}}{2} & -\frac{\sqrt{2}}{2}\\
0 & 0 & \frac{\sqrt{2}}{2} & -\frac{\sqrt{2}}{2}
\end{bmatrix}\begin{bmatrix}
1 & 0 & -1 & 0\\
0 & 0 & 0 & 0\\
-1 & 0 & 1 & 0\\
0 & 0 & 0 & 0
\end{bmatrix}\begin{bmatrix}
-\frac{\sqrt{2}}{2} & \frac{\sqrt{2}}{2} & 0 & 0\\
-\frac{\sqrt{2}}{2} & -\frac{\sqrt{2}}{2} & 0 & 0\\
0 & 0 & -\frac{\sqrt{2}}{2} & \frac{\sqrt{2}}{2}\\
0 & 0 & -\frac{\sqrt{2}}{2} & -\frac{\sqrt{2}}{2}
\end{bmatrix}
$$

$$
=2.969\,8\times10^9\times\begin{bmatrix}
-1 & 0 & 1 & 0\\
1 & 0 & -1 & 0\\
1 & 0 & -1 & 0\\
-1 & 0 & 1 & 0
\end{bmatrix}\begin{bmatrix}
-1 & 1 & 0 & 0\\
-1 & -1 & 0 & 0\\
0 & 0 & -1 & 1\\
0 & 0 & -1 & -1
\end{bmatrix}
$$

$$
=2.969\,8\times10^9\times\begin{bmatrix}
1 & -1 & -1 & 1\\
-1 & 1 & 1 & -1\\
-1 & 1 & 1 & -1\\
1 & -1 & -1 & 1
\end{bmatrix}
$$

（4）有限元方程的建立

根据图 2.6（b）所示单元和节点的位置关系，由式（2-38）可导出平面桁架的有限元方程，其用子刚度矩阵表示的形式为

$$
\begin{bmatrix}\boldsymbol{P}_1\\ \boldsymbol{P}_2\\ \boldsymbol{P}_3\end{bmatrix}=\begin{bmatrix}
\boldsymbol{K}_{11}^1+\boldsymbol{K}_{11}^2 & \boldsymbol{K}_{12}^1 & \boldsymbol{K}_{13}^2\\
\boldsymbol{K}_{21}^1 & \boldsymbol{K}_{22}^1+\boldsymbol{K}_{22}^3 & \boldsymbol{K}_{23}^3\\
\boldsymbol{K}_{31}^2 & \boldsymbol{K}_{32}^3 & \boldsymbol{K}_{33}^2+\boldsymbol{K}_{33}^3
\end{bmatrix}\begin{bmatrix}\boldsymbol{\delta}_1\\ \boldsymbol{\delta}_2\\ \boldsymbol{\delta}_3\end{bmatrix}
$$

将 3 个单元在整体坐标系的刚度矩阵和节点外荷载代入上式得

$$
10^6\times\begin{bmatrix}
8.4 & 0 & 0 & 0 & -8.4 & 0\\
0 & 8.4 & 0 & -8.4 & 0 & 0\\
0 & 0 & 2.969\,8 & -2.969\,8 & -2.969\,8 & 2.969\,8\\
0 & -8.4 & -2.969\,8 & 11.369\,8 & 2.969\,8 & -2.969\,8\\
-8.4 & 0 & -2.969\,8 & 2.969\,8 & 11.369\,8 & -2.969\,8\\
0 & 0 & 2.969\,8 & -2.969\,8 & -2.969\,8 & 2.969\,8
\end{bmatrix}\begin{bmatrix}u_1\\ v_1\\ u_2\\ v_2\\ u_3\\ v_3\end{bmatrix}=\begin{bmatrix}P_{x1}\\ P_{y1}\\ P_{x2}\\ 0\\ -10\\ -10\end{bmatrix}\tag{2-40}
$$

（5）引入边件条件

由于总刚度矩阵为奇异矩阵，所以上式的解不确定，必须引入边界条件。现采用对角元素置“1”法，将已知位移为 0 的行和列中的全部元素均置为“0”，在行和列的交点处的元素置为“1”；同时

将力向量矩阵中已知位移为 0 的对应元素也置为“0”。

由图 2.6（a）知，在整体坐标系下，节点 1 沿两个坐标轴方向的线位移均为 0；节点 2 沿 x 轴方向的线位移均为 0，代入式（2-40）得

$$10^6\times\begin{bmatrix}1&0&0&0&0&0\\0&1&0&0&0&0\\0&0&1&0&0&0\\0&0&0&11.369\,8&2.969\,8&-2.969\,8\\0&0&0&2.969\,8&11.369\,8&-2.969\,8\\0&0&0&-2.969\,8&-2.969\,8&2.969\,8\end{bmatrix}\begin{bmatrix}0\\0\\0\\v_2\\u_3\\v_3\end{bmatrix}=\begin{bmatrix}0\\0\\0\\0\\-10\\-10\end{bmatrix}$$

（6）求线性解方程组

将上式中的方程 1，2 和 3 去掉，则上式简化为

$$\left.\begin{aligned}11.369\,8v_2+2.969\,8u_3-2.969\,8v_3&=0\\2.969\,8v_2+11.369\,8u_3-2.969\,8v_3&=-10\times10^{-6}\\-2.969\,8\,v_2-2.969\,8u_3+2.969\,8v_3&=-10\times10^{-6}\end{aligned}\right\}\tag{2-41}$$

对式（2-41）求解得

$$v_2=-1.190\,5\times10^{-6},\qquad u_3=-2.381\,0\times10^{-6},\qquad v_3=-6.938\,8\times10^{-6}$$

（7）计算节点位移引起的节点载荷

由式（2-23）计算单元在局部坐标系下的节点位移，根据式（2-12）计算由单元节点位移引起的单元节点力。

对于单元①，

$$\begin{bmatrix}\bar u_1\\\bar v_1\\\bar u_2\\\bar v_2\end{bmatrix}=\begin{bmatrix}0&1&0&0\\-1&0&0&0\\0&0&0&1\\0&0&-1&0\end{bmatrix}\begin{bmatrix}0\\0\\0\\-1.1905\end{bmatrix}\times10^{-6}=\begin{bmatrix}0\\0\\-1.1905\\0\end{bmatrix}\times10^{-6}$$

$$\begin{bmatrix}\bar F_{x1}^1\\\bar F_{y1}^1\\\bar F_{x2}^1\\\bar F_{y2}^1\end{bmatrix}=8.4\times10^3\times\begin{bmatrix}1&0&-1&0\\0&0&0&0\\-1&0&1&0\\0&0&0&0\end{bmatrix}\begin{bmatrix}0\\0\\-1.1905\\0\end{bmatrix}=\begin{bmatrix}10.0\\0\\-10.0\\0\end{bmatrix}\times10^3$$

式中，$\bar F_{x1}^1=-\bar F_{x2}^1=10$ （kN），即为单元①所受的力，表明单元①代表的杆件受压。

对于单元②，其局部坐标系与整体坐标系的方向相同，因此有

$$\begin{bmatrix}u_1\\v_1\\u_3\\v_3\end{bmatrix}=\begin{bmatrix}0\\0\\-2.381\,0\\-6.938\,8\end{bmatrix}\times10^{-6}$$

$$\begin{bmatrix}\bar F_{x1}^2\\\bar F_{y1}^2\\\bar F_{x3}^2\\\bar F_{y3}^2\end{bmatrix}=8.4\times10^3\times\begin{bmatrix}1&0&-1&0\\0&0&0&0\\-1&0&1&0\\0&0&0&0\end{bmatrix}\begin{bmatrix}0\\0\\-2.381\,0\\-6.938\,8\end{bmatrix}=\begin{bmatrix}20.0\\0\\-20.00\\0\end{bmatrix}\times10^3$$

式中，$\bar F_{x1}^2=-\bar F_{x3}^2=20$ （kN），即为单元②所受的力，表明单元②代表的杆件受压。

对于单元③，

$$\begin{bmatrix}\bar{u}_3\\ \bar{v}_3\\ \bar{u}_2\\ \bar{v}_2\end{bmatrix}=\begin{bmatrix}-\dfrac{\sqrt{2}}{2} & \dfrac{\sqrt{2}}{2} & 0 & 0\\ -\dfrac{\sqrt{2}}{2} & -\dfrac{\sqrt{2}}{2} & 0 & 0\\ 0 & 0 & -\dfrac{\sqrt{2}}{2} & \dfrac{\sqrt{2}}{2}\\ 0 & 0 & -\dfrac{\sqrt{2}}{2} & -\dfrac{\sqrt{2}}{2}\end{bmatrix}\begin{bmatrix}-2.381\ 0\\ -6.938\ 7\\ 0\\ -1.190\ 5\end{bmatrix}\times10^{-6}=\begin{bmatrix}-3.222\ 8\\ 6.590\ 0\\ -0.841\ 8\\ 0.841\ 8\end{bmatrix}\times10^{-6}$$

$$\begin{bmatrix}\bar{F}_{x3}^3\\ \bar{F}_{y3}^3\\ \bar{F}_{x2}^3\\ \bar{F}_{y2}^3\end{bmatrix}=5.939\ 7\times10^9\times\begin{bmatrix}1 & 0 & -1 & 0\\ 0 & 0 & 0 & 0\\ -1 & 0 & 1 & 0\\ 0 & 0 & 0 & 0\end{bmatrix}\begin{bmatrix}-3.222\ 8\\ 6.590\ 0\\ -0.841\ 8\\ 0.841\ 8\end{bmatrix}\times10^{-6}=\begin{bmatrix}-14.142\ 4\\ 0\\ 14.142\ 4\\ 0\end{bmatrix}\times10^3$$

式中，$\bar{F}_{x3}^3=-\bar{F}_{x2}^3=-14.142\ 4$ （kN），即为单元③所受的力，负号表明单元③代表的杆件受拉。

2.3 空间桁架

平面桁架的杆件处于二维平面上，空间桁架的杆件则处于三维空间中。平面桁架中每节点只有两个线位移自由度 u，v，空间桁架每节点需考虑 3 个线位移自由度 u，v，w，相应的单元节点力为 F_x，F_y，F_z。

2.3.1 局部坐标系下的单元刚度矩阵

从图 2.7 (a) 所示的空间桁架中取出一根杆件，即一个空间杆单元，在局部坐标系 $\overline{oxyz}$ 下，空间杆单元节点位移如图 2.7 (b) 所示，节点位移 $\bar{u}$，$\bar{v}$ 和 $\bar{w}$ 分别表示沿 $\bar{x}$ 轴、$\bar{y}$ 轴和 $\bar{z}$ 轴方向的位移，节点位移规定以沿局部坐标系的坐标轴方向为正，否则为负。对于单元 e，将节点 i 和 j 的位移向量合写在一起，构成单元节点位移向量，可表示为

$$\bar{\boldsymbol{\delta}}^e=[\bar{\boldsymbol{\delta}}_i\ \ \bar{\boldsymbol{\delta}}_j]^{\mathrm{T}}=[\bar{u}_i\ \ \bar{v}_i\ \ \bar{w}_i\ \ \bar{u}_j\ \ \bar{v}_j\ \ \bar{w}_j]^{\mathrm{T}} \tag{2-42}$$

式中，$\bar{\boldsymbol{\delta}}_i$ 和 $\bar{\boldsymbol{\delta}}_j$ 分别表示节点 i 和 j 在局部坐标系下的位移向量。

在单元局部坐标系下，由单元节点位移引起的单元节点力沿 $\bar{x}$ 轴、$\bar{y}$ 轴和 $\bar{z}$ 轴方向分别为 $\bar{F}_x$，$\bar{F}_y$ 和 $\bar{F}_z$，其方向的规定与相应节点位移一致。

同理，单元节点力向量的转置矩阵形式为

$$\bar{\boldsymbol{F}}^e=[\bar{\boldsymbol{F}}_i^e\ \ \bar{\boldsymbol{F}}_j^e]^{\mathrm{T}}=[\bar{F}_{xi}\ \ \bar{F}_{yi}\ \ \bar{F}_{zi}\ \ \bar{F}_{xi}\ \ \bar{F}_{yj}\ \ \bar{F}_{zj}]^{\mathrm{T}} \tag{2-43}$$

式中，$\bar{\boldsymbol{F}}_i^e$ 和 $\bar{\boldsymbol{F}}_j^e$ 分别表示节点 i 和 j 在局部坐标系下的节点力向量。

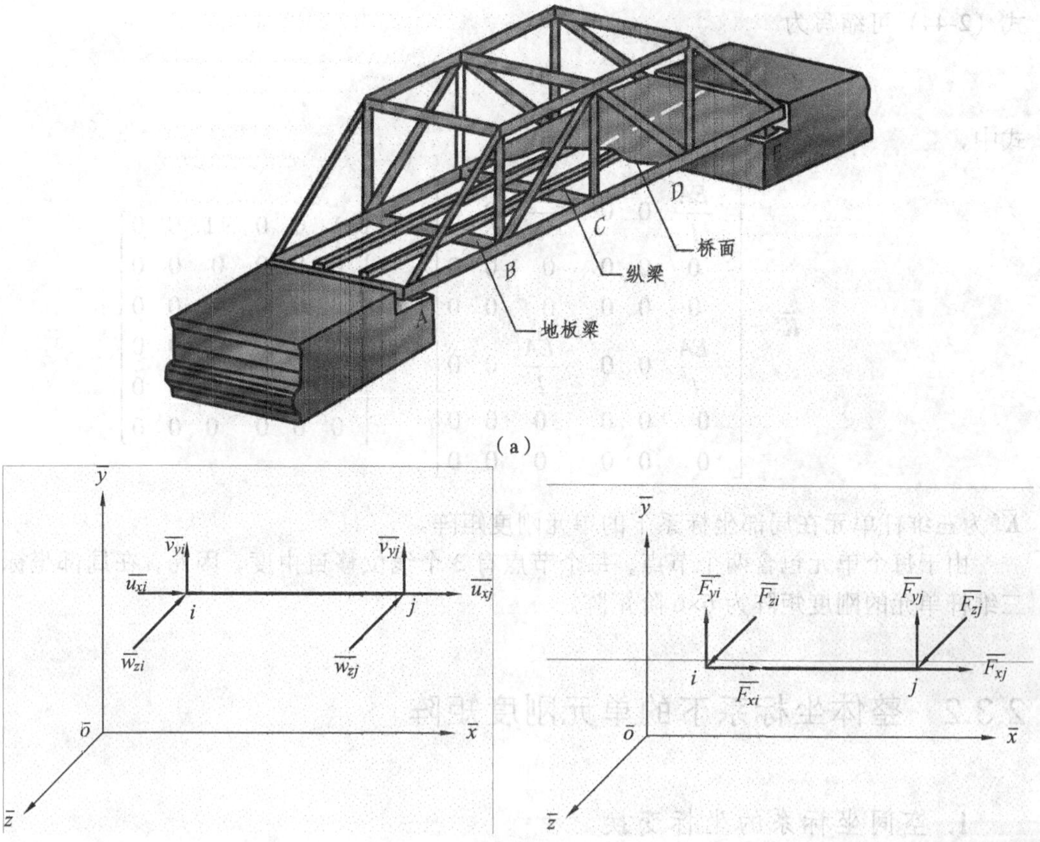

图 2.7　空间桁架单元的节点力和节点位移

与确定平面杆单元节点位移与节点力之间的关系一样，在空间三维杆单元中，只有沿 $\bar{x}$ 轴方向节点位移 $\bar{u}$ 产生节点力 $\bar{F}_x$，由于节点 i 和 j 为单元的铰接点，单元节点位移 $\bar{v}_i$，$\bar{v}_j$，$\bar{w}_i$ 和 $\bar{w}_j$ 对单元节点力无影响。

根据线性叠加原理，单元在节点 i 和 j 的位移联合作用下，其节点位移与节点力满足关系式

$$\bar{F}_{xi}=\bar{F}_{xi}^{i}+\bar{F}_{xi}^{j}=\frac{EA}{l}\bar{u}_i-\frac{EA}{l}\bar{u}_j,\qquad \bar{F}_{yi}=0,\qquad \bar{F}_{zi}=0$$

$$\bar{F}_{xj}=\bar{F}_{xj}^{i}+\bar{F}_{xj}^{j}=-\frac{EA}{l}\bar{u}_i+\frac{EA}{l}\bar{u}_j,\qquad \bar{F}_{yj}=0,\qquad \bar{F}_{zj}=0$$

单元节点位移与节点力的关系用矩阵的形式表示为

$$\begin{bmatrix}\bar{F}_{xi}\\ \bar{F}_{yi}\\ \bar{F}_{zi}\\ \bar{F}_{xj}\\ \bar{F}_{yj}\\ \bar{F}_{zj}\end{bmatrix}=\begin{bmatrix}\frac{EA}{l} & 0 & 0 & -\frac{EA}{l} & 0 & 0\\ 0 & 0 & 0 & 0 & 0 & 0\\ 0 & 0 & 0 & 0 & 0 & 0\\ -\frac{EA}{l} & 0 & 0 & \frac{EA}{l} & 0 & 0\\ 0 & 0 & 0 & 0 & 0 & 0\\ 0 & 0 & 0 & 0 & 0 & 0\end{bmatrix}\begin{bmatrix}\bar{u}_i\\ \bar{v}_i\\ \bar{w}_i\\ \bar{u}_j\\ \bar{v}_j\\ \bar{w}_j\end{bmatrix}\tag{2-44}$$

式（2-44）可缩写为

$$\overline{\boldsymbol{F}}^e=\overline{\boldsymbol{K}}^e\overline{\boldsymbol{\delta}}^e \tag{2-45}$$

式中，

$$\overline{\boldsymbol{K}}^e=\begin{bmatrix} \frac{EA}{l} & 0 & 0 & -\frac{EA}{l} & 0 & 0 \\ 0 & 0 & 0 & 0 & 0 & 0 \\ 0 & 0 & 0 & 0 & 0 & 0 \\ -\frac{EA}{l} & 0 & 0 & \frac{EA}{l} & 0 & 0 \\ 0 & 0 & 0 & 0 & 0 & 0 \\ 0 & 0 & 0 & 0 & 0 & 0 \end{bmatrix}=\frac{EA}{l}\begin{bmatrix} 1 & 0 & 0 & -1 & 0 & 0 \\ 0 & 0 & 0 & 0 & 0 & 0 \\ 0 & 0 & 0 & 0 & 0 & 0 \\ -1 & 0 & 0 & 1 & 0 & 0 \\ 0 & 0 & 0 & 0 & 0 & 0 \\ 0 & 0 & 0 & 0 & 0 & 0 \end{bmatrix} \tag{2-46}$$

$\overline{\boldsymbol{K}}^e$为三维杆单元在局部坐标系下的单元刚度矩阵。

由于每个单元包含两个节点，每个节点有 3 个线位移自由度，因此，在局部坐标系下，三维杆单元的刚度矩阵为 6×6 阶矩阵。

2.3.2　整体坐标系下的单元刚度矩阵

1. 空间坐标系的坐标变换

在整体坐标系下，单元节点位移和节点力向量的转置矩阵形式为

$$\boldsymbol{\delta}^e=[\boldsymbol{\delta}_i\ \ \boldsymbol{\delta}_j]^{\mathrm{T}}=[u_i\ \ v_i\ \ w_i\ \ u_j\ \ v_j\ \ w_j]^{\mathrm{T}}$$

$$\boldsymbol{F}^e=[\boldsymbol{F}_i^e\ \ \boldsymbol{F}_j^e]^{\mathrm{T}}=[F_{xi}\ \ F_{yi}\ \ F_{zi}\ \ F_{xj}\ \ F_{yj}\ \ F_{zj}]^{\mathrm{T}}$$

在整体坐标系 $oxyz$ 下，任意一个三维杆单元的两个节点 i 和 j 的节点坐标分别为（x_i，y_i，z_i）和（x_j，y_j，z_j）。因此，在单元局部坐标系$\overline{oxyz}$中，其$\bar{x}$轴的位置由节点 i 和 j 的节点坐标确定，即$\bar{x}$轴对整体坐标系的空间位置可以确定，但局部坐标系的$\bar{y}$轴和$\bar{z}$轴的空间位置无法确定。

$\bar{x}$轴与整体坐标系 x，y，z 轴之间夹角的方向余弦 l，m，n 分别为

$$l=\frac{x_i-x_j}{l},\quad m=\frac{y_i-y_j}{l},\quad n=\frac{z_i-z_j}{l}$$

现假设$\bar{y}$轴与整体坐标系 x，y，z 轴之间夹角的方向余弦分别为 l_y，m_y、n_y；$\bar{z}$轴与整体坐标系 x，y，z 轴之间夹角的方向余弦分别为 l_z，m_z，n_z。

局部坐标系下，节点位移$\bar{u}$，$\bar{v}$，$\bar{w}$与整体坐标系下的节点位移 u，v，w 之间满足关系式

$$\left.\begin{aligned} \bar{u}&=ul+vm+wn \\ \bar{v}&=ul_y+vm_y+wn_y \\ \bar{w}&=ul_z+vm_z+wn_z \end{aligned}\right\} \tag{2-47}$$

式（2-47）用矩阵的形式表示为

$$\begin{bmatrix}\bar{u}\\ \bar{v}\\ \bar{w}\end{bmatrix}=\begin{bmatrix}l & m & n\\ l_y & m_y & n_y\\ l_z & m_z & n_z\end{bmatrix}\begin{bmatrix}u\\ v\\ w\end{bmatrix} \tag{2-48}$$

令

$$\boldsymbol{\lambda}=\begin{bmatrix}l & m & n\\ l_y & m_y & n_y\\ l_z & m_z & n_z\end{bmatrix}$$

则 $\boldsymbol{\lambda}$ 称为节点坐标转换矩阵，为 3×3 阶矩阵。

单元节点位移的坐标变换公式为

$$\begin{bmatrix}\bar{u}_i\\ \bar{v}_i\\ \bar{w}_i\\ \bar{u}_j\\ \bar{v}_j\\ \bar{w}_j\end{bmatrix}=\begin{bmatrix}\boldsymbol{\lambda} & O\\ O & \boldsymbol{\lambda}\end{bmatrix}\begin{bmatrix}u_i\\ v_i\\ w_i\\ u_j\\ v_j\\ w_j\end{bmatrix} \tag{2-49}$$

式（2-49）可简化为

$$\bar{\boldsymbol{\delta}}^e=\boldsymbol{T}\boldsymbol{\delta}^e \tag{2-50}$$

式中，

$$T=\begin{bmatrix}\boldsymbol{\lambda} & 0\\ 0 & \boldsymbol{\lambda}\end{bmatrix}=\begin{bmatrix}l & m & n & & & \\ l_y & m_y & n_y & & \boldsymbol{O} & \\ l_z & m_z & n_z & & & \\ & & & l & m & n\\ & \boldsymbol{O} & & l_y & m_y & n_y\\ & & & l_z & m_z & n_z\end{bmatrix} \tag{2-51}$$

$\boldsymbol{T}$ 称为单元坐标转换矩阵，为 6×6 阶矩阵。

对单元节点力同样有类似的转换关系

$$\bar{\boldsymbol{F}}^e=\boldsymbol{T}\boldsymbol{F}^e \tag{2-52}$$

2. 整体坐标系下的单元刚度矩阵

由式（2-30）知，在整体坐标系下的单元刚度矩阵 $\boldsymbol{K}^e$ 为

$$\boldsymbol{K}^e=\boldsymbol{T}^T\bar{\boldsymbol{K}}^e\boldsymbol{T}$$

将式（2-51）代入上式，导出三维杆单元在整体坐标系下的单元刚度矩阵 $\boldsymbol{K}^e$ 为

$$
\boldsymbol{K}^e=\frac{EA}{l}\begin{bmatrix} l^2 & lm & ln & -l^2 & -lm & -ln \\ lm & m^2 & mn & -lm & -m^2 & -mn \\ ln & mn & n^2 & -ln & -mn & -n^2 \\ -l^2 & -lm & -ln & l^2 & lm & ln \\ -lm & -m^2 & -mn & lm & m^2 & mn \\ -ln & -mn & -n^2 & ln & mn & n^2 \end{bmatrix} \tag{2-53}
$$

在整体坐标系下，三维杆单元刚度矩阵 $\boldsymbol{K}^e$ 中的元素仅与局部坐标系 $\bar{x}$ 轴与整体坐标系各轴间夹角的方向余弦有关，与 $\bar{y}$ 轴和 $\bar{z}$ 的方向余弦无关。

求得三维杆单元在整体坐标系下的单元刚度矩阵，其余的计算过程与平面杆单元相同。

2.4 平面刚架

图 2.8 所示为一平面刚架。在刚架结构中，杆件之间用刚结点连接，刚结点不仅可以传递力（轴向力和横向力），而且还可以传递力矩。因此，刚架用梁单元进行离散化。

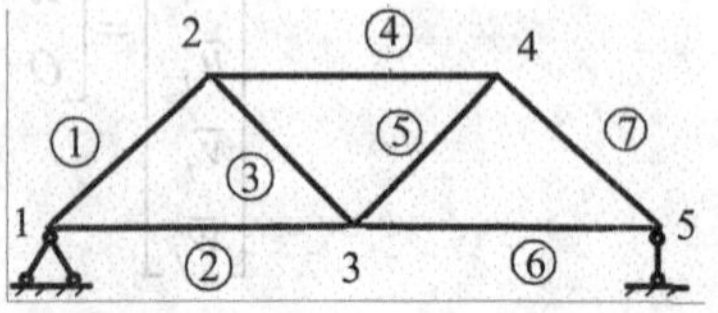

图 2.8 平面刚架有限元模型

平面刚架结构的单元划分原则与桁架相同，在荷载作用下，单元的每个节点有两个方向的线位移和一个方向的角位移，即每个节点有 3 个自由度。在整体坐标系 $oxyz$ 下，沿 x 轴方向的位移用 u 表示，沿 y 轴方向的位移用 v 表示，平面内角位移用 θ 表示。节点 i 沿 x 轴方向的位移用 u_i 表示，沿 y 轴方向的位移用 v_i 表示，平面内角位移用 θ_i 表示。如图 2.8 所示的平面刚架共由 7 个平面梁单元组成，编号为①，②，③，④，⑤，⑥和⑦。同时将各杆件的刚结点作单元的节点，共有五个节点，编号为 1，2，3，4，5。

2.4.1 局部坐标系下的单元刚度矩阵

1. 单元节点位移与节点力的关系

从图 2.8 所示的平面刚架中取出任意一个梁单元，在局部坐标系 $\overline{oxy}$ 下，平面梁单元的节点位移和节点荷载如图 2.9 所示。

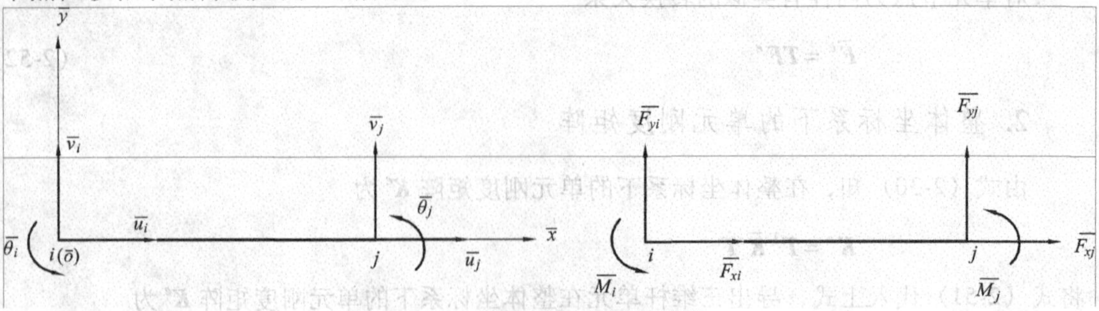

图 2.9 平面刚架有限元模型

节点位移 $\bar{u}$，$\bar{v}$ 和 $\bar{\theta}$ 分别表示沿局部坐标系 $\bar{x}$ 轴、$\bar{y}$ 轴方向的线位移和平面内的角位移，与节点位移相对应的节点力和力矩分别为 $\bar{F}_x$，$\bar{F}_y$ 和 $\bar{M}$。节点线位移规定以沿局部坐标系的坐标轴方向为正，角位移由 $\bar{x}$ 轴到 $\bar{y}$ 轴逆时针旋转为正，否则为负。节点 i 在局部坐标系下的位移分量分别为 $\bar{u}_i$，$\bar{v}_i$ 和 $\bar{\theta}_i$，节点 j 在局部坐标系下的位移分量分别为 $\bar{u}_j$，$\bar{v}_j$ 和 $\bar{\theta}_j$，其向量形式分别为

$$\bar{\boldsymbol{\delta}}_i=[\bar{u}_i\ \ \bar{v}_i\ \ \bar{\theta}_i]^{\mathrm{T}},\quad \bar{\boldsymbol{\delta}}_j=[\bar{u}_j\ \ \bar{v}_j\ \ \bar{\theta}_j]^{\mathrm{T}}$$

式中，$\bar{\boldsymbol{\delta}}_i$ 和 $\bar{\boldsymbol{\delta}}_j$ 分别表示节点 i 和 j 在局部坐标系下的位移向量。

对于单元 e，将节点 i 和 j 的位移向量合写在一起，构成单元节点位移向量，表示为

$$\bar{\boldsymbol{\delta}}^e=[\bar{\boldsymbol{\delta}}_i\ \ \bar{\boldsymbol{\delta}}_j]^{\mathrm{T}}=[\bar{u}_i\ \ \bar{v}_i\ \ \bar{\theta}_i\ \ \bar{u}_j\ \ \bar{v}_j\ \ \bar{\theta}_j]^{\mathrm{T}} \tag{2-54}$$

即每个平面梁单元有 6 个节点位移自由度。

在单元局部坐标系下，由单元节点位移引起的单元节点力方向的规定与相应节点位移方向一致。

在单元 e 中，节点 i 和 j 在单元局部坐标系下的节点力向量分别表示为

$$\bar{\boldsymbol{F}}_i^e=[\bar{F}_{xi}\ \ \bar{F}_{yi}\ \ \bar{M}_i]^{\mathrm{T}},\qquad \bar{\boldsymbol{F}}_j^e=[\bar{F}_{xj}\ \ \bar{F}_{yj}\ \ \bar{M}_j]^{\mathrm{T}}$$

单元节点力向量的转置矩阵形式为

$$\bar{\boldsymbol{F}}^e=[\bar{\boldsymbol{F}}_i^e\ \ \bar{\boldsymbol{F}}_j^e]^{\mathrm{T}}=[\bar{F}_{xi}\ \ \bar{F}_{yi}\ \ \bar{M}_i\ \ \bar{F}_{xj}\ \ \bar{F}_{yj}\ \ \bar{M}_j]^{\mathrm{T}} \tag{2-55}$$

在单元局部坐标系下，平面梁单元上节点位移与节点力的关系可按式（2-12）表示为

$$\bar{\boldsymbol{F}}^e=\bar{\boldsymbol{K}}^e\bar{\boldsymbol{\delta}}^e \tag{2-56}$$

由于每个平面梁单元有 6 个自由度，所以单元刚度矩阵 $\bar{\boldsymbol{K}}^e$ 为 6×6 阶矩阵，上式写成矩阵的形式为

$$\begin{bmatrix}\bar{F}_{xi}\\ \bar{F}_{yi}\\ \bar{M}_i\\ \bar{F}_{xj}\\ \bar{F}_{yj}\\ \bar{M}_j\end{bmatrix}=\begin{bmatrix}\bar{k}_{11} & \bar{k}_{12} & \bar{k}_{13} & \bar{k}_{14} & \bar{k}_{15} & \bar{k}_{16}\\ \bar{k}_{21} & \bar{k}_{22} & \bar{k}_{23} & \bar{k}_{24} & \bar{k}_{25} & \bar{k}_{26}\\ \bar{k}_{31} & \bar{k}_{32} & \bar{k}_{33} & \bar{k}_{34} & \bar{k}_{35} & \bar{k}_{36}\\ \bar{k}_{41} & \bar{k}_{42} & \bar{k}_{43} & \bar{k}_{44} & \bar{k}_{45} & \bar{k}_{46}\\ \bar{k}_{51} & \bar{k}_{52} & \bar{k}_{53} & \bar{k}_{54} & \bar{k}_{55} & \bar{k}_{56}\\ \bar{k}_{61} & \bar{k}_{62} & \bar{k}_{63} & \bar{k}_{64} & \bar{k}_{65} & \bar{k}_{66}\end{bmatrix}\begin{bmatrix}\bar{u}_i\\ \bar{v}_i\\ \bar{\theta}_i\\ \bar{u}_j\\ \bar{v}_j\\ \bar{\theta}_j\end{bmatrix} \tag{2-57}$$

2. 单元刚度矩阵的确定

用材料力学中的力法原理计算单位节点位移引起的单元节点力。对于线性小变形问题，结构的位移与荷载成正比。计算位移时，荷载满足叠加原理，而当荷载全部撤除后，位移也完全消失，且应力与应变的关系同样符合虎克定律。在刚架结构中，梁单元节点变形（或位移）与节点力的关系与梁两端固定连接时支座发生位移时引起的支座反力的关系相同。

两端固定梁在支座发生位移时，对支座反力的影响，如图 2.10 所示。梁两端固定是三次超静定结构，利用材料力学中的力法进行求解。

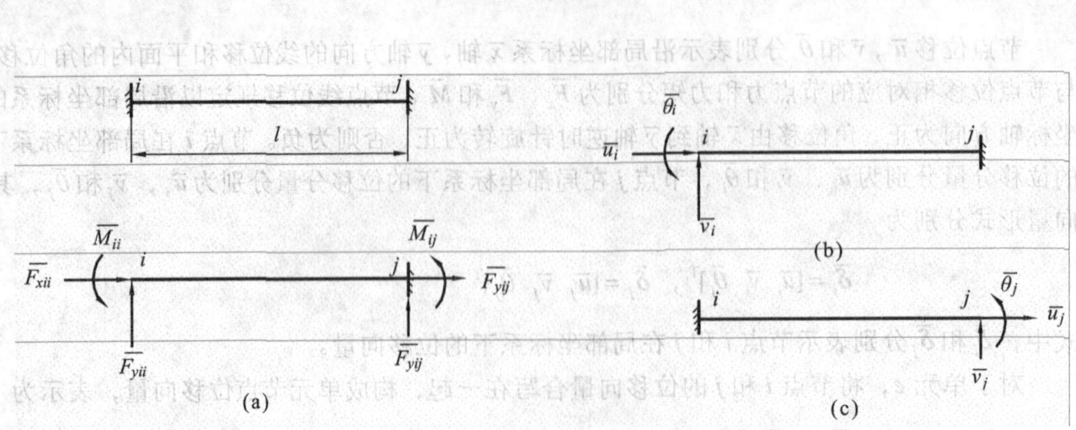

图 2.10 两端固定梁受力分析

当 j 端固定时，其基本结构如图 2.10（b）所示。设 i 端沿 $\bar{x}$ 轴、$\bar{y}$ 轴方向的线位移和平面内的角位移分别为 $\bar{u}_i$，$\bar{v}_i$，$\bar{\theta}_i$，其相应的作用于 i 端多余的未知力为水平方向的力 $\bar{F}_{xii}$，垂直方向的力 $\bar{F}_{yii}$ 和平面内的弯曲 $\bar{M}_{ii}$；j 端的支座反力为水平方向的力 $\bar{F}_{xij}$，垂直方向的力 $\bar{F}_{yij}$ 和平面内的弯曲 $\bar{M}_{ij}$，且满足关系式

$$\left.\begin{aligned}&\bar{F}_{xii}+\bar{F}_{xij}=0\\&\bar{F}_{yii}+\bar{F}_{yij}=0\\&\bar{M}_{ii}-\bar{F}_{xii}\cdot l+\bar{M}_{ij}=0\end{aligned}\right\}\tag{2-58}$$

力法的典型方程为

$$\left.\begin{aligned}&\delta_{11}\bar{F}_{xii}+\delta_{12}\bar{F}_{yii}+\delta_{13}\bar{M}_{ii}+\varDelta_{1P}=\bar{u}_i\\&\delta_{21}\bar{F}_{xii}+\delta_{22}\bar{F}_{yii}+\delta_{23}\bar{M}_{ii}+\varDelta_{2P}=\bar{v}_i\\&\delta_{31}\bar{F}_{xii}+\delta_{32}\bar{F}_{yii}+\delta_{33}\bar{M}_{ii}+\varDelta_{3P}=\bar{\theta}_i\end{aligned}\right\}\tag{2-59}$$

由于在梁上除了固定支座的位移外没有其他荷载作用，因此，$\Delta_{1P}=\Delta_{2P}=\Delta_{3P}=0$。基本结构在 i 端单位未知力 $\bar{F}_{xii}=1$，$\bar{F}_{yii}=1$ 和单位未知弯矩 $\bar{M}_{ii}=1$ 分别作用下的轴力、剪力和弯矩方程为

对于 $\bar{F}_{xii}$：轴力 $N_1=-1$，剪力 $Q_1=0$，弯矩 $M_1=0$；

对于 $\bar{F}_{yii}$：轴力 $N_2=0$，剪力 $Q_2=-1$，弯矩 $M_2=-\bar{x}$；

对于 $\bar{M}_{ii}$：轴力 $N_3=0$，剪力 $Q_3=0$，弯矩 $M_3=1$。

在杆系结构中，其位移计算公式为

$$\delta_{ij}=\sum\int\frac{N_iN_j}{EA}\mathrm{d}\bar{x}+\sum\int\frac{kQ_iQ_j}{GA}\mathrm{d}\bar{x}+\sum\int\frac{M_iM_j}{EI}\mathrm{d}\bar{x}\text{，}(i,\ j=1,\ 2,\ 3)$$

$$\delta_{11}=\int_0^l\frac{(-1)^2}{EA}\mathrm{d}\bar{x}+0+0=\frac{l}{EA}$$

$$\delta_{22}=0+\int_0^l\frac{k(-1)^2}{GA}\mathrm{d}\bar{x}+\int_0^l\frac{(-\bar{x})^2}{EI}\mathrm{d}\bar{x}=\frac{kl}{GA}+\frac{l^3}{3EI}$$

$$\delta_{33}=0+0+\int_0^l \frac{(1)^2}{EI}\mathrm{d}\bar{x}=\frac{l}{EI}$$

$$\delta_{12}=\delta_{21}=\delta_{13}=\delta_{31}=0$$

$$\delta_{23}=\delta_{23}=0+0+\int_0^l \frac{(1)\times(-\bar{x})}{EI}\mathrm{d}\bar{x}=-\frac{l^2}{2EI}$$

代入式（2-59）得

$$\left.\begin{aligned}&\frac{l}{EA}\bar{F}_{xii}=\bar{u}_i\\&\left(\frac{kl}{GA}+\frac{l^3}{3EI}\right)\bar{F}_{yii}-\frac{l^2}{2EI}\bar{M}_{ii}=\bar{v}_i\\&-\frac{l^2}{2EI}\bar{F}_{yii}+\frac{l}{EI}\bar{M}_{ii}=\bar{\theta}_i\end{aligned}\right\}\tag{2-60}$$

由式（2-60）可知，轴力与剪力和弯矩相互独立，轴向位移只产生轴，对剪力和弯矩无影响；梁的横向位移和转角同样对轴力无影响。因此，将轴力与剪力和弯矩分别考虑。

在 i 节点单位线位移和单位角位移单独作用下，在 i 和 j 节点引起的反力分别为

① 当 $\bar{u}_i=1$时，由式（2-58）和式（2-60）得

$$\bar{F}_{xii}=\frac{EA}{l}\,,\qquad \bar{F}_{yij}=-\frac{EA}{l}$$

② 当 $\bar{v}_i=1$，$\bar{\theta}_i=0$ 时，同法可得

$$\bar{F}_{yii}=\frac{12EI_z}{l^3(1+\Phi_y)}\,,\qquad \bar{M}_{ii}=\frac{6EI_z}{l^2(1+\Phi_y)}$$

$$\bar{F}_{yij}=-\frac{12EI_z}{l^3(1+\Phi_y)}\,,\qquad \bar{M}_{ij}=\frac{6EI_z}{l^2(1+\Phi_y)}$$

式中，$\Phi_y=-\dfrac{12EI_z}{GA_s l^3}$，其中 $A_s=A/k$，k 为剪应力沿截面不均匀分布修正系数，其取值依赖于截面形状。其中矩形截面 k=6/5；圆形截面 k=10/9；薄壁圆环截面 k=2；工字形截面 $k=A/A_f$，A_f为腹板截面面积。G 为材料的剪切弹性模量。

③ 当 $\bar{\theta}_i=1$，$\bar{v}_i=0$时，同法可得

$$\bar{F}_{yii}=\frac{6EI_z}{l^2(1+\Phi_y)}\,,\qquad \bar{M}_{ii}=\frac{(4+\Phi_y)EI_z}{l(1+\Phi_y)}$$

$$\bar{F}_{yij}=-\frac{6EI_z}{l^2(1+\Phi_y)}\,,\qquad \bar{M}_{ij}=\frac{(2-\Phi_y)EI_z}{l^2(1+\Phi_y)}$$

当 i 端固定时，其基本结构如图 2.10（c）所示。设 j 端沿 $\bar{x}$ 轴、$\bar{y}$ 轴方向的线位移和平面内的角位移分别为 $\bar{u}_j$，$\bar{v}_j$，$\bar{\theta}_j$，其相应的作用于 j 端多余的未知力为水平方向的力 $\bar{F}_{xjj}$，垂直方向的力 $\bar{F}_{yjj}$ 和平面内的弯曲 $\bar{M}_{jj}$；i 端的支座反力为水平方向的力 $\bar{F}_{xji}$、垂直方向的力 $\bar{F}_{yji}$ 和平面内的弯曲 $\bar{M}_{ji}$，且满足关系式

$$\left.\begin{aligned}&\bar{F}_{xij}+\bar{F}_{xji}=0\\&\bar{F}_{yij}+\bar{F}_{yji}=0\\&\bar{M}_{ij}+\bar{F}_{xij}\cdot l+\bar{M}_{ji}=0\end{aligned}\right\}\tag{2-61}$$

同理求得 i 端固定，j 端支座移动时，支座位移与支座多余未知力满足关系式

$$\left.\begin{aligned}&\frac{l}{EA}\bar{F}_{xij}=\bar{u}_j\\&\left(\frac{kl}{GA}+\frac{l^3}{3EI}\right)\bar{F}_{ij}+\frac{l^2}{2EI}\bar{M}_{ij}=\bar{v}_j\\&\frac{l^2}{2EI}\bar{F}_{yij}+\frac{l}{EI}\bar{M}_{ij}=\bar{\theta}_j\end{aligned}\right\}\tag{2-62}$$

在 j 端单位线位移和单位角位移单独作用下，引起的支座反力分别为

① 当 $\bar{u}_j=1$ 时，由式（2-61）和式（2-62）得

$$\bar{F}_{xij}=\frac{EA}{l},\ \bar{F}_{yji}=-\frac{EA}{l}$$

② 当 $\bar{v}_j=1$，$\bar{\theta}_j=0$ 时，同法可得

$$\bar{F}_{yij}=\frac{12EI_z}{l^3(1+\Phi_y)},\qquad \bar{M}_{ij}=-\frac{6EI_z}{l^2(1+\Phi_y)}$$

$$\bar{F}_{yji}=-\frac{12EI_z}{l^3(1+\Phi_y)},\qquad \bar{M}_{ji}=-\frac{6EI_z}{l^2(1+\Phi_y)}$$

③ 当 $\bar{\theta}_j=1$，$\bar{v}_j=0$ 时，同法可得

$$\bar{F}_{yij}=-\frac{6EI_z}{l^2(1+\Phi_y)},\qquad \bar{M}_{ij}=\frac{6EI_z}{l^2(1+\Phi_y)}$$

$$\bar{F}_{yji}=-\frac{6EI_z}{l^2(1+\Phi_y)},\qquad \bar{M}_{ji}=\frac{(2-\Phi_y)EI_z}{l^2(1+\Phi_y)}$$

综合上述分析，在节点 i 和节点 j 的位移联合作用下，节点位移与节点力满足关系式

$$\left.\begin{aligned}&\bar{F}_{xi}=\frac{EA}{l}\bar{u}_i-\frac{EA}{l}\bar{u}_j\\&\bar{F}_{yi}=\frac{12EI_z}{l^3(1+\Phi_y)}\bar{v}_i+\frac{6EI_z}{l^2(1+\Phi_y)}\bar{\theta}_i-\frac{12EI_z}{l^3(1+\Phi_y)}\bar{v}_j+\frac{6EI_z}{l^2(1+\Phi_y)}\bar{\theta}_j\\&\bar{M}_i=\frac{6EI_z}{l^2(1+\Phi_y)}\bar{v}_i+\frac{(4+\Phi_y)EI_z}{l(1+\Phi_y)}\bar{\theta}_i-\frac{6EI_z}{l^2(1+\Phi_y)}\bar{v}_j+\frac{(2-\Phi_y)EI_z}{l(1+\Phi_y)}\bar{\theta}_j\\&\bar{F}_{xj}=-\frac{EA}{l}\bar{u}_i+\frac{EA}{l}\bar{u}_j\\&\bar{F}_{yj}=-\frac{12EI_z}{l^3(1+\Phi_y)}\bar{v}_i-\frac{6EI_z}{l^2(1+\Phi_y)}\bar{\theta}_i+\frac{12EI_z}{l^3(1+\Phi_y)}\bar{v}_j-\frac{6EI_z}{l^2(1+\Phi_y)}\bar{\theta}_j\\&\bar{M}_j=\frac{6EI_z}{l^2(1+\Phi_y)}\bar{v}_i+\frac{(2-\Phi_y)EI_z}{l(1+\Phi_y)}\bar{\theta}_i-\frac{6EI_z}{l^2(1+\Phi_y)}\bar{v}_j+\frac{(4+\Phi_y)EI_z}{l(1+\Phi_y)}\bar{\theta}_j\end{aligned}\right\}\tag{2-63}$$

将上式写成矩阵的形式为

$$\begin{bmatrix}\bar{F}_{xi}\\ \bar{F}_{yi}\\ \bar{M}_i\\ \bar{F}_{xj}\\ \bar{F}_{yj}\\ \bar{M}_j\end{bmatrix}=\begin{bmatrix}\frac{EA}{l} & 0 & 0 & -\frac{EA}{l} & 0 & 0\\ 0 & \frac{12EI_z}{l^3(1+\Phi_y)} & \frac{6EI_z}{l^2(1+\Phi_y)} & 0 & -\frac{12EI_z}{l^3(1+\Phi_y)} & \frac{6EI_z}{l^2(1+\Phi_y)}\\ 0 & \frac{6EI_z}{l^2(1+\Phi_y)} & \frac{(4+\Phi_y)EI_z}{l(1+\Phi_y)} & 0 & -\frac{6EI_z}{l^2(1+\Phi_y)} & \frac{(2-\Phi_y)EI_z}{l(1+\Phi_y)}\\ -\frac{EA}{l} & 0 & 0 & \frac{EA}{l} & 0 & 0\\ 0 & -\frac{12EI_z}{l^3(1+\Phi_y)} & -\frac{6EI_z}{l^2(1+\Phi_y)} & 0 & \frac{12EI_z}{l^3(1+\Phi_y)} & -\frac{6EI_z}{l^2(1+\Phi_y)}\\ 0 & \frac{6EI_z}{l^2(1+\Phi_y)} & \frac{(2-\Phi_y)EI_z}{l(1+\Phi_y)} & 0 & -\frac{6EI_z}{l^2(1+\Phi_y)} & \frac{(4+\Phi_y)EI_z}{l(1+\Phi_y)}\end{bmatrix}\begin{bmatrix}\bar{u}_i\\ \bar{v}_i\\ \bar{\theta}_i\\ \bar{u}_j\\ \bar{v}_j\\ \bar{\theta}_j\end{bmatrix} \tag{2-64}$$

将式（2-57）与式（2-64）比较，导出平面梁单元在局部坐标系下的单元刚度矩阵 $\bar{\boldsymbol{K}}^e$ 为

$$\bar{\boldsymbol{K}}^e=\begin{bmatrix}\frac{EA}{l} & 0 & 0 & -\frac{EA}{l} & 0 & 0\\ 0 & \frac{12EI_z}{l^3(1+\Phi_y)} & \frac{6EI_z}{l^2(1+\Phi_y)} & 0 & -\frac{12EI_z}{l^3(1+\Phi_y)} & \frac{6EI_z}{l^2(1+\Phi_y)}\\ 0 & \frac{6EI_z}{l^2(1+\Phi_y)} & \frac{(4+\Phi_y)EI_z}{l(1+\Phi_y)} & 0 & -\frac{6EI_z}{l^2(1+\Phi_y)} & \frac{(2-\Phi_y)EI_z}{l(1+\Phi_y)}\\ -\frac{EA}{l} & 0 & 0 & \frac{EA}{l} & 0 & 0\\ 0 & -\frac{12EI_z}{l^3(1+\Phi_y)} & -\frac{6EI_z}{l^2(1+\Phi_y)} & 0 & \frac{12EI_z}{l^3(1+\Phi_y)} & -\frac{6EI_z}{l^2(1+\Phi_y)}\\ 0 & \frac{6EI_z}{l^2(1+\Phi_y)} & \frac{(2-\Phi_y)EI_z}{l(1+\Phi_y)} & 0 & -\frac{6EI_z}{l^2(1+\Phi_y)} & \frac{(4+\Phi_y)EI_z}{l(1+\Phi_y)}\end{bmatrix} \tag{2-65}$$

从上式可以看出单元刚度矩阵 $\bar{\boldsymbol{K}}^e$ 具有如下性质：

（1）$\bar{\boldsymbol{K}}^e$ 是单元 e 上由节点位移向量 $\bar{\boldsymbol{\delta}}^e$ 求节点力向量 $\bar{\boldsymbol{F}}^e$ 的转换矩阵。

（2）$\bar{\boldsymbol{K}}^e$ 中元素的力学意义为：元素 $\bar{k}_{mn}$ 是单元上第 n（$n=1$，2，…，6）个自由度对应的位移（线位移或角位移）等于单位位移时，且其余自由度对应的位移等于零时，需在第 m（$m=1$，2，…，6）个自由度处施加的力（或力矩）。

刚度矩阵中每行或每列元素的力学意义是：同一行的 6 个元素是 6 个节点位移对同一个节点力的影响系数(或称贡献系数)；同一列的 6 个元素是同一个节点位移对 6 个节点力的影响系数。

单元刚度矩阵中的元素只与单元本身的特性有关，与外荷载无关。当不考虑剪切变形对位移的影响时，局部坐标系下的单元刚度矩阵 $\bar{\boldsymbol{K}}^e$ 为

$$\bar{\boldsymbol{K}}^e=\begin{bmatrix} \frac{EA}{l} & 0 & 0 & -\frac{EA}{l} & 0 & 0 \\ 0 & \frac{12EI_z}{l^3} & \frac{6EI_z}{l^2} & 0 & -\frac{12EI_z}{l^3} & \frac{6EI_z}{l^2} \\ 0 & \frac{6EI_z}{l^2} & \frac{4EI_z}{l} & 0 & -\frac{6EI_z}{l^2} & \frac{2EI_z}{l} \\ -\frac{EA}{l} & 0 & 0 & \frac{EA}{l} & 0 & 0 \\ 0 & -\frac{12EI_z}{l^3} & -\frac{6EI_z}{l^2} & 0 & \frac{12EI_z}{l^3} & -\frac{6EI_z}{l^2} \\ 0 & \frac{6EI_z}{l^2} & \frac{2EI_z}{l} & 0 & -\frac{6EI_z}{l^2} & \frac{4EI_z}{l} \end{bmatrix} \tag{2-66}$$

（3）对称性：根据力学中力的互等定理和单元刚度系数的力学意义，有 $\bar{\boldsymbol{K}}_{ij}=\bar{\boldsymbol{K}}_{ji}$，由此可知单元刚度短阵 $\bar{\boldsymbol{K}}^e$ 为对称矩阵。

（4）奇异性：单元刚度矩阵是奇异矩阵，即单元刚度矩阵的对应行列式值等于零，即 $|\bar{\boldsymbol{K}}^e|=0$。若把式（2-65）表示的单元刚度矩阵的第 4 行加到第 1 行上去，也能使第 1 行的元素全部为零，因此，单元刚度矩阵对应的行列式值等于零。单元刚度矩阵的奇异性反映了矩阵中还没有考虑到单元两端与整个结构的联系，所以可以产生任意的刚体位移。

（5）分块性：在式（2-54）中，单元节点位移向量是由两个子向量组成的，每一子向量包含一个节点上的两个位移分量；在式（2-55）中，单元节点力向量也是由两个子向量组成的，每一个子向量包含一个节点上的两个力分量；同样在式（2-64）中，对单元刚度矩阵 $\bar{\boldsymbol{K}}^e$ 的行与列按同样的原则划分，这样就得到单元刚度矩阵 $\bar{\boldsymbol{K}}^e$ 的分块形式，若将其中每一子块记作 $\bar{\boldsymbol{K}}_{ij}^e$，则式（2-65）可写为

$$\bar{\boldsymbol{K}}^e=\begin{bmatrix} \bar{\boldsymbol{K}}_{ii}^e & \bar{\boldsymbol{K}}_{ij}^e \\ \bar{\boldsymbol{K}}_{ji}^e & \bar{\boldsymbol{K}}_{jj}^e \end{bmatrix} \tag{2-67}$$

式（2-64）若按单元节点向量的形式可写为

$$\begin{bmatrix} \bar{\boldsymbol{F}}_i^e \\ \bar{\boldsymbol{F}}_j^e \end{bmatrix}=\begin{bmatrix} \bar{\boldsymbol{K}}_{ii}^e & \bar{\boldsymbol{K}}_{ij}^e \\ \bar{\boldsymbol{K}}_{ji}^e & \bar{\boldsymbol{K}}_{jj}^e \end{bmatrix}\begin{bmatrix} \boldsymbol{\delta}_i \\ \boldsymbol{\delta}_j \end{bmatrix} \tag{2-68}$$

由上式可以得出单元节点力向量为

$$\left.\begin{aligned} \bar{\boldsymbol{F}}_i^e &= \bar{\boldsymbol{K}}_{ii}^e\bar{\boldsymbol{\delta}}_i+\bar{\boldsymbol{K}}_{ij}^e\bar{\boldsymbol{\delta}}_j \\ \bar{\boldsymbol{F}}_j^e &= \bar{\boldsymbol{K}}_{ji}^e\bar{\boldsymbol{\delta}}_i+\bar{\boldsymbol{K}}_{jj}^e\bar{\boldsymbol{\delta}}_j \end{aligned}\right\} \tag{2-69}$$

在式（2-68）中，每个单元的刚度矩阵可划分为四个子刚度矩阵，由于每个单元有 2 个节点，所以每个子刚度矩阵为 3×3 阶矩阵。主对角线上的子块反映了单元上同一点处的力与位移的关系，如 $\bar{\boldsymbol{K}}_{ii}^e$ 反映了单元 e 上 i 节点上的力与 i 节点上的位移之间关系；而非对角线上的子块反映的是单元 e 上不同节点上的力与位移的关系，如 $\bar{\boldsymbol{K}}_{ij}^e$ 反映了单元 e 上 i 节点上的力与 j 节点上的位移之间的关系。

2.4.2　整体坐标系下的单元刚度矩阵

前面在单元的局部坐标系下对单元的特性进行了研究。可以看出，在局部坐标系下，单元刚度矩阵的形式是完全相同的，对单元进行分析十分方便。但是，由于各个单元的空间位置各不相同，在模型的整体坐标系下，单元的局部坐标系的空间位置也各不相同。因此，为了能将单元集合起来，进行整体分析，用单元局部坐标系进行分析并不十分方便。为此建立一个整体坐标系，它并不随着单元空间位置的变化而变化，而是整个结构模型的公共的、统一的坐标系。

在进行整体分析之前，需对整体坐标系和局部坐标系进行坐标变换，将在前文中得到的局部坐标系下的单元刚度矩阵 $\bar{\boldsymbol{K}}^e$ 转换成整体坐标系下的单元刚度矩阵 $\boldsymbol{K}^e$。

1. 坐标变换

在整体坐标系下，同样可以将单元节点位移和节点力用向量的形式表示为

$$\boldsymbol{\delta}_i=[u_i\ \ v_i\ \ \theta_i]^{\mathrm{T}},\qquad \boldsymbol{\delta}_j=[u_j\ \ v_j\ \ \theta_j]^{\mathrm{T}},$$

$$\boldsymbol{F}_i^e=[F_{xi}\ \ F_{yi}\ \ M_i]^{\mathrm{T}},\qquad \boldsymbol{F}_j^e=[F_{xj}\ \ F_{yj}\ \ M_j]^{\mathrm{T}} \tag{2-70}$$

式中，$\boldsymbol{\delta}_i$ 和 $\boldsymbol{\delta}_j$ 分别表示节点 i 和 j 在整体坐标系下的位移向量；$\boldsymbol{F}_i^e$ 和 $\boldsymbol{F}_j^e$ 分别表示节点 i 和 j 在整体坐标系下的力向量。

在平面刚架中，整体坐标系与单元局部坐标系的空间位置关系如图 2.11 所示，整体坐标系 x 轴与局部坐标系 $\bar{x}$ 轴之间的夹角 α，规定夹角 α 由 x 轴向 $\bar{x}$ 轴逆时针旋转为正。局部坐标系和整体坐标系下的节点位移之间的关系为

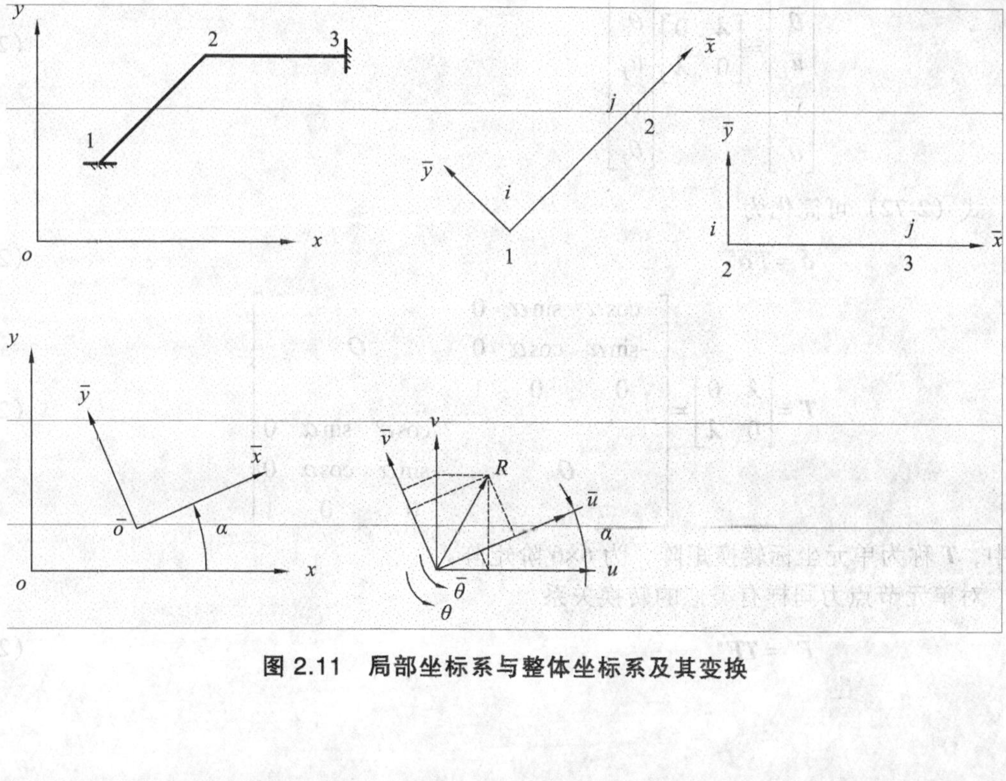

图 2.11　局部坐标系与整体坐标系及其变换

局部坐标系和整体坐标系下的节点位移之间的关系为

$$\left.\begin{aligned}\bar{u}&=u\cos\alpha+v\sin\alpha\\ \bar{v}&=-u\sin\alpha+v\cos\alpha\\ \bar{\theta}&=\theta\end{aligned}\right\}$$

上式用矩阵的形式表示为

$$\begin{bmatrix}\bar{u}\\ \bar{v}\\ \bar{\theta}\end{bmatrix}=\begin{bmatrix}\cos\alpha & \sin\alpha & 0\\ -\sin\alpha & \cos\alpha & 0\\ 0 & 0 & 1\end{bmatrix}\begin{bmatrix}u\\ v\\ \theta\end{bmatrix} \tag{2-71}$$

令

$$\boldsymbol{\lambda}=\begin{bmatrix}\cos\alpha & \sin\alpha & 0\\ -\sin\alpha & \cos\alpha & 0\\ 0 & 0 & 1\end{bmatrix}$$

$\boldsymbol{\lambda}$ 称为节点坐标转换矩阵，为 3×3 阶矩阵。

式（2-71）用矩阵表示为

$$\begin{bmatrix}\bar{u}\\ \bar{v}\\ \bar{\theta}\end{bmatrix}=\boldsymbol{\lambda}\begin{bmatrix}u\\ v\\ \theta\end{bmatrix}$$

单元节点位移的坐标变换公式为

$$\begin{bmatrix}\bar{u}_i\\ \bar{v}_i\\ \bar{\theta}_i\\ \bar{u}_j\\ \bar{v}_j\\ \bar{\theta}_j\end{bmatrix}=\begin{bmatrix}\boldsymbol{\lambda} & 0\\ 0 & \boldsymbol{\lambda}\end{bmatrix}\begin{bmatrix}u_i\\ v_i\\ \theta_i\\ u_j\\ v_j\\ \theta_j\end{bmatrix} \tag{2-72}$$

式（2-72）可简化为

$$\bar{\boldsymbol{\delta}}=\boldsymbol{T}\boldsymbol{\delta}^e \tag{2-73}$$

$$\boldsymbol{T}=\begin{bmatrix}\boldsymbol{\lambda} & 0\\ 0 & \boldsymbol{\lambda}\end{bmatrix}=\begin{bmatrix}\cos\alpha & \sin\alpha & 0 & & & \\ -\sin\alpha & \cos\alpha & 0 & & \boldsymbol{O} & \\ 0 & 0 & 1 & & & \\ & & & \cos\alpha & \sin\alpha & 0\\ & \boldsymbol{O} & & -\sin\alpha & \cos\alpha & 0\\ & & & 0 & 0 & 1\end{bmatrix} \tag{2-74}$$

式中，$\boldsymbol{T}$ 称为单元坐标转换矩阵，为 6×6 阶矩阵。

对单元节点力同样有类似的转换关系

$$\bar{\boldsymbol{F}}^e=\boldsymbol{T}\boldsymbol{F}^e \tag{2-75}$$

2. 整体坐标系下的单元刚度矩阵

因为 $\boldsymbol{T}$ 为正交变换矩阵，有 $\boldsymbol{T}^{-1}=\boldsymbol{T}^{\mathrm{T}}$。将式（2-73）和式（2-75）代入式（2-64）得

$$\boldsymbol{F}^e=\boldsymbol{T}^{\mathrm{T}}\bar{\boldsymbol{K}}^e\boldsymbol{T}\boldsymbol{\delta}^e \tag{2-76}$$

则有

$$\boldsymbol{K}^e=\boldsymbol{T}^{\mathrm{T}}\bar{\boldsymbol{K}}^e\boldsymbol{T} \tag{2-77}$$

式（2-77）即为整体坐标系下的单元刚度矩阵 $\boldsymbol{K}^e$ 与局部坐标系下的单元刚度矩阵 $\bar{\boldsymbol{K}}^e$ 之间的关系式，即由式（2-76）建立了单元在整体坐标系下的节点力与节点位移之间的关系式。

整体坐标系下的单元刚度矩阵 $\boldsymbol{K}^e$ 写为子刚度矩阵的形式为

$$\boldsymbol{K}^e=\begin{bmatrix}\boldsymbol{K}_{ii}^e & \boldsymbol{K}_{ij}^e\\ \boldsymbol{K}_{ji}^e & \boldsymbol{K}_{jj}^e\end{bmatrix}=\begin{bmatrix}\boldsymbol{\lambda}^{\mathrm{T}} & \boldsymbol{O}\\ \boldsymbol{O} & \boldsymbol{\lambda}^{\mathrm{T}}\end{bmatrix}\begin{bmatrix}\bar{\boldsymbol{K}}_{ii}^e & \bar{\boldsymbol{K}}_{ij}^e\\ \bar{\boldsymbol{K}}_{ji}^e & \bar{\boldsymbol{K}}_{jj}^e\end{bmatrix}\begin{bmatrix}\boldsymbol{\lambda} & \boldsymbol{O}\\ \boldsymbol{O} & \boldsymbol{\lambda}\end{bmatrix}=\begin{bmatrix}\boldsymbol{\lambda}^{\mathrm{T}}\bar{\boldsymbol{K}}_{ii}^e v & \boldsymbol{\lambda}^{\mathrm{T}}\bar{\boldsymbol{K}}_{ij}^e\boldsymbol{\lambda}\\ \boldsymbol{\lambda}^{\mathrm{T}}\bar{\boldsymbol{K}}_{ji}^e\boldsymbol{\lambda} & \boldsymbol{\lambda}^{\mathrm{T}}\bar{\boldsymbol{K}}_{jj}^e\boldsymbol{\lambda}\end{bmatrix}$$

即有

$$\boldsymbol{K}_{ij}^e=\boldsymbol{\lambda}^{\mathrm{T}}\bar{\boldsymbol{K}}_{ij}^e\boldsymbol{\lambda} \tag{2-78}$$

式（2-76）若按单元节点向量的形式可写为

$$\begin{bmatrix}\boldsymbol{F}_i^e\\ \boldsymbol{F}_j^e\end{bmatrix}=\begin{bmatrix}\boldsymbol{K}_{ii}^e & \boldsymbol{K}_{ij}^e\\ \boldsymbol{K}_{ji}^e & \boldsymbol{K}_{jj}^e\end{bmatrix}\begin{bmatrix}\boldsymbol{\delta}_i\\ \boldsymbol{\delta}_j\end{bmatrix} \tag{2-79}$$

由上式可以得出整体坐标系下的单元节点力向量为

$$\left.\begin{aligned}\boldsymbol{F}_i^e&=\boldsymbol{K}_{ii}^e\boldsymbol{\delta}_i+\boldsymbol{K}_{ij}^e\boldsymbol{\delta}_j\\ \boldsymbol{F}_j^e&=\boldsymbol{K}_{ji}^e\boldsymbol{\delta}_i+\boldsymbol{K}_{jj}^e\boldsymbol{\delta}_j\end{aligned}\right\} \tag{2-80}$$

整体坐标系下的单元刚度矩阵 $\boldsymbol{K}^e$ 仍为 6×6 阶矩阵，且具有局部坐标系下单元刚度矩阵的所有特性。

导出整体坐标系下的单元刚度矩阵，其余分析与桁架有限元分析方法完全一致。

2.4.3　等效节点荷载和荷载向量

与桁架结构一样，对于作用在节点上的荷载，可以直接与单元节点力建立平衡方程，但对于非节点荷载，必须进行等效处理转化为等效节点荷载，组建有限元方程时按节点外荷载的方式进行处理。

1. 局部坐标系下的等效节点荷载计算

将非节点荷载转换到节点上，转化为等效节点荷载，应按静力等效原则来进行，由此转化而引起的单元的内力和应力差异，只是局部的，不会影响整个结构上的应力分布。在刚架结构中，将其一杆件上的非节点荷载转化为等效节点荷载，只影响该杆件上的应力分布，而对其他杆件的应力不产生影响。

对于作用于梁单元上的非节点荷载只需给出荷载作用下两端固定梁的固端反力（相当于节点对单元的作用力）计算表达式，然后将固端反力加一负号即为等效节点荷载（相当于单元对节点的作用力）。在表 2.1 中给出用力法求得的几种常用非节点荷载的等效节点荷载。

表 2.1　几种常用非节点荷载的等效节点荷载

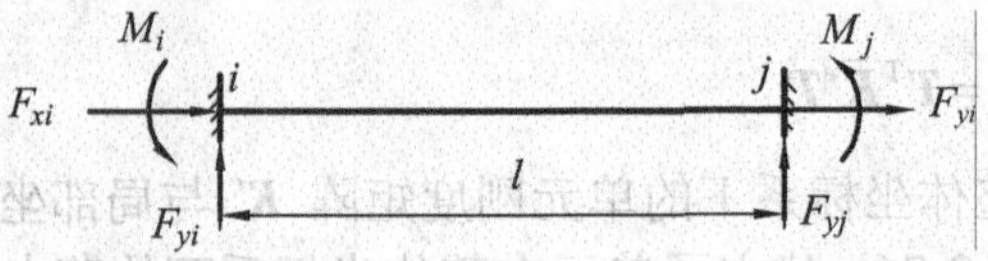	
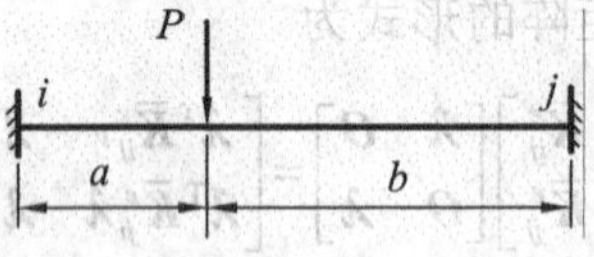	$F_{xi}=F_{xj}=0$ $F_{yi}=(3a+b)Pb^2/l^3$ $F_{yj}=(a+3b)Pa^2/l^3$ $M_i=Pab^2/l^2$ $M_j=-Pa^2b/l^2$
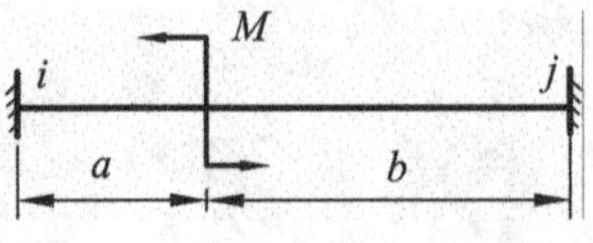	$F_{xi}=F_{xj}=0$ $F_{yi}=6Mab/l^2$ $F_{yj}=-F_{yi}$ $M_i=(2a-b)Mb/l^2$ $M_j=(2b-a)Ma/l^2$
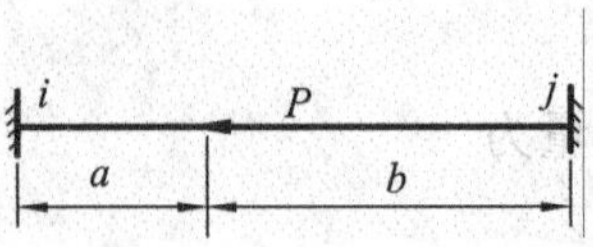	$F_{xi}=Pb/l$ $F_{xj}=Pa/l$ $F_{yi}=F_{yj}=0$ $M_i=M_j=0$
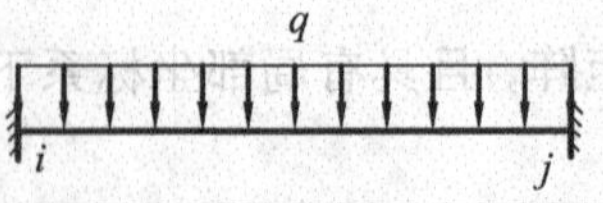	$F_{xi}=F_{xj}=0$ $F_{yi}=ql/2$ $F_{yj}=F_{yi}$ $M_i=ql^2/12$ $M_j=-ql^2/12$
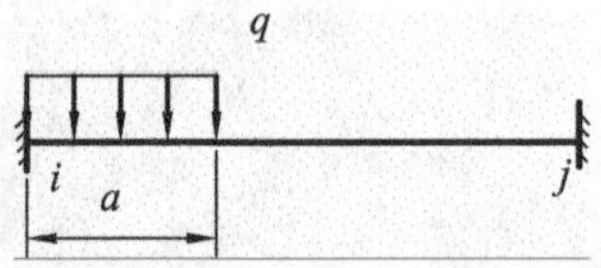	$F_{xi}=F_{xj}=0$ $F_{yi}=(2l^3-2a^2l+a^3)qa/(2l^2)$ $F_{yj}=(2l-a)\ qa^3/(2l^3)$ $M_i=(6l^2-8al+3a^3)qa^2/(12l^2)$ $M_j=-(4l-3a)qa^3/(12l^2)$
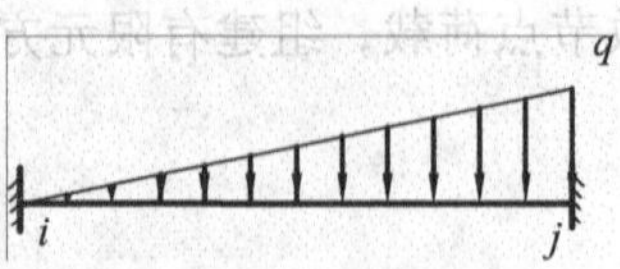	$F_{xi}=F_{xj}=0$ $F_{yi}=3ql/20$ $F_{yj}=7ql/20$ $M_i=ql^2/30$ $M_j=-ql^2/30$
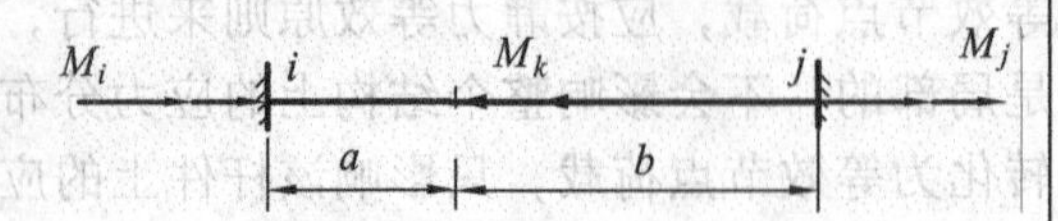	$M_{ki}=M_kb/l$ $M_{kj}=M_ka/l$ M_k，M_i，M_j 均为绕杆件轴线的扭矩

2. 整体坐标系下的荷载向量计算

上述得出的等效节点荷载和节点荷载是沿单元局部坐标系的坐标轴方向，为了建立节点平衡方程，须将其转换为整体坐标系下的节点荷载，满足关系式 $\boldsymbol{F}^e=\boldsymbol{T}^{\mathrm{T}}\bar{\boldsymbol{F}}^e$，即为有限元方程的右端荷载向量。

此外，平面刚架的有限元方程组建方法与平面桁架的完全相同，仍采用刚度集成法。

〖例 2-2〗　求计算图 2.12 中所示平面刚架的内力（不考虑剪切的影响）。设各杆件的长度、截面尺寸和制造材料均相同，其面积为 $A=8\times10^{-3}$（m^2），惯性矩 $I=1.22\times10^{-4}$（m^4），弹性模量 $E=2.1\times10^{11}$（$\mathrm{N/m^2}$）。

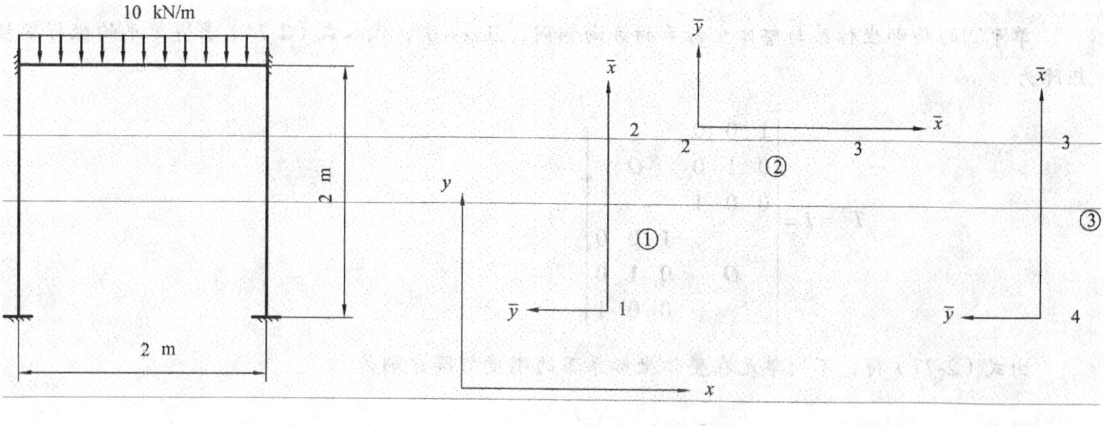

图 2.12　平面刚架及单元、节点编号与整体、局部坐标系

解：

（1）结构离散化

图 2.12（a）所示平面刚架的单元划分、节点和单元编号及整体坐标系与单元局部坐标系如图 2.12（b）所示。

（2）计算单元在局部坐标系下的刚度矩阵

因为图示 3 个单元的长度、截面尺寸和制造材料均相同，所以，3 个单元在局部坐标系下的单元刚度矩阵完全相同。

由于不考虑剪切的影响，由式（2-66）知，单元刚度矩阵中各个元素的分别为

$$\frac{EA}{l}=8.40\times10^8\ (\mathrm{N/m}),\quad \frac{12EI}{l^3}=0.39\times10^8\ (\mathrm{N/m}),\quad \frac{6EI}{l^2}=0.39\times10^8\ (\mathrm{N}),$$

$$\frac{2EI}{l}=0.26\times10^8\ (\mathrm{N\cdot m}),\quad \frac{4EI}{l}=0.51\times10^8\ (\mathrm{N\cdot m})$$

将以上各个参数代入式（2-66）得

$$\bar{\boldsymbol{K}}^1=\bar{\boldsymbol{K}}^2=\bar{\boldsymbol{K}}^3=10^8\times\begin{bmatrix} 8.40 & 0 & 0 & -8.40 & 0 & 0 \\ 0 & 0.39 & 0.39 & 0 & -0.39 & 0.39 \\ 0 & 0.39 & 0.51 & 0 & -0.39 & 0.26 \\ -8.40 & 0 & 0 & 8.40 & 0 & 0 \\ 0 & -0.39 & -0.39 & 0 & 0.39 & -0.39 \\ 0 & 0.39 & 0.26 & 0 & -0.39 & 0.51 \end{bmatrix}$$

（3）计算单元在整体坐标系下的刚度矩阵

单元①和③的局部坐标系与整体坐标系的夹角相同，且$\alpha=90°$，代入式（2-74）求得单元的坐标变换矩阵为

$$\boldsymbol{T}^1=\boldsymbol{T}^3=\begin{bmatrix} 0 & 1 & 0 & & & \\ -1 & 0 & 0 & & \boldsymbol{O} & \\ 0 & 0 & 1 & & & \\ & & & 0 & 1 & 0 \\ & \boldsymbol{O} & & -1 & 0 & 0 \\ & & & 0 & 0 & 1 \end{bmatrix}$$

单元②的局部坐标系与整体坐标系的方向相同，且$\alpha=0°$，代入式（2-74）求得单元的坐标变换矩阵为

$$\boldsymbol{T}^2=\boldsymbol{I}=\begin{bmatrix} 1 & 0 & 0 & & & \\ 0 & 1 & 0 & & \boldsymbol{O} & \\ 0 & 0 & 1 & & & \\ & & & 1 & 0 & 0 \\ & \boldsymbol{O} & & 0 & 1 & 0 \\ & & & 0 & 0 & 1 \end{bmatrix}$$

由式（2-77）得，不同单元在整体坐标系下的刚度矩阵分别为

$$\boldsymbol{K}^1=\boldsymbol{K}^3=10^8\times\begin{bmatrix} 0.39 & 0 & -0.39 & -0.39 & 0 & -0.39 \\ 0 & 8.40 & 0 & 0 & -8.40 & 0 \\ -0.39 & 0 & 0.51 & 0.39 & 0 & 0.26 \\ -0.39 & 0 & 0.39 & 0.39 & 0 & 0.39 \\ 0 & -8.40 & 0 & 0 & 8.40 & 0 \\ -0.39 & 0 & 0.26 & 0.39 & 0 & 0.51 \end{bmatrix}$$

$$\boldsymbol{K}^2=10^8\times\begin{bmatrix} 8.40 & 0 & 0 & -8.40 & 0 & 0 \\ 0 & 0.39 & 0.39 & 0 & -0.39 & 0.39 \\ 0 & 0.39 & 0.51 & 0 & -0.39 & 0.26 \\ -8.40 & 0 & 0 & 8.40 & 0 & 0 \\ 0 & -0.39 & -0.39 & 0 & 0.39 & -0.39 \\ 0 & 0.39 & 0.26 & 0 & -0.39 & 0.51 \end{bmatrix}$$

（4）计算等效节点荷载

由表 2.1 知，单元②在均布荷载作用下，节点对单元②的作用力和力矩分别为

$$P_{x2}=P_{x3}=0$$
$$P_{y2}=P_{y3}=ql/2=10\ (\text{kN})$$
$$M_2=-M_3=ql^2/12=3.33\ (\text{kN}\cdot\text{m})$$

则 2、3 节点的等效节点荷载与上式各力和力矩大小相等方向相反，是一对作用力与反作用力。

由于单元②的局部坐标系与整体坐标系一致，因此，2、3 节点的等效节点荷载不需进行坐标变换。

（5）有限元方程的建立

因为单元刚度矩阵在整体坐标系下具有分块性，因此，根据式（2-79）可将 3 个单元的节点力与节点位移写成子刚度矩阵的形式，分别为

对于单元①，

$$\begin{bmatrix}\boldsymbol{F}_1^1\\\boldsymbol{F}_2^1\end{bmatrix}=\begin{bmatrix}\boldsymbol{K}_{11}^1 & \boldsymbol{K}_{12}^1\\\boldsymbol{K}_{21}^1 & \boldsymbol{K}_{22}^1\end{bmatrix}\begin{bmatrix}\boldsymbol{\delta}_1\\\boldsymbol{\delta}_2\end{bmatrix}$$

对于单元②，

$$\begin{bmatrix}\boldsymbol{F}_2^2\\\boldsymbol{F}_3^2\end{bmatrix}=\begin{bmatrix}\boldsymbol{K}_{22}^2 & \boldsymbol{K}_{23}^2\\\boldsymbol{K}_{32}^2 & \boldsymbol{K}_{33}^2\end{bmatrix}\begin{bmatrix}\boldsymbol{\delta}_2\\\boldsymbol{\delta}_3\end{bmatrix}$$

对于单元③，

$$\begin{bmatrix}\boldsymbol{F}_4^3\\\boldsymbol{F}_3^3\end{bmatrix}=\begin{bmatrix}\boldsymbol{K}_{44}^3 & \boldsymbol{K}_{43}^3\\\boldsymbol{K}_{34}^3 & \boldsymbol{K}_{33}^3\end{bmatrix}\begin{bmatrix}\boldsymbol{\delta}_4\\\boldsymbol{\delta}_3\end{bmatrix}$$

在以上各式中，节点力分别为节点对相应单元的作用力，与单元对节点的作用力大小相等方向相反，是一对作用力与反作用力。

现以节点 2 为研究对象，建立节点的平衡方程为

$$\sum \boldsymbol{F}_2=-\boldsymbol{F}_2^1-\boldsymbol{F}_2^2-\boldsymbol{P}_2=0$$

$$-\boldsymbol{P}_2=\boldsymbol{F}_2^1+\boldsymbol{F}_2^2$$

同理，可以得出其余节点的平衡方程分别为

$$-\boldsymbol{P}_1=\boldsymbol{F}_1^1$$

$$-\boldsymbol{P}_3=\boldsymbol{F}_3^2+\boldsymbol{F}_3^3$$

$$-\boldsymbol{P}_4=\boldsymbol{F}_4^3$$

综合以上各式，有

$$\begin{bmatrix}-\boldsymbol{P}_1\\-\boldsymbol{P}_2\\-\boldsymbol{P}_3\\-\boldsymbol{P}_4\end{bmatrix}=\begin{bmatrix}\boldsymbol{K}_{11}^1 & \boldsymbol{K}_{12}^1 & 0 & 0\\\boldsymbol{K}_{21}^1 & \boldsymbol{K}_{22}^1+\boldsymbol{K}_{22}^2 & \boldsymbol{K}_{23}^2 & 0\\0 & \boldsymbol{K}_{32}^2 & \boldsymbol{K}_{33}^2+\boldsymbol{K}_{33}^3 & \boldsymbol{K}_{34}^3\\0 & 0 & \boldsymbol{K}_{43}^3 & \boldsymbol{K}_{44}^3\end{bmatrix}\begin{bmatrix}\boldsymbol{\delta}_1\\\boldsymbol{\delta}_2\\\boldsymbol{\delta}_3\\\boldsymbol{\delta}_4\end{bmatrix}$$

将 3 个单元在整体坐标系下的刚度矩阵代入上式，得出平面刚架的有限元方程为

$$
10^8\times\begin{bmatrix}
0.39 & 0 & -0.39 & -0.39 & 0 & -0.39 & 0 & 0 & 0 & 0 & 0 & 0\\
0 & 8.40 & 0 & 0 & -8.40 & 0 & 0 & 0 & 0 & 0 & 0 & 0\\
0.39 & 0 & 0.51 & 0.39 & 0 & 0.26 & 0 & 0 & 0 & 0 & 0 & 0\\
-0.39 & 0 & 0.39 & 0.39+8.40 & 0+0 & 0.39+0 & -8.40 & 0 & 0 & 0 & 0 & 0\\
0 & -8.40 & 0 & 0+0 & 8.40+0.39 & 0+0.39 & 0 & -0.39 & 0.39 & 0 & 0 & 0\\
-0.39 & 0 & 0.26 & 0.39+0 & 0+0.39 & 0.51+0.51 & 0 & -0.39 & 0.26 & 0 & 0 & 0\\
0 & 0 & 0 & -8.40 & 0 & 0 & 8.40+0.39 & 0+0 & 0+0.39 & -0.39 & 0 & 0.39\\
0 & 0 & 0 & 0 & -0.39 & -0.39 & 0+0 & 0.39+8.40 & -0.39+0 & 0 & -8.40 & 0\\
0 & 0 & 0 & 0 & 0.39 & 0.26 & 0+0.39 & -0.39+0 & 0.51+0.51 & -0.39 & 0 & 0.26\\
0 & 0 & 0 & 0 & 0 & 0 & -0.39 & 0 & -0.39 & 0.39 & 0 & -0.39\\
0 & 0 & 0 & 0 & 0 & 0 & 0 & -8.40 & 0 & 0 & 8.40 & 0\\
0 & 0 & 0 & 0 & 0 & 0 & 0.39 & 0 & 0.26 & 0.39 & 0 & 0.51
\end{bmatrix}
\begin{bmatrix} u_1\\ v_1\\ \theta_1\\ u_2\\ v_2\\ \theta_1\\ u_3\\ v_3\\ \theta_3\\ u_4\\ v_4\\ \theta_4 \end{bmatrix}
=\begin{bmatrix} P_{x1}\\ P_{y1}\\ M_1\\ 0\\ -10\\ -3.33\\ 0\\ -10\\ 3.33\\ P_{x4}\\ P_{y4}\\ M_4 \end{bmatrix}
$$

（6）引入边界条件

由于总刚度矩阵为奇异矩阵，所以上式的解不确定，必须引入边界条件。现采用对角元素置“1”法，将已知位移为 0 的行和列中的全部元素均置为“0”，在行和列的交点处的元素置为“1”；同时将力向量矩阵中已知位移为 0 的对应元素也置为“0”。

由图 2.12（a）知，该平面刚架在节点 1 和 4 处的线位移和角位移均为 0，代入上式得

$$
10^5\times\begin{bmatrix}
1 & 0 & 0 & 0 & 0 & 0 & 0 & 0 & 0 & 0 & 0 & 0\\
0 & 1 & 0 & 0 & 0 & 0 & 0 & 0 & 0 & 0 & 0 & 0\\
0 & 0 & 1 & 0 & 0 & 0 & 0 & 0 & 0 & 0 & 0 & 0\\
0 & 0 & 0 & 8.79 & 0 & 0.39 & -8.40 & 0 & 0 & 0 & 0 & 0\\
0 & 0 & 0 & 0 & 8.79 & 0.39 & 0 & -0.39 & 0.39 & 0 & 0 & 0\\
0 & 0 & 0 & 0.39 & 0.39 & 1.02 & 0 & -0.39 & 0.26 & 0 & 0 & 0\\
0 & 0 & 0 & -8.40 & 0 & 0 & 8.79 & 0 & 0.39 & 0 & 0 & 0\\
0 & 0 & 0 & 0 & -0.39 & -0.39 & 0 & 8.79 & -0.39 & 0 & 0 & 0\\
0 & 0 & 0 & 0 & 0.39 & 0.26 & 0.39 & -0.39 & 1.02 & 0 & 0 & 0\\
0 & 0 & 0 & 0 & 0 & 0 & 0 & 0 & 0 & 1 & 0 & 0\\
0 & 0 & 0 & 0 & 0 & 0 & 0 & 0 & 0 & 0 & 1 & 0\\
0 & 0 & 0 & 0 & 0 & 0 & 0 & 0 & 0 & 0 & 0 & 1
\end{bmatrix}
\begin{bmatrix} u_1\\ v_1\\ \theta_1\\ u_2\\ v_2\\ \theta_2\\ u_3\\ v_3\\ \theta_3\\ u_4\\ v_4\\ \theta_4 \end{bmatrix}
=\begin{bmatrix} 0\\ 0\\ 0\\ 0\\ -10\\ -3.33\\ 0\\ -10\\ 3.33\\ 0\\ 0\\ 0 \end{bmatrix}
$$

（7）求解线性方程组

将上式中的方程 1，2，3，10，11 和 12 去掉，并利用对称性 $u_2=-u_3$，$v_2=v_3$，$\theta_2=-\theta_3$，则上式简化为

$$
\left.\begin{aligned}
17.19u_2+0.39\theta_2&=0\\
8.4u_2&=-10\times10^{-5}\\
0.39u_2+0.76\theta_2&=-3.33\times10^{-5}
\end{aligned}\right\}
$$

对上式求解得

$$
u_2=0.10\times10^{-5},\quad v_2=-1.19\times10^{-5},\quad \theta_2=-4.43\times10^{-5}
$$
$$
u_3=-0.10\times10^{-5},\quad v_3=-1.19\times10^{-5},\quad \theta_3=4.43\times10^{-5}
$$

（8）计算节点位移引起的节点载荷

由式（2-73）计算单元在局部坐标系下的节点位移，根据式（2-56）计算由单元节点位移引起的单元节点力分别计算如下。

对于单元①，

$$\begin{bmatrix}\bar{u}_1\\\bar{v}_1\\\bar{\theta}_1\\\bar{u}_2\\\bar{v}_2\\\bar{\theta}_2\end{bmatrix}=\begin{bmatrix}0&1&0&&&\\-1&0&0&&\boldsymbol{O}&\\0&0&1&&&\\&&&0&1&0\\&\boldsymbol{O}&&-1&0&0\\&&&0&0&1\end{bmatrix}\begin{bmatrix}0\\0\\0\\0.10\\-1.19\\-4.43\end{bmatrix}\times10^{-5}=\begin{bmatrix}0\\0\\0\\-1.19\\-0.10\\-4.43\end{bmatrix}\times10^{-5}$$

$$\begin{bmatrix}\bar{F}_{x1}^1\\\bar{F}_{y1}^1\\\bar{M}_1^1\\\bar{F}_{x2}^1\\\bar{F}_{x2}^1\\\bar{M}_2^1\end{bmatrix}=10^3\times\begin{bmatrix}8.40&0&0&-8.40&0&0\\0&0.39&0.39&0&-0.39&0.39\\0&0.39&0.51&0&-0.39&0.26\\-8.40&0&0&8.40&0&0\\0&-0.39&-0.39&0&0.39&-0.39\\0&0.39&0.26&0&-0.39&0.51\end{bmatrix}\begin{bmatrix}0\\0\\0\\-1.19\\-0.10\\-4.43\end{bmatrix}=\begin{bmatrix}9.996\\-1.689\\-1.113\\-9.996\\1.689\\-2.220\end{bmatrix}$$

在局部坐标系下，作用于节点 1 的力为固定支座对单元①的作用力。

对于单元③，根据对称性得

$$\begin{bmatrix}\bar{F}_{x4}^3\\\bar{F}_{y4}^3\\\bar{M}_4^3\\\bar{F}_{x3}^3\\F_{x3}^3\\M_3^3\end{bmatrix}=\begin{bmatrix}\bar{F}_{x1}^1\\-\bar{F}_{y1}^1\\-\bar{M}_1^1\\\bar{F}_{x2}^1\\-\bar{F}_{x2}^1\\-\bar{M}_2^1\end{bmatrix}=\begin{bmatrix}9.996\\1.689\\1.113\\-9.996\\-1.689\\2.220\end{bmatrix}$$

在局部坐标系下，作用于节点 4 的力为固定支座对单元③的作用力。

对于单元②，有 $\bar{\boldsymbol{\delta}}^2=\boldsymbol{\delta}^2$

$$\begin{bmatrix}\bar{F}_{x2}^2\\\bar{F}_{y2}^2\\\bar{M}_2^2\\\bar{F}_{x3}^3\\\bar{F}_{y3}^3\\\bar{M}_3^3\end{bmatrix}=10^3\times\begin{bmatrix}8.40&0&0&-8.40&0&0\\0&0.39&0.39&0&-0.39&0.39\\0&0.39&0.51&0&-0.39&0.26\\-8.40&0&0&8.40&0&0\\0&-0.39&-0.39&0&0.39&-0.39\\0&0.39&0.26&0&-0.39&0.51\end{bmatrix}\begin{bmatrix}0.10\\-1.19\\-4.43\\-0.10\\-1.19\\4.43\end{bmatrix}=\begin{bmatrix}1.680\\0\\-1.108\\-1.680\\0\\1.108\end{bmatrix}$$

在局部坐标系下，作用于节点 2 和 3 的力与力矩分别满足平衡条件。

2.5　空间刚架

平面刚架的梁件处于二维平面上，空间刚架的梁件则处于三维空间中，如图 2.13 所示。在平面刚架中，每节点只有两个线位移自由度 u，v 和一个角位移自由度 θ，空间刚架每节点有三个线位移自由度 u，v，w 和三个角位移自由度 θ_x，θ_y，θ_z，相应的单元节点力和力矩分别为 F_x，F_y，F_z，M_x，M_y 和 M_z。

图 2.13　空间刚架结构

2.5.1　局部坐标系下的单元刚度矩阵

从图 2.13 所示的空间刚架中取出任意一根杆件，即一个三维梁单元，在局部坐标系 $\overline{oxyz}$ 下，三维梁单元节点位移如图 2.14 所示，$\bar{x}$ 轴为单元的轴线，且从节点 i 指向节点 j，

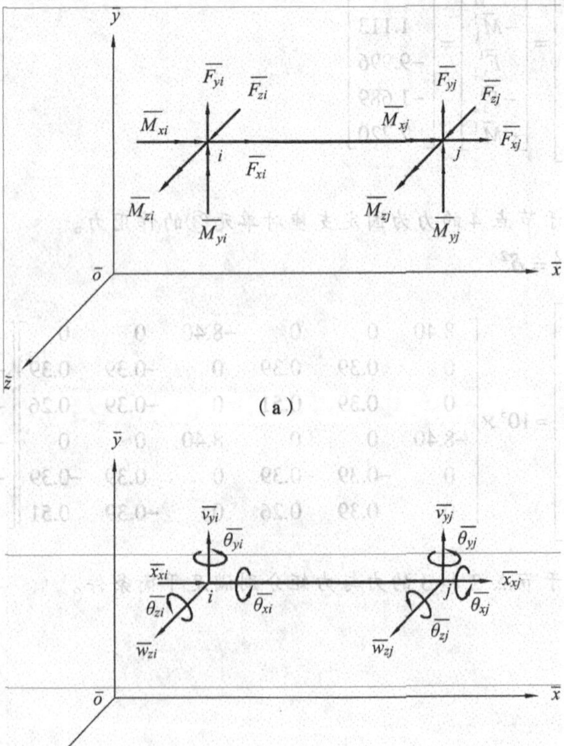

图 2.14　三维梁单元的节点力和节点位移

将 $\bar{x}$ 轴按逆时针旋转 90°得到 $\bar{y}$ 轴，$\bar{z}$ 轴符合右手定则，$\bar{y}$ 轴和 $\bar{z}$ 轴分别为梁单元截面的形心主轴。节点位移 $\bar{u}$，$\bar{v}$ 和 $\bar{w}$ 分别表示沿 $\bar{x}$ 轴、$\bar{y}$ 轴和 $\bar{z}$ 轴方向的位移，节点位移 $\bar{\theta}_x$，$\bar{\theta}_y$ 和 $\bar{\theta}_z$ 分别表示绕 $\bar{x}$ 轴、$\bar{y}$ 轴和 $\bar{z}$ 轴方向的角位移，节点线位移规定以沿局部坐标系的坐标轴方向为正，否则为负，角位移按右手定则确定矢量的方向，当矢量与相应坐标轴的方向一致时为正，否则为负。对于单元 e，将节点 i 和 j 的位移向量合写在一起，构成单元节点位移向量，可表示为

$$\bar{\boldsymbol{\delta}}^e = [\bar{\boldsymbol{\delta}}_i \ \ \bar{\boldsymbol{\delta}}_j]^{\mathrm{T}} = [\bar{u}_i \ \ \bar{v}_i \ \ \bar{w}_i \ \ \bar{\theta}_{xi} \ \ \bar{\theta}_{yi} \ \ \bar{\theta}_{zi} \ \ \bar{u}_j \ \ \bar{v}_j \ \ \bar{w}_j \ \ \bar{\theta}_{xj} \ \ \bar{\theta}_{yj} \ \ \bar{\theta}_{zj}]^{\mathrm{T}} \tag{2-81}$$

式中，$\bar{\boldsymbol{\delta}}_i$ 和 $\bar{\boldsymbol{\delta}}_j$ 分别表示节点 i 和 j 在局部坐标系下的位移向量。

在单元局部坐标系下，由单元节点位移引起的单元节点力沿 $\bar{x}$ 轴、$\bar{y}$ 轴和 $\bar{z}$ 轴方向分别为 $\bar{F}_x$，$\bar{F}_y$，$\bar{F}_z$，$\bar{M}_x$，$\bar{M}_y$ 和 $\bar{M}_z$，其方向的规定与相应节点位移一致。

同理，单元节点力向量的转置矩阵形式为

$$\bar{\boldsymbol{F}}^e = [\bar{\boldsymbol{F}}_i^e \ \ \bar{\boldsymbol{F}}_j^e]^{\mathrm{T}} = [\bar{F}_{xi} \ \ \bar{F}_{yi} \ \ \bar{F}_{zi} \ \ \bar{M}_{xi} \ \ \bar{M}_{yi} \ \ \bar{M}_{zi} \ \ \bar{F}_{xj} \ \ \bar{F}_{yj} \ \ \bar{F}_{zj} \ \ \bar{M}_{xj} \ \ \bar{M}_{yj} \ \ \bar{M}_{zj}]^{\mathrm{T}} \tag{2-82}$$

式中，$\bar{\boldsymbol{F}}_i^e$ 和 $\bar{\boldsymbol{F}}_j^e$ 分别表示节点 i 和 j 在局部坐标系下的节点力向量。

单元节点位移与节点力的关系用矩阵的形式表示为

$$\bar{\boldsymbol{F}}^e = \bar{\boldsymbol{K}}^e \bar{\boldsymbol{\delta}}^e \tag{2-83}$$

在三维梁单元中，绕单元轴线 $\bar{x}$ 轴的自由度 $\bar{\theta}_x$ 为对杆件的扭转角位移，扭矩仅与扭转角位移有关。根据材料力学的原理，确定其节点角位移与扭矩的关系。

如图 2.15 所示，当 $\bar{\theta}_{xi} \neq 0$，$\bar{\theta}_{xj} = 0$ 时，有

$$\frac{\bar{M}_{xii}}{GI_x} l = \bar{\theta}_{xi}$$

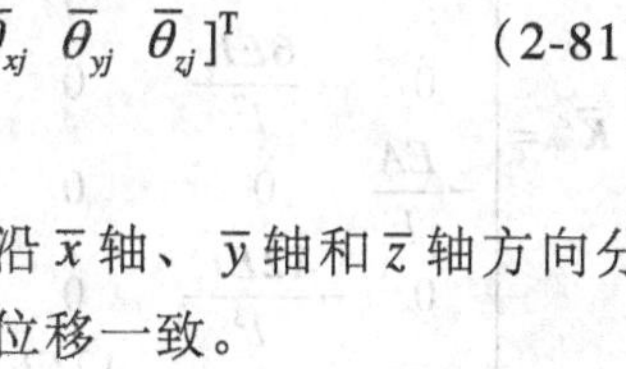

图 2.15　扭转角位移与扭矩

则

$$\bar{M}_{xii} = \frac{GI_x}{l}, \quad \bar{M}_{xij} = -\frac{GI_x}{l}$$

式中，I_x 为绕 $\bar{x}$ 轴的极惯性矩。

同理，当 $\bar{\theta}_{xj} \neq 0$，$\bar{\theta}_{xi} = 0$ 时，有

$$\bar{M}_{xjj} = \frac{GI_x}{l}, \quad \bar{M}_{xji} = -\frac{GI_x}{l}$$

单元在节点 i 和 j 的扭转角位移 $\bar{\theta}_{xi}$ 和 $\bar{\theta}_{xj}$ 联合作用下，节点角位移和扭矩满足关系式

$$\left.\begin{aligned} \bar{M}_{xi} &= \frac{GI_x}{l}\bar{\theta}_{xi} - \frac{GI_x}{l}\bar{\theta}_{xj} \\ \bar{M}_{xj} &= -\frac{GI_x}{l}\bar{\theta}_{xi} + \frac{GI_x}{l}\bar{\theta}_{xj} \end{aligned}\right\} \tag{2-84}$$

借助于平面梁单元的单元刚度矩阵式（2-66），给出不考虑剪切变形时三维梁单元在局部坐标系下的单元刚度矩阵为

$$
\overline{\boldsymbol{K}}^e=\begin{bmatrix}
\frac{EA}{l} & 0 & 0 & 0 & 0 & 0 & -\frac{EA}{l} & 0 & 0 & 0 & 0 & 0\\
0 & \frac{12EI_z}{l^3} & 0 & 0 & 0 & \frac{6EI_z}{l^2} & 0 & -\frac{12EI_z}{l^3} & 0 & 0 & 0 & \frac{6EI_z}{l^2}\\
0 & 0 & \frac{12EI_y}{l^3} & 0 & -\frac{6EI_y}{l^2} & 0 & 0 & 0 & -\frac{12EI_y}{l^3} & 0 & -\frac{6EI_y}{l^2} & 0\\
0 & 0 & 0 & \frac{GI_x}{l} & 0 & 0 & 0 & 0 & 0 & -\frac{GI_x}{l} & 0 & 0\\
0 & 0 & -\frac{6EI_y}{l^2} & 0 & \frac{4EI_y}{l} & 0 & 0 & 0 & \frac{6EI_y}{l^2} & 0 & \frac{2EI_y}{l} & 0\\
0 & \frac{6EI_z}{l^2} & 0 & 0 & 0 & \frac{4EI_z}{l} & 0 & -\frac{6EI_z}{l^2} & 0 & 0 & 0 & \frac{2EI_z}{l}\\
-\frac{EA}{l} & 0 & 0 & 0 & 0 & 0 & \frac{EA}{l} & 0 & 0 & 0 & 0 & 0\\
0 & -\frac{12EI_z}{l^3} & 0 & 0 & 0 & -\frac{6EI_z}{l^2} & 0 & \frac{12EI_z}{l^3} & 0 & 0 & 0 & -\frac{6EI_z}{l^2}\\
0 & 0 & -\frac{12EI_y}{l^3} & 0 & \frac{6EI_y}{l^2} & 0 & 0 & 0 & \frac{12EI_y}{l^3} & 0 & \frac{6EI_y}{l^2} & 0\\
0 & 0 & 0 & -\frac{GI_x}{l} & 0 & 0 & 0 & 0 & 0 & \frac{GI_x}{l} & 0 & 0\\
0 & 0 & -\frac{6EI_y}{l^2} & 0 & \frac{2EI_y}{l} & 0 & 0 & 0 & \frac{6EI_y}{l^2} & 0 & \frac{4EI_y}{l} & 0\\
0 & \frac{6EI_z}{l^2} & 0 & 0 & 0 & \frac{2EI_z}{l} & 0 & -\frac{6EI_z}{l^2} & 0 & 0 & 0 & \frac{4EI_z}{l}
\end{bmatrix}
\tag{2-85}
$$

$\overline{\boldsymbol{K}}^e$ 为三维梁单元在局部坐标系下的单元刚度矩阵。

每个三维梁单元有 2 个节点，每个节点有 3 个线位移自由度和 3 个角位移自由度，因此，单元局部坐标系下的三维梁单元的刚度矩阵为 12×12 阶矩阵。

2.5.2　坐标变换和整体坐标系下的单元刚度矩阵

如图 2.16 所示，$oxyz$ 为整体坐标系，其单位矢量用 $\boldsymbol{i}$，$\boldsymbol{j}$，$\boldsymbol{k}$ 表示；$\overline{oxyz}$ 为局部坐标系，其单位矢量用 $\boldsymbol{i}'$，$\boldsymbol{j}'$，$\boldsymbol{k}'$ 表示。k 点是 $\overline{oxy}$ 平面内不在梁单元轴线上的任意一点，i 和 j 是梁单元轴线的两个节点，i，j 和 k 三点在整体坐标系 $oxyz$ 内的坐标分别为（x_i，y_i，z_i）、（x_j，y_j，z_j）和（x_k，y_k，z_k）。设 $\overline{ok}$ 为一矢量，其单位矢量用 $\boldsymbol{g}$ 表示。

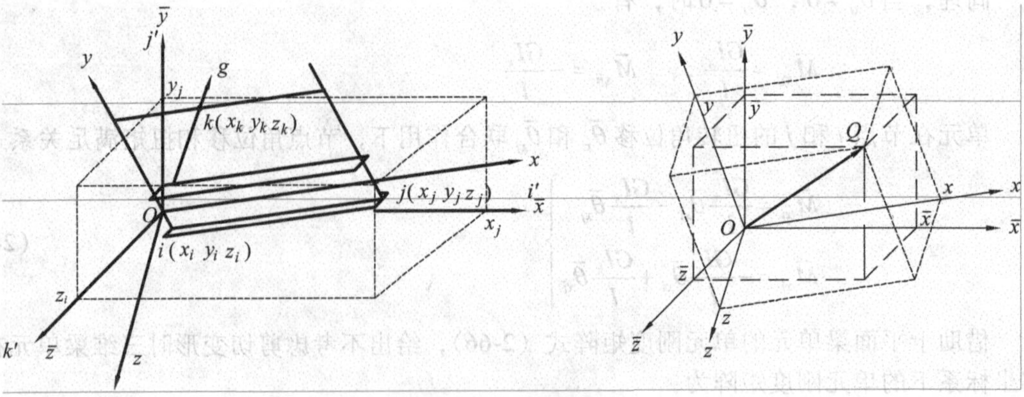

图 2.16　坐标变换

整体坐标系与局部坐标系间的矢量关系为

$$\left.\begin{aligned}\boldsymbol{i}'&=l_x\boldsymbol{i}+m_x\boldsymbol{j}+n_x\boldsymbol{k}\\ \boldsymbol{j}'&=l_y\boldsymbol{i}+m_y\boldsymbol{j}+n_y\boldsymbol{k}\\ \boldsymbol{k}'&=l_z\boldsymbol{i}+m_z\boldsymbol{j}+n_z\boldsymbol{k}\end{aligned}\right\}\tag{2-86}$$

式中，l_x，m_x，n_x 为 $\bar{x}$ 轴在整体坐标系 $oxyz$ 内的方向余弦；l_y，m_y，n_y 为 $\bar{y}$ 轴在整体坐标系 $oxyz$ 内的方向余弦；l_z，m_z，n_z 为 $\bar{z}$ 轴在整体坐标系 $oxyz$ 内的方向余弦。

在单元局部坐标系 $\overline{oxyz}$ 中，其 $\bar{x}$ 轴的位置由单元节点 i 和 j 的节点坐标确定，即 $\bar{x}$ 轴对整体坐标系的空间位置可以确定，其与整体坐标系 x，y，z 轴之间夹角的方向余弦 l_x，m_x，n_x 分别为

$$l_x=\frac{x_i-x_j}{l},\quad m_x=\frac{y_i-y_j}{l},\quad n_x=\frac{z_i-z_j}{l}\tag{2-87}$$

其中，单元长度 $l=\sqrt{(x_i-x_j)^2+(y_i-y_j)^2+(z_i-z_j)^2}$。

单位矢量 $\boldsymbol{g}$ 表示为

$$\boldsymbol{g}=g_x\boldsymbol{i}+g_y\boldsymbol{j}+g_z\boldsymbol{k}$$

它与整体坐标系 x，y，z 轴之间夹角的方向余弦 g_x，g_y，g_z 分别为

$$\left.\begin{aligned}g_x&=\frac{x_i-x_k}{l_{ik}}\\ g_y&=\frac{y_i-y_k}{l_{ik}}\\ g_z&=\frac{z_i-z_k}{l_{ik}}\end{aligned}\right\}$$

其长度为 $l_{ik}=\sqrt{(x_i-x_k)^2+(y_i-y_k)^2+(z_i-z_k)^2}$。

由矢量叉乘导出 $\bar{z}$ 轴的单位矢量为

$$\boldsymbol{k}'=\frac{\boldsymbol{i}'\times\boldsymbol{g}}{|\boldsymbol{i}'\times\boldsymbol{g}|}=l_z\boldsymbol{i}+m_z\boldsymbol{j}+n_z\boldsymbol{k}$$

则 $\bar{z}$ 轴与整体坐标系 x，y，z 轴夹角的方向余弦为

$$l_z=\frac{C_x}{C},\quad m_z=\frac{C_y}{C},\quad n_z=\frac{C_z}{C}\tag{2-88}$$

式中，

$$\begin{aligned}C_x&=m_xg_z-n_xg_y\\ C_y&=n_xg_x-l_xg_z\\ C_z&=l_xg_y-m_xg_x\\ C&=\sqrt{C_x^2+C_y^2+C_z^2}\end{aligned}$$

由正交单位矢量叉乘得出 $\bar{y}$ 轴的单位矢量为

$$\boldsymbol{j}'=\frac{\boldsymbol{k}'\times\boldsymbol{i}'}{|\boldsymbol{k}'\times\boldsymbol{i}'|}=l_y\boldsymbol{i}+m_y\boldsymbol{j}+n_y\boldsymbol{k}$$

其中，

$$\left.\begin{aligned} l_y &= m_z l_x - n_z m_x \\ m_y &= n_z l_x - l_z n_x \\ n_y &= n_z m_x - m_z l_x \end{aligned}\right\} \tag{2-89}$$

由式（2-86）~（2-89）求得局部坐标系下的节点位移 $\bar{u}$，$\bar{v}$，$\bar{w}$ 与整体坐标系下的节点位移 u，v，w 之间满足关系式

$$\left.\begin{aligned} \bar{u} &= ul_x + vm_x + wn_x \\ \bar{v} &= ul_y + vm_y + wn_y \\ \bar{w} &= ul_z + vm_z + wn_z \end{aligned}\right\}$$

上式用矩阵的形式表示为

$$\begin{bmatrix} \bar{u} \\ \bar{v} \\ \bar{w} \end{bmatrix} = \begin{bmatrix} l_x & m_x & n_x \\ l_y & m_y & n_y \\ l_z & m_z & n_z \end{bmatrix} \begin{bmatrix} u \\ v \\ w \end{bmatrix} \tag{2-90}$$

令

$$\boldsymbol{\lambda} = \begin{bmatrix} l_x & m_x & n_x \\ l_y & m_y & n_y \\ l_z & m_z & n_z \end{bmatrix}$$

$\boldsymbol{\lambda}$ 称为节点坐标转换矩阵，为 3×3 阶矩阵。

在整体坐标系下，单元节点位移和节点力向量的转置矩阵形式分别为

$$\boldsymbol{\delta}^e = [\boldsymbol{\delta}_i \ \ \boldsymbol{\delta}_j]^{\mathrm{T}} = [u_i \ \ v_i \ \ w_i \ \ \theta_{xi} \ \ \theta_{yi} \ \ \theta_{zi} \ \ u_j \ \ v_j \ \ w_j \ \ \theta_{xj} \ \ \theta_{yj} \ \ \theta_{zj}]^{\mathrm{T}}$$

$$\boldsymbol{F}^e = [\boldsymbol{F}_i^e \ \ \boldsymbol{F}_j^e]^{\mathrm{T}} = [F_{xi} \ \ F_{yi} \ \ F_{zi} \ \ M_{xi} \ \ M_{yi} \ \ M_{zi} \ \ F_{xj} \ \ F_{yj} \ \ F_{zj} \ \ M_{xj} \ \ M_{yj} \ \ M_{zj}]^{\mathrm{T}}$$

单元节点位移和节点力的坐标变换公式分别为

$$\bar{\boldsymbol{\delta}}^e = \boldsymbol{T}\boldsymbol{\delta}^e \tag{2-91}$$

$$\bar{\boldsymbol{F}}^e = \boldsymbol{T}\boldsymbol{F}^e \tag{2-92}$$

式中，

$$\boldsymbol{T} = \begin{bmatrix} \boldsymbol{\lambda} & 0 & 0 & 0 \\ 0 & \boldsymbol{\lambda} & 0 & 0 \\ 0 & 0 & \boldsymbol{\lambda} & 0 \\ 0 & 0 & 0 & \boldsymbol{\lambda} \end{bmatrix} \tag{2-93}$$

$\boldsymbol{T}$ 称为单元坐标转换矩阵，为 12×12 阶矩阵。

由式（2-77）知，整体坐标系下的单元刚度矩阵 $\boldsymbol{K}^e$ 为

$$\boldsymbol{K}^e = \boldsymbol{T}^{\mathrm{T}} \bar{\boldsymbol{K}}^e \boldsymbol{T}$$

求得在整体坐标系下的单元刚度矩阵，其余的计算过程与平面梁单元相同。

【习　题】

2-1　阐述单元刚度矩阵的性质。

2-2　在桁架和刚架结构中，铰结点和刚结点有何异同点?

2-3　求如图 2.17 所示平面桁架杆件的内力。已知杆件的截面面积为 A，弹性模量为 E。

2-4　求如图 2.18 所示平面刚架杆件的内力(不考虑剪切的影响)。已知杆件的截面面积为 A，截面惯性矩为 I，弹性模量为 E。

2-5　求如图 2.19 所示平面刚架杆件的内力(不考虑剪切的影响)。已知杆件的截面面积为 $A=7.5\times10^{-3}\ \text{m}^2$，截面惯性矩为 $I=1.5\times10^{-4}\ \text{m}^4$，弹性模量为 $E=2.1\times10^{11}\ \text{N/m}^2$。

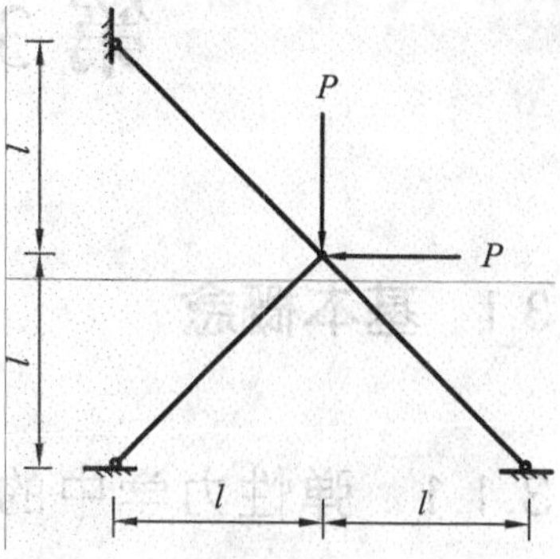

图　2.17

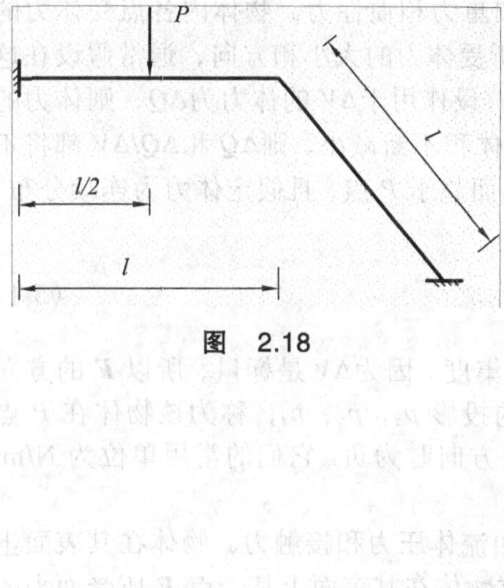

图　2.18

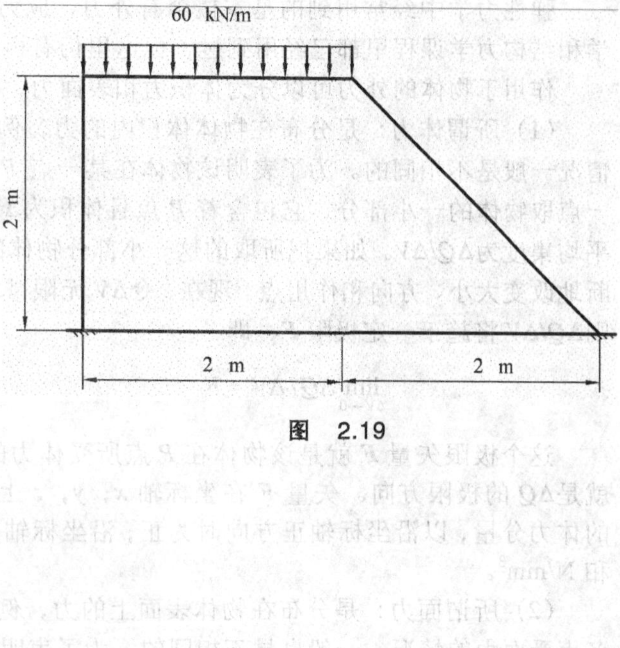

图　2.19

第 3 章　弹性力学基础

3.1　基本概念

3.1.1　弹性力学中的基本概念

弹性力学中经常用到的基本概念有外力、应力、形变和位移。这些概念虽然在材料力学和结构力学课程里都已经用到过，但这里仍有再加以详细说明的必要。

作用于物体的外力可以分为体积力和表面力，两者也可以分别简称为体力和面力。

(1) 所谓体力：是分布在物体体积内的力，例如重力和惯性力。物体内各点受体力的情况一般是不相同的。为了表明该物体在某一点 P 所受体力的大小和方向，通常假设在这一点取物体的一小部分，它包含着 P 点且体积为ΔV，设作用于ΔV 的体力为ΔQ，则体力的平均集度为$\Delta Q/\Delta V$。如果把所取的这一小部分物体的体积不断减小，则ΔQ 和$\Delta Q/\Delta V$ 都将不断地改变大小、方向和作用点。现在，令ΔV 无限减小而趋于 P 点，且假定体力为连续分布，则$\Delta Q/\Delta V$ 将趋于一定极限 $\boldsymbol{F}$，即

$$\lim_{\Delta V \to 0} \Delta Q / \Delta V = \boldsymbol{F} \tag{3-1}$$

这个极限矢量 $\boldsymbol{F}$ 就是该物体在 P 点所受体力的集度。因为ΔV 是标量，所以 $\boldsymbol{F}$ 的方向就是ΔQ 的极限方向。矢量 $\boldsymbol{F}$ 在坐标轴 x，y，z 上的投影 p_x，p_y，p_z，称为该物体在 P 点的体力分量，以沿坐标轴正方向时为正，沿坐标轴负方向时为负。它们的常用单位为 N/m^3 和 N/mm^3。

(2) 所谓面力：是分布在物体表面上的力，例如流体压力和接触力。物体在其表面上各点受面力的情况，一般也是不相同的。为了表明该物体在其表面上某一点 P 所受面力的大小和方向，在这一点取该物体表面的一小部分，它包含着 P 点而它的面积为ΔS，设作用于ΔS 的面力为ΔQ，则面力的平均集度为$\Delta Q/\Delta S$。与上述体力相似，令ΔS 无限减小而趋于 P 点，假定面力为连续分布，则$\Delta Q/\Delta S$ 将趋于一定极限 $\boldsymbol{F}$，即

$$\lim_{\Delta S \to 0} \Delta Q / \Delta S = \boldsymbol{F} \tag{3-2}$$

这个极限矢量 $\boldsymbol{F}$ 就是该物体在 P 点所受面力的集度。因为ΔS 是标量，所以 $\boldsymbol{F}$ 的方向就是ΔQ 的极限方向。矢量 $\boldsymbol{F}$ 在坐标轴 x，y，z 上的投影 q_x，q_y，q_z，称为该物体在 P 点的面力分量，以沿坐标轴正方向时为正，沿坐标轴负方向时为负，常用单位为 N/m^2 和 N/mm^2。

物体在外力的作用下或由于温度有所改变时，在其内部将产生内力。为了研究物体在

其某一点 P 处的内力，假想用经过 P 点的一个截面 mn 将该物体分为 A 和 B 两部分，然后将 B 部分去掉，如图 3.1 所示。去掉的部分 B 在截面 mn 上对 A 部分作用一定的内力。取这一截面的一小部分，它包含着 P 点且面积为ΔA。设作用于ΔA 上的内力为ΔQ，则内力的平均集度，即平均应力为$\Delta Q/\Delta A$；令ΔA 无限减小而趋于 P 点，且假定内力为连续分布，则$\Delta Q/\Delta A$ 将趋于一定的极限 $\boldsymbol{s}$，即

$$\lim_{\Delta A \to 0} \Delta Q / \Delta A = \boldsymbol{s} \tag{3-3}$$

这个极限矢量 $\boldsymbol{s}$ 就是物体在截面 mn 上的、在 P 点的应力。因为ΔA 是标量，所以应力 $\boldsymbol{s}$ 的方向就是ΔQ 的极限方向。

对于应力，除了在推导某些公式的过程中以外，通常都不用它沿坐标轴方向的分量（即方向应力σ_x，τ_{xy}等）。因为这些分量和物体的形变或材料强度都没有直接的关系。与物体的形变及材料强度直接相关的是应力在其作用截面的法向和切向分量，也就是正应力σ和剪应力τ。正应力、剪应力及其分量的常用单位为 N/m^2（Pa）和 N/mm^2（MPa）。

由此可见，在物体内的同一点 P，不同截面上的应力是不相同的。为了分析这一点的应力状态，即各个截面上应力的大小和方向，在这一点处从物体内取出一个微小的平行六面体，它的棱边分别平行于坐标轴而长度分别为 $PA=\Delta X$、$PB=\Delta Y$、$PC=\Delta Z$，如图 3.2 所示。将每一面上的应力分解为一个正应力和两个剪应力，分别与三个坐标轴平行。正应力用σ表示，为了表明这个正应力的作用面和作用力方向，加上一个坐标脚标。例如正应力σ_x是作用在垂直于 x 轴的面上，同时也是沿着 x 轴方向作用的。剪应力用τ表示，并加上两个脚标，前一脚标表明作用面垂直于哪一个坐标轴，后一脚标表明作用方向沿着哪一个坐标轴。例如，剪应力τ_{xy}是作用在垂直于 x 轴的面上而沿着 y 轴方向作用的。

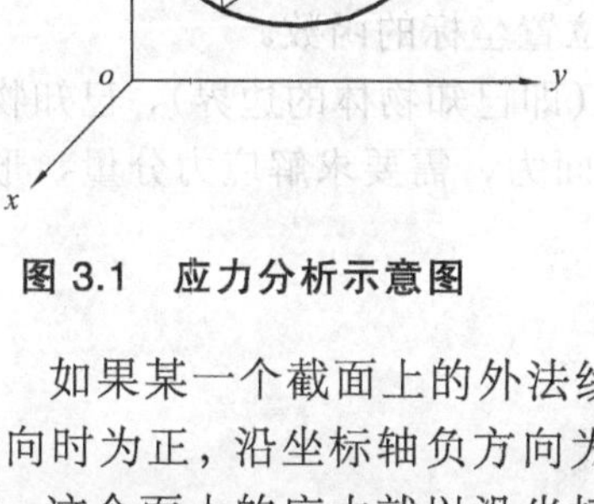

图 3.1　应力分析示意图

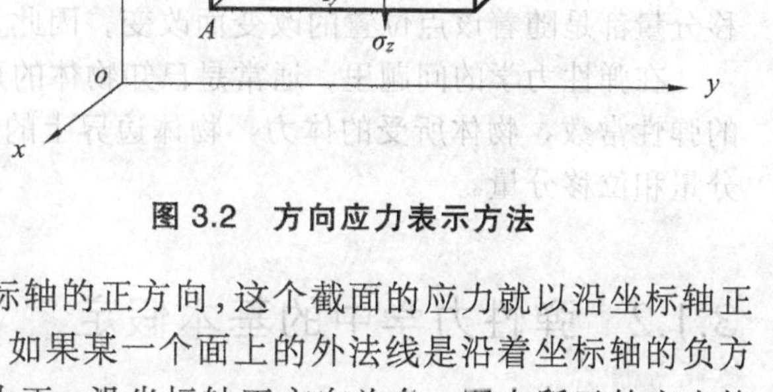

图 3.2　方向应力表示方法

如果某一个截面上的外法线是沿着坐标轴的正方向，这个截面的应力就以沿坐标轴正方向时为正，沿坐标轴负方向为负。反之，如果某一个面上的外法线是沿着坐标轴的负方向，这个面上的应力就以沿坐标轴负方向为正，沿坐标轴正方向为负，图中所示的应力均为正。

根据剪应力互等定理，作用在两个互相垂直的面上并且垂直于该两面交线的剪应力是互等的（大小相等，正负号也相同），可以得出：

$$\tau_{xy}=\tau_{yx},\quad \tau_{yz}=\tau_{zy},\quad \tau_{zx}=\tau_{xz}$$

因此，剪应力记号的两个脚标可以任意对调。通常用τ_{xy}统一地代表τ_{xy}和τ_{yx}，用τ_{yz}统一地代表τ_{yz}和τ_{zy}，用τ_{zx}统一地代表τ_{zx}和τ_{xz}。

可以证明，在弹性体内的任意一点，如果已知σ_x，σ_y，σ_z，τ_{xy}，τ_{yz}和τ_{zx}这6个应力分量，就可以求得经过该点的任意截面上的正应力和剪应力。所以，上述6个应力分量完全确定了该点的应力状态。如果用向量来表示这6个应力分量，则可写成

$$\boldsymbol{\sigma}=[\sigma_x\quad \sigma_y\quad \sigma_z\quad \tau_{xy}\quad \tau_{yz}\quad \tau_{zx}]^{\mathrm{T}}$$

(3) 所谓形变：就是指物体形状的改变。物体的形状总可以用它各部分的长度和角度来表示。因此，物体的形变总可以归结为长度的改变和角度的改变。

为了分析物体在其某一点P的形变状态，在这一点沿着坐标轴x，y，z的正方向取3个微小的线段PA，PB，PC，如图3.2所示。物体变形以后，这三条线段的长度以及它们之间的直角一般都将有所改变，各线段的每单位长度的伸缩，即单位伸缩或相对伸缩，称为正应变，各线段之间的直角的改变，用弧度表示，称为剪应变。正应变用字母ε表示，ε_x表示x方向的线段PA的正应变，其余类推，正应变以伸长时为正，缩短时为负，与正应力的正负号规定相适应。剪应变用符号γ表示，γ_{xy}表示x与y两方向的线段（即PA与PB）之间的直角的改变，其余类推。剪应变以直角变小时为正，变大时为负，与剪应力的正负号规定相适应。正应变和剪应变都是无因次的数量。

在物体的任意一点，如果已知ε_x，ε_y，ε_z，γ_{xy}，γ_{yz}，γ_{zx}这6个应变，就可以求得经过该点的任一线段的正应变，也可以求得经过该点的任意两个线段之间的角度的改变。因此，这6个应变分量称为该点的形变分量，可以完全确定该点的形变状态。如果用向量来表示这6个应力分量，则可写成

$$\boldsymbol{\varepsilon}=[\varepsilon_x\quad \varepsilon_y\quad \varepsilon_z\quad \gamma_{xy}\quad \gamma_{yz}\quad \gamma_{zx}]^{\mathrm{T}}$$

(4) 所谓位移：就是指物体位置的移动。物体内任意一点的位移，用它在x，y，z三轴上的投影u，v，w来表示，以沿坐标轴正方向时为正，沿坐标轴负方向时为负。这3个投影称为该点的位移分量。位移及其分量的单位是长度的单位，常用单位为m和mm。

在通常情况下，弹性体内任意一点的体力分量，面力分量、应力分量、形变分量和位移分量都是随着该点位置的改变而改变，因此，它们都是位置坐标的函数。

在弹性力学的问题里，通常是已知物体的形状和大小（即已知物体的边界）、已知物体的弹性常数、物体所受的体力、物体边界上的约束情况或面力，需要求解应力分量、形变分量和位移分量。

3.1.2 弹性力学中的基本假定

为了由弹性力学问题中的已知量求出未知量，必须建立这些已知量与未知量之间的关系，以及各个未知量之间的关系，从而导出一套求解的方程，进而获得所求问题的解答。在导出弹性力学的方程时，可以从3个方面来进行分析：①从静力学方面建立应力、体力

和面力之间的关系；②从几何学方面建立形变、位移和边界位移之间的关系；③从物理学方面建立形变与应力之间的关系。

在导出方程时，如果精确考虑所有各方面的因素，则导出的方程将非常复杂，实际上是不可能求解的。因此，通常必须按照研究对象的性质和求解问题的范围，做出若干基本假定，从而略去一些暂不考虑的因素，使得方程的求解成为可能。故通常采用如下的几个基本假定。

(1) 假定物体是连续的，也就是假定整个物体的体积都被组成这个物体的介质所填满，不留下任何空隙。这样，物体内的一些物理量，例如应力、形变、位移等，才可能是连续的，因而才可能用坐标的连续函数来表示它们的变化规律。实际上，一切物体都是由微粒组成的，都不能符合上述假定。但是，只要微粒的尺寸，以及相邻微粒之间的距离，都比物体的几何尺寸小很多，那么，关于物体的连续性假定就不会引起显著的误差。

(2) 假定物体是完全弹性的，也就是假定物体完全服从虎克定律——应变与引起该应变的那个应力分量成比例，反映这种比例关系的常数，即为弹性常数（或弹性模量），它并不随应力分量或应变分量的大小和符号的改变而改变。也就是说，当应力分量增大到若干倍时，应变分量也成比例地增大到同一倍数；当应力分量减小到若干分之一时，应变分量也成比例地减小到同一分数；当应力分量减小为零时，应变分量也相应减小为零（没有任何残余形变）；当应力分量反其符号时，应变分量也反其符号，而且两者仍然保持同样的比例关系。由材料力学已知：对于脆性材料的物体，在应力未超过比例极限以前，可以作为近似的完全弹性体；对于塑性材料的物体，在应力未达到屈服极限以前，也可以作为近似的完全弹性体。

(3) 假定物体是均匀的，也就是整个物体是由同一材料组成的。这样，整个物体的所有各部分才具有相同的弹性，因而物体的弹性常数才不随位置坐标的改变而改变，可以取出该物体的任意一小部分来加以分析，然后把分析的结果应用于整个物体。如果物体是由两种或两种以上的材料组成的，那么，同样只要每一种材料的颗粒远远小于物体的几何尺寸，而且在物体内均匀分布，这个物体也就可以当做是均匀的。

(4) 假设物体是各向同性的，也就是物体内任意一点的弹性在所有各个方向上都相同。这样，物体的弹性常数才不随方向的改变而改变。显然，木材和竹材的构件都不能当做各向同性体。至于由钢材组成的构件，虽然它含有各向异性的晶体，但由于晶体很微小，而且是随机排列的，所以钢材构件的弹性（包含无数多微小晶体随机排列时的统观弹性）大致是各向相同的。

凡是符合以上四个基本假定的物体，就称为理想弹性体。

(5) 假定位移和形变是微小的。这就是说，假定物体受力以后，整个物体所有各点的位移都远远小于物体原来的几何尺寸，因而应变和转角都远远小于 1。这样，在建立物体变形以后的平衡方程时，就可以用变形前的尺寸来代替变形后的尺寸，而不致引起显著的误差，并且在考察物体的形变及位移时，转角和应变的二次幂或乘积都可以略去不计。这才可能使得弹性力学中的代数方程和微分方程简化为线性方程。

3.2　平面应力问题与平面应变问题

弹性力学研究理想弹性体在力作用下的变形和应力。严格地说，任何一个弹性体都是空间物体，它所受到的外力为空间力系。因此任何一个实际的弹性力学问题都是空间问题。

但是如果要考察的弹性体具有某种特殊的形状并承受某些特殊的外力，则可以把空间问题近似地简化为平面问题。这种处理可使分析和计算工作量大大减少，而所得结果仍能满足工程上的精度要求。

3.2.1 平面应力问题

设有很薄的等厚度薄板，如图 3.3 所示，只在板边上受有平行于板面并且不沿厚度变化的面力，同时，体力也平行于板面并且不沿厚度变化。例如图中所示的深梁，以及平板坝的平板支墩，就属于此类问题。

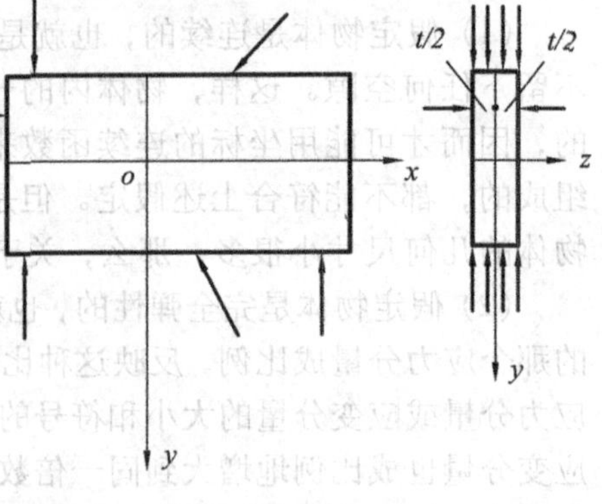

图 3.3 平面应力问题

设薄板的厚度为 t，以薄板的中性面作为 xy 平面，以垂直于中性面的任一直线为 z 轴，因为在板面上（$z=\pm t/2$）不受力，所以有

$$(\sigma_z)_{z=\pm\frac{t}{2}}=0,\quad (\tau_{zx})_{z=\pm\frac{t}{2}}=0,\quad (\tau_{yz})_{z=\pm\frac{t}{2}}=0$$

因为板很薄，外力又不沿厚度变化，所以，可以认为在整块薄板的所有各点都有

$$\sigma_z=0,\quad \tau_{zx}=0,\quad \tau_{zy}=0$$

根据剪应力的互等定理有$\tau_{xz}=0$，$\tau_{yz}=0$。这样，只剩下平行于 xy 面的 3 个应力分量，即σ_x，σ_y，τ_{xy}，所以这种问题称为平面应力问题。同时，也因为板很薄，这 3 个应力分量以及分析问题时需要考虑的形变分量和位移分量，都可以认为是不沿厚度变化的。这就是说，它们只是 x 和 y 的函数，不随 z 而变化。

3.2.2 平面应变问题

与上述平面应力问题相反，设有很长的柱形体，它的支承情况不沿长度变化，如图 3.4 所示。在柱面上受有平行于横截面而且不沿长度变化的面力，同时，体力也平行于横截面而且不沿长度变化（内在因素和外来作用都不沿长度变化）。

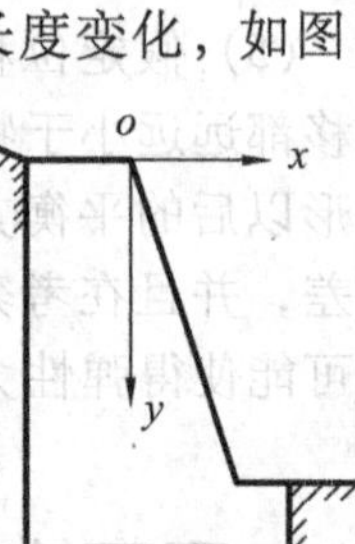

图 3.4 平面应变问题

假想该柱形体为无限长，以任一横截面作为 xy 面，任一纵线为 z 轴，则所有一切应力分量、形变分量和位移分量都不沿 z 方向变化，而只是 x 和 y 的函数。此外，在这一情况下，由于对称（任一横截面都可以看做是对称面），所有各点都只沿 x 和 y 方向移动，而不会有 z 方向的位移，即有 $w=0$。因为所有各点的位移矢量都平行于 xy 面，所以这种问题应当称为平面位移问题，但在习惯上常称为平面应变问题。又由对称条件可知，$\tau_{zx}=0$，$\tau_{yz}=0$。根据剪应力的互等关系，又可以断定$\tau_{xz}=0$，$\tau_{zy}=0$。但是，由于 z 方

向的伸缩被阻止，所以σ_z一般并不等于零。

有些问题，例如挡土墙和重力坝的问题等，是很接近于平面应变问题的。虽然由于这些结构不是无限长的，而且在靠近两端之处，横截面的形状也往往是变化的，其并不符合无限长柱形体的条件，但是实践证明，对于离开两端较远之处，按平面应变问题进行分析计算，得出的结果在工程上是可用的。

3.3　平面问题的平衡微分方程

与材料力学求解扭转和弯曲问题相似，求解弹性力学问题时也是从静力学、几何学、物理学三方面出发，进行分析。

首先考虑静力条件，根据静力平衡条件来导出应力分量和外力之间的关系式，即平面问题的平衡微分方程。

从图 3.3 所示的薄板或图 3.4 所示的柱形体，取出一个微小的正平行六面体 $PACB$，如图 3.5 所示。它在 x 和 y 方向的尺寸分别为 dx 和 dy。为了计算简便，它在 z 方向的尺寸取为一个单位长度，用 p_x 和 p_y 分别表示微元体中体积力在 x 和 y 方向的分量。

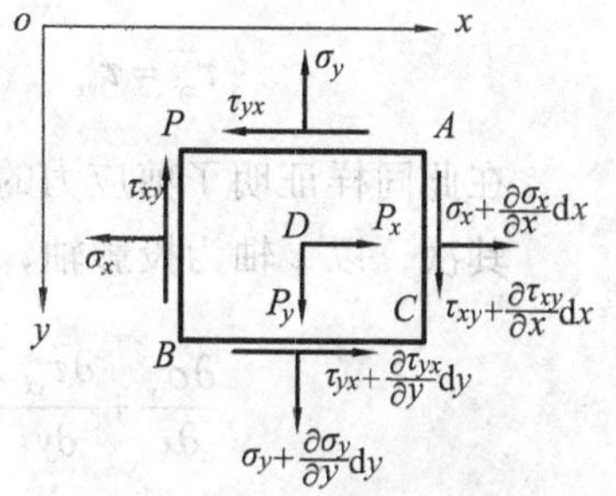

图 3.5　微元体受力分析

一般而论，应力分量是位置坐标 x 和 y 的函数，因此，作用于左右两相对面或上下两相对面的应力分量不完全相同，而具有微小的差量。例如，设作用于左面 PB 的平均正应力为σ_x，则作用于右面 AC 的平均正应力，由于 x 坐标的改变，可用泰勒级数表示为

$$\sigma_x+\frac{\partial\sigma_x}{\partial x}\mathrm{d}x+\frac{1}{2!}\cdot\frac{\partial^2\sigma_x}{\partial x^2}\mathrm{d}x^2+\cdots$$

略去二阶及更高阶的微量，可以简化为

$$\sigma_x+\frac{\partial\sigma_x}{\partial x}\mathrm{d}x$$

设σ_x为常量，则$\frac{\partial\sigma_x}{\partial x}=0$，而左右两面的正应力都是$\sigma_x$，这就是均匀应力分布的情况。同样，设左面的平均剪应力是τ_{xy}，则右面的平均剪应力将是$\tau_{xy}+\frac{\partial\tau_{xy}}{\partial x}\mathrm{d}x$；设上面的平均正应力及平均剪应力分别为$\sigma_y$及$\tau_{yx}$，则下面的平均正应力及平均剪应力分别为$\sigma_y+\frac{\partial\sigma_y}{\partial y}\mathrm{d}y$及$\tau_{yx}+\frac{\partial\tau_{yx}}{\partial y}\mathrm{d}y$。

首先以通过微元体中心 D 并平行于 z 轴的直线为矩轴，列出力矩的平衡方程$\sum M_D=0$：

$$\left(\tau_{xy}+\frac{\partial\tau_{xy}}{\partial x}\mathrm{d}x\right)\mathrm{d}y\times1\times\frac{\mathrm{d}x}{2}+\tau_{xy}\mathrm{d}y\times1\times\frac{\mathrm{d}x}{2}-\left(\tau_{yx}+\frac{\partial\tau_{yx}}{\partial y}\mathrm{d}y\right)\mathrm{d}x\times1\times\frac{\mathrm{d}y}{2}-\tau_{yx}\mathrm{d}x\times1\times\frac{\mathrm{d}y}{2}=0$$

在建立这一方程时，应用了 3.1.2 节中的第（5）个基本假定，使用了弹性体变形以前的几何尺寸，而没有用平衡状态下的、变形以后的几何尺寸。在下面建立任何平衡方程时，都将同样地处理，不再加以说明。将上式的两边除以 $\mathrm{d}x\mathrm{d}y$，合并相同项，得到

$$\tau_{xy}+\frac{1}{2}\frac{\partial\tau_{xy}}{\partial x}\mathrm{d}x=\tau_{yx}+\frac{1}{2}\frac{\partial\tau_{yx}}{\partial y}\mathrm{d}y$$

令 $\mathrm{d}x$ 和 $\mathrm{d}y$ 均趋于零，则 A，B，C 三点都趋于 P 点，而各面上的平均剪应力都趋于在 P 点的剪应力，从而在 P 点有关系式

$$\tau_{xy}=\tau_{yx} \tag{3-4}$$

在此同样证明了剪应力的互等关系。

其次，以 x 轴为投影轴，列出力的平衡方程 $\sum F_x=0$，简化得

$$\frac{\partial\sigma_x}{\partial x}+\frac{\partial\tau_{yx}}{\partial y}+p_x=0$$

同样，由平衡方程 $\sum F_y=0$ 可导出另一个相似的微分方程。于是得出平面问题中表明应力分量与体力分量之间的关系式，即平衡微分方程在平面问题中的简化形式

$$\left.\begin{aligned}\frac{\partial\sigma_x}{\partial x}+\frac{\partial\tau_{yx}}{\partial y}+p_x=0\\\frac{\partial\sigma_y}{\partial y}+\frac{\partial\tau_{xy}}{\partial x}+p_y=0\end{aligned}\right\} \tag{3-5}$$

这两个微分方程中包含着 3 个未知函数 σ_x，σ_y，$\tau_{xy}=\tau_{yx}$。因此，决定应力分量的问题是超静定的，还必须考虑其与形变和位移的关系，才能对问题进行求解。

对于平面应变问题来说，在图 3.5 所示的六面体上，一般还有作用于前后两面的正应力 σ_z，但由于它们自成平衡，完全不影响方程式（3-4）和（3-5）的建立，所以上述方程对于两种平面问题都同样适用。

3.4 平面问题的几何方程

下面从几何学方面考虑，导出平面问题形变分量与位移分量之间的关系式，即平面问题的几何方程。

经过弹性体内的任意一点 P，沿 x 轴和 y 轴的方向取两个微小长度的线段 $PA=\mathrm{d}x$ 和 $PB=\mathrm{d}y$，如图 3.6 所示。假定弹性体受力以后，P，A，B 三点分别移动到 P'，A'，B'。

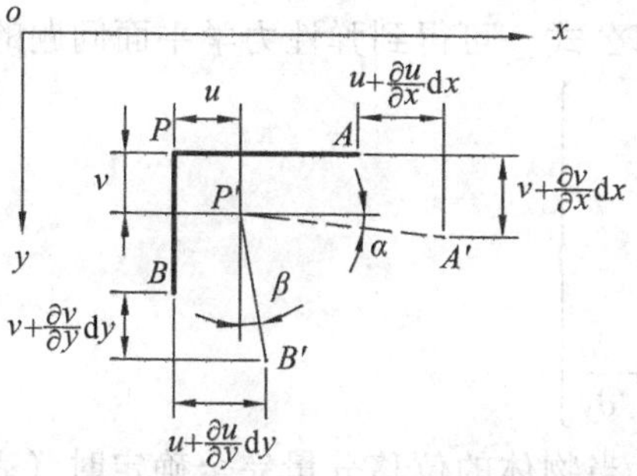

图 3.6 微元体变形分量与位移分量的关系

用 u 和 v 表示 P 点在 x 轴和 y 轴的方向上的位移。与应力分量一样，位移 u 和 v 也是 x 和 y 的函数。A 点在 x 和 y 方向的位移分别为

$$u+\frac{\partial u}{\partial x}\mathrm{d}x\,,\quad v+\frac{\partial v}{\partial x}\mathrm{d}x$$

B 点在 x 和 y 方向的位移分别为

$$u+\frac{\partial u}{\partial y}\mathrm{d}y\,,\quad v+\frac{\partial v}{\partial y}\mathrm{d}y$$

因此，线段 PA 沿 x 方向的伸长量为

$$\left(u+\frac{\partial u}{\partial x}\mathrm{d}x\right)-u=\frac{\partial u}{\partial x}\mathrm{d}x$$

线段 PA 沿 x 方向的应变为

$$\varepsilon_x=\frac{\frac{\partial u}{\partial x}\mathrm{d}x}{dx}=\frac{\partial u}{\partial x}$$

线段 PA 的转角为

$$\alpha=\frac{\left(v+\frac{\partial v}{\partial x}\mathrm{d}x\right)-v}{\mathrm{d}x}=\frac{\partial v}{\partial x}$$

线段 PB 沿 y 方向的应变为

$$\varepsilon_y=\frac{\left(v+\frac{\partial v}{\partial y}\mathrm{d}y\right)}{\mathrm{d}y}=\frac{\partial v}{\partial y}$$

线段 PB 的转角为

$$\beta=\frac{\left(u+\frac{\partial u}{\partial y}\mathrm{d}y\right)-u}{\mathrm{d}y}=\frac{\partial u}{\partial y}$$

线段 PA 与 PB 之间的直角的改变（以减小为正），也就是剪应变 γ_{xy} 为

$$\gamma_{xy}=\alpha+\beta=\frac{\partial v}{\partial x}+\frac{\partial u}{\partial y}$$

综合上述三个应变计算公式，可得到弹性力学平面问题的几何方程

$$\left.\begin{aligned}\varepsilon_x &= \frac{\partial u}{\partial x}\\ \varepsilon_y &= \frac{\partial v}{\partial y}\\ \gamma_{xy} &= \frac{\partial v}{\partial x}+\frac{\partial u}{\partial y}\end{aligned}\right\} \tag{3-6}$$

由上式几何方程可见，当物体的位移分量完全确定时（表示为 x 和 y 的确定函数时），形变分量即完全确定。反之，当形变分量完全确定时，位移分量却不能完全确定。与平衡微分方程一样，几何方程式（3-6）对两种平面问题都适用。

3.5 物理方程

现在从物理学方面来考虑平面问题，导出形变分量与应力分量之间的关系式，也就是平面问题中的物理方程。

在完全弹性的各向同性体内，形变分量与应力分量之间的关系极其简单，可根据虎克定律建立如下关系式：

$$\left.\begin{aligned}\varepsilon_x &= \frac{1}{E}[\sigma_x-\mu(\sigma_y+\sigma_z)]\\ \varepsilon_y &= \frac{1}{E}[\sigma_y-\mu(\sigma_z+\sigma_x)]\\ \varepsilon_y &= \frac{1}{E}[\sigma_z-\mu(\sigma_x+\sigma_y)]\\ \gamma_{xy} &= \frac{1}{G}\tau_{xy}\\ \gamma_{yz} &= \frac{1}{G}\tau_{yz}\\ \gamma_{zx} &= \frac{1}{G}\tau_{zx}\end{aligned}\right\} \tag{3-7a}$$

或改写为如下关系式：

$$\left.\begin{aligned}\sigma_x &= \frac{E}{(1+\mu)(1-2\mu)}[(1-\mu)\varepsilon_x+\mu(\varepsilon_y+\varepsilon_z)]\\ \sigma_y &= \frac{E}{(1+\mu)(1-2\mu)}[(1-\mu)\varepsilon_y+\mu(\varepsilon_z+\varepsilon_x)]\\ \sigma_z &= \frac{E}{(1+\mu)(1-2\mu)}[(1-\mu)\varepsilon_z+\mu(\varepsilon_x+\varepsilon_y)]\\ \tau_{xy} &= G\gamma_{xy}\\ \tau_{yz} &= G\gamma_{yz}\\ \tau_{zx} &= G\gamma_{zx}\end{aligned}\right\} \tag{3-7b}$$

式中，E 为拉压弹性模量，简称为弹性模量；G 为剪切弹性模量，简称为刚度模量；μ为侧向收缩系数，简称为泊松比。

这三个弹性常数之间满足关系式

$$G=\frac{E}{2(1+\mu)} \tag{3-8}$$

这些弹性常数不随应力或形变的大小而变，不随位置坐标而变，也不随方向而变，因为已经假定考虑的物体是完全弹性的、均匀的，而且是各向同性的。

将这些方程合并起来，用矩阵表示，则有

$$\boldsymbol{\sigma}=\boldsymbol{D}\ \boldsymbol{\varepsilon} \tag{3-9}$$

式中，$\boldsymbol{\sigma}$为应力向量，$\boldsymbol{\sigma}=[\sigma_x \quad \sigma_y \quad \sigma_z \quad \tau_{xy} \quad \tau_{yz} \quad \tau_{zx}]^{\mathrm{T}}$；$\boldsymbol{\varepsilon}$为应力向量，$\boldsymbol{\varepsilon}=[\varepsilon_x \quad \varepsilon_y \quad \varepsilon_z \quad \gamma_{xy} \quad \gamma_{yz} \quad \gamma_{zx}]^{\mathrm{T}}$；$\boldsymbol{D}$ 为弹性矩阵。

$$\boldsymbol{D}=\frac{E}{(1+\mu)(1-2\mu)}\begin{bmatrix}1-\mu & \mu & \mu & 0 & 0 & 0\\ \mu & 1-\mu & \mu & 0 & 0 & 0\\ \mu & \mu & 1-\mu & 0 & 0 & 0\\ 0 & 0 & 0 & \dfrac{1-2\mu}{2} & 0 & 0\\ 0 & 0 & 0 & 0 & \dfrac{1-2\mu}{2} & 0\\ 0 & 0 & 0 & 0 & 0 & \dfrac{1-2\mu}{2}\end{bmatrix} \tag{3-10}$$

在平面应力问题中，$\sigma_z=0$。在式（3-7）的第一式及第二式中删去σ_z，并将式（3-8）代人式（3-7）中的第 4 式，得

$$\left.\begin{aligned}\varepsilon_x&=\frac{1}{E}(\sigma_x-\mu\sigma_y)\\ \varepsilon_y&=\frac{1}{E}(\sigma_y-\mu\sigma_x)\\ \gamma_{xy}&=\frac{2(1+\mu)}{E}\tau_{xy}\end{aligned}\right\} \tag{3-11}$$

或写成

$$\left.\begin{aligned}\sigma_x&=\frac{E}{1-\mu^2}(\varepsilon_x+\mu\varepsilon_y)\\ \sigma_y&=\frac{E}{1-\mu^2}(\varepsilon_y+\mu\varepsilon_x)\\ \tau_{xy}&=\frac{E}{2(1+\mu)}\gamma_{xy}\end{aligned}\right\} \tag{3-12}$$

这就是平面应力问题中的物理方程。

写成矩阵的形式为

$$\boldsymbol{\sigma}=\boldsymbol{D}\,\boldsymbol{\varepsilon} \tag{3-13}$$

式中，

$$\boldsymbol{\sigma}=[\sigma_x \quad \sigma_y \quad \tau_{xy}]^{\mathrm{T}}$$
$$\boldsymbol{\varepsilon}=[\varepsilon_x \quad \varepsilon_y \quad \gamma_{xy}]^{\mathrm{T}}$$

$$\boldsymbol{D}=\frac{E}{(1-\mu^2)}\begin{bmatrix}1 & \mu & 0\\ \mu & 1 & 0\\ 0 & 0 & \dfrac{1-\mu}{2}\end{bmatrix} \tag{3-14}$$

此时，式（3-7a）中的第 3 式成为

$$\varepsilon_z=-\frac{1}{E}\mu(\sigma_x+\sigma_y)$$

它可以用来求得薄板厚度的改变。又由式（3-7a）中的第 5 式及第 6 式可知，因为在平面应力问题中有$\tau_{zx}=0$和$\tau_{yz}=0$，所以有$\gamma_{zx}=0$和$\gamma_{yz}=0$。

在平面应变问题中，因为物体内的所有各点都不沿 z 方向移动，即有 $w=0$，所以 z 方向的线段都没有伸缩，即$\varepsilon_z=0$。于是由式（3-7a）中的第 3 式得

$$\sigma_z=\mu(\sigma_x+\sigma_y)$$

将之代入式（3-7a）中的第 1 式及第 2 式，并注意式（3-11）中的第 3 式仍然适用，得

$$\left.\begin{aligned}\varepsilon_x&=\frac{1-\mu^2}{E}\left(\sigma_x-\frac{\mu}{1-\mu}\sigma_y\right)\\ \varepsilon_y&=\frac{1-\mu^2}{E}\left(\sigma_y-\frac{\mu}{1-\mu}\sigma_x\right)\\ \gamma_{xy}&=\frac{2(1+\mu)}{E}\tau_{xy}\end{aligned}\right\} \tag{3-15}$$

这就是平面应变问题中的物理方程。此外，因为在平面应变问题中也有$\tau_{zx}=0$和$\tau_{yz}=0$，所以有$\gamma_{zx}=0$和$\gamma_{yz}=0$。

将式（3-15）用矩阵的形式表示，其弹性矩阵 $\boldsymbol{D}$ 为

$$\boldsymbol{D}=\frac{E}{(1+\mu)(1-2\mu)}\begin{bmatrix}1 & \dfrac{\mu}{1-\mu} & 0\\ \dfrac{\mu}{1-\mu} & 1 & 0\\ 0 & 0 & \dfrac{1-2\mu}{2(1-\mu)}\end{bmatrix} \tag{3-16}$$

可以看出，如果在平面应力问题的物理方程式（3-11）中，将 E 换为$\dfrac{E}{1-\mu^2}$，μ 换为$\dfrac{\mu}{1-\mu}$，就得到平面应变问题的物理方程式（3-15），其中的第 3 式也并不例外，因为

$$\frac{2\left(1+\dfrac{\mu}{1-\mu}\right)}{\dfrac{E}{1-\mu^2}}=\frac{2(1+\mu)}{E}$$

还可以看出，如果在平面应变问题的物理方程式（3-15）中，将 E 换为 $\frac{E(1+2\mu)}{(1+\mu)^2}$，$\mu$ 换为 $\frac{\mu}{1+\mu}$，就得到平面应力问题的物理方程（3-11）。

3.6　边界条件

在上面导出的方程中，可以把下列 8 个方程当做弹性力学平面问题的基本方程：2 个平衡微分方程，3 个几何方程，3 个物理方程。这 8 个基本方程中包含 8 个未知函数（坐标的未知函数）：3 个应力分量 σ_x，σ_y，τ_{xy}；3 个形变分量 ε_x，ε_y，γ_{xy}；2 个位移分量 u 和 v。基本方程的数目恰好等于未知函数的数目，因此，在适当的边界条件下，从基本方程求解未知函数是可能的。

按照边界条件的不同，弹性力学问题分为位移边界问题、应力边界问题和混合边界问题。

在位移边界问题中，物体在全部边界上的位移分量都是已知的，也就是，在边界上，有

$$u_s=\overline{u}\ ,\ v_s=\overline{v} \tag{3-17}$$

其中 u_s 和 v_s 表示边界上的位移分量；而 $\overline{u}$ 和 $\overline{v}$ 在边界上是坐标的已知函数。这就是平面问题的位移边界条件。

在应力边界问题中，弹性体在全部边界上所受的面力都是已知的。但是，面力已知的条件可以变换成为应力方面的条件。

当切割的微元体不是位于弹性体内部，而是位于弹性体的边界上时，微元体一般不再是平行六面体，而是三角棱柱体，如图 3.7 所示。

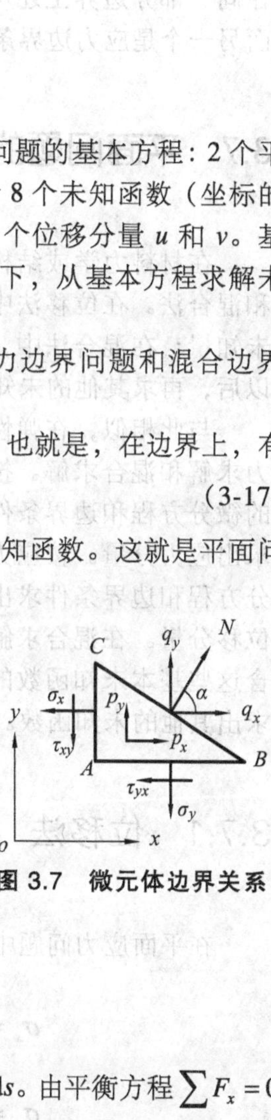

图 3.7　微元体边界关系

在图 3.7 中，BC 表示弹性体的边界，作用在弹性体边界上的表面力为 q_x 和 q_y。BC 的外法线方向 N 与 x 轴的夹角为 α，其方向余弦表示为：

$$\cos\ (N,\ x)\ =\cos\alpha=l$$
$$\cos\ (N,\ y)\ =\sin\alpha=m$$

若 BC 的长度为 $\mathrm{d}s$，则 $AB=\mathrm{d}s\cdot\sin\alpha=m\cdot\mathrm{d}s$，$AC=\mathrm{d}s\cdot\cos\alpha=l\cdot\mathrm{d}s$。由平衡方程 $\sum F_x=0$ 和 $\sum F_y=0$ 可得

$$q_x\mathrm{d}s\times1-\sigma_x\mathrm{d}s\times l\times1-\tau_{xy}\mathrm{d}s\times m\times1+\frac{1}{2}p_x\mathrm{d}s\times m\times\mathrm{d}s\times l\times1=0$$

$$q_y\mathrm{d}s\times 1-\sigma_y\mathrm{d}s\times m\times 1-\tau_{xy}\mathrm{d}s\times l\times 1+\frac{1}{2}p_y\mathrm{d}s\times l\times \mathrm{d}s\times m\times 1=0$$

略去属于高阶小量的体积力，经整理后得

$$\left.\begin{aligned}q_x&=\sigma_x l+\tau_{xy}m\\q_y&=\tau_{xy}l+\sigma_y m\end{aligned}\right\}\tag{3-18}$$

这就是静力边界条件，表示在弹性体边界上应力分量与表面力之间所必须满足的条件。

在混合边界问题中，物体的一部分边界为已知位移，因而具有式（3-17）表示的位移边界条件；另一部分边界为已知面力，因而具有式（3-18）表示的应力边界条件。此外，在同一部分边界上还可能出现混合边界条件，即两个边界条件中的一个是位移边界条件，而另一个是应力边界条件。

3.7 平面问题的基本解法

在材料力学或结构力学中，计算超静定结构，有三种基本方法，分别是位移法、力法和混合法。在位移法中，以某些位移为基本未知量；在力法中，以某些反力或内力为基本未知量；在混合法中，同时以某些位移和某些反力或内力为基本未知量。解出基本未知量以后，再求其他的未知量。

与此相似，在弹性力学中对问题的求解，也有三种基本方法，同样是按位移求解、应力求解和混合求解。按位移求解时，以位移分量为基本未知函数，由一些只包含位移分量的微分方程和边界条件求出位移分量以后，再用几何方程求出形变分量，从而用物理方程求出应力分量。按应力求解时，以应力分量为基本未知函数，由一些只包含应力分量的微分方程和边界条件求出应力分量以后，再用物理方程求出形变分量，从而用几何方程求出位移分量。在混合求解时，同时以某些位移分量和应力分量为基本未知函数，由一些只包含这些基本未知函数的微分方程和边界条件求出这些基本未知函数以后，再用适当的方程求出其他的未知函数。

3.7.1 位移法

在平面应力问题中，将几何方程式（3-6）代入物理方程式（3-12），得出弹性方程

$$\left.\begin{aligned}\sigma_x&=\frac{E}{1-\mu^2}\left(\frac{\partial u}{\partial x}+\mu\frac{\partial v}{\partial y}\right)\\\sigma_y&=\frac{E}{1-\mu^2}\left(\frac{\partial v}{\partial y}+\mu\frac{\partial u}{\partial x}\right)\\\tau_{xy}&=\frac{E}{2(1+\mu)}\left(\frac{\partial v}{\partial x}+\frac{\partial u}{\partial y}\right)\end{aligned}\right\}\tag{3-19}$$

将式（3-19）代入平衡微分方程式（3-5），得

$$\left.\begin{aligned}\frac{E}{1-\mu^2}\left(\frac{\partial^2 u}{\partial x^2}+\frac{1-\mu}{2}\frac{\partial^2 u}{\partial y^2}+\frac{1+\mu}{2}\frac{\partial^2 v}{\partial x\partial y}\right)+p_x=0\\\frac{E}{1-\mu^2}\left(\frac{\partial^2 v}{\partial y^2}+\frac{1-\mu}{2}\frac{\partial^2 v}{\partial x^2}+\frac{1+\mu}{2}\frac{\partial^2 u}{\partial x\partial y}\right)+p_y=0\end{aligned}\right\}\tag{3-20}$$

这就是用位移表示的平衡微分方程，也是按位移求解平面应力问题时所需用的基本微分方程。

另一方面，将式（3-19）代入应力边界条件式（3-18），简化以后，得

$$\left.\begin{aligned}\frac{E}{1-\mu^2}\left[l\left(\frac{\partial u}{\partial x}+\mu\frac{\partial v}{\partial y}\right)_s+m\frac{1-\mu}{2}\left(\frac{\partial u}{\partial y}+\frac{\partial v}{\partial x}\right)_s\right]=q_x\\\frac{E}{1-\mu^2}\left[m\left(\frac{\partial v}{\partial y}+\mu\frac{\partial u}{\partial x}\right)_s+l\frac{1-\mu}{2}\left(\frac{\partial u}{\partial y}+\frac{\partial v}{\partial x}\right)_s\right]=q_y\end{aligned}\right\}\tag{3-21}$$

这是用位移表示的应力边界条件，也就是按位移求解平面应力问题时所用的应力边界条件，位移边界条件仍然如式（3-17）所示。

概括起来，按位移求解平面应力问题时，要使得位移分量满足微分方程式（3-20），并在边界上满足边界条件式（3-17）或式（3-18）。求出位移分量以后，即可用几何方程式（3-6）求得形变分量，从而用式（3-19）求得应力分量。

对于平面应变问题，需将上面的各个方程中的 E 换为 $\dfrac{E}{1-\mu^2}$，μ 换为 $\dfrac{\mu}{1-\mu}$。

综合上述分析可知，在一般情况下，按位移求解平面问题，最后还须处理联立的两个二阶偏微分方程，而不能再简化为处理一个单独微分方程的问题（像体力为常量时按应力函数求解应力边界问题那样）。这是按位移求解的缺点，也是按位移求解并不能得出很多函数式解答的原因。但是，在原则上，按位移求解可以适用于任何平面问题——不论体力是不是常量，也不论问题是位移边界问题还是应力边界问题或混合边界问题。因此，如果我们并不拘泥于追求函数式解答，而着眼于为一些工程实际问题求得数值解答，则按位移求解的优越性将是十分明显的。

3.7.2 应力法

下面来推导按应力求解平面问题时所需要的微分方程。平衡微分方程式（3-5）不包含形变分量和位移分量，应当保留。于是，只需由三个几何方程中消去位移分量，得出三个形变分量之间的一个关系式，再将三个物理方程代入这个关系式，使它只包含应力分量。

将平面问题的几何方程式（3-6）中的 ε_x 对 y 的二阶导数和 ε_y 对 x 的二阶导数相加，得

$$\frac{\partial^2\varepsilon_x}{\partial y^2}+\frac{\partial^2\varepsilon_y}{\partial x^2}=\frac{\partial^3 u}{\partial x\partial y^2}+\frac{\partial^3 v}{\partial x^2\partial y}=\frac{\partial^2}{\partial x\partial y}\left(\frac{\partial u}{\partial y}+\frac{\partial v}{\partial x}\right)$$

但这个等式右边括弧中的表达式即为γ_{xy}，因此得

$$\frac{\partial^2\varepsilon_x}{\partial y^2}+\frac{\partial^2\varepsilon_y}{\partial x^2}=\frac{\partial^2\gamma_{xy}}{\partial x\partial y} \tag{3-22}$$

这个关系式称为形变协调方程或相容方程。形变分量ε_x，ε_y，γ_{xy}必须满足这个方程，才能保证位移分量 u 和 v 的存在。如果任意选取函数ε_x，ε_y和γ_{xy}而不能满足这个方程，那么，由三个几何方程中的任何两个求出的位移分量，将与第三个几何方程不能相容，这时就不可能求得位移。

对于平面应力的情况，将物理方程式（3-11）代入式（3-22），得

$$\frac{\partial^2}{\partial y^2}(\sigma_x-\mu\sigma_y)+\frac{\partial^2}{\partial x^2}(\sigma_y-\mu\sigma_x)=2(1+\mu)\frac{\partial^2\tau_{xy}}{\partial x\partial y} \tag{3-23}$$

利用平衡微分方程，将上式简化，使它只包含正应力而不包含剪应力。为此，将平衡微分方程式（3-5）写成

$$\frac{\partial\tau_{xy}}{\partial y}=-\frac{\partial\sigma_x}{\partial x}-p_x\,,\quad \frac{\partial\tau_{xy}}{\partial x}=-\frac{\partial\sigma_y}{\partial y}-p_y$$

将前一方程对 x 求导，后一方程对 y 求导，然后相加得

$$2\frac{\partial^2\tau_{xy}}{\partial x\partial y}=-\frac{\partial^2\sigma_x}{\partial x^2}-\frac{\partial^2\sigma_y}{\partial y^2}-\frac{\partial p_x}{\partial x}-\frac{\partial p_y}{\partial y}$$

代入式（3-23），简化以后得

$$\left(\frac{\partial^2}{\partial x^2}+\frac{\partial^2}{\partial y^2}\right)(\sigma_x+\sigma_y)=-(1+\mu)\left(\frac{\partial p_x}{\partial x}+\frac{\partial p_y}{\partial y}\right) \tag{3-24}$$

对于平面应变的情况，进行同样的推导，可以导出一个与此相似的方程

$$\left(\frac{\partial^2}{\partial x^2}+\frac{\partial^2}{\partial y^2}\right)(\sigma_x+\sigma_y)=-\frac{1}{(1-\mu)}\left(\frac{\partial p_x}{\partial x}+\frac{\partial p_y}{\partial y}\right) \tag{3-25}$$

但是，也可以不必进行推导，只要把方程（2-24）中的 μ 换为 $\dfrac{\mu}{1-\mu}$，就得到这个方程。

这样，按应力求解平面问题时，在平面应力问题中，应力分量应当满足平衡微分方程式（3-5）和相容方程式（3-24）；在平面应变问题中，应力分量应当满足平衡微分方程式（3-5）和相容方程式（3-25）。此外，应力分量在边界上还应当满足应力边界条件式（3-18）。

当体积力 p_x和 p_y为常数时，用应力表示的变形协调方程为

$$\left(\frac{\partial^2}{\partial x^2}+\frac{\partial^2}{\partial y^2}\right)(\sigma_x+\sigma_y)=0$$

因此，用应力作基本未知量时有足够的方程，结合边界条件解出三个应力分量，但是

直接积分求解这些方程还是非常困难，目前还没有一般函数解。通过分析发现应力函数分别对 x 和 y 微分二次表示的σ_x，σ_y，τ_{xy}可以满足平衡方程。

设法用试凑的办法可以找到这个应力函数，试凑的条件是应力函数必须符合变形协调方程和应力边界条件。为此需要把变形协调方程和应力边界条件也用应力函数来表示。一旦找到这个应力函数，问题就可以求解。传统方法只能求解形状规则、受力比较简单的弹性力学问题。

3.8 空间问题

3.8.1 平衡微分方程

与平面问题的分析相类似，分析空间问题时，仍然要从三方面来考虑：静力学方面，几何学方面和物理学方面。下面先来考虑空间问题的静力学方面，首先导出空间问题的平衡微分方程。

在弹性体内的任意一点 P，割取一个微小的平行六面体，它的六个面均垂直于坐标轴，如图 3.8 所示。该六面体的棱边长度分别为 $PA=\mathrm{d}x$，$PB=\mathrm{d}y$ 和 $PC=\mathrm{d}z$。通常，应力分量是位置坐标的函数。因此，作用在该六面体两相对面上的应力分量不完全相同，而具有微小的差异。例如，作用在后面的平均正应力是σ_x，由于坐标 x 的改变，作用在前面的平均正应力是$\sigma_x+\dfrac{\partial\sigma_x}{\partial x}\mathrm{d}x$，其余类推。

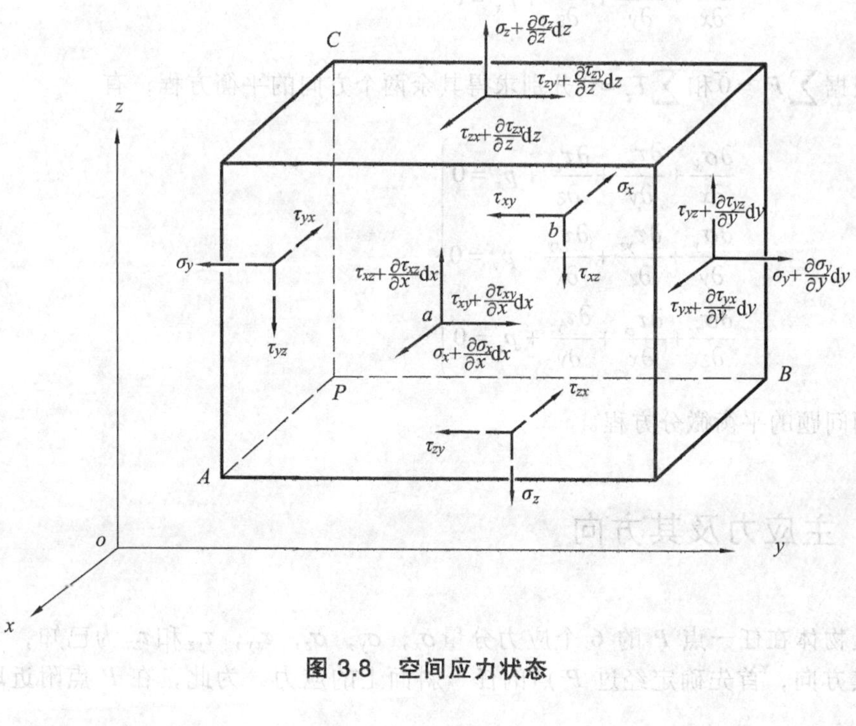

图 3.8 空间应力状态

首先，以连接六面体前后两面中心的直线 ab 为矩轴，列出力矩的平衡方程 $\sum M_{ab}=0$，得

$$\left(\tau_{yz}+\frac{\partial\tau_{yz}}{\partial y}\mathrm{d}y\right)\mathrm{d}x\mathrm{d}z\frac{\mathrm{d}y}{2}+\tau_{yz}\mathrm{d}x\mathrm{d}z\frac{\mathrm{d}y}{2}-\left(\tau_{zy}+\frac{\partial\tau_{zy}}{\partial z}\mathrm{d}z\right)\mathrm{d}x\mathrm{d}y\frac{\mathrm{d}z}{2}-\tau_{zy}\mathrm{d}x\mathrm{d}y\frac{\mathrm{d}z}{2}=0$$

略去微量，化简得

$$\tau_{yz}=\tau_{zy}$$

同理，有

$$\tau_{xy}=\tau_{yx},\quad \tau_{zx}=\tau_{xz}$$

在此又一次证明了剪应力的互等关系。

其次，以 x 轴为投影轴，列出投影的平衡方程 $\sum F_x=0$，得

$$\left(\sigma_x+\frac{\partial\sigma_x}{\partial x}\mathrm{d}x\right)\mathrm{d}y\mathrm{d}z-\sigma_x\mathrm{d}y\mathrm{d}z+\left(\tau_{yx}+\frac{\partial\tau_{yx}}{\partial y}\mathrm{d}y\right)\mathrm{d}x\mathrm{d}z-\tau_{yx}\mathrm{d}x\mathrm{d}z+$$
$$\left(\tau_{zx}+\frac{\partial\tau_{zx}}{\partial z}\mathrm{d}z\right)\mathrm{d}x\mathrm{d}y-\tau_{zx}\mathrm{d}x\mathrm{d}y\mathrm{d}z+p_x\mathrm{d}x\mathrm{d}y\mathrm{d}z=0$$

略去微量，化简得

$$\frac{\partial\sigma_x}{\partial x}+\frac{\partial\tau_{yx}}{\partial y}+\frac{\partial\tau_{zx}}{\partial z}+p_x=0$$

同理，根据 $\sum F_y=0$ 和 $\sum F_z=0$ 分别求得其余两个方向的平衡方程，有

$$\left.\begin{aligned}\frac{\partial\sigma_x}{\partial x}+\frac{\partial\tau_{xy}}{\partial y}+\frac{\partial\tau_{zx}}{\partial z}+p_x=0\\ \frac{\partial\sigma_y}{\partial y}+\frac{\partial\tau_{yz}}{\partial z}+\frac{\partial\tau_{xy}}{\partial x}+p_y=0\\ \frac{\partial\sigma_z}{\partial z}+\frac{\partial\tau_{zx}}{\partial x}+\frac{\partial\tau_{yz}}{\partial y}+p_z=0\end{aligned}\right\}\qquad(3\text{-}26)$$

即为空间问题的平衡微分方程。

3.8.2 主应力及其方向

假设物体在任一点 P 的 6 个应力分量 σ_x，σ_y，σ_z，τ_{xy}，τ_{yz} 和 τ_{zx} 为已知，为了确定主应力及其方向，首先确定经过 P 点的任一斜面上的应力。为此，在 P 点附近取一个平面

ABC 平行于这一斜平面，并与经过 *P* 点而平行于坐标面的三个平面形成一个微小的四面体 *PABC*，如图 3.9 所示。当平面 *ABC* 趋近于 *P* 点时，平面 *ABC* 上的应力即为该斜面上的应力。

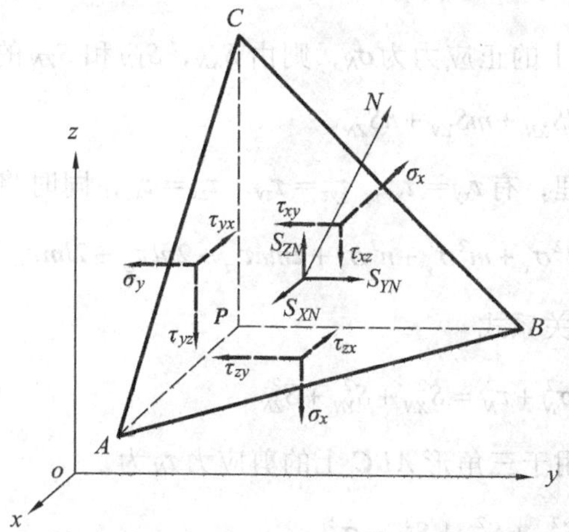

图 3.9　空间任意一点的应力状态

令平面 *ABC* 的外法线为 *N*，其方向余弦为

$$\cos(N,\ x)=l,\quad \cos(N,\ y)=m,\quad \cos(N,\ z)=n$$

设三角形 *ABC* 的面积为ΔS,则三角形 *PBC*,*PAC* 和 *PAB* 的面积分别为 $l\Delta S$,$m\Delta S$ 和 $n\Delta S$。四面体 *PABC* 的体积为ΔV。作用于三角形 *ABC* 上的全应力 S_N 沿坐标轴的分量分别为 S_{XN}、S_{YN} 和 S_{ZN}。由四面体的平衡条件 $\sum F_x=0$，得

$$S_{XN}\Delta S-\sigma_x l\Delta S-\tau_{yx}m\Delta S-\tau_{zx}n\Delta S+p_x\Delta V=0$$

式中，p_x 为作用于四面体 *PABC* 上沿 *x* 轴方向的体积力。

将上式简化得

$$S_{XN}+p_x\frac{\Delta V}{\Delta S}=\sigma_x l+\tau_{yx}m+\tau_{zx}n$$

同理，根据 $\sum F_y=0$ 和 $\sum F_z=0$ 可得

$$S_{YN}+p_y\frac{\Delta V}{\Delta S}=\sigma_y m+\tau_{zy}n+\tau_{xy}l$$

$$S_{ZN}+p_z\frac{\Delta V}{\Delta S}=\sigma_z n+\tau_{xz}l+\tau_{yz}m$$

式中，p_y 为作用于四面体 *PABC* 上沿 *y* 轴方向的体积力；p_z 为作用于四面体 *PABC* 上沿 *z* 轴方向的体积力。

当斜面 *ABC* 趋于 *P* 点时，由于ΔV 是比ΔS 更高一阶的微量，所以 $\dfrac{\Delta V}{\Delta S}$ 趋于零。因此有

$$\left.\begin{aligned}S_{XN}&=\sigma_x l+\tau_{yx}m+\tau_{zx}n\\S_{YN}&=\sigma_y m+\tau_{zy}n+\tau_{xy}l\\S_{ZN}&=\sigma_z n+\tau_{xz}l+\tau_{yz}m\end{aligned}\right\}\tag{3-27}$$

设平面三角形 ABC 上的正应力为 σ_N，则由 S_{XN}，S_{YN} 和 S_{ZN} 的投影可得

$$\sigma_N=lS_{XN}+mS_{YN}+nS_{ZN}$$

根据剪应力互等定理，有 $\tau_{xy}=\tau_{yx}$，$\tau_{yz}=\tau_{zy}$，$\tau_{zx}=\tau_{xz}$，同时将式（3-27）代入上式，得

$$\sigma_N=l^2\sigma_x+m^2\sigma_y+n^2\sigma_z+2mn\tau_{yz}+2nl\tau_{zx}+2lm\tau_{xy}\tag{3-28}$$

由于全应力 S_N 满足关系式

$$S_N^2=\sigma_N^2+\tau_N^2=S_{XN}^2+S_{YN}^2+S_{ZN}^2$$

因此，由上式可知，作用于三角形 ABC 上的剪应力 τ_N 为

$$\tau_N^2=S_{XN}^2+S_{YN}^2+S_{ZN}^2-\sigma_N^2\tag{3-29}$$

由式（3-28）和式（3-29）知，在弹性体的任意一点，如果已知该点的 6 个应力分量 σ_x，σ_y，σ_z，τ_{xy}，τ_{yz} 和 τ_{zx}，就可以求得任一斜面上的正应力和剪应力。也就是说，这 6 个应力分量完全确定了一点的应力状态。

如果作用于斜面三角形 ABC 上的剪应力为 $\tau_N=0$，那么该斜面为点 P 的一个主应力面，该斜面的法线方向称为点 P 的一个主应力方向，该斜面的全应力 S_N 等于正应力，即为主应力 σ。全应力 S_N 沿坐标轴的分量分别为

$$S_{XN}=l\sigma,\ S_{YN}=m\sigma,\ S_{ZN}=n\sigma$$

代入式（3-27），得

$$\left.\begin{aligned}(\sigma_x-\sigma)l+\tau_{xy}m+\tau_{zx}n=0\\(\sigma_y-\sigma)m+\tau_{yz}n+\tau_{xy}l=0\\(\sigma_z-\sigma)n+\tau_{zx}l+\tau_{yz}m=0\end{aligned}\right\}\tag{3-30}$$

根据几何学知识，方向余弦满足关系式

$$l^2+m^2+n^2=1\tag{3-31}$$

如果将式（3-30）和式（3-31）联立求解，能够得出的一组解即为点 P 的一个主应力以及与此对应的主应力面和主应力方向。此外，式（3-30）是关于方向余弦 l，m，n 的齐次线性方程组。

为了求得与主应力 σ_1 相对应的方向余弦 l_1，m_1，n_1，可以利用式（3-30）中的任意二式，现以前二式为例，两式均除以 l_1 可得

$$\tau_{xy}\frac{m_1}{l_1}+\tau_{zx}\frac{n_1}{l_1}+(\sigma_x-\sigma_1)=0$$

$$(\sigma_y-\sigma)\frac{m_1}{l_1}+\tau_{yz}\frac{n_1}{l_1}+\tau_{xy}=0$$

解以上两式得

$$\frac{m_1}{l_1}=\frac{\tau_{xy}\tau_{zx}-\tau_{yz}(\sigma_x-\sigma_1)}{\tau_{xy}\tau_{zy}-\tau_{zx}(\sigma_y-\sigma_1)} \tag{3-32}$$

$$\frac{n_1}{l_1}=\frac{(\sigma_x-\sigma_1)(\sigma_y-\sigma_1)-\tau_{xy}^2}{\tau_{xy}\tau_{zy}-\tau_{zx}(\sigma_y-\sigma_1)} \tag{3-33}$$

将以上两式代入式（3-31）得

$$l_1=\frac{1}{\sqrt{1+\left(\frac{m_1}{l_1}\right)^2+\left(\frac{n_1}{l_1}\right)^2}} \tag{3-34}$$

求得 l_1 后，即可由比值 m_1/l_1 和 n_1/l_1 求得 m_1 和 n。用同样的方法可以求得主应力σ_2相对应的方向余弦 l_2，m_2，n_2 和主应力σ_3相对应的方向余弦 l_3，m_3，n_3。

由式（3-31）知，l，m，n 不能同时等于零，所以齐次线性方程组式（3-30）的系数行列式的值必须等于零，即

$$\begin{vmatrix}\sigma_x-\sigma & \tau_{xy} & \tau_{zx}\\ \tau_{xy} & \sigma_y-\sigma & \tau_{yz}\\ \tau_{zx} & \tau_{yz} & \sigma_z-\sigma\end{vmatrix}=0$$

将此行列式写成代数方程为

$$\sigma^3-(\sigma_x+\sigma_y+\sigma_z)\sigma^2+(\sigma_x\sigma_y+\sigma_y\sigma_z+\sigma_x\sigma_z-\tau_{xy}^2-\tau_{yz}^2-\tau_{zx}^2)\sigma-$$
$$(\sigma_x\sigma_y\sigma_z-\sigma_x\tau_{yz}^2-\sigma_y\tau_{zx}^2-\sigma_z\tau_{xy}^2+2\tau_{xy}\tau_{yz}\tau_{zx})=0 \tag{3-35}$$

上式为一元三次代数方程，由代数知识得，该方程至少有一个实根。因此，至少存在一个主应力及其主应力方向。如果将这个主应力称为σ_3，其主应力方向作为坐标系的 z 轴，则有，$\sigma_z=\sigma_3$，且 $\tau_{zx}=\tau_{xz}=0$，$\tau_{yz}=\tau_{zy}=0$。根据平面问题的分析，可以断定有两个主应力σ_1和σ_2作用于两个相互垂直的主应力面上。这就证明：在弹性体内的任意一点，一定存在三个相互垂直的主应力面及主应力方向。

因为主应力σ_1，σ_2和σ_3是式（3-35）的三个根，所以，式（3-35）可以写成

$$(\sigma-\sigma_1)(\sigma-\sigma_2)(\sigma-\sigma_3)=0$$

将上式展开后，得

$$\sigma^3-(\sigma_1+\sigma_2+\sigma_3)\sigma^2+(\sigma_1\sigma_2+\sigma_2\sigma_3+\sigma_3\sigma_1)\sigma-\sigma_1\sigma_2\sigma_3=0$$

将该式与式（3-35）比较，有如下关系式

$$\left.\begin{aligned}&\sigma_1+\sigma_2+\sigma_3=\sigma_x+\sigma_y+\sigma_z\\&\sigma_1\sigma_2+\sigma_2\sigma_3+\sigma_3\sigma_1=\sigma_x\sigma_y+\sigma_y\sigma_z+\sigma_x\sigma_z-\tau_{xy}^2-\tau_{yz}^2-\tau_{zx}^2\\&\sigma_1\sigma_2\sigma_3=\sigma_x\sigma_y\sigma_z-\sigma_x\tau_{yz}^2-\sigma_y\tau_{zx}^2-\sigma_z\tau_{xy}^2+2\tau_{xy}\tau_{yz}\tau_{zx}\end{aligned}\right\} \tag{3-36}$$

由上式可知，在一定的应力状态下，弹性体内任意一点的主应力不会随坐标系的改变而改变（应力分量或方向应力是随坐标系的改变而改变）。因此，式（3-36）的左边 3 个表达式的值是不随坐标系的改变而变化的。由此可见，不论坐标系如何改变，式（3-36）的右边 3 个表达式的值均保持不变，称为应力状态的不变量。

此外，由式（3-36）的第一式可以得出，在弹性体内的任意一点，任意 3 个相互垂直的正应力之和是常量，且等于该点的 3 个主应力之和。

3.8.3 几何方程

与平面问题几何方程的推导方法相同，在空间问题中，形变分量与位移分量满足如下 6 个方程：

$$\left.\begin{aligned}\varepsilon_x &= \frac{\partial u}{\partial x} \\ \varepsilon_y &= \frac{\partial v}{\partial y} \\ \varepsilon_z &= \frac{\partial w}{\partial z} \\ \gamma_{xy} &= \frac{\partial v}{\partial x}+\frac{\partial u}{\partial y} \\ \gamma_{yz} &= \frac{\partial w}{\partial y}+\frac{\partial v}{\partial z} \\ \gamma_{zx} &= \frac{\partial u}{\partial z}+\frac{\partial w}{\partial x}\end{aligned}\right\} \tag{3-37}$$

3.9 能量原理

为了求解弹性力学问题需采用数值解法，其中最有效的办法之一是有限元法。有限元法不是用基本方程解题，而是结合基本方程用能量原理求解。弹性力学的能量原理很多，最常用的是虚功原理和最小位能原理。

3.9.1 虚功原理

变形体虚功原理——变形连续体平衡的必要和充分条件是：对于任意微小的虚位移，外力所作的总虚功等于变形体接受的总虚变形功。

下面对连续变形体的虚功原理作简要说明。

考察一个微元体，作用在微元体上的表面力（即应力）和体积力在虚位移上所做的功由两部分组成：一部分为在微元体刚体位移上所做的功；另一部分为在微元体变形位移上所做的功。由于微元体处于平衡状态，根据刚体的虚功原理可知，前一部分虚功等于零。因此，对微元体而言，外力虚功等于虚变形功。对于整个变形连续体也有同样的关系，即外力总虚功等于总虚变形功。

从力的方面讲，微元体内表面上的作用力与其直接接触的相邻微元体表面上的作用力大小相等、方向相反，因而在内表面上的应力所做的虚功相互抵消。抵消的结果是只剩下体积力的虚功和外荷载作用在表面 S 上的表面力所作的虚功。用 u^*，v^*和 w^*表示在 x，y 和 z 方向上的虚位移函数，则外力总虚功可以表示为

$$\iiint_V (p_x u^* + p_y v^* + p_z w^*)\mathrm{d}x\mathrm{d}y\mathrm{d}z + \iint_S (q_x u^* + q_y v^* + q_z w^*)\mathrm{d}s \tag{3-38}$$

其中，第一项表示体积力的虚功，第二项表示表面力在表面 S 上的虚功。

将式（3-38）写成向量形式为

$$\iiint_V (\boldsymbol{f}^*)^{\mathrm{T}} \boldsymbol{P}\mathrm{d}x\mathrm{d}y\mathrm{d}z + \iint_S (\boldsymbol{f}^*)^{\mathrm{T}} \boldsymbol{Q}\mathrm{d}s \tag{3-39}$$

式中，$\boldsymbol{f}^*$为虚位移函数向量，$\boldsymbol{f}^* = [u^* \quad v^* \quad w^*]^{\mathrm{T}}$；$\boldsymbol{P}$ 为单位体积力向量，$\boldsymbol{P} = [p_x \quad p_y \quad p_z]^{\mathrm{T}}$；$\boldsymbol{Q}$ 为单位面积的表面力向量，$\boldsymbol{Q} = [q_x \quad q_y \quad q_z]^{\mathrm{T}}$。

由于有虚位移，将产生虚应变

$$\boldsymbol{\varepsilon}^* = [\varepsilon_x^* \ \ \varepsilon_y^* \ \ \varepsilon_z^* \ \ \gamma_{xy}^* \ \ \gamma_{yz}^* \ \ \gamma_{zx}^*]^{\mathrm{T}}$$

虚应变向量$\boldsymbol{\varepsilon}^*$可由虚位移向量$\boldsymbol{f}^*$由几何方程式（3-37）求出。

外力在物体内部产生应力为

$$\boldsymbol{\sigma} = [\sigma_x \ \ \sigma_y \ \ \sigma_z \ \ \tau_{xy} \ \ \tau_{yz} \ \ \tau_{zx}]^{\mathrm{T}}$$

在微元体上的虚变形功是应力在虚应变上所做的功（以σ_x为例）：

$$\sigma_x \mathrm{d}y\mathrm{d}z \cdot \varepsilon_x^* \mathrm{d}x = \sigma_x \cdot \varepsilon_x^* \mathrm{d}x\mathrm{d}y\mathrm{d}z = \sigma_x \cdot \varepsilon_x^* \mathrm{d}v$$

同样可以找出其他应力在相应虚位移上做的虚变形功，于是微元体的虚变形功为

$$(\sigma_x \varepsilon_x^* + \sigma_y \varepsilon_y^* + \sigma_z \varepsilon_z^* + \tau_{xy}\gamma_{xy}^* + \tau_{yz}\gamma_{yz}^* + \tau_{zx}\gamma_{zx}^*)\mathrm{d}x\mathrm{d}y\mathrm{d}z = (\boldsymbol{\varepsilon}^*)^{\mathrm{T}} \boldsymbol{\sigma}\mathrm{d}x\mathrm{d}y\mathrm{d}z$$

总虚变形功为

$$\iiint_V (\boldsymbol{\varepsilon}^*)^{\mathrm{T}} \boldsymbol{\sigma}\mathrm{d}x\mathrm{d}y\mathrm{d}z \tag{3-40}$$

根据变形体虚功原理有

$$\iint_V (\boldsymbol{\varepsilon}^*)^{\mathrm{T}} \boldsymbol{\sigma}\mathrm{d}x\mathrm{d}y\mathrm{d}z = \iiint_V (\boldsymbol{f}^*)^{\mathrm{T}} \boldsymbol{P}\mathrm{d}x\mathrm{d}y\mathrm{d}z + \iint_S (\boldsymbol{f}^*)^{\mathrm{T}} \boldsymbol{Q}\mathrm{d}s \tag{3-41}$$

对虚功原理可以作以下几点说明：

（1）虚功原理的成立与线性的应力-应变关系无关。即既可用于线性问题也可用于非线性问题，既可弹性问题也可用于非弹性问题。

(2) 可以证明虚功原理与平衡方程和应力边界条件完全等价，只要使用过程中能满足几何方程及确定的应力-应变关系和位移边界条件，则完全可以用于求解弹性力学问题。

(3) 集中力没有反映在虚功原理中，因为在微元体上不存在集中力。但实际上把作用面积很小的表面力看做集中力。集中力的虚功等于集中力与力作用点的虚位移的乘积。

3.9.2 最小位能原理

为了说明最小位能原理，先说明应变能，外力势能和总位能的概念。

1. 应变能

在线弹性问题中，线性变形体系的荷载由零逐渐增加时，荷载所做的功可按作用力的最终值和相应位移的最终值的乘积的一半计算，这个功若不考虑消耗则以应变能的形式全部储藏于弹性体内部。

在连续变形体中，应变能可以看做由应力在相应的应变上做的功转变而来的。以σ_x为例，如图 3.10 所示。由于其他应力在 x 方向的微小位移 du 上都不做功，因而σ_x做的功为

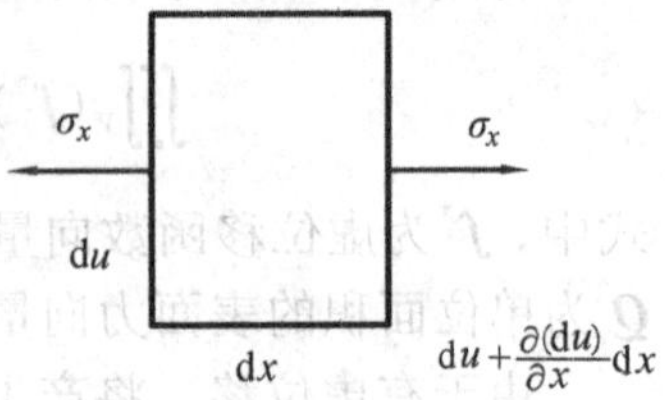

图 3.10

$$\sigma_x \mathrm{d}y\mathrm{d}z\mathrm{d}u + \sigma_x \mathrm{d}y\mathrm{d}z\left[\mathrm{d}u + \frac{\partial(\mathrm{d}u)}{\partial x}\mathrm{d}x\right] = \sigma_x \frac{\partial(\mathrm{d}u)}{\partial x}\mathrm{d}x\mathrm{d}y\mathrm{d}z = \sigma_x \mathrm{d}\left(\frac{\partial u}{\partial x}\right)\mathrm{d}x\mathrm{d}y\mathrm{d}z = \sigma_x \mathrm{d}(\varepsilon_x)\mathrm{d}x\mathrm{d}y\mathrm{d}z$$

当在外荷载作用下，应变由零变到ε_x时，单位体积上σ_x在ε_x上做的功为

$$\int_0^{\varepsilon_x} \sigma_x \mathrm{d}\varepsilon_x$$

其他应力也将在对应的应变上做功，则在单位体积上总的应变能（称为应变能函数）为

$$A = \int_{(0,0,0,0,0,0)}^{\varepsilon_x,\varepsilon_y,\varepsilon_x,\gamma_{xy},\gamma_{yz},\gamma_{zx}} (\sigma_x \mathrm{d}\varepsilon_x + \sigma_y \mathrm{d}\varepsilon_y + \sigma_z \mathrm{d}\varepsilon_z + \tau_{xy}\mathrm{d}\gamma_{xy} + \tau_{yz}\mathrm{d}\gamma_{yz} + \tau_{zx}\mathrm{d}\gamma_{zx})$$

在弹性范围内应变能只是状态的函数，与最后的应力、应变状态有关，与加载次序无关。如果单独考虑应力σ_x时，由于应力-应变符合虎克定律，应力σ_x的应变能为

$$\int_0^{\varepsilon_x} \sigma_x \mathrm{d}\varepsilon_x = \frac{1}{2}\sigma_x \varepsilon_x$$

这样在弹性范围内可以导出

$$A = \frac{1}{2}(\sigma_x\varepsilon_x + \sigma_y\varepsilon_y + \sigma_z\varepsilon_z + \tau_{xy}\gamma_{xy} + \tau_{yz}\gamma_{yz} + \tau_{zx}\gamma_{zx}) = \frac{1}{2}\boldsymbol{\varepsilon}^{\mathrm{T}}\boldsymbol{\sigma} = \frac{1}{2}\boldsymbol{\varepsilon}^{\mathrm{T}}\boldsymbol{D}\boldsymbol{\varepsilon}$$

其中，$\boldsymbol{\varepsilon} = [\varepsilon_x \quad \varepsilon_y \quad \varepsilon_z \quad \gamma_{xy} \quad \gamma_{yz} \quad \gamma_{zx}]^{\mathrm{T}}$；$\boldsymbol{\sigma} = [\sigma_x \quad \sigma_y \quad \sigma_z \quad \tau_{xy} \quad \tau_{yz} \quad \tau_{zx}]^{\mathrm{T}}$。

展开 A 的表达式应该是由[ε]各项交互相乘的 36 项和式，是一个二次型，只要弹性体在荷载作用下发生变形，弹性体就有应变能，即只要不出现$\boldsymbol{\varepsilon}=0$（如刚体运动），应变能函数总是正值，因而$A = \frac{1}{2}\boldsymbol{\varepsilon}^{\mathrm{T}}\boldsymbol{D}\boldsymbol{\varepsilon}$是正定二次型。

总应变能为

$$U=\iiint_V \frac{1}{2}(\sigma_x\varepsilon_x+\sigma_y\varepsilon_y+\sigma_z\varepsilon_z+\tau_{xy}\gamma_{xy}+\tau_{yz}\gamma_{yz}+\tau_{zx}\gamma_{zx})\mathrm{d}x\mathrm{d}y\mathrm{d}z=\iiint_V \frac{1}{2}\boldsymbol{\varepsilon}^{\mathrm{T}}\boldsymbol{\sigma}\mathrm{d}x\mathrm{d}y\mathrm{d}z$$

2. 外力势能

外力做功其势能就减小，势能减小的量就是外力做功的量。在弹性体上的外力有体积力和表面力，则体积力做的功为

$$\iiint_V (p_x u+p_y v+p_z w)\mathrm{d}x\mathrm{d}y\mathrm{d}z=\iiint_V \boldsymbol{f}^{\mathrm{T}}\boldsymbol{P}\mathrm{d}x\mathrm{d}y\mathrm{d}z$$

式中，$\boldsymbol{f}$ 为位移函数向量，$\boldsymbol{f}=[u\quad v\quad w]^{\mathrm{T}}$；$\boldsymbol{P}$ 为单位体积上沿 x、y 和 z 方向的体积力向量，$\boldsymbol{P}=[p_x\quad p_y\quad p_z]^{\mathrm{T}}$。

表面力作的功为

$$\iint_S (q_x u+q_y v+q_z w)\mathrm{d}s=\iint_S \boldsymbol{f}^{\mathrm{T}}\boldsymbol{Q}\mathrm{d}s$$

式中，$\boldsymbol{Q}$ 为单位面积上沿 x，y 和 z 方向的表面力向量，$\boldsymbol{Q}=[q_x\quad q_y\quad q_z]^{\mathrm{T}}$。

外力势能的变化量为

$$W=\iiint_V \boldsymbol{f}^{\mathrm{T}}\boldsymbol{P}\mathrm{d}x\mathrm{d}y\mathrm{d}z+\iint_S \boldsymbol{f}^{\mathrm{T}}\boldsymbol{Q}\mathrm{d}s$$

3. 总位能

总位能 Π 为弹性体的应变能 U 和外力势能 W 变化之和，即

$$\Pi=U+W$$

4. 最小位能原理

最小位能——在给定外力作用下，在满足位移边界条件的所有各组位移中，真实位移使总位能取极小值。

最小位能原理既可以通过虚功原理得到证明，也可用变分法证明，此处从略。对最小位能原理作如下说明：

（1）只适用于线性形变系统。因为推导应变能时使用了线弹性假设；

（2）最小位能原理适应于位移法，而且满足位移边界条件是一个先决条件；

（3）使用最小位能原理可以不必通过联立求解基本方程而得到弹性力学问题的解，广泛应用于有限元法中；

（4）如果考虑集中力，集中力做的功为集中力与力作用点位移的乘积。

【习　题】

3-1　举例说明平面应力问题和平面应变问题的特点。

3-2　在平面问题中，已知任意一点的应力状态，导出经过该点的任一斜面上的应力，

并确定该点的主应力及其方向。

3-3 在平面问题中，在发生最大与最小剪应力的面上，正应力的数值都等于两个主应力的平均值。

3-4 试证明在与三个主应力成相同角度的斜面上，其正应力和剪应力分别为：

$$\sigma_N = (\sigma_1 + \sigma_2 + \sigma_3)/3$$

和

$$\tau_N = \frac{1}{3}\sqrt{2[(\sigma_1 + \sigma_2 + \sigma_3)^2 - 3(\sigma_1\sigma_2 + \sigma_2\sigma_3 + \sigma_3\sigma_1)]}$$

第 4 章　平面和空间问题的有限元

4.1　离散化

用有限元法分析弹性力学中的平面和空间问题，第一步就是把原来连续的弹性体离散化，也就是假想地把一个连续的弹性体用一个离散的结构物来代替。这一离散结构由许多有限大小的离散体在节点处相互连接而成，这些离散体称为有限元素或有限单元，简称为单元。在平面问题中，最简单最常用的单元是三角形单元。对于平面应力问题，它们是三角板；对于平面应变问题，它们是三棱柱。所有三角形单元在其顶点（节点）处相互连接。凡作用在单元上的荷载，包括集中力、表面力和体积力，都需按静力等效原则移到节点上。在位移为零的节点处，相应设置约束。例如，如图 4.1（a）所示平板经过离散化后就成为如图 4.1（b）所示的由三角形单元组成的离散体。这个离散体，通常称为有限元的计算模型。

（a）　　　　　　　　　　　　（b）

图 4.1　平板结构有限元计算模型

4.1.1　单元的形状

用有限元法求解问题，首先就是要划分单元，然后对单元和节点编号。单元划分的合理与否，会直接影响求解精度，因此，它是有限元法的重要一步。

常用的平面和空间单元的形状如图 4.2 所示。它们的特点是单元的节点数越多，单元形状越小，其计算精度也越高。三角形单元、三棱锥单元与等参元可适应任意边界。

在有限元法中，单元位移函数（或插值函数）的选取也是非常重要的，它将直接影响到解的收敛性和精度，关系到求解的成败。对于使用现有的商业有限元软件求解问题的工程师或工程技术人员来讲，会不会选取位移函数并不重要，但对于想深入了解有限元法的理论，或想在这方面继续做研究工作的读者却是必要的。本章将对选取位移函数的理论依据和具体方法予以简单介绍。

在有限元法计算中，结果的精度与所花的机时始终有矛盾，通过以下的分析还可以寻找一些提高精度、节省机时的途径。

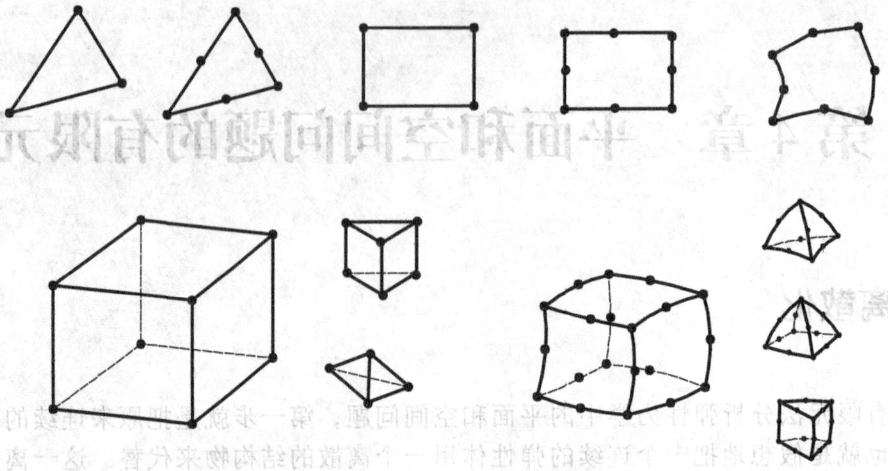

图 4.2 常用平面和空间单元的形状

4.1.2 划分单元的一般原则

在大型商业有限元程序日臻完善的今天，在实际应用中，“划分单元”实为“选择程序单元库中的现有单元”，面对单元库中 100 多种单元，究竟选择哪些才最好，这是使用者希望解决的问题。仔细分析一下，这个问题必须从 4 个方面进行回答：单元的形状、单元的节点数、节点的自由度数和类型以及位移函数的类型。实际上，这 4 个问题之间是有相互关系的，要确切地回答是非常困难的，以下介绍一些基本的原则以供参考。

1. 选择正确的物理模型

杆、梁、板、壳、实体等结构都是理想的物理模型，但在实际中常常并非由一种理想结构组成：钢筋混凝土 T 型桥梁，整体浇铸楼板，多为板梁组合结构；飞机多为膜（平面问题）与空间刚架的组合结构；铁道机车车辆车体多为壳与空间刚架的组合结构；转向架焊接构架为薄板结构；铸件侧架、摇枕和轴箱为实体结构。因此，对于实际结构要按其各部分不同的物理特征，选择不同物理类型的单元。即使是同种物理类型的单元也还需要进一步分析，比如梁，要区分是细长梁还是深梁，细长梁不用考虑剪切变形对挠度的影响，而深梁则应考虑。再比如板与壳，也应区分薄板与中厚度板、薄壳与中厚度壳，与梁类似，薄板、薄壳都不用考虑剪切变形对挠度的影响，而中厚度板与中厚度壳则必须考虑剪切变形对挠度的影响。用薄板单元计算中厚度板是不可行的（误差大），而用中厚度板单元计算薄板也是不可行的（误差也大）。因此，选择合理的物理模型是十分重要的。

2. 选择合理的形状

选择单元形状的原则是能精确模拟求解区域。例如，对于不规则的区域，平面问题、板和壳问题就经常选用三角形单元或等参元；实体就经常选用四面体单元或空间等参元。

因为这些单元可以适应任何复杂几何形状的结构。但是，线性 3 节点三角形单元和 4 节点四面体单元是常应变单元，只有单元几何尺寸达到足够小的时候，才能满足求解问题的精度要求。或者说，要想达到希望的计算精度，需显著提高计算模型的网格划分密度，其后果是模型的计算规模较大，计算成本显著提高。在现有的商业有限元软件中，此类单元已基本取消（即使可以生成此类单元，分别为线性 4 节点四边形单元和 8 节点六面体单元的退化形式），多用同类型的等参元或高阶（或非线性）单元代替。而对规则的域，矩形体可选矩形单元；轴对称问题可选轴对称单元，且轴对称单元可以施加非轴对称荷载。对于各种单元还应当注意每个单元各边的长度要相近，不要差别太大（例如在 ANSYS 有限元软件中，系统默认单元边长的纵横比不大于 20），单元的角度不要接近 0°或 180°，以免因各方向刚度相差悬殊而导致求解的方程组发生病态。

3. 选择精度高的单元

单元的计算精度与它的位移函数有关，而位移函数又与单元的节点数和节点自由度数有关。例如，线性 4 节点四边形单元的计算精度就低于二次（或非线性）8 节点四边形单元的计算精度。具有高阶位移函数的单元，其计算精度一般都比较高，多数等参元都具有这一特点。如需要用大量三角形单元或四面体单元才能达到的精度，可能用几个等参元就达到了。所以，目前在许多大型商业有限元程序的单元库中，均以等参元为主。在实际解题时选用等参元，既可以提高精度，又可以降低计算成本，提高计算效率。

4. 同一个问题单元类型尽量少

不同的单元类型，单元具有的节点个数是不相同的，而且每个节点的自由度也可能不相同。由它们构成整体结构模型时，必须注意单元节点之间的连接和节点自由度的匹配问题。因此，对于同一个问题中同一物理类型的单元最好就选一种，既便于划分单元，又免得处理不同单元节点之间的连接问题。

（1）三维壳单元与实体单元的混合使用问题。

对于三维壳单元，每个节点有 6 个（3 个线位移和 3 个角位移）自由度，而实体（或块）单元，每个节点只有 3 个线位移自由度。如果在计算模型中要混合使用这两类单元，必须解决节点自由度的耦合问题，否则，会导致该区域的计算误差较大，甚至出现错误的计算结果。

（2）线性 4 节点四边形单元和非线性 8 节点四边形单元的混合使用问题，如图 4.3 所示。

线性单元的角节点不能直接与非线性单元的中间节点和角节点相连。在线性单元中，单元边界两个节点间的变形（或位移）呈线性分布；而在非线性单元中，单元边界节点间的变形（或位移）呈二次或更高次数的非线性分布。如果将两类单元的角节点直接相连，其后果是在两类不同单元的公共边界上变形不连续（或不协调）。要想实现此两类单元的混合使用，需在两类单元的公共边界上，去掉非线性单元的中间节点或给线性单元增加中间节点。此外即使单元类型和几何形状都相同，单元的角节点也只能与单元的角节点相连，而不能与相邻单元边界中间节点相连接，如图 4.3（a）所示。

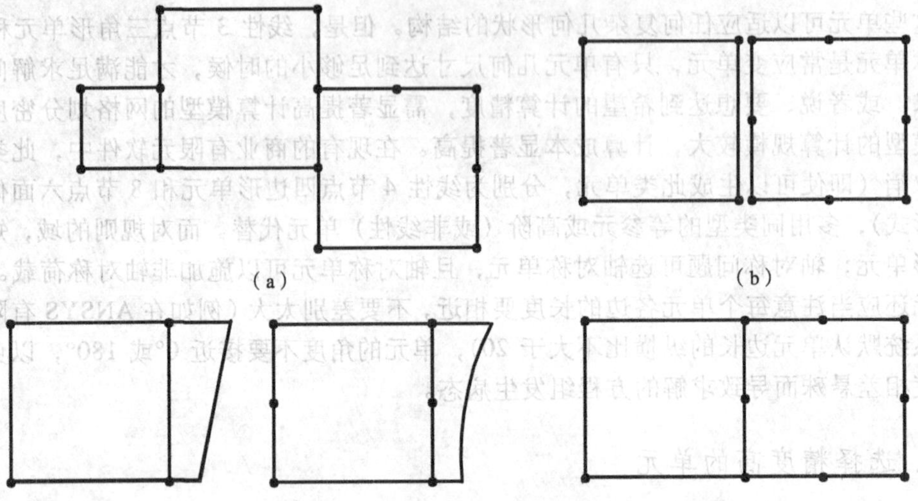

图 4.3 线性与非线性单元的连接

(3) 单元类型相同、几何形状不同的实体单元的连接。

在体结构中，有些区域的形状比较规则，可以用六面体实体单元划分网格；而另外的一些区域具有复杂的几何形状，无法用六面体实体单元进行网格划分，需采用四面体实体单元划分。在有些情况下，应力变化梯度高的区域（例如应力集中区域、不同材料特性的过渡区域等）要求用单元几何尺寸较小的六面体实体单元划分，而其他非关键区域用四面体单元划分网格就足够了。但遗憾的是在同一网格中混合使用四面体和六面体实体单元会导致单元形状的不协调。四面体单元的每个表面均为三角形，而六面体单元的每个表面均为四边形。为了实现四面体单元和六面体单元二者间的过渡，可以采用四棱锥形状的实体单元（金字塔单元）将二者连接，四棱锥的四边形面与六面体的四边形面连接，四棱锥的三角形面与四面体单元的三角形面相连接，如图 4.4 所示。

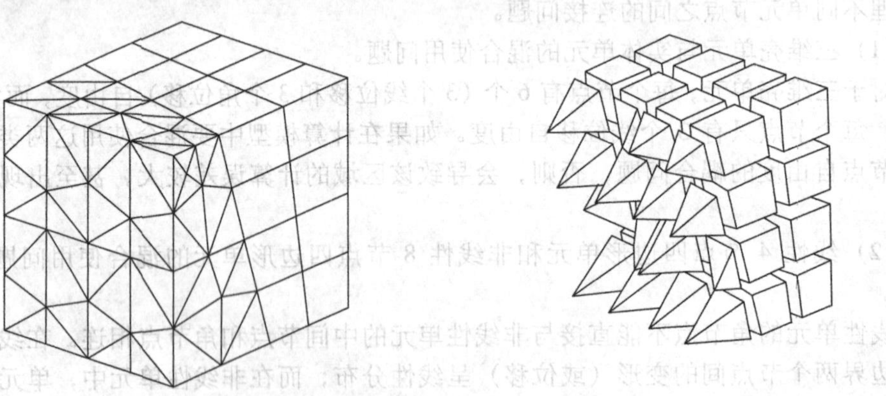

图 4.4 四面体与六面体实体单元的连接

5. 便于自动生成有限元网格

现在许多大型商业有限元分析软件都具有前处理功能，可以自动形成有限元网格并编好单元号与节点号。因此，在选择单元几何形状时应尽量简单，以免在自动形成网格时出现错误。

6. 单元划分时要注意的几个具体问题

（1）对于应力变化大的区域，单元几何尺寸应尽量小，其余部分单元几何尺寸可取大些。

（2）对于求解规模较大的工程问题，可先选择较大的单元几何尺寸进行试算，初步确定求解问题的应力分布情况，对应力集中区域和应力变化梯度较大的区域进行局部网格细化以后，再进行正式计算。

（3）在几何形状突然变化的区域，或物理常数不同的区域，应选为两种单元，且将该区域的网格适当加密，避免应力或变形发生突变。

（4）在集中力（力偶）作用点处最好取为节点，如图 4.5 所示。

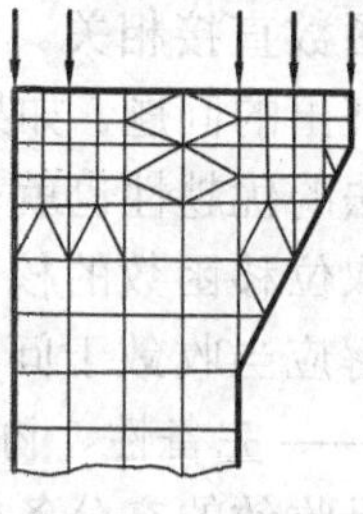

图 4.5　混合使用的不同形状的单元

（5）避免凹形单元或单元的一个角度接近 0°或 180°，如图 4.6 所示。

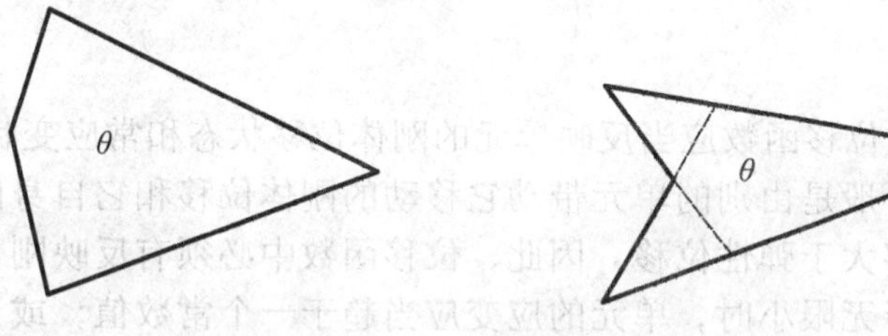

图 4.6　四边形单元应避免的单元形状

（6）单元边界的中间节点不要靠近角节点，应尽量放在边界的中点，如图 4.7 所示。

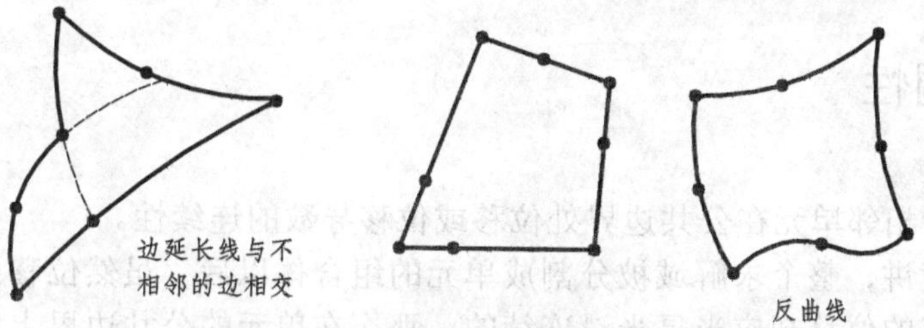

图 4.7　应避免 8 节点单元形状

（7）划分单元的个数，视计算要求的精度和计算机的容量而定。单元分得越多，单元几何尺寸就越小，计算精度就越高，但需要的计算机容量越大。因此，需根据实际情况做出决定。

（8）划分单元几何尺寸的大小，可根据结构区域的不同有所不同。在位移或应力变化大的区域取的单元几何尺寸要小；在位移或应力变化小的区域取的单元几何尺寸可以大。在边界比较复杂的区域单元几何尺寸要小；在边界比较平滑的部位单元几何尺寸可大，如图 4.1 所示。

（9）划分单元的形状，一般均可取成矩形、正方形、正方体、长方体或等参元，尽量避免使用线性 3 节点三角形单元和线性 4 节点四面体单元。如果实际结构的几何形状非常不规则，有时也可以将不同类型单元混合使用（见图 4.3 和图 4.4）。但要注意，必须节点与节点相连，切莫将单元的角节点与单元的边界的中间节点相连，同时应注意单元节点自由度和相邻结合面形状的匹配问题。

（10）单元各边的长度不要相差太大，否则将影响求解精度。

4.2 位移函数的选取原则

位移函数的选取在有限元法中是一项至关重要的工作。有限元法近似解的精度与所选的位移函数直接相关。因为它选的是分片连续位移函数的集合，所以它的收敛性与连续性就成了突出的问题。如果没有一定的原则和方法去选择位移函数，就无法保证解的正确性，有限元法的优越性也就荡然无存。

选取位移函数的核心问题是要保证有限元法解答的收敛性问题，即网格逐渐加密时，有限元解应当收敛于问题的理论解。为了保证解答的收敛性，选取的位移函数应当满足 3 个准则 —— 完备性、协调性和几何各向同性。完备性是收敛的必要条件，协调性和几何各向同性是收敛的充分条件。

4.2.1 完备性

完备性是指所选的位移函数应当反映单元的刚体位移状态和常应变状态。

一个单元的位移一般是由别的单元带动它移动的刚体位移和它自身的弹性位移叠加而成，而且往往刚体位移大于弹性位移。因此，位移函数中必须有反映刚体位移状态的项。另外，当单元尺寸趋于无限小时，单元的应变应当趋于一个常数值；或当单元节点位移与常应变相对应时，整个单元的应变也应当是一个常数值。所以，位移函数中还须有反映常应变状态的项。

4.2.2 协调性

协调性是指相邻单元在公共边界处位移或位移导数的连续性。

从物理角度讲，整个求解域被分割成单元的组合体以后，虽然位移函数按单元选取，但整个域内各点的位移却应当是光滑连续的，那么在单元的公共边界上应当既没有缝隙，也没有重叠，且具有相同的法向转角，这样才能描述变形的实际情况，如图 4.8 所示。

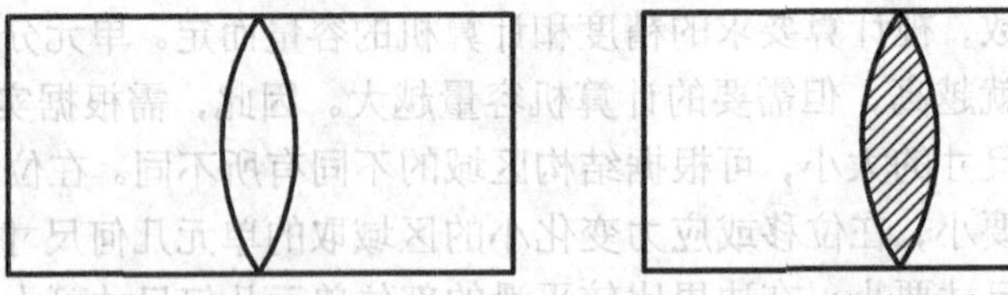

（a）缝隙　　（b）重叠

图 4.8　相邻单元公共边界的变形情况

从数学角度讲，弹性势能是应变的某种积分。对于平面和实体问题，应变是位移函数的一阶导数，只要在单元边界上位移函数连续，则其上的一阶导数就有界，对整个域的积分就可进行计算。这样可以求得一个值，积分是收敛的，如图 4.9（a）所示。对于梁、板和壳等问题，应变是位移函数的二阶导数，只要在相邻单元的公共边界上位移函数的一阶导数连续，则其上的二阶导数就有界，同样对整个域的积分就是收敛的，如图 4.9（b）所示。

在数学中，函数本身连续，而其一阶以上导数不连续的叫 C^0 连续；函数与其一阶导数都连续，而二阶以上导数不连续的叫 C^1 连续。据上面的分析，为了保证有限元法中积分的收敛性，所选的位移函数必须满足：在单元边界上有 C^r 连续，而在单元内部有 C^{r+1} 连续（$r=0$，1，2，…）。

由于选取完全连续的位移函数非常困难，所以在有限元法中放松了一些连续性的要求。对于平面和实体问题，位移函数只要求具有 C^0 连续；对于梁、板和壳等问题，只要求具有 C^1 连续。

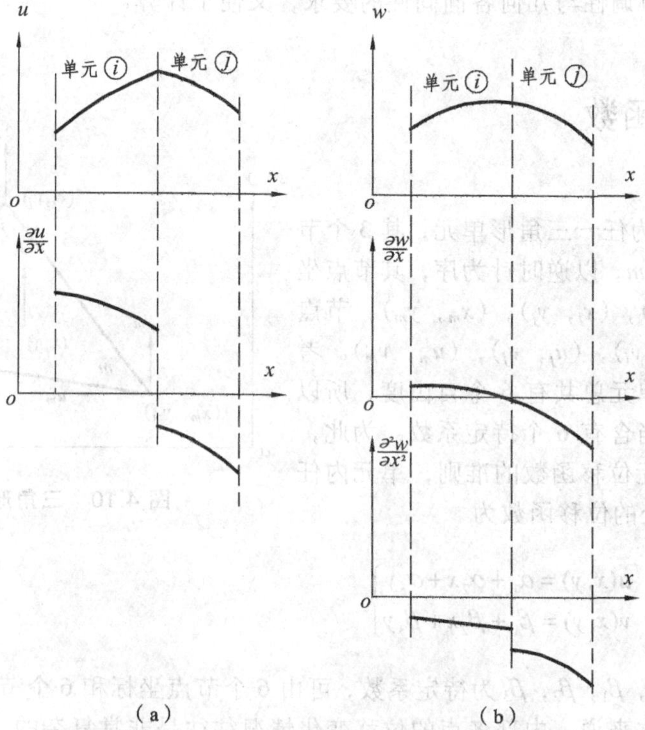

图 4.9　函数连续性及其阶数

4.2.3　几何各向同性

几何各向同性，是指所取位移函数从一个直角坐标系（笛卡尔坐标系）线性变换到另一个坐标系要保持完备性与协调性不变。

在计算单元刚度矩阵时，经常要进行从局部坐标系到整体坐标系的坐标变换。因这种变换是针对单元进行的，所以并没有直接显示出位移函数应具有几何各向同性的必要性。然而，若对整个求解域，则要求位移函数必须具有几何各向同性。若不具有这一特性，当对位移函数进行坐标变换以后，它不一定还具有完备性和协调性，也不一定能保证解的收敛性。所以要求位移函数必须具有几何各向同性。

选择以下的位移函数能满足单元的几何各向同性:

(1) 完全的 n 次多项式。

(2) 不完全的 n 次多项式而含有保持“对称性”的合适的项。

4.3 平面线性 3 节点三角形单元

在选择位移函数时，最简单的做法是将位移函数取成幂函数多项式。这是因为它既容易满足完备性、协调性与几何各向同性的要求，又便于计算。

4.3.1 位移函数

图 4.10 所示为任一三角形单元，其 3 个节点的编号为 i, j, m，以逆时针为序，其节点坐标分别为 $(x_i,\ y_i)$, $(x_j,\ y_j)$, $(x_m,\ y_m)$，节点位移分别为 $(u_i,\ v_i)$, $(u_j,\ v_j)$, $(u_m,\ v_m)$。考虑到平面三角形单元总共有 6 个自由度，所以在位移函数中应当含有 6 个待定系数。为此，根据上述确定单元位移函数的准则，单元内任意一点 $(x,\ y)$ 处的位移函数为

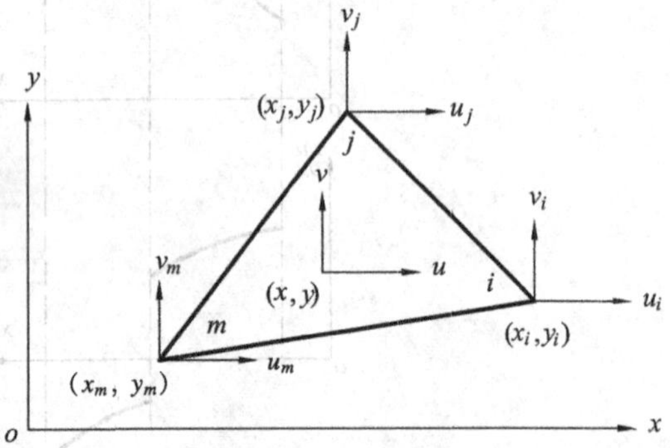

图 4.10 三角形单元的位移

$$\left.\begin{aligned} u(x,y) &= \alpha_1+\alpha_2 x+\alpha_3 y \\ v(x,y) &= \beta_1+\beta_2 x+\beta_3 y \end{aligned}\right\} \tag{4-1}$$

式中，α_1, α_2, α_3, β_1, β_2, β_3 为待定系数，可由 6 个节点坐标和 6 个节点位移分量来确定。

对整个弹性体来说，内部各点的位移变化情况往往是非常复杂的，不可能用一个简单的线性函数来表示。但是可以用分割的办法，把整个弹性体分割成许多细小的单元体。在一个单元体的局部范围内，内部各点位移的变化情况就简单得多，就有可能用简单的线性函数来描述。这种化整为零、化整为简的分析方法正是有限元法的精华。

将节点 i, j, m 的坐标 $(x_i,\ y_i)$, $(x_j,\ y_j)$, $(x_m,\ y_m)$ 分别代入式 (4-1)，导出节点位移与节点坐标的关系式

$$\left.\begin{aligned} u_i &= \alpha_1+\alpha_2 x_i+\alpha_3 y_i \\ u_j &= \alpha_1+\alpha_2 x_j+\alpha_3 y_j \\ u_m &= \alpha_1+\alpha_2 x_m+\alpha_3 y_m \end{aligned}\right\} \tag{4-2a}$$

$$\left.\begin{aligned} v_i &= \beta_1+\beta_2 x_i+\beta_3 y_i \\ v_j &= \beta_1+\beta_2 x_j+\beta_3 y_j \\ v_m &= \beta_1+\beta_2 x_m+\beta_3 y_m \end{aligned}\right\} \tag{4-2b}$$

解线性方程组式（4-2a），求得待定系数α_1，α_2，α_3：

$$
\left.\begin{aligned}
\alpha_1 &= \frac{1}{2\varDelta}\begin{vmatrix} u_i & x_i & y_i \\ u_j & x_j & y_j \\ u_m & x_m & y_m \end{vmatrix} = \frac{1}{2\varDelta}(a_i u_i + a_j u_j + a_m u_m) \\
\alpha_2 &= \frac{1}{2\varDelta}\begin{vmatrix} 1 & u_i & y_i \\ 1 & u_j & y_j \\ 1 & u_m & y_m \end{vmatrix} = \frac{1}{2\varDelta}(b_i u_i + b_j u_j + b_m u_m) \\
\alpha_3 &= \frac{1}{2\varDelta}\begin{vmatrix} 1 & x_i & u_i \\ 1 & x_j & u_j \\ 1 & x_m & u_m \end{vmatrix} = \frac{1}{2\varDelta}(c_i u_i + c_j u_j + c_m u_m) \\
\varDelta &= \frac{1}{2}\begin{vmatrix} 1 & x_i & y_i \\ 1 & x_j & y_j \\ 1 & x_m & y_m \end{vmatrix} = \frac{1}{2}(b_i c_j - b_j c_i)
\end{aligned}\right\} \tag{4-3}
$$

式中，$\varDelta$为三角形 ijm 的面积。只要保证节点的次序是 $i \to j \to m$ 逆时针旋向，那么$\varDelta$一定为正值。

$$
\left.\begin{aligned}
a_i &= x_j y_m - x_m y_j, & b_i &= y_j - y_m, & c_i &= x_m - x_j \\
a_j &= x_m y_i - x_i y_m, & b_j &= y_m - y_i, & c_j &= x_i - x_m \\
a_m &= x_i y_j - x_j y_i, & b_m &= y_i - y_j, & c_m &= x_j - x_i
\end{aligned}\right\} \tag{4-4}
$$

将α_1，α_2，α_3的值代入式（4－1）的 u（x,y），得

$$
u(x,y) = \frac{1}{2\varDelta}[(a_i + b_i x + c_i y)u_i + (a_j + b_j x + c_j y)u_j + (a_m + b_m x + c_m y)u_m] = \sum_{i,j,m} \frac{1}{2\varDelta}(a_i + b_i x + c_i y)u_i
$$

同理可得

$$
v(x,y) = \sum_{i,j,m} \frac{1}{2\varDelta}(a_i + b_i x + c_i y)v_i
$$

则，用节点坐标和节点位移表示的平面问题的 3 节点三角形单元的位移函数为

$$
\left.\begin{aligned}
u(x,y) &= \sum_{i,j,m} \frac{1}{2\varDelta}(a_i + b_i x + c_i y)\, u_i \\
v(x,y) &= \sum_{i,j,m} \frac{1}{2\varDelta}(a_i + b_i x + c_i y)\, v_i
\end{aligned}\right\} \tag{4-5}
$$

4.3.2　形函数及其性质

1. 定　义

$$
N_r(x,y) = \frac{1}{2\varDelta}(a_r + b_r x + c_r y)\,,\ (r = i, j, m) \tag{4-6}
$$

那么，3 节点三角形单元的位移函数式（4-5）可以改写为

$$\left.\begin{aligned} u(x,y) &= N_i u_i + N_j u_j + N_m u_m \\ v(x,y) &= N_i v_i + N_j v_j + N_m v_m \end{aligned}\right\} \tag{4-7}$$

将式（4-7）写成矩阵的形式为

$$\begin{bmatrix} u \\ v \end{bmatrix} = \begin{bmatrix} N_i & 0 & N_j & 0 & N_m & 0 \\ 0 & N_i & 0 & N_j & 0 & N_m \end{bmatrix} \begin{bmatrix} u_i \\ v_i \\ u_j \\ v_j \\ u_m \\ v_m \end{bmatrix} \tag{4-8}$$

或

$$\boldsymbol{f}^e = \boldsymbol{N}^e \boldsymbol{\delta}^e, \tag{4-9}$$

式中，$\boldsymbol{N}^e = \begin{bmatrix} N_i & 0 & N_j & 0 & N_m & 0 \\ 0 & N_i & 0 & N_j & 0 & N_m \end{bmatrix}$，是 2×6 阶矩阵，是 x 和 y 的的函数；$\boldsymbol{f}^e = [u(x,y)\ \ v(x,y)]^{\mathrm{T}}$，单元位移函数向量；$\boldsymbol{\delta}^e = [u_i\ \ v_i\ \ u_j\ \ v_j\ \ u_m\ \ v_m]^{\mathrm{T}}$，节点位移向量。

从式（4-7）中可以看出：

当 $u_i=1$，$u_j=0$，$u_m=0$ 时，得到 $u=N_i$；

当 $v_i=1$，$v_j=0$，$v_m=0$ 时，得到 $v=N_i$。

所以函数 N_i 表示当节点 i 发生单位位移而节点 j 和 m 的位移为零时，在单元内部产生的位移分布形态，函数 N_j（或 N_m）表示当节点 j（或 m）发生单位位移而另外两个节点位移为零时，在单元内部产生的位移分布形态。因此，函数 N_i，N_j，N_m 分别表达了单元变形的基本形态，它们是组成单元位移函数的基函数，通常称为形态函数，简称为形函数，而矩阵 $\boldsymbol{N}^e$ 则称为形函数矩阵。

2. 性　质

（1）形函数是坐标的函数，且与位移函数的形式相同。

平面 3 节点三角形单元的形函数为 $N_i(x,y)=\dfrac{1}{2\varDelta}(a_i+b_i x+c_i y)$，单元的位移函数为 $u(x,y)=\alpha_1+\alpha_2 x+\alpha_3 y$ 和 $v(x,y)=\beta_1+\beta_2 x+\beta_3 y$，可见二者的形式相同。

（2）形函数 $N_i(x,y)$ 在本节点上取值为 1，在其余节点取值为零。即

$$\begin{aligned} &N_i(x_i,y_i)=1,\quad N_j(x_i,y_i)=0,\quad N_m(x_i,y_i)=0 \\ &N_i(x_j,y_j)=0,\quad N_j(x_j,y_j)=1,\quad N_m(x_j,y_j)=0 \\ &N_i(x_m,y_m)=0,\quad N_j(x_m,y_m)=0,\quad N_m(x_m,y_m)=1 \end{aligned}$$

说明：节点 i 的位移为 $u_i=N_i(x_i,y_i)u_i+N_j(x_i,y_i)u_j+N_m(x_i,y_i)u_m$，因为节点 j 和 m 的位移 u_j 和 u_m 不总为零，所以必有 $N_i(x_i,y_i)=1$，$N_j(x_i,y_i)=0$，$N_m(x_i,y_i)=0$。其余二节点的情况相同。

(3) 在任意点 (x, y) 上，其形函数值的总和为 1，即 $\sum_{i,j,m} N_i(x,y)=1$。

证明：假设单元做刚体平移，其位移为 u_0，则

$$u_0 = N_i(x,y)u_0 + N_j(x,y)u_0 + N_m(x,y)u_0$$

所以

$$N_i(x,y)+N_j(x,y)+N_m(x,y)=\sum_{i,j,m} N_i(x,y)=1$$

4.3.3　位移函数的完备性和协调性讨论——解答的收敛性

在有限元法中，单元刚度矩阵的建立、非节点荷载向量的转化及应力的计算等都依赖于位移函数。为了使有限元法的解答在单元尺寸逐步取小时能收敛于正确解答，选择的位移函数必须能正确反映单元的真实位移形态。具体地说，选用的位移函数应当满足下列两个条件：

(1) 在位移函数中，能反映单元的刚体位移状态和常应变状态——完备性。

(2) 位移函数应保证相邻单元在公共边界处位移的连续性——协调性。

其中条件 (1) 是收敛的必要条件，条件 (1) 和 (2) 是收敛的充分条件。平面 3 节点三角形单元所采用的线性位移函数满足上述条件，现分别说明如下。

(1) 位移函数的常数项能反映单元的刚体平移，线性项能反映刚体的转动和常应变状态。

◎ 刚体平移

以三角形单元沿 x 轴方向的位移函数 $u(x,y)=\alpha_1+\alpha_2 x+\alpha_3 y$ 为例，当单元发生了刚体平移 $\bar{u}$，将节点坐标代入位移函数，得

$$\left.\begin{aligned}\bar{u}&=\alpha_1+\alpha_2 x_i+\alpha_3 y_i\\ \bar{u}&=\alpha_1+\alpha_2 x_j+\alpha_3 y_j\\ \bar{u}&=\alpha_1+\alpha_2 x_m+\alpha_3 y_m\end{aligned}\right\}$$

解上式求得

$$\alpha_1=\bar{u}\,,\quad \alpha_2=0\,,\quad \alpha_3=0$$

则 $u(x,y)=\alpha_1=\bar{u}$ 反映了刚体平移。

同理，位移函数 $v(x,y)=\beta_1+\beta_2 x+\beta_3 y$ 中的常数项也能反映单元沿 y 轴方向的刚体平移。因此，为了反映刚体平移，位移函数中必须含有常数项。

◎ 刚体转动

考虑刚体转动时排除刚体平移，也就是假设单元绕如图 4.11 所示的原点 O 转动，则单元中任意一点 P 的位移分量为

$$\left.\begin{aligned}u(x,y)&=-\omega y\\ v(x,y)&=\omega x\end{aligned}\right\}$$

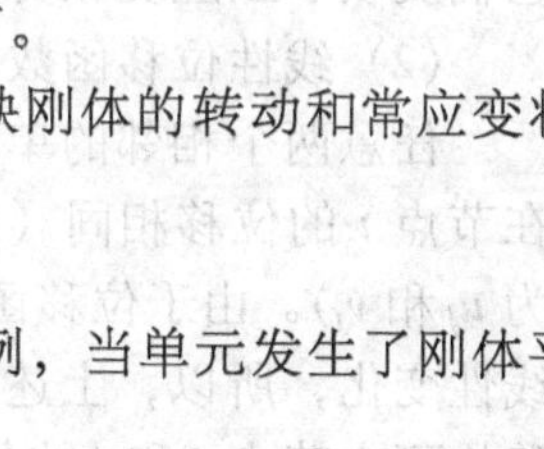

图 4.11　单元刚体转动位移

式中，ω为刚体绕 z 轴转动的角速度。

单元中任意一点 P 的合成位移为：

$$\sqrt{u^2+v^2}=\sqrt{(-\omega y)^2+(\omega x)^2}=\omega\sqrt{x^2+y^2}=\omega r$$

式中，r 为 P 点到 z 轴的距离。

若用α表示位移矢量与 x 轴的夹角，那么合成位移的方向为

$$\tan\alpha=\frac{v}{u}=\frac{-\omega y}{\omega x}=-\frac{y}{x}=-\frac{1}{\tan\theta}$$

式中，θ为径向线段 OP 与 x 轴的夹角。

从上式可以看出，合成位移的方向与径向线段 OP 垂直，也就是说，位移沿着 OP 的切向。既然单元所有各点移动的方向都是沿着切线方向，而且移动的大小等于径向距离 r 乘以ω，可见（注意位移是微小的）ω代表了单元绕 z 轴的刚体转动。因此，位移函数中的线性项反映出单元的刚体转动。

◎ 常应变状态

将位移函数式（4-1）代入几何方程式（3-6），得

$$\varepsilon_x=\frac{\partial u}{\partial x}=\alpha_2\,,\quad \varepsilon_y=\frac{\partial x}{\partial y}=\beta_3\,,\quad \gamma_{xy}=\frac{\partial v}{\partial x}+\frac{\partial u}{\partial y}=\alpha_3+\beta_2$$

它们反映了正应变和剪应变均为常量。

(2) 线性位移函数反映了相邻单元间位移的连续性。

任意两个相邻的单元，如图 4.12 所示的单元 ijm 和 jin，它们在节点 i 的位移相同（均为 u_i 和 v_i）；在节点 j 的位移也相同（均为 u_j 和 v_j）。由于位移函数是线性函数，在公共边界 ij 上当然也是线性变化，所以，上述两个相邻单元在公共边界 ij 上任意一点位移均可由节点 i 和 j 的位移线性插值唯一确定，且都具有相同的位移，这就保证了相邻单元之间在公共边界上位移的连续性。

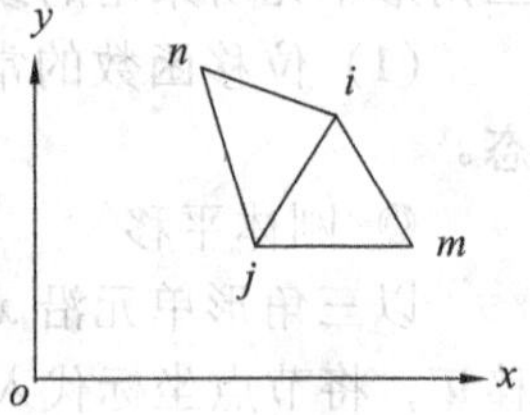

图 4.12 两个相邻单元

4.3.4 利用形函数的性质确定线性平面 4 节点矩形单元的位移函数

当单元包含的节点数较多时，像线性平面 3 节点三角形单元那样求单元的形函数（解线性方程组确定待定常数）是很繁琐的，也是不现实的。因此，利用形函数的性质确定单元的形函数，从而求出单元的位移函数。

如图 4.13 所示的线性平面 4 节点矩形单元，图中显示矩形单元的局部坐标系。由于局部坐标系与整体坐标系的坐标轴相互平行，且坐标之差为常数，因此，在整体坐标下的单元刚度矩阵与局部坐标系下的刚度矩阵完全一样，而不需要进行坐标变换，仍用 x 和 y 表示。由于选取单元

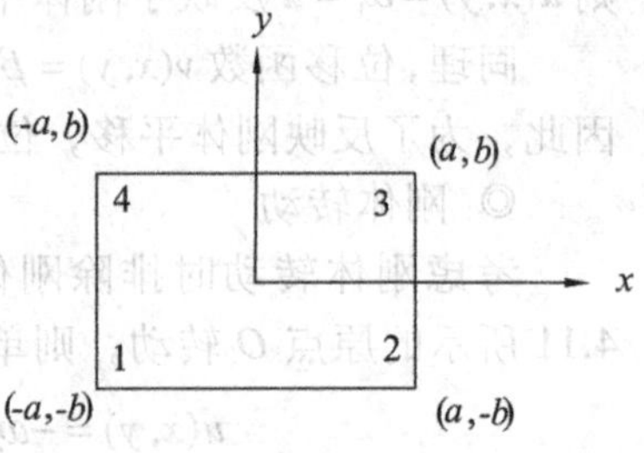

图 4.13 四节点矩形单元

的位移函数要满足几何各向同性的要求，即单元位移函数应为完全的 n 次多项式或为不完全的 n 次多项式而含有保持“对称性”的合适项。因此，4 节点矩形单元的位移函数选取为

$$\left.\begin{aligned} u(x,y) &= \alpha_1+\alpha_2 x+\alpha_3 y+\alpha_4 xy \\ v(x,y) &= \beta_1+\beta_2 x+\beta_3 y+\beta_4 xy \end{aligned}\right\} \tag{4-10}$$

选取的单元位移函数包含常数项和线性项，满足单元的完备性要求。在单元边界上有 $x=\pm a$ 或 $y=\pm b$。以 $x=a$ 为例代入单元的位移函数

$$u(x,y)=A+By$$

因而在单元边界上的位移也按线性变化。而单元每条边界上有两个节点位移，这样边界上任一点的位移也可以由两个节点位移线性插值唯一确定，因此，矩形单元具有协调性。

在式（4-10）中，固定 x，位移函数 $u(x,y)$ 和 $v(x,y)$ 是关于 y 的线性函数；固定 y，则位移函数 $u(x,y)$ 和 $v(x,y)$ 是关于 x 的线性函数，这样的函数称为双线性函数。

位移函数用形函数表示为

$$\left.\begin{aligned} u(x,y) &= \sum_{i=1}^{4} N_i u_i \\ v(x,y) &= \sum_{i=1}^{4} N_i v_i \end{aligned}\right\} \tag{4-11}$$

由于形函数 $N_i(x,y)$ 与位移函数具有相同的形式，故其同样为双线性函数。例如 $N_3(x,y)$ 在节点 3 处的值应为 1，而在节点 1，2 和 4 处的值应为零。

若设 $N_3(x,y)=c(a+x)(b+y)$，就满足在节点 1，2 和 4 处的值应为零。在节点 3 处有 $N_3(a,b)=1$。

由

$$N_3(a,b)=c(a+a)(b+b)=4cab=1$$

得

$$c=\frac{1}{4ab}$$

同理可求得 $N_1(x,y)$，$N_2(x,y)$ 和 $N_4(x,y)$，综合可得

$$N_i(x,y)=\frac{1}{4}\left(1+\frac{x}{x_i}\right)\left(1+\frac{y}{y_i}\right),\quad (i=1,2,3,4) \tag{4-12}$$

平面矩形单元也是平面问题中常用的单元之一，它采用了比常应变三角形单元次数更高的位移函数，可以更精确地反映弹性体中的位移分布和应力分布。

矩形单元中的应力分量都不是常量，而是呈线性分布的。所以，在弹性体中采用相同数目的节点时，矩形单元的计算精度要高于三角形单元。但是，矩形单元也有明显的缺点：一是不能适应斜交边界和曲线边界；二是不便对不同的部位采用不同大小尺寸的单元。为了弥补这些缺点，可以把矩形单元和三角形单元混合使用，即在弹性体的曲线边界处，采用三角形单元或任意形状的四边形单元，在应力变化较剧烈的地方，采用较小的矩形单元，然后用三角形单元或任意形状的四边形单元作为过渡，与较大的矩形单元相连接。当然，这样处理将使得计算程序的编制和数据的准备都要复杂一些。

此外，从上述 3 节点三角形单元和 4 节点矩形单元的位移函数形式可以看出，确定单元的位移函数时应按如图 4.14 所示的三角形从上到下选取，不仅要满足完备性和协调性的要求，同时要满足几何各向同性的要求，这个三角形称为帕斯卡（Pascal）三角形。

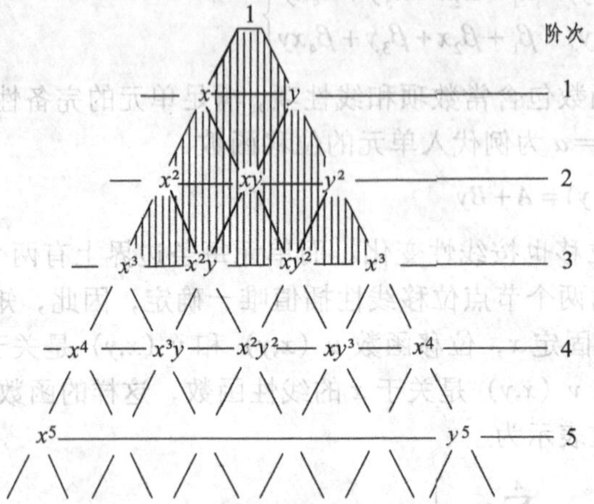

图 4.14　帕斯卡（Pascal）三角形

4.4 建立有限元方程

4.4.1 单元应变矩阵

将用形函数表示的单元位移函数式（4-7）代入几何方程式（3-6），导出单元的应变函数

$$\boldsymbol{\varepsilon}^e=\begin{bmatrix}\varepsilon_x\\ \varepsilon_y\\ \gamma_{xy}\end{bmatrix}=\begin{bmatrix}\dfrac{\partial u}{\partial x}\\ \dfrac{\partial v}{\partial y}\\ \dfrac{\partial u}{\partial y}+\dfrac{\partial v}{\partial x}\end{bmatrix}=\begin{bmatrix}\sum\limits_{i=1}^{n}\dfrac{\partial N_i}{\partial x}u_i\\ \sum\limits_{i=1}^{n}\dfrac{\partial N_i}{\partial y}v_i\\ \sum\limits_{i=1}^{n}\left(\dfrac{\partial N_i}{\partial y}u_i+\dfrac{\partial N_i}{\partial x}v_i\right)\end{bmatrix}=\boldsymbol{B}^e\,\boldsymbol{\delta}^e \tag{4-13}$$

式中，$\boldsymbol{\delta}^e$ 为节点位移向量，为 $2n\times1$ 阶矩阵；$\boldsymbol{B}^e$ 为单元应变矩阵，为 $3\times2n$ 阶矩阵；n 为单元包含的节点数。

$$\boldsymbol{B}^e=\begin{bmatrix}\dfrac{\partial N_1}{\partial x} & 0 & \dfrac{\partial N_2}{\partial x} & 0 & \cdots & \dfrac{\partial N_n}{\partial x} & 0\\ 0 & \dfrac{\partial N_1}{\partial y} & 0 & \dfrac{\partial N_2}{\partial y} & \cdots & 0 & \dfrac{\partial N_n}{\partial y}\\ \dfrac{\partial N_1}{\partial y} & \dfrac{\partial N_1}{\partial x} & \dfrac{\partial N_2}{\partial y} & \dfrac{\partial N_2}{\partial x} & \cdots & \dfrac{\partial N_n}{\partial y} & \dfrac{\partial N_n}{\partial x}\end{bmatrix} \tag{4-14}$$

若以节点为单位确定子矩阵，单元应变矩阵可写为

$$\boldsymbol{B}^e = [\boldsymbol{B}_1^2 \quad \boldsymbol{B}_2^e \quad \cdots \quad \boldsymbol{B}_n^e] \tag{4-15}$$

式中，

$$\boldsymbol{B}_i^e = \begin{bmatrix} \dfrac{\partial N_i}{\partial x} & 0 \\ 0 & \dfrac{\partial N_i}{\partial y} \\ \dfrac{\partial N_i}{\partial y} & \dfrac{\partial N_i}{\partial x} \end{bmatrix}, \quad (i = 1, 2, \cdots, n) \tag{4-16}$$

对于线性平面 3 节点三角形单元，单元包含的节点数为 3，将单元的形函数表达式（4-6）代入式（4-16），得

$$\boldsymbol{B}_r^e = \frac{1}{2\Delta}\begin{bmatrix} b_r & 0 \\ 0 & c_r \\ c_r & b_r \end{bmatrix}, \quad (r = i, j, m) \tag{4-17}$$

由于 $\boldsymbol{B}^e$ 中的各个元素均是常量，所以 $\boldsymbol{\varepsilon}^e$ 中的各个应变分量也为常量，也就是说，线性平面 3 节点三角形单元内部各点的应变都相等。因此，在平面问题中，线性 3 节点三角形单元通常也称为常应变单元。

4.4.2　单元应力矩阵

在求得应变之后，再利用物理方程式（3-13），便可导出用节点位移表示单元应力的表达式

$$\boldsymbol{\sigma}^e = \begin{bmatrix} \sigma_x \\ \sigma_y \\ \tau_{xy} \end{bmatrix} = \boldsymbol{D}\boldsymbol{\varepsilon}^e = \boldsymbol{D}\boldsymbol{B}^e\boldsymbol{\delta}^e = \boldsymbol{S}^e\boldsymbol{\delta}^e \tag{4-18}$$

式中，$\boldsymbol{S}^e$ 为单元应力矩阵，为 $3\times 2n$ 阶矩阵，且 $\boldsymbol{S}^e = \boldsymbol{D}\boldsymbol{B}^e$。

需要指出的是：在不同类型的平面问题中，上式中的弹性矩阵 $\boldsymbol{D}$ 是不同的。对于平面应力问题，应采用式（3-14）中的 $\boldsymbol{D}$；对于平面应变问题，应采用式（3-16）中的 $\boldsymbol{D}$。

对于平面应力问题有

$$\boldsymbol{S}^e = \frac{E}{2(1-\mu^2)\Delta}\begin{bmatrix} b_r & \mu c_r \\ \mu b_r & c_r \\ \dfrac{1-\mu}{2}c_r & \dfrac{1-\mu}{2}b_r \end{bmatrix}, \quad (r = i, j, m) \tag{4-19}$$

对于平面应变问题有

$$
\boldsymbol{S}^e=\frac{E(1-\mu)}{2(1+\mu)(1-2\mu)\varDelta}\begin{bmatrix} b_r & \dfrac{\mu}{1-\mu}c_r \\ \dfrac{\mu}{1-\mu}b_r & c_r \\ \dfrac{1-2\mu}{2(1-\mu)}c_r & \dfrac{1-2\mu}{2(1-\mu)}b_r \end{bmatrix},\quad (r=i,j,m) \tag{4-20}
$$

从式（4-19）和式（4-20）可以看出，应力矩阵 S^e 中所有元素也都是常量，因而单元中各点的应力分量也是常量。这样，相邻单元一般将具有不同的应力，在其公共边界上，应力会有突变。但是，随着单元的细分，这种突变将会显著减少，并不影响有限元解收敛于正确解。

4.4.3 单元刚度矩阵

下面根据虚功原理建立平面（应力或应变）问题的单元节点位移和节点力之间的关系。变形连续体的虚功原理可以简单地表述为“外力所做的虚功等于总虚变形功”。弹性体离散后，每个单元都对总虚变形功有所“贡献”，由单元的虚变形功导出单元刚度矩阵，由单元的外力虚功导出单元荷载向量。将全部单元的虚变形功集合起来形成弹性体的总虚变形功，把全部单元的荷载向量集合起来形成外力虚功，最后根据虚功原理得到弹性体的有限元方程。

1. 虚变形功

假设弹性体在某种因素作用下产生了虚位移，其中单元 e 的节点虚位移向量为

$$
\boldsymbol{\delta}^{*e}=[u_1^*\ \ v_1^*\ \ u_2^*\ \ v_2^*\ \ \cdots\ \ u_n^*\ \ v_n^*]^{\mathrm{T}}
$$

单元内的虚应变为

$$
\boldsymbol{\varepsilon}^{*e}=\boldsymbol{B}^e\boldsymbol{\delta}^{*e}
$$

弹性体在外力作用下产生位移，单元 e 的节点位移向量为

$$
\boldsymbol{\delta}^e=[u_1\ \ v_1\ \ u_2\ \ v_2\ \ \cdots\ \ u_n\ \ v_n]^{\mathrm{T}}
$$

由单元位移产生的单元应力向量为

$$
\boldsymbol{\sigma}^e=\boldsymbol{D}\boldsymbol{B}^e\boldsymbol{\delta}^e
$$

由于实际位移和虚位移发生在同一单元内部，因此，由弹性体的几何方程计算虚应变与实际应变的方法相同。

由虚变形功的计算公式（3-40）求得厚度为 t 的单元内的虚变形功为

$$
\begin{aligned}
W^e_{\text{变}} &= \iiint_V (\boldsymbol{\varepsilon}^{*e})^{\mathrm{T}}\boldsymbol{\sigma}^e\,\mathrm{d}x\mathrm{d}y\mathrm{d}z=\iint_{\varDelta}(\boldsymbol{B}^e\boldsymbol{\delta}^{*e})^{\mathrm{T}}(\boldsymbol{D}\boldsymbol{B}^e\boldsymbol{\delta}^e)t\mathrm{d}x\mathrm{d}y \\
&= \iint_{\varDelta}(\boldsymbol{\delta}^{*e})^{\mathrm{T}}(\boldsymbol{B}^e)^{\mathrm{T}}\boldsymbol{D}\boldsymbol{B}^e\boldsymbol{\delta}^e t\mathrm{d}x\mathrm{d}y
\end{aligned}
$$

由于节点位移 $\boldsymbol{\delta}^e$ 和虚位移 $\boldsymbol{\delta}^{*e}$ 均与坐标无关，可以提到积分号外。则上式变为

$$W_{变}^{e}=\iiint_V(\boldsymbol{\varepsilon}^{*e})^{\mathrm{T}}\boldsymbol{\sigma}^e\,\mathrm{d}x\mathrm{d}y\mathrm{d}z=(\boldsymbol{\delta}^{*e})^{\mathrm{T}}\left(\iint_{\Delta}(\boldsymbol{B}^e)^{\mathrm{T}}\boldsymbol{D}\boldsymbol{B}^e\,t\mathrm{d}x\mathrm{d}y\right)\boldsymbol{\delta}^e=(\boldsymbol{\delta}^{*e})^{\mathrm{T}}\boldsymbol{K}^e\boldsymbol{\delta}^e \tag{4-21}$$

式中，

$$\boldsymbol{K}^e=\iint_{\Delta}(\boldsymbol{B}^e)^{\mathrm{T}}\boldsymbol{D}\boldsymbol{B}^e\,t\mathrm{d}x\mathrm{d}y \tag{4-22}$$

2. 表面力和体积力的虚功

设作用于任意一个单元上的荷载有体积力和单元边界的表面力，单位体积力为 $\boldsymbol{P}=[p_x\ \ p_y]^{\mathrm{T}}$，单位表面力为 $\boldsymbol{Q}=[q_x\ \ q_y]^{\mathrm{T}}$。外力在虚位移 $\boldsymbol{f}^{*e}$ 上做的虚功为

$$W_{外}^{e}=\iint_{\Delta}(\boldsymbol{f}^{*e})^{\mathrm{T}}\boldsymbol{P}\,t\mathrm{d}x\mathrm{d}y+\int_s(\boldsymbol{f}^{*e})^{\mathrm{T}}\boldsymbol{Q}\,t\mathrm{d}s$$

式中，$\boldsymbol{f}^{*e}$ 为虚位移函数向量，$\boldsymbol{f}^{*e}=[u^*\ \ v^*]^{\mathrm{T}}$。

由单元位移函数与节点位移间的关系式（4-8）或式（4-9）知，虚位移 $\boldsymbol{f}^{*e}$ 与单元节点虚位移位移 $\boldsymbol{\delta}^{*e}$ 之间满足关系式

$$\boldsymbol{f}^{*e}=\boldsymbol{N}^e\boldsymbol{\delta}^{*e} \tag{4-23}$$

则单元外力虚功可写成

$$\begin{aligned}W_{外}^{e}&=\iint_{\Delta}(\boldsymbol{\delta}^{*e})^{\mathrm{T}}(\boldsymbol{N}^e)^{\mathrm{T}}\boldsymbol{P}\,t\mathrm{d}x\mathrm{d}y+\int_s(\boldsymbol{\delta}^{*e})^{\mathrm{T}}(\boldsymbol{N}^e)^{\mathrm{T}}\boldsymbol{Q}\,t\mathrm{d}s\\&=(\boldsymbol{\delta}^{*e})^{\mathrm{T}}\left(\iint_{\Delta}(\boldsymbol{N}^e)^{\mathrm{T}}\boldsymbol{P}\,t\mathrm{d}x\mathrm{d}y+\int_s(\boldsymbol{N}^e)^{\mathrm{T}}\boldsymbol{Q}\,t\mathrm{d}s\right)\\&=(\boldsymbol{\delta}^{*e})^{\mathrm{T}}(\boldsymbol{P}^e+\boldsymbol{Q}^e)\end{aligned}$$

式中，$\boldsymbol{P}^e$ 为单元体积力向量，$2n\times1$ 阶矩阵，且

$$\boldsymbol{P}^e=\iint_{\Delta}(\boldsymbol{N}^e)^{\mathrm{T}}\boldsymbol{P}\,t\mathrm{d}x\mathrm{d}y \tag{4-24}$$

$\boldsymbol{Q}^e$ 为单元体积力向量，$2n\times1$ 阶矩阵，且

$$\boldsymbol{Q}^e=\int_s(\boldsymbol{N}^e)^{\mathrm{T}}\boldsymbol{Q}\,t\mathrm{d}s \tag{4-25}$$

3. 单元刚度矩阵

对于每一个单元，须将作用于单元上的集中力、体积力和表面力按静力等效的原则转化为等效节点载荷，此时作用在单元上的荷载只有节点荷载，与单元节点位移相对应，作用于单元 e 上的节点载荷向量为

$$\boldsymbol{F}^e=[F_{1x}\ \ F_{1y}\ \ F_{2x}\ \ F_{2y}\ \ \cdots\ \ F_{nx}\ \ F_{ny}]^{\mathrm{T}}$$

单元节点力在虚位移 $\boldsymbol{\delta}^{*e}$ 上做的虚功，即单元外力所做的虚功为

$$W_{外}^{e} = \boldsymbol{\delta}^{*e\mathrm{T}} \boldsymbol{F}^{e} \tag{4-26}$$

由连续变形体的虚功原理知

$$(\boldsymbol{\delta}^{*e})^{\mathrm{T}} \boldsymbol{F}^{e} = (\boldsymbol{\delta}^{*e})^{\mathrm{T}} \boldsymbol{K}^{e} \boldsymbol{\delta}^{e}$$

由于虚位移 $\boldsymbol{\delta}^{*e}$ 是任意的，所以上式中等号两边与 $\boldsymbol{\delta}^{*e}$ 相乘的部分应相等。因此有

$$\boldsymbol{K}^{e} \boldsymbol{\delta}^{e} = \boldsymbol{F}^{e} \tag{4-27}$$

式中，$\boldsymbol{K}^{e}$ 为单元刚度矩阵。

式（4-27）即为单元节点力与单元节点位移的关系式。

平面问题有限元法的单元刚度具有与杆系结构的单元刚度矩阵一样的性质。

在平面问题中，单元的每个节点具有 2 个自由度，如果单元有 n 个节点，那么单元实际位移向量 $\boldsymbol{\delta}^{e}$、虚位移向量 $\boldsymbol{\delta}^{*e}$ 和节点载荷向量 $\boldsymbol{F}^{e}$ 均为 $2n\times1$ 阶矩阵。因此，单元刚度矩阵 $\boldsymbol{K}^{e}$ 为 $2n\times2n$ 阶矩阵。

对于平面问题的 3 节点三角形单元，由于 $n=3$，所以 $\boldsymbol{K}^{e}$ 为 6×6 阶矩阵，其刚度矩阵为

$$\boldsymbol{K}^{e} = \iint_{\Delta} (\boldsymbol{B}^{e})^{\mathrm{T}} \boldsymbol{D}\boldsymbol{B}^{e} t\mathrm{d}x\mathrm{d}y = \iint_{\Delta} \begin{bmatrix} \boldsymbol{B}_i^{\mathrm{T}} \\ \boldsymbol{B}_j^{\mathrm{T}} \\ \boldsymbol{B}_m^{\mathrm{T}} \end{bmatrix} \boldsymbol{D} [\boldsymbol{B}_i \quad \boldsymbol{B}_j \quad \boldsymbol{B}_m] t\mathrm{d}x\mathrm{d}y = \begin{bmatrix} \boldsymbol{K}_{ii}^{e} & \boldsymbol{K}_{ij}^{e} & \boldsymbol{K}_{im}^{e} \\ \boldsymbol{K}_{ji}^{e} & \boldsymbol{K}_{jj}^{e} & \boldsymbol{K}_{jm}^{e} \\ \boldsymbol{K}_{mi}^{e} & \boldsymbol{K}_{mj}^{e} & \boldsymbol{K}_{mm}^{e} \end{bmatrix}$$

式中，$\boldsymbol{K}_{ij}^{e}$ 为单元子刚度矩阵，2×2 阶矩阵。

$$\boldsymbol{K}_{rs}^{e} = \iint_{\Delta} (\boldsymbol{B}_r^{e})^{\mathrm{T}} \boldsymbol{D}\boldsymbol{B}_s^{e}\, t\mathrm{d}x\mathrm{d}y \,,\ (\ r = i, j, m \,,\ \ s = i, j, m\ )$$

由于弹性矩阵 $\boldsymbol{D}$ 中的元素仅与弹性模量 E 和泊松比 μ 有关，并且在线性位移函数的情况下，单元应变矩阵 $\boldsymbol{B}^{e}$ 中的元素也是常量，因此，$(\boldsymbol{B}_i^{e})^{\mathrm{T}} \boldsymbol{D}\boldsymbol{B}_j^{e}$ 为常量，可以提到积分号前面去。由于 $\iint_{\Delta} \mathrm{d}x\mathrm{d}y$ 等于三角形面积 Δ，所以有

$$\boldsymbol{K}_{ij}^{e} = (\boldsymbol{B}_i^{e})^{\mathrm{T}} \boldsymbol{D}\boldsymbol{B}_j^{e} \Delta t$$

对于平面应力问题，单元子刚度矩阵 $\boldsymbol{K}_{ij}^{e}$ 为

$$\boldsymbol{K}_{rs}^{e} = \frac{Et}{2(1-\mu^2)\Delta} \begin{bmatrix} b_r b_s + \dfrac{1-\mu}{2} c_r c_s & \mu b_r c_s + \dfrac{1-\mu}{2} c_r b_s \\ \mu c_r b_s + \dfrac{1-\mu}{2} b_r c_s & c_r c_s + \dfrac{1-\mu}{2} b_r b_s \end{bmatrix} , \begin{pmatrix} r = i, j, m \\ s = i, j, m \end{pmatrix} \tag{4-28}$$

对于平面应变问题，须将式（4-28）中的 E 换为 $\dfrac{E}{1-\mu^2}$，μ 换为 $\dfrac{\mu}{1-\mu}$，此时单元子刚度矩阵 $\boldsymbol{K}_{ij}^{e}$ 为

$$\boldsymbol{K}_{rs}^{e}=\frac{E(1-\mu)t}{2(1+\mu)(1-2\mu)\varDelta}\begin{bmatrix} b_r b_s+\dfrac{1-2\mu}{2(1-\mu)}c_r c_s & \dfrac{\mu}{1-\mu}b_r c_s+\dfrac{1-2\mu}{2(1-\mu)}c_r b_s \\ \dfrac{\mu}{1-\mu}c_r b_s+\dfrac{1-2\mu}{2(1-\mu)}b_r c_s & c_r c_s+\dfrac{1-2\mu}{2(1-\mu)}b_r b_s \end{bmatrix},\quad \begin{pmatrix} r=i,j,m \\ s=i,j,m \end{pmatrix} \tag{4-29}$$

在求得所有单元的单元刚度矩阵之后，就可以用第 2 章中介绍的刚度集成法，将各个单元刚度矩阵的子块“对号入座”到整体刚度矩阵中去，形成整体刚度矩阵 $\boldsymbol{K}$。

线性平面 3 节点三角形单元的节点载荷向量为：

$$\boldsymbol{F}^{e}=[F_i\ \ F_j\ \ F_m]^{\mathrm{T}}=[F_{ix}\ \ F_{iy}\ \ F_{jx}\ \ F_{jy}\ \ F_{mx}\ \ F_{my}]^{\mathrm{T}} \tag{4-30}$$

4.4.4　等效节点荷载

有限元法在分析问题时，认为外荷载作用在节点上。但在实际问题中，通常包含作用于单元体内部的体积力、作用于单元边界上的表面力和集中力。为了便于分析，需按静力等效原则将非节点荷载转换为节点荷载。

静力等效原则（虚功等效原则）的思想是：把作用于单元内的荷载转换到节点上以后，应当与原来的实际荷载所做的虚功等效。其计算方法是：对于任意微小虚位移，原荷载所做虚功等于荷载转换后的等效节点荷载所做的虚功。

1. 任意集中力的等效节点荷载

如图 4.15 所示为任一三角形单元，其内部任意点 M 作用一集中力 P，该力在单元的三个节点的等效节点力分别为 F_{ix}，F_{iy}，F_{jx}，F_{jy}，F_{mx}，F_{my}，写成向量的形式为

$$\boldsymbol{F}=[F_{ix}\ \ F_{iy}\ \ F_{jx}\ \ F_{jy}\ \ F_{mx}\ \ F_{my}]^{\mathrm{T}}$$

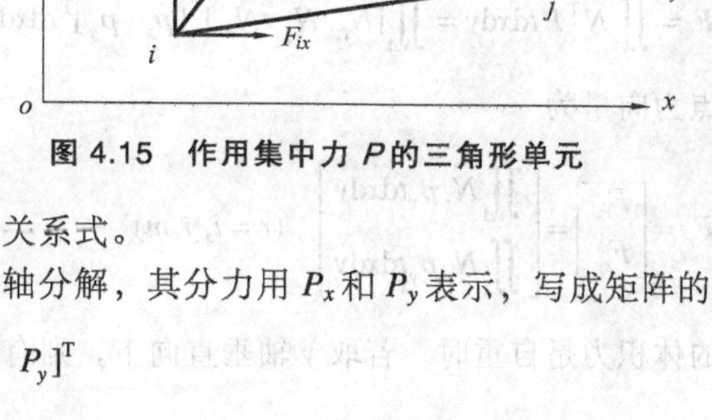

图 4.15　作用集中力 P 的三角形单元

下面确定二者之间的关系式。

首先将力 P 沿 x 和 y 轴分解，其分力用 P_x 和 P_y 表示，写成矩阵的形式为

$$\boldsymbol{P}=[P_x\ \ P_y]^{\mathrm{T}}$$

给三角形单元任一虚位移，单元的节点虚位移向量为

$$\boldsymbol{\delta}^* = [u_i^* \quad v_i^* \quad u_j^* \quad v_j^* \quad u_m^* \quad v_m^*]^{\mathrm{T}}$$

则由式（4-23）求得 M 点的虚位移为

$$\boldsymbol{f}_m^* = \boldsymbol{N}_M \boldsymbol{\delta}^*$$

根据虚功等效的原则有

$$(\boldsymbol{\delta}^*)^{\mathrm{T}} \boldsymbol{F} = (\boldsymbol{\delta}^*)^{\mathrm{T}} (\boldsymbol{N}_M)^{\mathrm{T}} \boldsymbol{P}$$

由于 $\boldsymbol{\delta}^*$ 的任意性，因此有

$$\boldsymbol{F} = (\boldsymbol{N}_M)^{\mathrm{T}} \boldsymbol{P} \tag{4-31}$$

将上式展开得

$$\begin{bmatrix} F_{ix} \\ F_{iy} \\ F_{jx} \\ F_{jy} \\ F_{mx} \\ F_{my} \end{bmatrix} = \begin{bmatrix} N_i P_x \\ N_i P_y \\ N_j P_x \\ N_j P_y \\ N_m P_x \\ N_m P_y \end{bmatrix} \tag{4-32}$$

只要将 $N_r(r=i, j, m)$中的 x 和 y 的值代入 M 点的坐标值 x_M 和 y_M，即可由式（4-32）求得等效节点荷载 $\boldsymbol{F}$。

2. 体积力的等效节点荷载

如图 4.16 所示为任一三角形单元受有分布的体积力 p_x 和 p_y，写成向量的形式为

$$\boldsymbol{P} = [p_x \quad p_y]^{\mathrm{T}}$$

这里 p_x 和 p_y 都是坐标 x 和 y 的函数。将微元体积 $t\mathrm{d}x\mathrm{d}y$ 的体积力 $\boldsymbol{P}t\mathrm{d}x\mathrm{d}y$ 当做集中力，借助式（4-31），并在整个三角形上积分，得到体积力的等效节点荷载

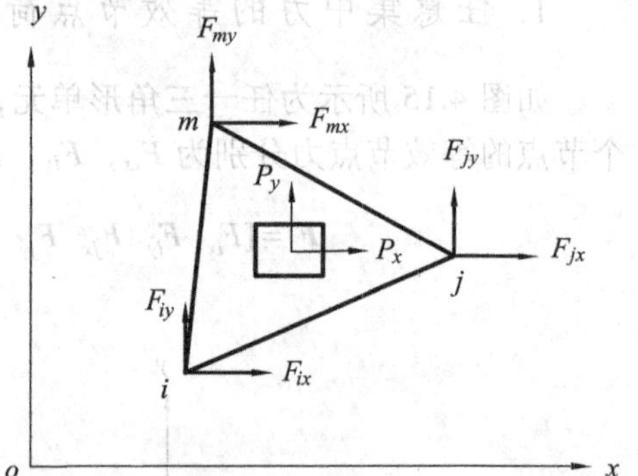

图 4.16　三角形单元的体积力与等效节点力

$$\boldsymbol{F} = \iint_{\Delta} N^{\mathrm{T}} P\, t\mathrm{d}x\mathrm{d}y = \iint_{\Delta} [N_i \quad N_j \quad N_m]^{\mathrm{T}} [p_x \quad p_y]^{\mathrm{T}}\, t\mathrm{d}x\mathrm{d}y \tag{4-33}$$

每个节点的等效节点力向量为

$$\boldsymbol{F}_r = \begin{bmatrix} F_{rx} \\ F_{ry} \end{bmatrix} = \begin{bmatrix} \iint_{\Delta} N_r p_x t\mathrm{d}x\mathrm{d}y \\ \iint_{\Delta} N_r p_y t\mathrm{d}x\mathrm{d}y \end{bmatrix}, \ (r = i, j, m) \tag{4-34}$$

例如，当单元的体积力是自重时，若取 y 轴垂直向下，则有

$$\boldsymbol{P}=[p_x \quad p_y]^{\mathrm{T}}=[0 \quad \rho]^{\mathrm{T}}$$

式中，ρ为单元的质量密度。

由式（4-34）得

$$F_{ix}=0\,,\quad F_{jx}=0\,,\quad F_{mx}=0$$

$$F_{ry}=\iint_{\Delta} N_r p_y t\mathrm{d}x\mathrm{d}y=\rho t\iint_{\Delta} N_r \mathrm{d}x\mathrm{d}y\,,\quad (r=i,j,m)$$

由形函数的性质知

$$\iint_{\Delta} N_r \mathrm{d}x\mathrm{d}y=\Delta/3\,,$$

因此有

$$F_{ry}=\rho t\Delta/3\,,\quad (r=i,j,m)$$

可见单元的自重是均匀地分配到 3 节点三角形单元的 3 个节点上。

3. 表面力的等效节点荷载

如图 4.17 所示为任一三角形单元受有分布的表面力 q_x 和 q_y，写成向量的形式为

$$\boldsymbol{Q}=[q_x \quad q_y]^{\mathrm{T}}$$

这里 q_x 和 q_y 都是坐标 x 和 y 的函数。将微元面积 $t\mathrm{d}s$ 的表面力 $q_x t\mathrm{d}s$ 当作集中力，借助式（4-31)，并在整个三角形上积分，得到表面力的等效节点荷载

$$\boldsymbol{F}=\int_{ij}\boldsymbol{N}^{\mathrm{T}}\boldsymbol{Q}\,t\mathrm{d}s=\int_{ij}[N_i \quad N_j \quad N_m]^{\mathrm{T}}[q_x \quad q_y]^{\mathrm{T}}t\mathrm{d}s \tag{4-35}$$

每个节点的等效节点力向量为

$$\boldsymbol{F}_r=\begin{bmatrix}F_{rx}\\F_{ry}\end{bmatrix}=\begin{bmatrix}\int_{ij}N_r q_x t\mathrm{d}s\\ \int_{ij}N_r q_y t\mathrm{d}s\end{bmatrix},\quad (r=i,j,m) \tag{4-36}$$

如图 4.18 所示，当单元在 ij 边的法线方向上受有均布的表面力 q（q 以图示方向为正)，其沿坐标轴 x 和 y 的两个分量为

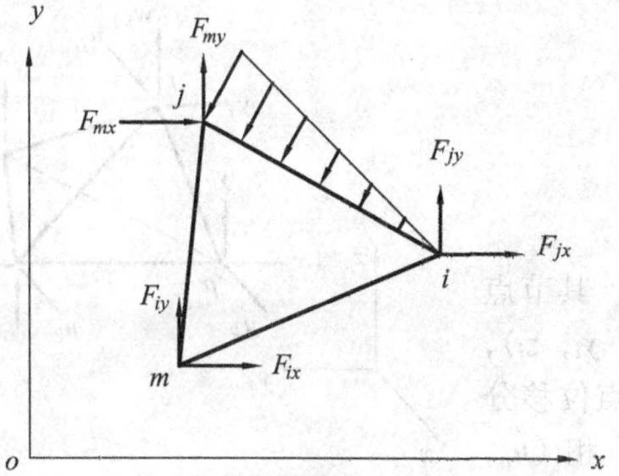

图 4.17　三角形单元的表面力与等效节点力

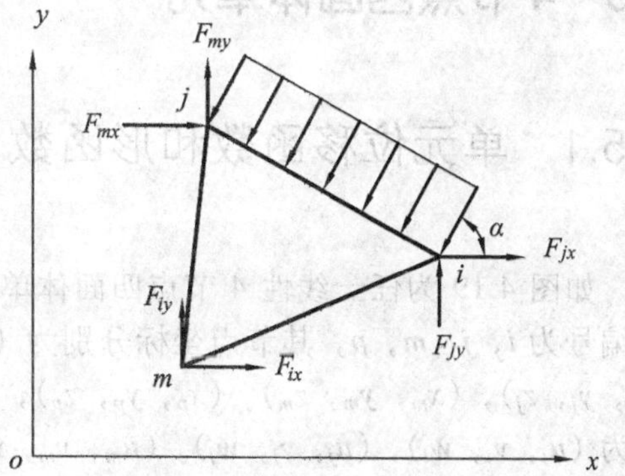

图 4.18　单元承受均布表面力的等效节点力

$$q_x = -q\cos\alpha = q\frac{y_i - y_j}{\overline{ij}}$$

$$q_y = -q\sin\alpha = q\frac{x_j - x_i}{\overline{ij}}$$

式中，$\overline{ij}$ 为单元 ij 边的长度。

由式（4-36）得

$$\boldsymbol{F}_r = \begin{bmatrix} \int_{ij} N_r q_x t\mathrm{d}s \\ \int_{ij} N_r q_y t\mathrm{d}s \end{bmatrix} = \begin{bmatrix} \int_{ij} N_r q\dfrac{y_i - y_j}{\overline{ij}} t\mathrm{d}s \\ \int_{ij} N_r q\dfrac{x_i - x_j}{\overline{ij}} t\mathrm{d}s \end{bmatrix} = \begin{bmatrix} qt\dfrac{y_i - y_j}{\overline{ij}}\int_{ij} N_r\mathrm{d}s \\ qt\dfrac{x_i - x_j}{\overline{ij}}\int_{ij} N_r\mathrm{d}s \end{bmatrix},\quad (r = i, j, m)$$

$$\int_{ij} N_i\mathrm{d}s = \frac{1}{2\varDelta}\int_{ij}(a_i + b_i x + c_i y)\mathrm{d}s = \frac{1}{2\varDelta}\left(a_i\overline{ij} + b_i\int_{x_i}^{x_j} x\frac{\overline{ij}}{x_j - x_i}\mathrm{d}x + c_j\int_{y_i}^{y_j} y\frac{\overline{ij}}{y_j - y_i}\mathrm{d}y\right)$$

$$= \frac{\overline{ij}}{2\varDelta}\left(a_i + \frac{b_i}{x_j - x_i}\int_{x_i}^{x_j} x\mathrm{d}x + \frac{c_i}{y_j - y_i}\int_{y_i}^{y_j} y\mathrm{d}x\right) = \frac{\overline{ij}}{2\varDelta}\left[a_i + \frac{1}{2}b_i(x_j + x_i) + \frac{1}{2}c_i(y_j + y_i)\right]$$

将式（4-4）中的 a_i，b_i 和 c_i 代入上式，化简得

$$\int_{ij} N_i\mathrm{d}s = \frac{\overline{ij}}{4\varDelta}(x_j y_m + x_i y_j + x_m y_i - x_j y_i - x_m y_j - x_i y_m) = \frac{\overline{ij}}{2}$$

同理可得

$$\int_{ij} N_j\mathrm{d}s = \frac{1}{2}\overline{ij},\quad \int_{ij} N_m\mathrm{d}s = 0$$

因此有

$$\boldsymbol{F}_r = \begin{bmatrix} \dfrac{qt(y_i - y_j)}{2} \\ \dfrac{qt(x_j - x_i)}{2} \end{bmatrix},\quad (r = i, j, m)$$

4.5 4 节点四面体单元

4.5.1 单元位移函数和形函数

如图 4.19 为任一线性 4 节点四面体单元，其节点的编号为 i，j，m，p，其节点坐标分别为（x_i，y_i，z_i），（x_j，y_j，z_j），（x_m，y_m，z_m），（x_p，y_p，z_p），节点位移分别为（u_i，v_i，w_i），（u_j，v_j，w_j），（u_m，v_m，w_m）和（u_p，v_p，w_p）。

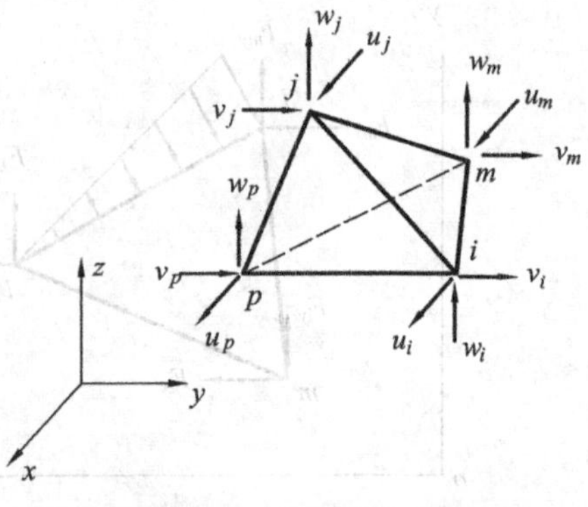

图 4.19 4 节点四面体单元

根据确定单元位移函数的准则，单元内任意一点（x，y，z）处的位移函数为

$$\left.\begin{aligned}u(x,y,z)&=\alpha_1+\alpha_2x+\alpha_3y+\alpha_4z\\v(x,y,z)&=\beta_1+\beta_2x+\beta_3y+\beta_4z\\w(x,y,z)&=\gamma_1+\gamma_2x+\gamma_3y+\gamma_4z\end{aligned}\right\}\tag{4-37}$$

式中α_1，α_2，α_3，α_4，β_1，β_2，β_3，β_4，γ_1，γ_2，γ_3，γ_4为待定系数，可由 12 个节点位移分量来确定。

将节点 i，j，m，p 的坐标和节点位移分别代入式（4-37），导出节点位移与节点坐标的关系式

$$\left.\begin{aligned}u_i&=\alpha_1+\alpha_2x_i+\alpha_3y_i+\alpha_4z_i\\u_j&=\alpha_1+\alpha_2x_j+\alpha_3y_j+\alpha_4z_j\\u_m&=\alpha_1+\alpha_2x_m+\alpha_3y_m+\alpha_4z_m\\u_p&=\alpha_1+\alpha_2x_p+\alpha_3y_p+\alpha_4z_p\end{aligned}\right\}\tag{4-38a}$$

$$\left.\begin{aligned}v_i&=\beta_1+\beta_2x_i+\beta_3y_i+\beta_4z_i\\v_j&=\beta_1+\beta_2x_j+\beta_3y_j+\beta_4z_j\\v_m&=\beta_1+\beta_2x_m+\beta_3y_m+\beta_4z_m\\v_p&=\beta_1+\beta_2x_p+\beta_3y_p+\beta_4z_p\end{aligned}\right\}\tag{4-38b}$$

$$\left.\begin{aligned}w_i&=\gamma_1+\gamma_2x_i+\gamma_3y_i+\gamma_4z_i\\w_j&=\gamma_1+\gamma_2x_j+\gamma_3y_j+\gamma_4z_j\\w_m&=\gamma_1+\gamma_2x_m+\gamma_3y_m+\gamma_4z_m\\w_p&=\gamma_1+\gamma_2x_p+\gamma_3y_p+\gamma_4z_p\end{aligned}\right\}\tag{4-38c}$$

解线性方程组式（4-38a），求得待定系数α_1，α_2，α_3，α_4为

$$\left.\begin{aligned}\alpha_1&=\frac{1}{6V}\begin{vmatrix}u_i&x_i&y_i&z_i\\u_j&x_j&y_j&z_j\\u_m&x_m&y_m&z_m\\u_p&x_p&y_p&z_p\end{vmatrix}\\\alpha_2&=\frac{1}{6V}\begin{vmatrix}1&u_i&y_i&z_i\\1&u_j&y_j&z_j\\1&u_m&y_m&z_m\\1&u_p&y_p&z_p\end{vmatrix}\\\alpha_3&=\frac{1}{6V}\begin{vmatrix}1&x_i&u_i&z_i\\1&x_j&u_j&z_j\\1&x_m&u_m&z_m\\1&x_p&u_p&z_p\end{vmatrix}\\\alpha_4&=\frac{1}{6V}\begin{vmatrix}1&x_i&y_i&u_i\\1&x_j&y_j&u_j\\1&x_m&y_m&u_m\\1&x_p&y_p&u_p\end{vmatrix}\end{aligned}\right\}\tag{4-39}$$

式中，V 为四面体 $ijmp$ 的体积。

$$V=\frac{1}{6}\begin{vmatrix}1 & x_i & y_i & z_i\\1 & x_j & y_j & z_j\\1 & x_m & y_m & z_m\\1 & x_p & y_p & z_p\end{vmatrix} \tag{4-40}$$

为了使 V 不为负，单元的 4 个顶点的节点号 i，j，m，p 必须按照一定顺序排列，即为在右手坐标系中，保证节点 i，j，m 按逆时针旋向，其前进方向指向节点 p。

将 α_1，α_2，α_3，α_4 的值代入 $u(x,y)$，整理得

$$u(x,y,z)=\sum_{i,j,m,p}\frac{1}{6V}(a_i+b_ix+c_iy+d_iz)u_i$$

同理可得

$$v(x,y,z)=\sum_{i,j,m,p}\frac{1}{6V}(a_i+b_ix+c_iy+d_iz)v_i$$

$$w(x,y,z)=\sum_{i,j,m,p}\frac{1}{6V}(a_i+b_ix+c_ix+d_iz)w_i$$

式中，

$$\left.\begin{aligned}a_i=\begin{vmatrix}x_j & y_j & z_j\\x_m & y_m & z_m\\x_p & y_p & z_p\end{vmatrix}\quad b_i=-\begin{vmatrix}1 & y_j & z_j\\1 & y_m & z_m\\1 & y_p & z_p\end{vmatrix}\\c_i=\begin{vmatrix}1 & x_j & z_j\\1 & x_m & z_m\\1 & x_p & z_p\end{vmatrix}\quad d_i=-\begin{vmatrix}1 & x_j & y_j\\1 & x_m & y_m\\1 & x_p & y_p\end{vmatrix}\end{aligned}\right\} \tag{4-41a}$$

$$\left.\begin{aligned}a_j=\begin{vmatrix}x_i & y_i & z_i\\x_m & y_m & z_m\\x_p & y_p & z_p\end{vmatrix}\quad b_j=-\begin{vmatrix}1 & y_i & z_i\\1 & y_m & z_m\\1 & y_p & z_p\end{vmatrix}\\c_j=\begin{vmatrix}1 & x_i & z_i\\1 & x_m & z_m\\1 & x_p & z_p\end{vmatrix}\quad d_j=-\begin{vmatrix}1 & x_i & y_i\\1 & x_m & y_m\\1 & x_p & y_p\end{vmatrix}\end{aligned}\right\} \tag{4-41b}$$

$$\left.\begin{aligned}a_m=\begin{vmatrix}x_i & y_i & z_i\\x_j & y_j & z_j\\x_p & y_p & z_p\end{vmatrix}\quad b_m=-\begin{vmatrix}1 & y_i & z_i\\1 & y_j & z_j\\1 & y_p & z_p\end{vmatrix}\\c_m=\begin{vmatrix}1 & x_j & z_j\\1 & x_m & z_m\\1 & x_p & z_p\end{vmatrix}\quad d_m=-\begin{vmatrix}1 & x_i & y_i\\1 & x_j & y_j\\1 & x_p & y_p\end{vmatrix}\end{aligned}\right\} \tag{4-41c}$$

$$\left.\begin{aligned}a_p&=\begin{vmatrix}x_i & y_i & z_i\\ x_j & y_j & z_j\\ x_m & y_m & z_m\end{vmatrix} \quad b_p=-\begin{vmatrix}1 & y_i & z_i\\ 1 & y_j & z_j\\ 1 & y_m & z_m\end{vmatrix}\\ c_p&=\begin{vmatrix}1 & x_i & z_i\\ 1 & x_j & z_j\\ 1 & x_m & z_m\end{vmatrix} \quad d_p=-\begin{vmatrix}1 & x_i & y_i\\ 1 & x_j & y_j\\ 1 & x_m & y_m\end{vmatrix}\end{aligned}\right\} \tag{4-41d}$$

则用节点坐标和节点位移表示的线性 4 节点四面体单元的位移函数为

$$\left.\begin{aligned}u(x,y,z)&=\sum_{i,j,m,p}\frac{1}{6V}(a_i+b_ix+c_iy+d_iz)u_i\\ v(x,y,z)&=\sum_{i,j,m,p}\frac{1}{6V}(a_i+b_ix+c_iy+d_iz)v_i\\ w(x,y,z)&=\sum_{i,j,m,p}\frac{1}{6V}(a_i+b_ix+c_iy+d_iz)w_i\end{aligned}\right\} \tag{4-42}$$

单元的形函数为

$$\left.\begin{aligned}N_i(x,y,z)&=\frac{1}{6V}(a_i+b_ix+c_iy+d_iz)\\ N_j(x,y,z)&=-\frac{1}{6V}(a_j+b_jx+c_jy+d_jz)\\ N_m(x,y,z)&=\frac{1}{6V}(a_m+b_mx+c_my+d_mz)\\ N_p(x,y,z)&=-\frac{1}{6V}(a_p+b_px+c_py+d_pz)\end{aligned}\right\} \tag{4-43}$$

4.5.2　单元应变矩阵

将用形函数表示单元位移函数式（4-42）代入几何方程式（3-37），导出单元的应变函数

$$\boldsymbol{\varepsilon}^e=\begin{bmatrix}\varepsilon_x\\ \varepsilon_y\\ \varepsilon_z\\ \gamma_{xy}\\ \gamma_{yz}\\ \gamma_{zx}\end{bmatrix}=\begin{bmatrix}\dfrac{\partial u}{\partial x}\\ \dfrac{\partial v}{\partial y}\\ \dfrac{\partial w}{\partial z}\\ \dfrac{\partial u}{\partial y}+\dfrac{\partial v}{\partial x}\\ \dfrac{\partial v}{\partial z}+\dfrac{\partial w}{\partial y}\\ \dfrac{\partial u}{\partial z}+\dfrac{\partial w}{\partial x}\end{bmatrix}=\begin{bmatrix}\sum\limits_{i,j,m,p}\dfrac{\partial N_i}{\partial x}u_i\\ \sum\limits_{i,j,m,p}\dfrac{\partial N_i}{\partial y}v_i\\ \sum\limits_{i,j,m,p}\dfrac{\partial N_i}{\partial z}w_i\\ \sum\limits_{i,j,m,p}\left(\dfrac{\partial N_i}{\partial y}u_i+\dfrac{\partial N_i}{\partial x}v_i\right)\\ \sum\limits_{i,j,m,p}\left(\dfrac{\partial N_i}{\partial z}v_i+\dfrac{\partial N_i}{\partial y}w_i\right)\\ \sum\limits_{i,j,m,p}\left(\dfrac{\partial N_i}{\partial z}u_i+\dfrac{\partial N_i}{\partial x}w_i\right)\end{bmatrix}$$

$$=\boldsymbol{B}^e\boldsymbol{\delta}^e=[\boldsymbol{B}_i^e\ \ -\boldsymbol{B}_j^e\ \ \boldsymbol{B}_m^e\ \ -\boldsymbol{B}_p^e]\boldsymbol{\delta}^e \tag{4-44}$$

式中，$\boldsymbol{\delta}^e$ 为节点位移向量，为 12×1 阶矩阵；$\boldsymbol{B}^e$ 为单元应变矩阵，为 3×6 阶矩阵。

$$\boldsymbol{B}_r^e=\begin{bmatrix}\frac{\partial N_r}{\partial x} & 0 & 0\\ 0 & \frac{\partial N_r}{\partial y} & 0\\ 0 & 0 & \frac{\partial N_r}{\partial z}\\ \frac{\partial N_r}{\partial y} & \frac{\partial N_r}{\partial x} & 0\\ 0 & \frac{\partial N_r}{\partial z} & \frac{\partial N_r}{\partial y}\\ \frac{\partial N_r}{\partial z} & 0 & \frac{\partial N_r}{\partial x}\end{bmatrix}=\frac{1}{6V}\begin{bmatrix}b_r & 0 & 0\\ 0 & c_r & 0\\ 0 & 0 & d_r\\ c_r & b_r & 0\\ 0 & d_r & c_r\\ d_r & 0 & b_r\end{bmatrix},\quad (r=i,j,m,p) \tag{4-45}$$

由于 $\boldsymbol{B}^e$ 中的各个元素均是常量，所以 $\boldsymbol{\varepsilon}^e$ 中的各个应变分量也为常量。也就是说，三维 4 节点四面体单元内部各点的应变都相等。因此，三维线性 4 节点四面体单元为常应变单元。

4.5.3 单元应力矩阵

在求得应变之后，由式（3-9）得出单元应力矩阵为

$$\boldsymbol{\sigma}^e=\begin{bmatrix}\sigma_x\\ \sigma_y\\ \sigma_z\\ \tau_{xy}\\ \tau_{yz}\\ \tau_{zx}\end{bmatrix}=\boldsymbol{D}\boldsymbol{\varepsilon}^e=\boldsymbol{D}\boldsymbol{B}^e\boldsymbol{\delta}^e=\boldsymbol{S}^e\boldsymbol{\delta}^e=[\boldsymbol{S}_i^e\ -\boldsymbol{S}_j^e\ \ \boldsymbol{S}_m^e\ -\boldsymbol{S}_p^e]\boldsymbol{\delta}^e \tag{4-46}$$

式中，

$$\boldsymbol{S}_r^e=\frac{A_3}{6V}\begin{bmatrix}b_r & A_1c_r & A_1d_r\\ A_1b_r & c_r & A_1d_r\\ A_1b_r & A_1c_r & d_r\\ A_2c_r & A_2b_r & 0\\ 0 & A_2d_r & A_2c_r\\ A_2d_r & 0 & A_2b_r\end{bmatrix},\quad (r=i,j,m,p) \tag{4-47}$$

$$\left.\begin{aligned}A_1&=\frac{\mu}{1-\mu}\\ A_2&=\frac{1-2\mu}{2(1-\mu)}\\ A_3&=\frac{E(1-\mu)}{(1+\mu)(1-2\mu)}\end{aligned}\right\} \tag{4-48}$$

按式（4-22）得出单元刚度矩阵为

$$K^e = \iiint_V (B^e)^{\mathrm{T}} DB^e \,\mathrm{d}x\mathrm{d}y\mathrm{d}z = (B^e)^{\mathrm{T}} DB^e V \tag{4-49}$$

有限元方程的建立和节点荷载向量的形成与前几节的分析相同。

由于线性 4 节点四面体实体单元为常应力或常应变单元，为了提高计算精度，有限元网格划分需足够小，才能保证计算结果的精度。目前，在大型有限元商业软件 ANSYS 的单元库中，已经用 10 节点二次四面体实体单元或线性及非线性六面体实体单元取代了此类单元。

【习　题】

4-1　为了保证有限元法解答的收敛性，位移函数应满足哪些条件？

4-2　单元的形函数具有什么特征？

4-3　利用形函数性质推导边长为 $2a \times 2b$ 的 8 节点矩形单元的形函数。

4-4　利用形函数性质推导边长为 2×2 的 4 节点矩形单元的形函数。

4-5　单元刚度矩阵和整体刚度矩阵各有什么特征？

4-6　在按位移求解的平面问题的有限元法中，

（1）应用了哪些弹性力学中的基本方程？

（2）应力边界条件及位移边界条件是如何反映的？

（3）力的平衡条件是如何满足的？

（4）变形协调条件是如何满足的？

4-7　在平面 3 节点三角形单元中的位移、应变和应力具有什么特征？

4-8　在有限元法中，当单元的尺寸逐步缩小时，单元中的位移、应变、应力有什么特征？

4-9　试分析在线性位移函数的三角形单元中，为什么相邻单元会产生应力波动现象？为了提高应力精度，应如何处理三角形单元的应力结果？

4-10　在平面 3 节点三角形单元中，能否选取如下的位移函数？

（1）$\begin{cases} u(x,y) = \alpha_1 x^2 + \alpha_2 xy + \alpha_3 y^2 \\ v(x,y) = \beta_1 x^2 + \beta_2 xy + \beta_3 y^2 \end{cases}$

（2）$\begin{cases} u(x,y) = \alpha_1 + \alpha_2 x^2 + \alpha_3 y \\ v(x,y) = \beta_1 + \beta_2 x^2 + \beta_3 y \end{cases}$

4-11　试分析在线性位移函数的四面体实体单元中，为什么相邻单元会产生应力波动现象？为了提高应力精度，应如何处理四面体实体单元的应力结果？

4-12　在有限元分析中，为什么尽量避免使用 3 节点三角形单元和 4 节点四面体实体单元？

4-13　在 4 节点四面体实体单元中，能否选取如下的位移函数？

$$\begin{cases} u(x,y) = \alpha_1 x + \alpha_2 xy + \alpha_3 y^2 + \alpha_4 z \\ v(x,y) = \beta_1 + \beta_2 x + \beta_3 y + \beta_4 z^2 \end{cases}$$

第5章 等 参 元

第 4 章讨论了一些经常应用的单元形式 —— 三角形单元、矩形单元和四面体实体单元。三角形单元和四面体实体单元的适应性强，能适应各种曲折的几何边界，但它们的计算精度较低；矩形单元的计算精度虽高，但适应性差，遇到曲线边界或非直角的直线边界就难以模拟；所以这些单元都具有不足之处。而且可以看到，随着单元节点数目的增加，形函数（或插值函数）的方次也增加了，因而用于实际问题的分析时，可能达到的精度也随之提高了。

对于一个给定问题的求解域，期望用较少的单元即可获得足够精度的解答，但是用较少的、形状规则的单元离散几何形状比较复杂的求解域常会遇到困难。因此需要寻找一种更为适当的方法，将规则形状的单元转化为其边界为曲线或曲面的相应单元。在有限单元法中，最普遍采用的变换方法是等参变换，即单元几何形状的变换和单元内的场（应力、温度等）函数，采用相同数目的节点参数及相同的插值函数进行变换。采用等参变换的单元称为等参元。

借助于等参元，通常可以对任意几何形状的工程问题和物理问题方便地进行有限元离散，因此，等参元的提出为有限元法成为现代工程实际领域最有效的数值分析方法提供了重要支持。

等参元具有两大明显的优点：一是计算精度高，用较少的单元就能达到所需精度；二是具有曲线或曲面边界，能较好地模拟实际结构形状复杂的边界。特别是在解决空间问题的实践中，通常都采用等参元。

由于等参变换的采用，使等参元的刚度、质量、阻尼、荷载等特性矩阵的计算仍在第 4 章所表示规则的单元域内进行，因此，不管各个积分形式的矩阵的被积函数如何复杂，都可以方便地采用标准化的数值积分方法计算，从而把各类不同工程实际问题的有限元分析纳入了统一的、通用化的程序。

5.1 等参变换

5.1.1 自然坐标系

在有限元分析中，对于曲边平面、曲面和曲面体，沿自然坐标系划分单元后，单元的局部坐标系为自然坐标系，而整体坐标系是直角坐标系（笛卡尔坐标系）。由第 4 章知，在求单元的刚度矩阵时，选取单元位移函数进行微积分运算是在自然坐标系下进行的。因为自然坐标系的坐标轴通常为曲线，有时即使为直线但坐标轴并非两两相互垂直，这样看起来既不方便，同时进行微积分运算也非常繁琐。因此，通常引进一直角坐标系，以直角坐标系内坐标的取值范围和变化规律，描述自然坐标系内的曲边平面、曲面和曲面体的坐标取值范围和变化规律，同时将自然坐标系下的曲线、曲边平面、曲面和曲面体转化为直角坐标系下的直线、正方形和立方体。如图 5.1 所示的某些二维曲线、曲边平面、曲面和三维曲面实体单元的变换。

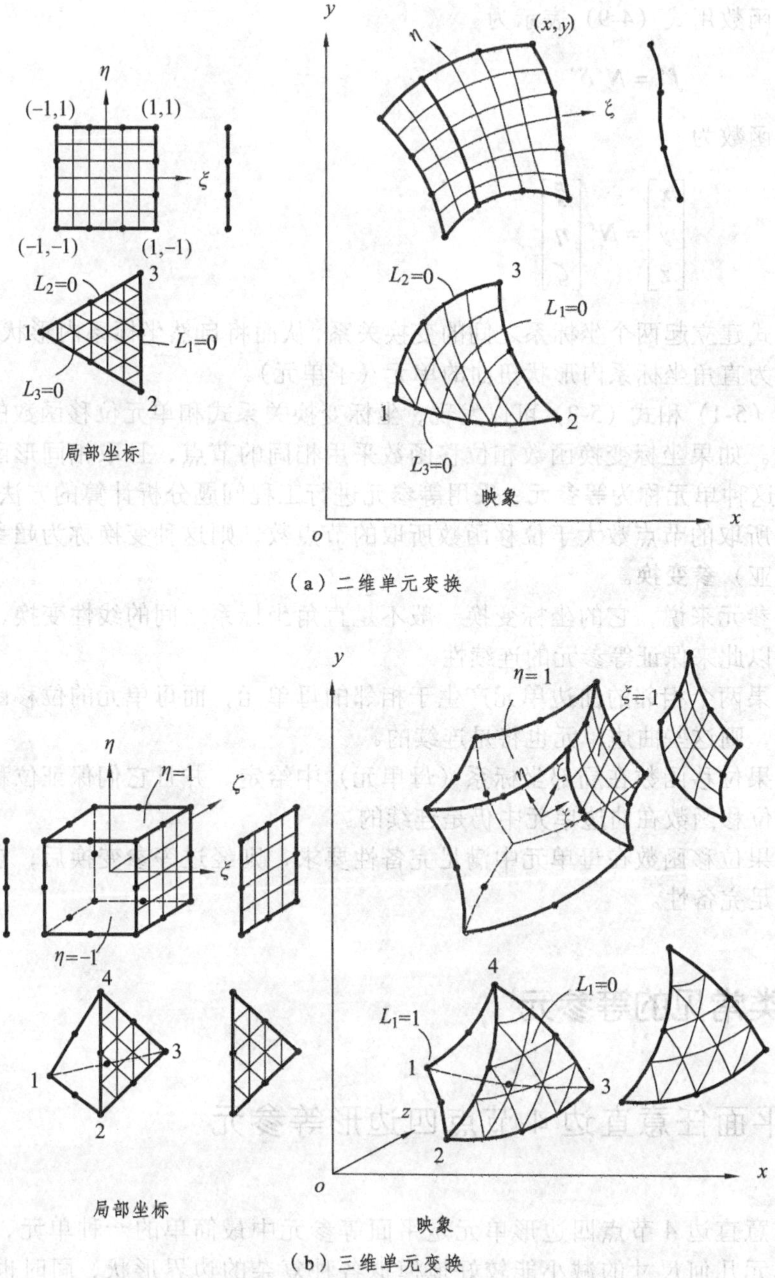

图 5.1　二维和三维单元的变换

5.1.2 等参变换

为了将局部坐标系中几何形状规则的单元转换成整体坐标系中几何形状扭曲的单元，以满足对一般求解域的需要，需要建立一个坐标变换。在选取单元位移函数时，仍可以取单元的自然坐标作为自变量，取位移函数的形函数作为坐标变换的形函数，这样可以大大简化计算。

若位移函数用式（4-9）表示为

$$f^e = N^e \boldsymbol{\delta}^e \tag{5-1}$$

则坐标变换函数为

$$\begin{bmatrix} x \\ y \\ z \end{bmatrix} = N^e \begin{bmatrix} \xi \\ \eta \\ \zeta \end{bmatrix} \tag{5-2}$$

通过上式建立起两个坐标系之间的变换关系，从而将自然坐标系内形状规则的单元（母单元）变换为直角坐标系内形状扭曲的单元（子单元）。

比较式（5-1）和式（5-2）可以发现，坐标变换关系式和单元位移函数的表达式在形式上是一致的。如果坐标变换函数和位移函数采用相同的节点，且取相同形函数的变换称为**等参变换**，这种单元称为**等参元**，采用等参元进行工程问题分析计算的方法叫做**等参元法**。若坐标变换所取的节点数大于位移函数所取的节点数，则这种变换称为**超参变换**。反之，则称为**次（亚）参变换**。

对于等参元来说，它的坐标变换一般不是直角坐标系之间的线性变换，但有如下性质可以利用，以此来保证等参元的连续性。

（1）如果两个相邻的曲边单元产生于相邻的母单元，而母单元的位移函数满足单元之间的连续性，则这些曲边单元也将是连续的。

（2）如果位移函数在局部坐标系（母单元）中给定，并且它们保证位移函数在母单元中连续，则位移函数在曲边单元中仍是连续的。

（3）如果位移函数在母单元中满足完备性要求，则经过等参变换后，它在曲边单元中仍自动地满足完备性。

5.2 几类常见的等参元

5.2.1 平面任意直边 4 节点四边形等参元

平面任意直边 4 节点四边形单元是平面等参元中最简单的一种单元，其形状是任意的，随着单元几何尺寸的减小能较好地模拟各种复杂的边界形状，同时也具有较高的计算精度。

等参元的基本思想就是将具有复杂形状的子单元（实际单元）变换成另一局部坐标系下形状规则的母单元（基本单元）。这样，实际单元的特性分析（位移、应变、应力等）就可借助基本单元来进行分析，然后再将分析计算结果变换到实际单元中去。由于基本单元形状规则，因此，位移函数容易选取，计算也大为简化。

在图 5.2（a）所示的任意直边 4 节点四边形单元上，作连接对边中点的直线，即为单元的自然坐标轴ξ轴和η轴，取其交点 O 为自然坐标系的原点，这样就得到一个新的坐标系ξ、η，为单元的局部坐标系。显然，这个局部坐标系是一个曲线坐标系。

通过坐标变换将局部坐标系变换成直角坐标系，则图 5.2（a）中的任意直边 4 节点四边形单元就被变换成如图 5.2（b）所示的边长为 2 个单位长度的 4 节点正方形单元。由于正方形单元是矩形单元的一种特殊情况，因此，完全可以采用与矩形单元相同的位移函数

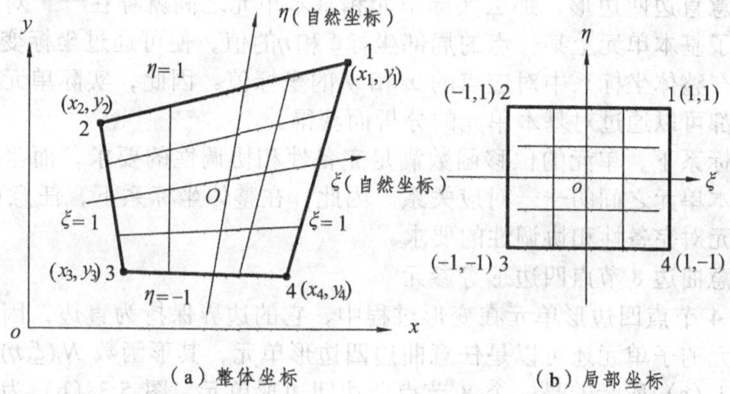

图 5.2 任意直边 4 节点四边形单元的局部坐标与整体坐标

$$\left.\begin{aligned} u(x,y) &= \sum_{i=1}^{4} N_i u_i \\ v(x,y) &= \sum_{i=1}^{4} N_i v_i \end{aligned}\right\} \tag{5-3}$$

式中，N_i为形函数，且

$$N_i(\xi,\eta) = \frac{1}{4}(1+\xi_i\xi)(1+\eta_i\eta)\,, \quad (i=1,2,3,4) \tag{5-4}$$

式中，ξ_i与η_i为局部坐标系中 i 节点的坐标值。

坐标变换函数为

$$\left.\begin{aligned} x &= \sum_{i=1}^{4} N_i x_i \\ y &= \sum_{i=1}^{4} N_i y_i \end{aligned}\right\} \tag{5-5}$$

式中，x_i与y_i为整体坐标系中 i 节点的坐标值。

在式（5-5）中，令$\xi=1$，可以得到

$$\left.\begin{aligned}x&=\frac{1+\eta}{2}x_1+\frac{1-\eta}{2}x_4\\y&=\frac{1+\eta}{2}y_1+\frac{1-\eta}{2}y_4\end{aligned}\right\}$$

消去上式中的η，简化得

$$\frac{y_1-y_4}{x_1-x_4}=\frac{y-(y_1+y_4)/2}{x-(x_1+x_4)/2}$$

上式即为在整体坐标系中 4-1 边的直线方程，由此可见，局部坐标系内边长为 2 个长度单位的正方形的 4-1 边与整体坐标系内任意直边四边形的 4-1 边有一一对应关系。

同理，分别令$\xi=-1$、$\eta=1$ 和$\eta=-1$，将分别得到四边形其他三条边的方程式。由此可见，式（5-5）就是所需的坐标变换关系式。

只要是任意直边四边形，那么实际单元和基本单元之间就存在一一对应的关系，也就是说一旦知道了基本单元上某一点的局部坐标ξ和η的值，便可通过坐标变换关系式（5-5）找到实际单元在整体坐标系中对应点的 x 和 y 的坐标值。因此，实际单元内各点的位移、应变和应力等都可以通过对基本单元的分析而获得。

在局部坐标系下，单元的位移函数满足完备性和协调性的要求，而坐标变换又保证了实际单元和基本单元之间的一一对应关系。因此，在整体坐标系下，任意直边 4 节点四边形单元满足单元对完备性和协调性的要求。

5.2.2 平面任意曲边 8 节点四边形等参元

任意直边 4 节点四边形单元在变形过程中，它的边界保持为直边，因此是线性单元。事实上，等参元的子单元还可以是任意曲边四边形单元，其形函数 $N_i(\xi,\eta)$也可采用更高的阶次。如图 5.3（a）所示的是一个 8 节点曲边四边形单元，图 5.3（b）为其母单元，即将在整体坐标系内的任意曲边 8 节点四边形单元，经过坐标变换转变为局部坐标系内边长为 2 个长度单位的 8 节点正方形单元，其位移函数可取为

$$\left.\begin{aligned}u(x,y)&=\sum_{i=1}^{8}N_iu_i\\v(x,y)&=\sum_{i=1}^{8}N_iv_i\end{aligned}\right\}\qquad(5\text{-}6)$$

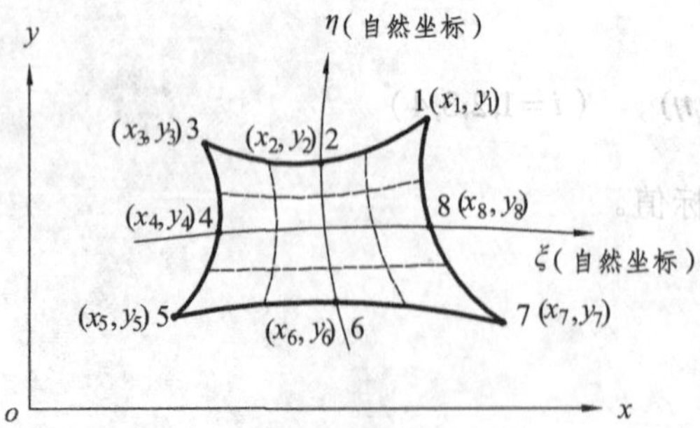

（a）整体坐标

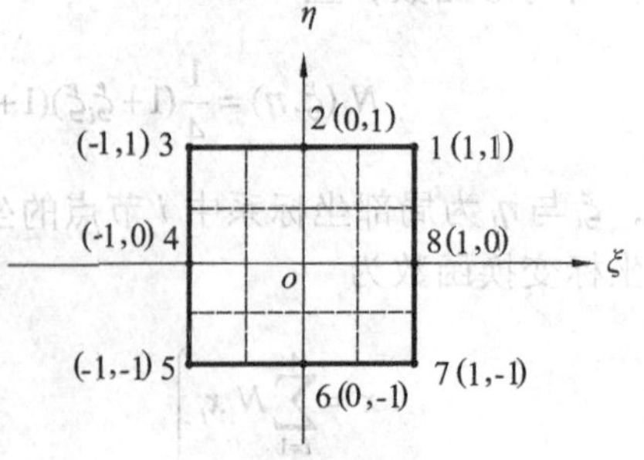

（b）局部坐标

图 5.3 任意曲边 8 节点四边形单元的局部坐标与整体坐标

利用形函数的性质求得在局部坐标系下 8 节点正方形单元的形函数为

$$
\left.\begin{aligned}
&\text{4个角节点}\\
&N_i(\xi,\eta)=\frac{1}{4}(1+\xi_i\xi)(1+\eta_i\eta)(\xi_i\xi+\eta_i\eta-1)\qquad (i=1,3,5,7)\\
&\text{4个中间节点}\\
&N_i(\xi,\eta)=\frac{1}{2}(1-\xi^2)(1+\eta_i\eta)\qquad (i=2,6)\\
&N_i(\xi,\eta)=\frac{1}{2}(1-\eta^2)(1+\xi_i\xi)\qquad (i=4,8)
\end{aligned}\right\}\tag{5-7}
$$

坐标变换函数为

$$
\left.\begin{aligned}
x&=\sum_{i=1}^{8}N_i x_i\\
y&=\sum_{i=1}^{8}N_i y_i
\end{aligned}\right\}\tag{5-8}
$$

8 节点曲边四边形单元的每条边界上的位移按每条边界坐标的二次方变化，因此，称为二次单元。其较之任意直边 4 节点四边形单元具有更高的计算精度。8 节点曲边四边形单元的另一个明显优点是可以为抛物线边界，能够更好地模拟实际结构的边界状况。

5.2.3　任意直边 8 节点六面体等参元

空间问题有限元法的原理、思路及解题方法完全类似于平面问题的有限元法，所不同的是它具有三维的特点。它所采用的离散化模型仍然由若干个小单元在节点处连接而成，但是这些小单元是块体形状。它的分析方法仍然是先进行单元分析，再进行整体分析，从而建立各种力学量和几何量的基本矩阵及其关系式。但是这些力学量和几何量都是三维的，都是位置坐标 x，y 和 z 三个变量的函数。由于等参元具有明显的优点，因此在空间问题中大量采用等参元。下面先介绍空间等参元中最为简单的 8 节点任意直边六面体实体单元，然后简单地介绍 20 节点任意曲面等参元。

对于空间实体单元，不论单元的几何形状如何、每个单元上节点数的多少，每个节点只有沿空间坐标系三个坐标轴方向的自由度，即每个节点有 3 个线位移自由度。

如图 5.4 所示的任意直边 8 节点六面体单元经过坐标变换转化为边长为 2 个长度单位的 8 节点立方体单元，每个节点的坐标为 (x,y,z)，其节点沿三个坐标轴的线位移为 (u, v, w)，其位移函数用形函数可以表示为

$$
\left.\begin{aligned}
u(x,y,z)&=\sum_{i=1}^{8}N_i u_i\\
v(x,y,z)&=\sum_{i=1}^{8}N_i v_i\\
w(x,y,z)&=\sum_{i=1}^{8}N_i w_i
\end{aligned}\right\}\tag{5-9}
$$

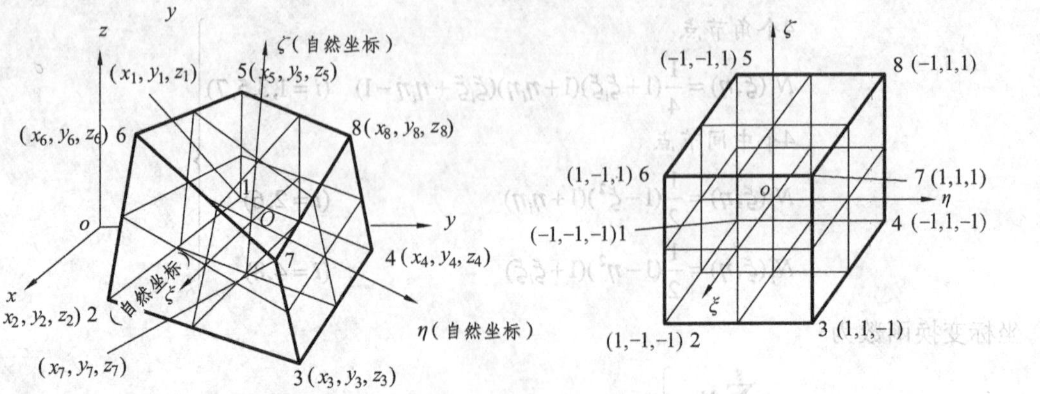

（a）整体坐标　　（b）局部坐标

图 5.4　任意直边 8 节点六面体单元的局部坐标与整体坐标

利用形函数的性质求得在局部坐标系下 8 节点立正方体单元的形函数为

$$N_i(\xi,\eta,\zeta)=\frac{1}{8}(1+\xi_i\xi)(1+\eta_i\eta)(1+\zeta_i\zeta)\,,\quad (\,i=1,2,\cdots,8\,) \tag{5-10}$$

式中，ξ_i，η_i，ζ_i 为在局部坐标系中节点 i 的坐标值。

坐标变换函数为

$$\left.\begin{aligned} x&=\sum_{i=1}^{8}N_i x_i\\ y&=\sum_{i=1}^{8}N_i y_i\\ z&=\sum_{i=1}^{8}N_i z_i \end{aligned}\right\} \tag{5-11}$$

任意直边 8 节点六面体单元的每条边界上的位移随边界坐标线性变化，因此，称为一次单元或线性单元。

由于在位移函数式（5-9）中，包含常数项和线性项，反映了单元的刚体（线或角）位移和常应变状态。因此，它满足单元的完备性要求。

下面说明位移函数式（5-9）满足有限元解答的收敛条件 —— 相邻单元在公共结合面上变形的连续性或协调性。

首先考察相邻单元在公共交界面上的位移连续性。如图 5.5 所示表示的两个相邻的六

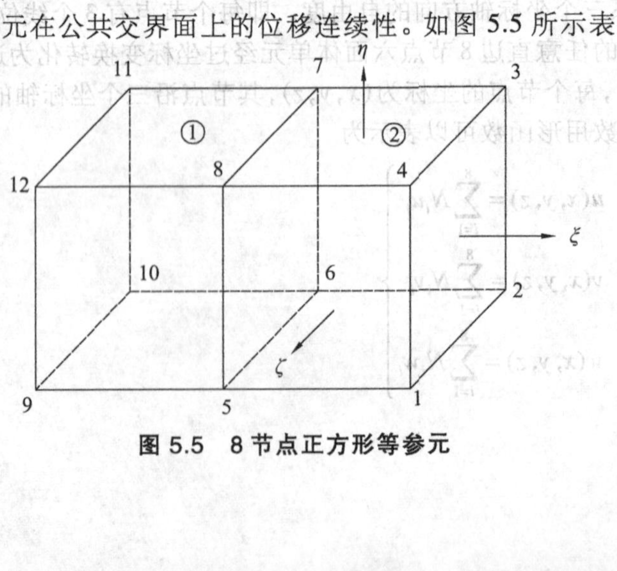

图 5.5　8 节点正方形等参元

面体实体单元，它们的公共交界面为节点5，6，7和8所在的平面。

对于单元②，该交界面的方程为$\xi=-1$，将$\xi=-1$代入式（5-9）的第一式，得

$$u^2=[(1-\eta)(1+\zeta)u_5+(1-\eta)(1-\zeta)u_6+(1+\eta)(1-\zeta)u_7+(1+\eta)(1+\zeta)u_8]/4$$

对于单元①，该交界面的方程为$\xi=1$，将$\xi=1$代入式（5-9）的第一式，得

$$u^1=[(1-\eta)(1+\zeta)u_5+(1-\eta)(1-\zeta)u_6+(1+\eta)(1-\zeta)u_7+(1+\eta)(1+\zeta)u_8]/4$$

比较以上两式，有$u^1=u^2$，可见单元①和单元②在公共交界面处的位移分布完全相同。同理可得，位移v和w在相邻单元的交界面处的分布也完全一致。这就表明，位移函数式（5-9）满足位移连续条件或变形协调条件。

5.2.4 任意曲面20节点六面体等参元

在空间问题中，有时为了提高计算精度以及更好地模拟结构的实际边界，还经常采用任意曲边20节点六面体单元。这种单元除了在单元的角点设置节点外，还在各条棱边的中间布置节点。如图5.6（a）所示是一个任意曲边20节点六面体单元（子单元），经过坐标变换转化为如图5.6（b）所示的边长为两个长度单位的20节点立方体单元（母单元）。其位移函数可取为

$$\left.\begin{aligned}u(x,y,z)&=\sum_{i=1}^{20}N_iu_i\\v(x,y,z)&=\sum_{i=1}^{20}N_iv_i\\w(x,y,z)&=\sum_{i=1}^{20}N_iw_i\end{aligned}\right\}\tag{5-12}$$

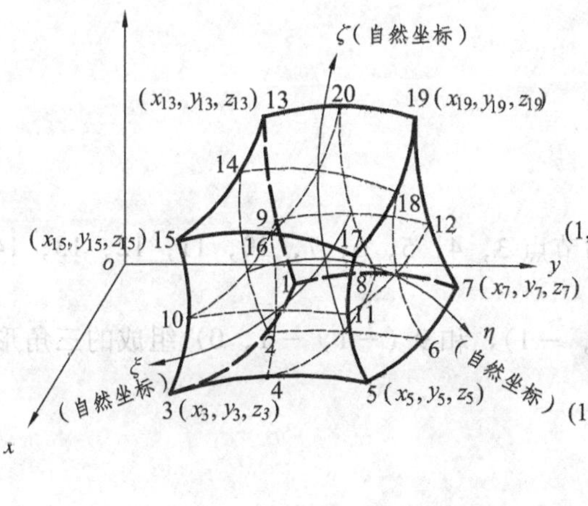

（a）整体坐标

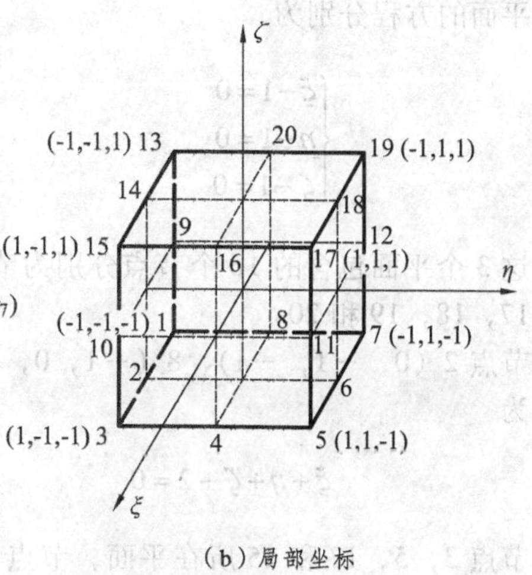

（b）局部坐标

图5.6 任意曲边20节点六面体单元的局部坐标与整体坐标

利用形函数的性质求得在局部坐标系下20节点立正方体单元的形函数为

$$\left.\begin{aligned}
&\text{8个角节点}\\
&N_i(\xi,\eta,\zeta)=\frac{1}{8}(1+\xi_i\xi)(1+\eta_i\eta)(1+\zeta_i\zeta)(\xi_i\xi+\eta_i\eta+\zeta_i\zeta-2) \quad (i=1,3,5,7,13,15,17,19)\\
&\text{边界中间节点}\\
&N_i(\xi,\eta,\zeta)=\frac{1}{4}(1-\xi^2)(1+\eta_i\eta)(1+\zeta_i\zeta) \quad (i=2,6,14,18)\\
&N_i(\xi,\eta,\zeta)=\frac{1}{4}(1-\eta^2)(1+\xi_i\xi)(1+\zeta_i\zeta) \quad (i=4,8,16,20)\\
&N_i(\xi,\eta,\zeta)=\frac{1}{4}(1-\zeta^2)(1+\xi_i\xi)(1+\eta_i\eta) \quad (i=9,10,11,12)
\end{aligned}\right\} \tag{5-13}$$

式中，ξ_i，η_i，ζ_i为局部坐标系中节点i的坐标值。

坐标变换函数为

$$\left.\begin{aligned}
x&=\sum_{i=1}^{20}N_i x_i\\
y&=\sum_{i=1}^{20}N_i y_i\\
z&=\sum_{i=1}^{20}N_i z_i
\end{aligned}\right\} \tag{5-14}$$

任意曲边20节点六面体等参数单元具有很好的计算精度，其边界位移是其坐标值的二次函数，因此，此类单元为二次单元或非线性单元。但是每个单元具有20个节点，每个节点有3个位移分量，所以单元刚度矩阵为60×60阶矩阵，其计算成本较高。

以下利用形函数的性质确定20节点六面体等参元的形函数。

(1) 首先确定六面体角节点的形函数，以节点1（−1，−1，−1）为例。

节点3，5，17和15所在平面，节点5，7，19和17所在平面及节点13，15，17和19所在平面的方程分别为

$$\begin{cases}\xi-1=0\\ \eta-1=0\\ \zeta-1=0\end{cases}$$

这3个平面包含的16个节点分别为节点3，4，5，6，7，10，11，12，13，14，15，16，17，18，19和20。

节点2（0，−1，−1）、8（−1，0，−1）、和9（−1，−1，0）组成的三角形平面的方程为

$$\xi+\eta+\zeta+2=0$$

节点3，5，17和15所在平面，节点5，7，19和17所在平面，节点13，15，17，19所在平面及节点2，8和9所在平面均不通过节点1。

根据形函数的性质有

$$N_1(\xi_1,\eta_1,\zeta_1)=1\ ,\quad N_1(\xi_i,\eta_i,\zeta_i)=0\ ,\quad (i\neq 1)$$

对节点1的形函数有

$$\begin{aligned}N_1(\xi_1,\eta_1,\zeta_1)&=\frac{(\xi-1)(\eta-1)(\zeta-1)(\xi+\eta+\zeta+2)}{[(\xi-1)(\eta-1)(\zeta-1)(\xi+\eta+\zeta+2)]_{(-1,-1,-1)}}\\&=\frac{1}{8}(\xi-1)(\eta-1)(\zeta-1)(\xi+\eta+\zeta+2)\\&=\frac{1}{8}(1+\xi_1\xi)(1+\eta_1\eta)(1+\xi_1\zeta)(\xi_1\xi+\eta_1\eta+\zeta_1\zeta-2)\end{aligned}$$

因此，六面体的所有角节点的形函数为

$$N_i(\xi,\eta,\zeta)=\frac{1}{8}(1+\xi_i\xi)(1+\eta_i\eta)(1+\zeta_i\zeta)(\xi_i\xi+\eta_i\eta+\zeta_i\zeta-2)\ ,$$
$$(i=1,3,5,7,13,15,17,19)$$

（2）确定位于$\eta-\zeta$平面（即节点2，6，14和18所在平面）包含节点的形函数，以节点2为例。

节点3，4，5，11，17，16，15和10所在平面，节点1，8，7，12，19，20，13和9所在平面，节点5，6，7，12，19，18，17和11所在平面及节点13，14，15，16，17，18，19和20所在平面共包含19个节点，且不同通过节点2，这四个平面的方程分别为

$$\begin{cases}\xi-1=0\\\xi+1=0\\\eta-1=0\\\zeta-1=0\end{cases}$$

根据形函数的性质，节点2的形函数为

$$\begin{aligned}N_2(\xi_2,\eta_2,\zeta_2)&=\frac{(\xi-1)(\xi+1)(\eta-1)(\zeta-1)}{[(\xi-1)(\xi+1)(\eta-1)(\zeta-1)]_{(0,-1,-1)}}\\&=\frac{1}{4}(1-\xi^2)(\eta-1)(\zeta-1)\\&=\frac{1}{4}(1-\xi^2)(1+\eta_2\eta)(1+\zeta_2\zeta)\end{aligned}$$

因此，该平面上所有节点的形函数为

$$N_i(\xi,\eta,\zeta)=\frac{1}{4}(1-\xi^2)(1+\eta_i\eta)(1+\zeta_i\zeta),\ (i=2,6,14,18)$$

同理求得位于$\xi-\zeta$平面（即节点4，8，20和16）和$\eta-\zeta$平面（即节点9，10，11和11所在平面）包含节点的形函数分别为

$$N_i(\xi,\eta,\zeta)=\frac{1}{4}(1-\eta^2)(1+\xi_i\xi)(1+\zeta_i\zeta),\ (i=4,8,16,20)$$

$$N_i(\xi,\eta,\zeta)=\frac{1}{4}(1-\zeta^2)(1+\xi_i\xi)(1+\eta_i\eta)\ ,\ (i=9,10,11,12)$$

5.3 平面等参变换

在有限元分析中，计算单元刚度矩阵和等效节点荷载是两个非常重要的步骤。因为自然坐标系与直角坐标系的变换比较复杂，在计算整体坐标系中的单元刚度矩阵和等效节点荷载时，已不能采用过去那种先求出局部坐标中的单元刚度矩阵和等效节点荷载，然后再用坐标变换关系式将它们变换到整体坐标系中去的方法，而是采用微积分运算的换元法将对整体坐标（直角坐标）的微积分换元成对局部坐标（自然坐标）的微积分进行计算，直接得出整体坐标系下的单元刚度矩阵和等效节点荷载。坐标变换是在微积分运算的换元过程中完成的。因此，在计算单元刚度矩阵和等效节点荷载时，要涉及整体坐标与局部坐标之间导数的变换、边长、面积和体积的变换；在计算等效节点荷载时，还要计算局部坐标中三维单元表面法线的方向余弦。因此，在介绍等参元法单元刚度矩阵和等效节点荷载计算之前，先介绍一下有关变换的计算方法，以便后面应用。

5.3.1 等参元的坐标变换

在平面问题中，位移 u 和 v 是整体坐标 x 和 y 的函数，而整体坐标 x 和 y 与局部坐标 ξ 和 η 满足式（5-5）或式（5-8）的关系；在局部坐标系中，ξ 和 η 的坐标值都是在 $-1\sim1$ 之间变化，比较规范，因此，在计算单元刚度矩阵和等效节点荷载时，需将其所有运算转换在局部坐标系内进行。为此，需进行坐标变换，且有如下关系式

$$\left.\begin{aligned}\frac{\partial u}{\partial \xi}=\frac{\partial u}{\partial x}\cdot\frac{\partial x}{\partial \xi}+\frac{\partial u}{\partial y}\cdot\frac{\partial y}{\partial \xi}\\ \frac{\partial u}{\partial \eta}=\frac{\partial u}{\partial x}\cdot\frac{\partial x}{\partial \eta}+\frac{\partial u}{\partial y}\cdot\frac{\partial y}{\partial \eta}\end{aligned}\right\}$$

写成矩阵的形式为

$$\begin{bmatrix}\dfrac{\partial u}{\partial \xi}\\ \dfrac{\partial u}{\partial \eta}\end{bmatrix}=\boldsymbol{J}\begin{bmatrix}\dfrac{\partial u}{\partial x}\\ \dfrac{\partial u}{\partial y}\end{bmatrix} \tag{5-15}$$

式中，$\boldsymbol{J}$ 为坐标变换矩阵，通常称为雅可比（Jacobi）矩阵。

$$\boldsymbol{J}=\begin{bmatrix}J_{11} & J_{12}\\ J_{21} & J_{22}\end{bmatrix}=\begin{bmatrix}\dfrac{\partial x}{\partial \xi} & \dfrac{\partial y}{\partial \xi}\\ \dfrac{\partial x}{\partial \eta} & \dfrac{\partial y}{\partial \eta}\end{bmatrix} \tag{5-16}$$

由式（5-5）或式（5-8）求得式（5-16）中各元素的计算公式为

$$\left.\begin{aligned} J_{11} &= \frac{\partial x}{\partial \xi} = \sum_{i=1}^{n} \frac{\partial N_i}{\partial \xi} x_i \\ J_{12} &= \frac{\partial y}{\partial \xi} = \sum_{i=1}^{n} \frac{\partial N_i}{\partial \xi} y_i \\ J_{21} &= \frac{\partial x}{\partial \eta} = \sum_{i=1}^{n} \frac{\partial N_i}{\partial \eta} x_i \\ J_{22} &= \frac{\partial y}{\partial \eta} = \sum_{i=1}^{n} \frac{\partial N_i}{\partial \eta} y_i \end{aligned}\right\} \tag{5-17}$$

式中，n 为单元节点数。

将式（5-17）代入式（5-16），得

$$\boldsymbol{J} = \begin{bmatrix} \dfrac{\partial N_1}{\partial \xi} & \dfrac{\partial N_2}{\partial \xi} & \cdots & \dfrac{\partial N_n}{\partial \xi} \\ \dfrac{\partial N_1}{\partial \eta} & \dfrac{\partial N_2}{\partial \eta} & \cdots & \dfrac{\partial N_n}{\partial \eta} \end{bmatrix} \begin{bmatrix} x_1 & y_1 \\ x_2 & y_2 \\ \vdots & \vdots \\ x_n & y_n \end{bmatrix}$$

同理

$$\begin{bmatrix} \dfrac{\partial v}{\partial \xi} \\ \dfrac{\partial v}{\partial \eta} \end{bmatrix} = \boldsymbol{J} \begin{bmatrix} \dfrac{\partial v}{\partial x} \\ \dfrac{\partial v}{\partial y} \end{bmatrix} \tag{5-18}$$

形函数 N_i 对 ξ 和 η 与对 x 和 y 的导数关系式为

$$\begin{bmatrix} \dfrac{\partial N_i}{\partial \xi} \\ \dfrac{\partial N_i}{\partial \eta} \end{bmatrix} = \boldsymbol{J} \begin{bmatrix} \dfrac{\partial N_i}{\partial x} \\ \dfrac{\partial N_i}{\partial y} \end{bmatrix}, \quad (i = 1, 2, \cdots, n) \tag{5-19}$$

由式（5-15）和式（5-18）得出导数之间得关系式

$$\begin{bmatrix} \dfrac{\partial u}{\partial \xi} \\ \dfrac{\partial u}{\partial \eta} \\ \dfrac{\partial v}{\partial \xi} \\ \dfrac{\partial v}{\partial \eta} \end{bmatrix} = \begin{bmatrix} \boldsymbol{J} & 0 \\ 0 & \boldsymbol{J} \end{bmatrix} \begin{bmatrix} \dfrac{\partial u}{\partial x} \\ \dfrac{\partial u}{\partial y} \\ \dfrac{\partial v}{\partial x} \\ \dfrac{\partial v}{\partial y} \end{bmatrix} \tag{5-20}$$

对式（5-20）求逆，得出导数间的另一变换关系式

$$\begin{bmatrix}\dfrac{\partial u}{\partial x}\\ \dfrac{\partial u}{\partial y}\\ \dfrac{\partial v}{\partial x}\\ \dfrac{\partial v}{\partial y}\end{bmatrix}=\begin{bmatrix}\boldsymbol{J}^{-1} & 0\\ 0 & \boldsymbol{J}^{-1}\end{bmatrix}\begin{bmatrix}\dfrac{\partial u}{\partial \xi}\\ \dfrac{\partial u}{\partial \eta}\\ \dfrac{\partial v}{\partial \xi}\\ \dfrac{\partial v}{\partial \eta}\end{bmatrix} \tag{5-21}$$

式中，$\boldsymbol{J}^{-1}$ 为 $\boldsymbol{J}$ 的逆矩阵，且

$$\boldsymbol{J}^{-1}=\begin{vmatrix}\bar{J}_{11} & \bar{J}_{12}\\ \bar{J}_{21} & \bar{J}_{22}\end{vmatrix}=\frac{1}{|J|}\begin{vmatrix}J_{11} & -J_{12}\\ -J_{21} & J_{22}\end{vmatrix} \tag{5-22}$$

式中，$|J|$为雅可比行列式。

对式（5-19）求逆，得出形函数对 x 和 y 与对 ξ 和 η 导数的另一变换关系式

$$\begin{bmatrix}\dfrac{\partial N_i}{\partial x}\\ \dfrac{\partial N_i}{\partial y}\end{bmatrix}=\boldsymbol{J}^{-1}\begin{bmatrix}\dfrac{\partial N_i}{\partial \xi}\\ \dfrac{\partial N_i}{\partial \eta}\end{bmatrix}，\ (i=1,2,\cdots,n) \tag{5-23}$$

5.3.2 边长的换算

在平面问题的表面力计算中，对表面力的积分用到对边长 ds 的积分，同样要换算成对 dξ 和 dη 的积分。

由于

$$\left.\begin{aligned}\mathrm{d}x&=\frac{\partial x}{\partial \xi}\mathrm{d}\xi+\frac{\partial x}{\partial \eta}\mathrm{d}\eta\\ \mathrm{d}y&=\frac{\partial y}{\partial \xi}\mathrm{d}\xi+\frac{\partial y}{\partial \eta}\mathrm{d}\eta\end{aligned}\right\}$$

而

$$\mathrm{d}s=\sqrt{(\mathrm{d}x)^2+(\mathrm{d}y)^2}$$

在单元局部坐标系中，由于单元几何形状为正方形，在$\xi=\pm1$ 的边上，$\eta=0$；在$\eta=\pm1$的边上，$\xi=0$。因此，有如下关系式：

$$\left.\begin{aligned}&\text{对于}\xi=\pm1,\ \mathrm{d}s=\sqrt{\left(\frac{\partial x}{\partial \eta}\right)^2+\left(\frac{\partial y}{\partial \eta}\right)^2}\,\mathrm{d}\eta\\ &\text{对于}\eta=\pm1,\ \mathrm{d}s=\sqrt{\left(\frac{\partial x}{\partial \xi}\right)^2+\left(\frac{\partial y}{\partial \xi}\right)^2}\,\mathrm{d}\xi\end{aligned}\right\} \tag{5-24}$$

显然 ds 也是ξ和η的函数。

5.3.3　微元面积的换算

在求单元刚度矩阵时，由于被积函数是局部坐标ξ和η（即自然坐标）的函数，很难将它们表示为直角坐标 x 和 y 的函数，因此，通常将在整体直角坐标系中的微元矩形 $\mathrm{d}A=\mathrm{d}x\mathrm{d}y$ 换成在局部坐标系中割取的曲边四边形 $\mathrm{d}\xi\mathrm{d}\eta$，如图 5.7 所示。

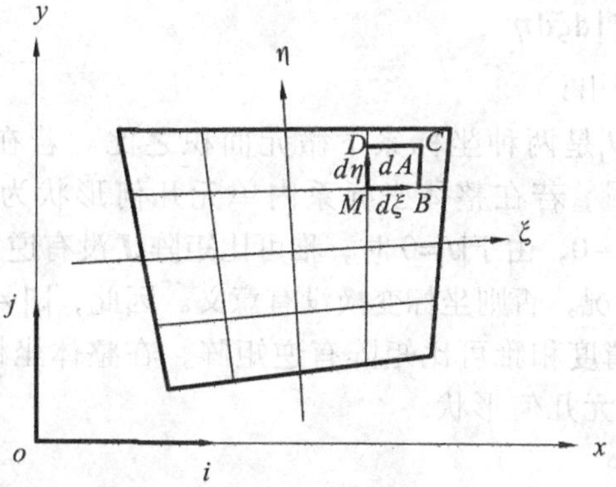

图 5.7　平面曲边单元微元面积转换

由图 5.7 可知，微元面积 dA 是矢量 d$\boldsymbol{\xi}$和 d$\boldsymbol{\eta}$的矢积，则有

$$\mathrm{d}A=|\mathrm{d}\boldsymbol{\xi}\times\mathrm{d}\boldsymbol{\eta}| \tag{5-25}$$

在整体坐标系下，任意微矢量 $\mathrm{d}\boldsymbol{r}=\mathrm{d}x\boldsymbol{i}+\mathrm{d}y\boldsymbol{j}$，式中，$\boldsymbol{i}$，$\boldsymbol{j}$ 分别为整体坐标系 x 轴和 y 轴的单位矢量。

由于 x 和 y 是局部坐标ξ和η的函数，因此有

$$\mathrm{d}x=\frac{\partial x}{\partial\xi}\mathrm{d}\xi+\frac{\partial x}{\partial\eta}\mathrm{d}\eta$$

$$\mathrm{d}y=\frac{\partial y}{\partial\xi}\mathrm{d}\xi+\frac{\partial y}{\partial\eta}\mathrm{d}\eta$$

则

$$\mathrm{d}\boldsymbol{r}=\left(\frac{\partial x}{\partial\xi}\mathrm{d}\xi+\frac{\partial x}{\partial\eta}\mathrm{d}\eta\right)\boldsymbol{i}+\left(\frac{\partial x}{\partial\xi}\mathrm{d}\xi+\frac{\partial y}{\partial\eta}\mathrm{d}\eta\right)\boldsymbol{j} \tag{5-26}$$

在局部坐标系下，因为 d$\boldsymbol{\xi}$是沿坐标ξ线性变化，所以其只与ξ有关，与η无关，由式 (5-26) 得

$$\mathrm{d}\boldsymbol{\xi}=\frac{\partial x}{\partial\xi}\mathrm{d}\xi\boldsymbol{i}+\frac{\partial y}{\partial\xi}\mathrm{d}\xi\boldsymbol{j} \tag{5-27}$$

同理可得

$$\mathrm{d}\boldsymbol{\eta}=\frac{\partial x}{\partial \eta}\mathrm{d}\eta \boldsymbol{i}+\frac{\partial y}{\partial \eta}\mathrm{d}\eta \boldsymbol{j} \tag{5-28}$$

将式（5-27）和式（5-28）代入式（5-25），得

$$\mathrm{d}A=|\mathrm{d}\xi\times\mathrm{d}\eta|=\begin{vmatrix}\dfrac{\partial x}{\partial \xi}\mathrm{d}\xi & \dfrac{\partial y}{\partial \xi}\mathrm{d}\xi \\ \dfrac{\partial x}{\partial \eta}\mathrm{d}\eta & \dfrac{\partial y}{\partial \eta}\mathrm{d}\eta\end{vmatrix}=\begin{vmatrix}\dfrac{\partial x}{\partial \xi} & \dfrac{\partial y}{\partial \xi} \\ \dfrac{\partial x}{\partial \eta} & \dfrac{\partial y}{\partial \eta}\end{vmatrix}\mathrm{d}\xi\mathrm{d}\eta$$

因此有

$$\mathrm{d}A=|J|\,\mathrm{d}\xi\mathrm{d}\eta \tag{5-29}$$

从式（5-29）可以看出：

（1）雅可比行列式$|J|$是两种坐标系下微元面积之比。若在整体坐标系内单元几何形状为正方形，则$|J|$为常量；若在整体坐标系内单元几何形状为任意四边形，则$|J|$为变量。

（2）雅可比行列式$|J|\neq 0$，由于$|J|=0$时，雅可比矩阵$\boldsymbol{J}$没有逆矩阵，在划分平面等参元时，一定要不能发生$|J|=0$的情况，否则坐标变换没有意义。因此，$|J|\neq 0$是坐标变换的必要条件。

（3）为了保证计算精度和雅可比矩阵有逆矩阵，在整体坐标系下划分网格时应避免如图4-6和图4-7所示的单元几何形状。

5.3.4 任意直边4节点四边形单元的刚度矩阵

在确定了单元位移函数的条件下，其他各个基本矩阵就不难建立。其推导过程与上一章已介绍的三角形单元基本相同。二者间的区别仅在于坐标变换。将单元的位移函数式（5-3）代入几何方程（3-6），得

$$\boldsymbol{\varepsilon}^e=\begin{bmatrix}\varepsilon_x\\ \varepsilon_y\\ \gamma_{xy}\end{bmatrix}=\begin{bmatrix}\dfrac{\partial u}{\partial x}\\ \dfrac{\partial v}{\partial y}\\ \dfrac{\partial u}{\partial y}+\dfrac{\partial v}{\partial x}\end{bmatrix}=\begin{bmatrix}\sum\limits_{i=1}^{4}\dfrac{\partial N_i}{\partial x}u_i\\ \sum\limits_{i=1}^{4}\dfrac{\partial N_i}{\partial y}v_i\\ \sum\limits_{i=1}^{4}\left(\dfrac{\partial N_i}{\partial y}u_i+\dfrac{\partial N_i}{\partial x}v_i\right)\end{bmatrix}$$

$$=\boldsymbol{B}^e\boldsymbol{\delta}^e=[\boldsymbol{B}_1^e\quad \boldsymbol{B}_2^e\quad \boldsymbol{B}_3^e\quad \boldsymbol{B}_4^e]\boldsymbol{\delta}^e \tag{5-30}$$

式中，

$$\boldsymbol{B}_i^e=\begin{bmatrix}\dfrac{\partial N_i}{\partial x} & 0\\ 0 & \dfrac{\partial N_i}{\partial y}\\ \dfrac{\partial N_i}{\partial y} & \dfrac{\partial N_i}{\partial x}\end{bmatrix},\ (i=1,2,3,4) \tag{5-31}$$

由于形函数N_i是局部坐标ξ和η的函数，将式（5-23）代入式（5-31），得

$$
\boldsymbol{B}^e = \begin{bmatrix} \bar{J}_{11} & \bar{J}_{12} & 0 & 0 \\ 0 & 0 & \bar{J}_{21} & \bar{J}_{22} \\ \bar{J}_{21} & \bar{J}_{22} & \bar{J}_{11} & \bar{J}_{12} \end{bmatrix} \begin{bmatrix} \frac{\partial N_1}{\partial \xi} & 0 & \frac{\partial N_2}{\partial \xi} & 0 & \frac{\partial N_3}{\partial \xi} & 0 & \frac{\partial N_4}{\partial \xi} & 0 \\ \frac{\partial N_1}{\partial \eta} & 0 & \frac{\partial N_2}{\partial \eta} & 0 & \frac{\partial N_3}{\partial \eta} & 0 & \frac{\partial N_4}{\partial \eta} & 0 \\ 0 & \frac{\partial N_1}{\partial \xi} & 0 & \frac{\partial N_2}{\partial \xi} & 0 & \frac{\partial N_3}{\partial \xi} & 0 & \frac{\partial N_4}{\partial \xi} \\ 0 & \frac{\partial N_1}{\partial \eta} & 0 & \frac{\partial N_2}{\partial \eta} & 0 & \frac{\partial N_3}{\partial \eta} & 0 & \frac{\partial N_4}{\partial \eta} \end{bmatrix} \tag{5-32}
$$

按式（4-18）得出单元应力矩阵为

$$
\boldsymbol{\sigma}^e = \begin{bmatrix} \sigma_x \\ \sigma_y \\ \tau_{xy} \end{bmatrix} = \boldsymbol{D}\boldsymbol{\varepsilon}^e = \boldsymbol{D}\boldsymbol{B}^e\boldsymbol{\delta}^e = \boldsymbol{S}^e\boldsymbol{\delta}^e \tag{5-33}
$$

按式（4-22）得出单元刚度矩阵为

$$
\boldsymbol{K}^e = \iint_{\Delta} (\boldsymbol{B}^e)^{\mathrm{T}} \boldsymbol{D}\boldsymbol{B}^e t\mathrm{d}x\mathrm{d}y = \int_{-1}^{1}\int_{-1}^{1} (\boldsymbol{B}^e)^{\mathrm{T}} \boldsymbol{D}\boldsymbol{B}^e |J| t\mathrm{d}\xi\mathrm{d}\eta \tag{5-34}
$$

上式右边项的积分在母单元中进行，而不在形状复杂的实际单元中进行，积分的上下限很简单。但是，由于节点位移和节点力的方向均沿整体坐标系的 x 轴和 y 轴的方向，所以得出的单元刚度矩阵 $\boldsymbol{K}^e$ 为在整体坐标系下的单元刚度矩阵。

如将单元刚度矩阵写成分块的形式为

$$
\boldsymbol{K}^e = \begin{bmatrix} \boldsymbol{K}_{11}^e & \boldsymbol{K}_{12}^e & \boldsymbol{K}_{13}^e & \boldsymbol{K}_{14}^e \\ \boldsymbol{K}_{21}^e & \boldsymbol{K}_{22}^e & \boldsymbol{K}_{23}^e & \boldsymbol{K}_{24}^e \\ \boldsymbol{K}_{31}^e & \boldsymbol{K}_{32}^e & \boldsymbol{K}_{33}^e & \boldsymbol{K}_{34}^e \\ \boldsymbol{K}_{41}^e & \boldsymbol{K}_{42}^e & \boldsymbol{K}_{43}^e & \boldsymbol{K}_{44}^e \end{bmatrix}
$$

单元子刚度矩阵 $\boldsymbol{K}_{ij}^e$ 为 2×2 阶矩阵，且

$$
\boldsymbol{K}_{rs}^e = \int_{-1}^{1}\int_{-1}^{1} (\boldsymbol{B}^e)^{\mathrm{T}} \boldsymbol{D}\boldsymbol{B}^e |J| t\mathrm{d}\xi\mathrm{d}\eta \text{，（} r=1,2,3,4 \text{；} s=1,2,3,4 \text{）} \tag{5-35}
$$

对于 8 节点曲边四边形单元的刚度矩阵，可以采用相同的方法获得。对于式（5-35）在局部坐标系内的积分，采用高斯数值积分方法即可求得。

5.3.5 等效节点荷载计算

1. 任意集中力的等效节点荷载

如图 5.8 所示为任意直边 4 节点四边形单元，其内部任意点 M 作用一集中力 P，该力在单元 4 个节点的等效节点力写成向量的形式为

$$\boldsymbol{F}=[F_{1x}\ \ F_{1y}\ \ F_{2x}\ \ F_{2y}\ \ F_{3x}\ \ F_{3y}\ \ F_{4x}\ \ F_{4y}]^{\mathrm{T}}$$

下面确定二者之间的关系式。

首先将力 P 沿 x 和 y 轴分解，其分力用 p_x 和 p_y 表示，写成向量的形式为

$$\boldsymbol{P}=[p_x\ \ p_y]^{\mathrm{T}}$$

给单元任一虚位移，单元的节点虚位移向量为

$$\boldsymbol{\delta}^*=[u_1^*\ \ v_1^*\ \ u_2^*\ \ v_2^*\ \ u_3^*\ \ v_3^*\ \ u_4^*\ \ v_4^*]^{\mathrm{T}}$$

则由式（4-23）求得 M 点的虚位移为

$$\boldsymbol{f}_M^*=\boldsymbol{N}_M\boldsymbol{\delta}^*$$

根据虚功等效的原则有

$$(\boldsymbol{\delta}^*)^{\mathrm{T}}\boldsymbol{F}=(\boldsymbol{\delta}^*)^{\mathrm{T}}(\boldsymbol{N}_M)^{\mathrm{T}}\boldsymbol{P}$$

由于 $\boldsymbol{\delta}^*$ 的任意性，因此有

$$\boldsymbol{F}=(\boldsymbol{N}_M)^{\mathrm{T}}\boldsymbol{P}$$

这里 $\boldsymbol{N}_M$ 表示形函数矩阵 $\boldsymbol{N}$ 在点 M 处的取值。在计算 $\boldsymbol{N}_M$ 时，应将集中力作用点的整体坐标（x_M，y_M）换算成局部坐标（ξ_M，η_M）后才能代入 $\boldsymbol{N}_M$ 中去。将上式展开得

$$[F_{1x}\ \ F_{1y}\ \ F_{2x}\ \ F_{2y}\ \ F_{3x}\ \ F_{3y}\ \ F_{4x}\ \ F_{4y}]^{\mathrm{T}}=\begin{bmatrix}N_1P_x\\N_1P_y\\N_2P_x\\N_2P_y\\N_3P_x\\N_3P_y\\N_4P_x\\N_4P_y\end{bmatrix} \tag{5-36}$$

由上式计算得出的单元节点力 $\boldsymbol{F}$ 的方向为整体坐标系的方向。在实际的有限元分析中，通常将集中力的作用点设置为节点，因此，关于集中力的等效节点荷载计算没有太多的实际意义。

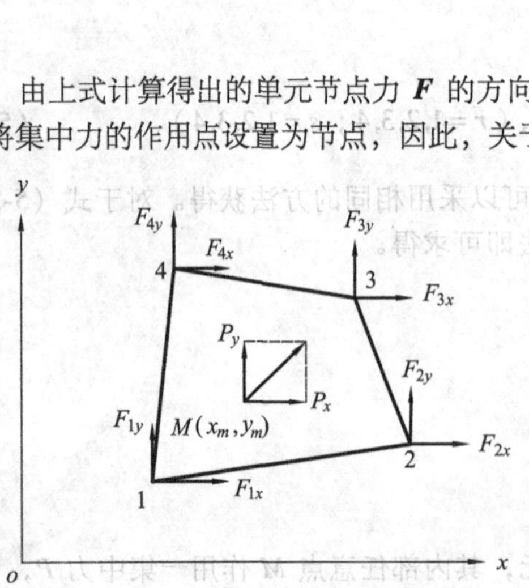

图 5.8 作用集中力 P 的平面四边形单元

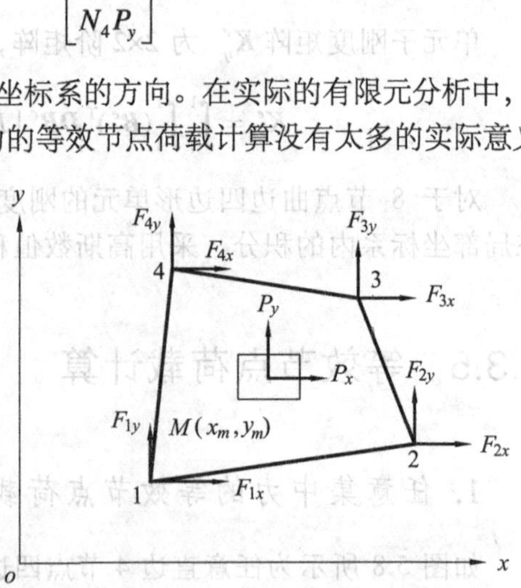

图 5.9 四边形单元的体积力与等效节点力

2. 体积力的等效节点荷载

如图 5.9 所示为任一 4 节点四边形单元受有分布的体积力 p_x 和 p_y，写成向量的形式为

$$\boldsymbol{P}=[p_x \quad p_y]^{\mathrm{T}}$$

这里 p_x 和 p_y 都是坐标 x 和 y 的函数。将微元体积 $t\mathrm{d}x\mathrm{d}y$ 的体积力 $p_x t\mathrm{d}x\mathrm{d}y$ 和 $p_y t\mathrm{d}x\mathrm{d}y$ 当做集中力，借助式（4-33），并在整个四边形上积分，得到体积力的等效节点荷载

$$\boldsymbol{F}=\iint_{A_e}\boldsymbol{N}^{\mathrm{T}}\boldsymbol{P}\,t\mathrm{d}x\mathrm{d}y$$

将式（5-29）代入上式得

$$\boldsymbol{F}=\int_{-1}^{1}\int_{-1}^{1}[N_1 \quad N_2 \quad N_3 \quad N_4]^{\mathrm{T}}[p_x \quad p_y]^{\mathrm{T}}|J|t\mathrm{d}\xi\mathrm{d}\eta \tag{5-37}$$

在积分前，需将 $\boldsymbol{P}$ 中的 x 和 y 换成ξ和η，计算得出的单元节点力 $\boldsymbol{F}$ 的方向是整体坐标系的方向。

3. 表面力的等效节点荷载

设任意四边形单元受有分布的表面力 q_x 和 q_y，写成向量的形式为

$$\boldsymbol{Q}=[q_x \quad q_y]^{\mathrm{T}}$$

这里 q_x 和 q_y 都是坐标 x 和 y 的函数。将微元面积 $t\mathrm{d}s$ 的表面力 $q_x t\mathrm{d}s$ 和 $q_y t\mathrm{d}s$ 当做集中力，借助式（4-35），得到表面力的等效节点荷载

$$\boldsymbol{F}=\int\boldsymbol{N}^{\mathrm{T}}\boldsymbol{Q}\,t\mathrm{d}s$$

每个节点的等效节点力向量为

$$\boldsymbol{F}_r=\begin{bmatrix}F_{rx}\\F_{ry}\end{bmatrix}=\begin{bmatrix}\int N_r q_x t\mathrm{d}s\\\int N_r q_y t\mathrm{d}s\end{bmatrix} \tag{5-38}$$

上式中的积分应在表面力作用的边界上进行，积分前必须将微量长度 ds 转化为局部坐标ξ和η的函数，同时当表面力为非均布载荷时，还须将表面力分量 q_x 和 q_y 也表示为局部坐标ξ和η的函数。ds 随表面力作用边的位置情况分别按式（5-24）确定。

5.4 空间等参变换

5.4.1 等参元的坐标变换

与平面问题相似，在求单元应变矩阵$\boldsymbol{\varepsilon}^e$时，要求位移对坐标的导数。位移 u，v 和 w 是

整体坐标 x，y 和 z 的函数，而 x，y 和 z 与局部坐标ξ，η和ζ满足式（5-11）或式（5-14）的关系，因此有

$$\left.\begin{aligned}\frac{\partial u}{\partial \xi}=\frac{\partial u}{\partial x}\frac{\partial x}{\partial \xi}+\frac{\partial u}{\partial y}\frac{\partial y}{\partial \xi}+\frac{\partial u}{\partial z}\frac{\partial z}{\partial \xi}\\ \frac{\partial u}{\partial \eta}=\frac{\partial u}{\partial x}\frac{\partial x}{\partial \eta}+\frac{\partial u}{\partial y}\frac{\partial y}{\partial \eta}+\frac{\partial u}{\partial z}\frac{\partial z}{\partial \eta}\\ \frac{\partial u}{\partial \zeta}=\frac{\partial u}{\partial x}\frac{\partial x}{\partial \zeta}+\frac{\partial u}{\partial y}\frac{\partial y}{\partial \zeta}+\frac{\partial u}{\partial z}\frac{\partial z}{\partial \zeta}\end{aligned}\right\}$$

写成矩阵的形式为

$$\begin{bmatrix}\dfrac{\partial u}{\partial \xi}\\ \dfrac{\partial u}{\partial \eta}\\ \dfrac{\partial u}{\partial \zeta}\end{bmatrix}=\boldsymbol{J}\begin{bmatrix}\dfrac{\partial u}{\partial x}\\ \dfrac{\partial u}{\partial y}\\ \dfrac{\partial u}{\partial z}\end{bmatrix} \tag{5-39}$$

其中，

$$\boldsymbol{J}=\begin{bmatrix}J_{11} & J_{12} & J_{13}\\ J_{21} & J_{22} & J_{23}\\ J_{31} & J_{32} & J_{33}\end{bmatrix}=\begin{bmatrix}\dfrac{\partial x}{\partial \xi} & \dfrac{\partial y}{\partial \xi} & \dfrac{\partial z}{\partial \xi}\\ \dfrac{\partial x}{\partial \eta} & \dfrac{\partial y}{\partial \eta} & \dfrac{\partial z}{\partial \eta}\\ \dfrac{\partial x}{\partial \zeta} & \dfrac{\partial y}{\partial \zeta} & \dfrac{\partial z}{\partial \zeta}\end{bmatrix} \tag{5-40}$$

而

$$\begin{cases}J_{11}=\dfrac{\partial x}{\partial \xi}=\displaystyle\sum_{i=1}^{n}\dfrac{\partial N_i}{\partial \xi}x_i\\ J_{12}=\dfrac{\partial y}{\partial \xi}=\displaystyle\sum_{i=1}^{n}\dfrac{\partial N_i}{\partial \xi}y_i\\ J_{13}=\dfrac{\partial z}{\partial \xi}=\displaystyle\sum_{i=1}^{n}\dfrac{\partial N_i}{\partial \xi}z_i\end{cases}$$

式中，n 为单元节点数。

写成矩阵的形式为

$$[J_{11}\ \ J_{12}\ \ J_{13}]=\begin{bmatrix}\dfrac{\partial N_1}{\partial \xi} & \dfrac{\partial N_2}{\partial \xi} & \cdots & \dfrac{\partial N_n}{\partial \xi}\end{bmatrix}\begin{bmatrix}x_1 & y_1 & z_1\\ x_2 & y_2 & z_2\\ \vdots & \vdots & \vdots\\ x_n & y_n & z_n\end{bmatrix}$$

同理可得

$$[J_{21}\ \ J_{22}\ \ J_{23}]=\begin{bmatrix}\dfrac{\partial N_1}{\partial \eta} & \dfrac{\partial N_2}{\partial \eta} & \cdots & \dfrac{\partial N_n}{\partial \eta}\end{bmatrix}\begin{bmatrix}x_1 & y_1 & z_1\\ x_2 & y_2 & z_2\\ \vdots & \vdots & \vdots\\ x_n & y_n & z_n\end{bmatrix}$$

$$[J_{31}\ \ J_{32}\ \ J_{33}]=\begin{bmatrix}\dfrac{\partial N_1}{\partial \zeta} & \dfrac{\partial N_2}{\partial \zeta} & \cdots & \dfrac{\partial N_n}{\partial \zeta}\end{bmatrix}\begin{bmatrix}x_1 & y_1 & z_1\\ x_2 & y_2 & z_2\\ \vdots & \vdots & \vdots\\ x_n & y_n & z_n\end{bmatrix}$$

因此有

$$\boldsymbol{J}=\begin{bmatrix}\dfrac{\partial N_1}{\partial \xi} & \dfrac{\partial N_2}{\partial \xi} & \cdots & \dfrac{\partial N_n}{\partial \xi}\\ \dfrac{\partial N_1}{\partial \eta} & \dfrac{\partial N_2}{\partial \eta} & \cdots & \dfrac{\partial N_n}{\partial \eta}\\ \dfrac{\partial N_1}{\partial \zeta} & \dfrac{\partial N_2}{\partial \zeta} & \cdots & \dfrac{\partial N_n}{\partial \zeta}\end{bmatrix}\begin{bmatrix}x_1 & y_1 & z_1\\ x_2 & y_2 & z_2\\ \vdots & \vdots & \vdots\\ x_n & y_n & z_n\end{bmatrix} \tag{5-41}$$

由式（5-39）得

$$\begin{bmatrix}\dfrac{\partial u}{\partial x}\\ \dfrac{\partial u}{\partial y}\\ \dfrac{\partial u}{\partial z}\end{bmatrix}=\boldsymbol{J}^{-1}\begin{bmatrix}\dfrac{\partial u}{\partial \xi}\\ \dfrac{\partial u}{\partial \eta}\\ \dfrac{\partial u}{\partial \zeta}\end{bmatrix} \tag{5-42}$$

同理可得

$$\begin{bmatrix}\dfrac{\partial v}{\partial x}\\ \dfrac{\partial v}{\partial y}\\ \dfrac{\partial v}{\partial z}\end{bmatrix}=\boldsymbol{J}^{-1}\begin{bmatrix}\dfrac{\partial v}{\partial \xi}\\ \dfrac{\partial v}{\partial \eta}\\ \dfrac{\partial v}{\partial \zeta}\end{bmatrix} \tag{5-43}$$

$$\begin{bmatrix}\dfrac{\partial w}{\partial x}\\ \dfrac{\partial w}{\partial y}\\ \dfrac{\partial w}{\partial z}\end{bmatrix}=\boldsymbol{J}^{-1}\begin{bmatrix}\dfrac{\partial w}{\partial \xi}\\ \dfrac{\partial w}{\partial \eta}\\ \dfrac{\partial w}{\partial \zeta}\end{bmatrix} \tag{5-44}$$

综合式（5-42）～（5-44），得

$$\begin{bmatrix}\frac{\partial u}{\partial x}\\ \frac{\partial u}{\partial y}\\ \frac{\partial u}{\partial z}\\ \frac{\partial v}{\partial x}\\ \frac{\partial v}{\partial y}\\ \frac{\partial v}{\partial z}\\ \frac{\partial w}{\partial x}\\ \frac{\partial w}{\partial y}\\ \frac{\partial w}{\partial z}\end{bmatrix}=\begin{bmatrix}\boldsymbol{J}^{-1} & 0 & 0\\ 0 & \boldsymbol{J}^{-1} & 0\\ 0 & 0 & \boldsymbol{J}^{-1}\end{bmatrix}\begin{bmatrix}\frac{\partial u}{\partial \xi}\\ \frac{\partial u}{\partial \eta}\\ \frac{\partial u}{\partial \zeta}\\ \frac{\partial v}{\partial \xi}\\ \frac{\partial v}{\partial \eta}\\ \frac{\partial v}{\partial \zeta}\\ \frac{\partial w}{\partial \xi}\\ \frac{\partial w}{\partial \eta}\\ \frac{\partial w}{\partial \zeta}\end{bmatrix} \tag{5-45}$$

5.4.2 微元体积换算

在求单元刚度矩阵时，将对整体坐标系 x，y 和 z 的积分转换为对局部坐标 ξ，η 和 ζ（即自然坐标）的积分，体积微元体也将由整体坐标系内的 $\mathrm{d}x\mathrm{d}y\mathrm{d}z$ 转换为对局部坐标系内的 $\mathrm{d}\xi\mathrm{d}\eta\mathrm{d}\zeta$，如图 5.10 所示。

由图 5.10 可知，由 $\mathrm{d}\xi\mathrm{d}\eta\mathrm{d}\zeta$ 围成的微元体在整体直角坐标系中的微元体积 $\mathrm{d}V$ 可由矢量乘积计算，则有

$$\mathrm{d}V=\mathrm{d}\boldsymbol{\xi}\cdot(\mathrm{d}\boldsymbol{\eta}\times\mathrm{d}\boldsymbol{\zeta}) \tag{5-46}$$

在整体坐标系下，任意微矢量为

$$\mathrm{d}\boldsymbol{r}=\mathrm{d}x\boldsymbol{i}+\mathrm{d}y\boldsymbol{j}+\mathrm{d}z\boldsymbol{k} \tag{5-47}$$

而

$$\mathrm{d}\boldsymbol{\xi}=\frac{\partial x}{\partial \xi}\mathrm{d}\xi\boldsymbol{i}+\frac{\partial y}{\partial \xi}\mathrm{d}\xi\boldsymbol{j}+\frac{\partial z}{\partial \xi}\mathrm{d}\xi\boldsymbol{k} \tag{5-48}$$

$$\mathrm{d}\boldsymbol{\eta}=\frac{\partial x}{\partial \eta}\mathrm{d}\eta\boldsymbol{i}+\frac{\partial y}{\partial \eta}\mathrm{d}\eta\boldsymbol{j}+\frac{\partial z}{\partial \eta}\mathrm{d}\eta\boldsymbol{k} \tag{5-49}$$

$$\mathrm{d}\boldsymbol{\zeta}=\frac{\partial x}{\partial \zeta}\mathrm{d}\zeta\boldsymbol{i}+\frac{\partial y}{\partial \zeta}\mathrm{d}\zeta\boldsymbol{j}+\frac{\partial z}{\partial \zeta}\mathrm{d}\zeta\boldsymbol{k} \tag{5-50}$$

式中 $\boldsymbol{i}$，$\boldsymbol{j}$，$\boldsymbol{k}$ 分别为整体坐标系 x 轴、y 轴和 z 轴的单位矢量。

将式（5-48）～（5-50）代入式（5-46），得

$$\mathrm{d}V=\mathrm{d}x\mathrm{d}y\mathrm{d}z=\begin{vmatrix}\dfrac{\partial x}{\partial\xi}\mathrm{d}\xi & \dfrac{\partial y}{\partial\xi}\mathrm{d}\xi & \dfrac{\partial z}{\partial\xi}\mathrm{d}\xi\\ \dfrac{\partial x}{\partial\eta}\mathrm{d}\eta & \dfrac{\partial y}{\partial\eta}\mathrm{d}\eta & \dfrac{\partial z}{\partial\eta}\mathrm{d}\eta\\ \dfrac{\partial x}{\partial\zeta}\mathrm{d}\zeta & \dfrac{\partial y}{\partial\zeta}\mathrm{d}\zeta & \dfrac{\partial z}{\partial\zeta}\mathrm{d}\zeta\end{vmatrix}=|J|\mathrm{d}\xi\mathrm{d}\eta\mathrm{d}\zeta \tag{5-51}$$

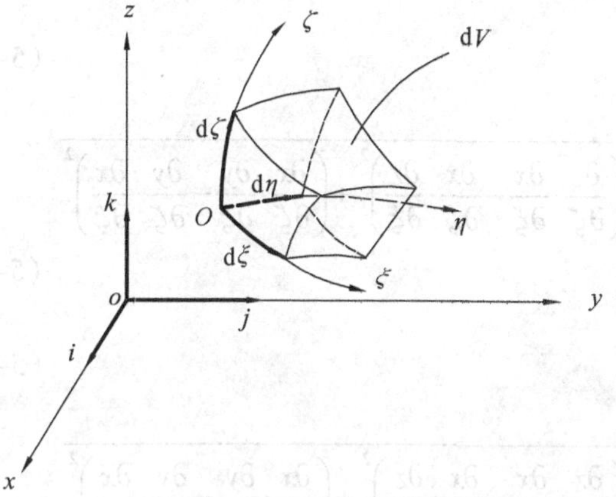

图 5.10 曲面六面体的微元体积

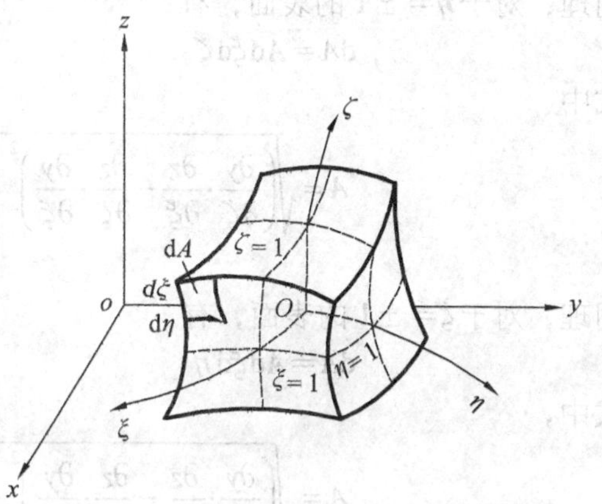

图 5.11 曲面六面体表面的微元面积

5.4.3 曲面六面体微元面积换算

曲面六面体微元面积计算简图如图 5.11 所示，在 $\xi=\pm1$ 的表面上，微元面积 dA 是矢量 d$\boldsymbol{\eta}$ 和 d$\boldsymbol{\zeta}$ 的矢积，则有

$$\mathrm{d}A=|\mathrm{d}\boldsymbol{\eta}\times\mathrm{d}\boldsymbol{\zeta}|$$

将式（5-49）和式（5-50）代入上式，得

$$\mathrm{d}\boldsymbol{\eta}=\mathrm{d}\boldsymbol{\zeta}\begin{vmatrix}\boldsymbol{i} & \boldsymbol{j} & \boldsymbol{k}\\ \dfrac{\partial x}{\partial\eta}\mathrm{d}\eta & \dfrac{\partial y}{\partial\eta}\mathrm{d}\eta & \dfrac{\partial z}{\partial\eta}\mathrm{d}\eta\\ \dfrac{\partial x}{\partial\zeta}\mathrm{d}\zeta & \dfrac{\partial y}{\partial\zeta}\mathrm{d}\zeta & \dfrac{\partial z}{\partial\zeta}\mathrm{d}\zeta\end{vmatrix}$$

$$=\left(\frac{\partial y}{\partial\eta}\cdot\frac{\partial z}{\partial\zeta}-\frac{\partial z}{\partial\eta}\cdot\frac{\partial y}{\partial\zeta}\right)\mathrm{d}\eta\mathrm{d}\zeta\boldsymbol{i}+\left(\frac{\partial z}{\partial\eta}\cdot\frac{\partial x}{\partial\zeta}-\frac{\partial x}{\partial\eta}\cdot\frac{\partial z}{\partial\zeta}\right)\mathrm{d}\eta\mathrm{d}\zeta\boldsymbol{j}+\left(\frac{\partial x}{\partial\eta}\cdot\frac{\partial y}{\partial\zeta}-\frac{\partial y}{\partial\eta}\cdot\frac{\partial x}{\partial\zeta}\right)\mathrm{d}\eta\mathrm{d}\zeta\boldsymbol{k}$$

因此

$$dA=\sqrt{\left(\frac{\partial y}{\partial \eta}\cdot\frac{\partial z}{\partial \zeta}-\frac{\partial z}{\partial \eta}\cdot\frac{\partial y}{\partial \zeta}\right)^2+\left(\frac{\partial z}{\partial \eta}\cdot\frac{\partial x}{\partial \zeta}-\frac{\partial x}{\partial \eta}\cdot\frac{\partial z}{\partial \zeta}\right)^2+\left(\frac{\partial x}{\partial \eta}\cdot\frac{\partial y}{\partial \zeta}-\frac{\partial y}{\partial \eta}\cdot\frac{\partial x}{\partial \zeta}\right)^2}\,d\eta d\zeta$$
$$=A d\eta d\zeta \tag{5-52}$$

式中，

$$A=\sqrt{\left(\frac{\partial y}{\partial \eta}\cdot\frac{\partial z}{\partial \zeta}-\frac{\partial z}{\partial \eta}\cdot\frac{\partial y}{\partial \zeta}\right)^2+\left(\frac{\partial z}{\partial \eta}\cdot\frac{\partial x}{\partial \zeta}-\frac{\partial x}{\partial \eta}\cdot\frac{\partial z}{\partial \zeta}\right)^2+\left(\frac{\partial x}{\partial \eta}\cdot\frac{\partial y}{\partial \zeta}-\frac{\partial y}{\partial \eta}\cdot\frac{\partial x}{\partial \zeta}\right)^2} \tag{5-53}$$

同理，对于$\eta=\pm1$的表面，有

$$dA=A d\xi d\zeta \tag{5-54}$$

式中

$$A=\sqrt{\left(\frac{\partial y}{\partial \zeta}\cdot\frac{\partial z}{\partial \xi}-\frac{\partial z}{\partial \zeta}\cdot\frac{\partial y}{\partial \xi}\right)^2+\left(\frac{\partial z}{\partial \zeta}\cdot\frac{\partial x}{\partial \xi}-\frac{\partial x}{\partial \zeta}\cdot\frac{\partial z}{\partial \xi}\right)^2+\left(\frac{\partial x}{\partial \zeta}\cdot\frac{\partial y}{\partial \xi}-\frac{\partial y}{\partial \zeta}\cdot\frac{\partial x}{\partial \xi}\right)^2} \tag{5-55}$$

同理，对于$\zeta=\pm1$的表面，有

$$dA=A d\xi d\eta \tag{5-56}$$

式中，

$$A=\sqrt{\left(\frac{\partial y}{\partial \xi}\cdot\frac{\partial z}{\partial \eta}-\frac{\partial z}{\partial \xi}\cdot\frac{\partial y}{\partial \eta}\right)^2+\left(\frac{\partial z}{\partial \xi}\cdot\frac{\partial x}{\partial \eta}-\frac{\partial x}{\partial \xi}\cdot\frac{\partial z}{\partial \eta}\right)^2+\left(\frac{\partial x}{\partial \xi}\cdot\frac{\partial y}{\partial \eta}-\frac{\partial y}{\partial \xi}\cdot\frac{\partial x}{\partial \eta}\right)^2} \tag{5-57}$$

5.4.4 直边8节点六面体单元刚度矩阵

将单元的位移函数式（5-9）代入几何方程式（3-37），得

$$\boldsymbol{\varepsilon}^e=\begin{bmatrix}\varepsilon_x\\ \varepsilon_y\\ \varepsilon_z\\ \gamma_{xy}\\ \gamma_{yz}\\ \gamma_{zx}\end{bmatrix}=\begin{bmatrix}\frac{\partial u}{\partial x}\\ \frac{\partial v}{\partial y}\\ \frac{\partial w}{\partial z}\\ \frac{\partial u}{\partial y}+\frac{\partial v}{\partial x}\\ \frac{\partial v}{\partial z}+\frac{\partial w}{\partial y}\\ \frac{\partial u}{\partial z}+\frac{\partial w}{\partial x}\end{bmatrix}=\begin{bmatrix}\sum_{i=1}^{8}\frac{\partial N_i}{\partial x}u_i\\ \sum_{i=1}^{8}\frac{\partial N_i}{\partial y}v_i\\ \sum_{i=1}^{8}\frac{\partial N_i}{\partial z}w_i\\ \sum_{i=1}^{8}\left(\frac{\partial N_i}{\partial y}u_i+\frac{\partial N_i}{\partial x}v_i\right)\\ \sum_{i=1}^{8}\left(\frac{\partial N_i}{\partial z}v_i+\frac{\partial N_i}{\partial y}w_i\right)\\ \sum_{i=1}^{8}\left(\frac{\partial N_i}{\partial z}u_i+\frac{\partial N_i}{\partial x}w_i\right)\end{bmatrix}$$
$$=\boldsymbol{B}^e\boldsymbol{\delta}^e=[\boldsymbol{B}_1^e\ \ \boldsymbol{B}_2^e\ \ \cdots\ \ \boldsymbol{B}_8^e]\boldsymbol{\delta}^e \tag{5-58}$$

其中单元应变矩阵为

$$
\boldsymbol{B}_i^e = \begin{bmatrix} \frac{\partial N_i}{\partial x} & 0 & 0 \\ 0 & \frac{\partial N_i}{\partial y} & 0 \\ 0 & 0 & \frac{\partial N_i}{\partial z} \\ \frac{\partial N_i}{\partial y} & \frac{\partial N_i}{\partial x} & 0 \\ 0 & \frac{\partial N_i}{\partial z} & \frac{\partial N_i}{\partial y} \\ \frac{\partial N_i}{\partial z} & 0 & \frac{\partial N_i}{\partial x} \end{bmatrix}, \quad (i=1,2,\cdots,8) \tag{5-59}
$$

由于形函数 N_i 是局部坐标 ξ，η 和 ζ 的函数，将式（5-45）代入式（5-59），得

$$
\boldsymbol{B}^e = \begin{bmatrix} \bar{J}_{11} & \bar{J}_{12} & \bar{J}_{13} & 0 & 0 & 0 & 0 & 0 & 0 \\ 0 & 0 & 0 & \bar{J}_{21} & \bar{J}_{22} & \bar{J}_{23} & 0 & 0 & 0 \\ 0 & 0 & 0 & 0 & 0 & 0 & \bar{J}_{31} & \bar{J}_{32} & \bar{J}_{33} \\ \bar{J}_{21} & \bar{J}_{22} & \bar{J}_{23} & \bar{J}_{11} & \bar{J}_{12} & \bar{J}_{13} & 0 & 0 & 0 \\ 0 & 0 & 0 & \bar{J}_{31} & \bar{J}_{32} & \bar{J}_{33} & \bar{J}_{21} & \bar{J}_{22} & \bar{J}_{23} \\ \bar{J}_{31} & \bar{J}_{32} & \bar{J}_{33} & 0 & 0 & 0 & \bar{J}_{11} & \bar{J}_{12} & \bar{J}_{13} \end{bmatrix} \times
$$

$$
\begin{bmatrix} \frac{\partial N_1}{\partial \xi} & 0 & 0 & \frac{\partial N_2}{\partial \xi} & 0 & 0 & \cdots & \frac{\partial N_8}{\partial \xi} & 0 & 0 \\ \frac{\partial N_1}{\partial \eta} & 0 & 0 & \frac{\partial N_2}{\partial \eta} & 0 & 0 & \cdots & \frac{\partial N_8}{\partial \eta} & 0 & 0 \\ \frac{\partial N_1}{\partial \zeta} & 0 & 0 & \frac{\partial N_2}{\partial \zeta} & 0 & 0 & \cdots & \frac{\partial N_8}{\partial \zeta} & 0 & 0 \\ 0 & \frac{\partial N_1}{\partial \xi} & 0 & 0 & \frac{\partial N_2}{\partial \xi} & 0 & \cdots & 0 & \frac{\partial N_8}{\partial \xi} & 0 \\ 0 & \frac{\partial N_1}{\partial \eta} & 0 & 0 & \frac{\partial N_2}{\partial \eta} & 0 & \cdots & 0 & \frac{\partial N_8}{\partial \eta} & 0 \\ 0 & \frac{\partial N_1}{\partial \zeta} & 0 & 0 & \frac{\partial N_2}{\partial \zeta} & 0 & \cdots & 0 & \frac{\partial N_8}{\partial \zeta} & 0 \\ 0 & 0 & \frac{\partial N_1}{\partial \xi} & 0 & 0 & \frac{\partial N_2}{\partial \xi} & \cdots & 0 & 0 & \frac{\partial N_8}{\partial \xi} \\ 0 & 0 & \frac{\partial N_1}{\partial \eta} & 0 & 0 & \frac{\partial N_2}{\partial \eta} & \cdots & 0 & 0 & \frac{\partial N_8}{\partial \eta} \\ 0 & 0 & \frac{\partial N_1}{\partial \zeta} & 0 & 0 & \frac{\partial N_2}{\partial \zeta} & \cdots & 0 & 0 & \frac{\partial N_8}{\partial \zeta} \end{bmatrix}
$$

（5-60）

由（3-9）得出单元应力矩阵为

$$\boldsymbol{\sigma}^e = \begin{bmatrix} \sigma_x \\ \sigma_y \\ \sigma_z \\ \tau_{xy} \\ \tau_{yz} \\ \tau_{zx} \end{bmatrix} = \boldsymbol{D}\boldsymbol{\varepsilon}^e = \boldsymbol{D}\boldsymbol{B}^e\boldsymbol{\delta}^e \tag{5-61}$$

按式（4-22）导出单元刚度矩阵为

$$\boldsymbol{K}^e = \iiint_V (\boldsymbol{B}^e)^{\mathrm{T}} \boldsymbol{D}\boldsymbol{B}^e \,\mathrm{d}x\mathrm{d}y\mathrm{d}z = \int_{-1}^{1}\int_{-1}^{1}\int_{-1}^{1} (\boldsymbol{B}^e)^{\mathrm{T}} \boldsymbol{D}\boldsymbol{B}^e \,|J|\,\mathrm{d}\xi\mathrm{d}\eta\mathrm{d}\zeta \tag{5-62}$$

上式右边项的积分是在母单元中进行的，而不是在形状复杂的实际单元中进行，积分的上下限很简单。但是，由于节点位移和节点力的方向均沿整体坐标系的 x 轴、y 轴和 z 轴的方向，所以得出的单元刚度矩阵 $\boldsymbol{K}^e$ 为在整体坐标系下的单元刚度矩阵。

如将单元刚度矩阵写成分块的形式为

$$\boldsymbol{K}^e = \begin{bmatrix} \boldsymbol{K}_{11}^e & \boldsymbol{K}_{12}^e & \cdots & \boldsymbol{K}_{18}^e \\ \boldsymbol{K}_{21}^e & \boldsymbol{K}_{22}^e & \cdots & \boldsymbol{K}_{28}^e \\ \vdots & \vdots & \cdots & \vdots \\ \boldsymbol{K}_{81}^e & \boldsymbol{K}_{82}^e & \cdots & \boldsymbol{K}_{88}^e \end{bmatrix}$$

单元子刚度矩阵 $\boldsymbol{K}_{ij}^e$ 为 3×3 阶矩阵，且

$$\boldsymbol{K}_{rs}^e = \int_{-1}^{1}\int_{-1}^{1}\int_{-1}^{1} (\boldsymbol{B}_r^e)^{\mathrm{T}} \boldsymbol{D}\boldsymbol{B}_s^e \,|J|\,\mathrm{d}\xi\mathrm{d}\eta\mathrm{d}\zeta\ ,(\ r=1,2,\cdots,8\ ;\ s=1,2,\cdots,8\ ) \tag{5-63}$$

对于曲边 20 节点六面体单元的刚度矩阵，可以采用相同的方法获得。对于式（5-63）在局部坐标系内的积分，采用高斯数值积分方法即可求得。

5.4.5 等效节点荷载计算

1. 任意集中力的等效节点荷载

作用于单元任意点 M 的集中力为 $\boldsymbol{P}$，其沿整体坐标系 3 个坐标轴的分量用矩阵形式表示为

$$\boldsymbol{P} = [p_x \ \ p_y \ \ p_z]^{\mathrm{T}}$$

作用于单元的节点荷载用矩阵表示为

$$\boldsymbol{F} = [F_{1x} \ \ F_{1y} \ \ F_{1z} \ \ F_{2x} \ \ F_{2y} \ \ F_{2z} \ \ \cdots \ \ F_{nx} \ \ F_{ny} \ \ F_{nz}]^{\mathrm{T}}$$

根据虚功等效的原则有

$$\boldsymbol{F} = (\boldsymbol{N}_M)^{\mathrm{T}} \boldsymbol{P} \tag{5-64}$$

这里 N_M 表示形函数矩阵 N 在点 M 处的取值。在计算 N_M 时，应将集中力作用点的整体坐标（x_M，y_M，z_M）换算成局部坐标（ξ_M，η_M，ζ_M）后才能代入 N_M 中去。

由式（5-9）或式（5-12）导出形函数矩阵 N 为

$$\boldsymbol{N}=\begin{bmatrix} N_1 & 0 & 0 & N_2 & 0 & 0 & \cdots & N_n & 0 & 0 \\ 0 & N_1 & 0 & 0 & N_2 & 0 & \cdots & 0 & N_n & 0 \\ 0 & 0 & N_1 & 0 & 0 & N_2 & \cdots & 0 & 0 & N_n \end{bmatrix} \tag{5-65}$$

式中，n 为单元节点数。

由式（5-64）计算得出单元节点力 $\boldsymbol{F}$ 的方向为沿整体坐标系的坐标轴方向。

2. 体积力的等效节点荷载

作用于任一六面体单元的体积力 p_x，p_y 和 p_z，写成向量的形式为

$$\boldsymbol{P}=[p_x \ \ p_y \ \ p_z]^{\mathrm{T}}$$

将作用于微元体积 dV 上的体积力 $\boldsymbol{P}$dxdydz 当作集中力，借助式（5-64），并在整个六面体上积分，得到体积力的等效节点荷载

$$\boldsymbol{F}=\iiint_{V_e}\boldsymbol{N}^{\mathrm{T}}\boldsymbol{P}\,\mathrm{d}x\mathrm{d}y\mathrm{d}z=\int_{-1}^{1}\int_{-1}^{1}\int_{-1}^{1}\boldsymbol{N}^{\mathrm{T}}\boldsymbol{P}\,|J|\,\mathrm{d}\xi\mathrm{d}\eta\mathrm{d}\zeta \tag{5-66}$$

在积分前，需将 $\boldsymbol{P}$ 中的 x，y 和 z 换成ξ，η和ζ，用高斯数值积分计算得出单元节点力 $\boldsymbol{F}$ 的方向是沿整体坐标系的坐标轴方向。

3. 表面力的等效节点荷载

表面力的等效节点荷载计算分为如下两种情况。

（1）表面力沿整体坐标系的方向已知。

设作用于任一六面体单元$\xi=\pm1$ 的表面力上的表面力沿整体坐标系 x，y 和 z 轴的分量为 q_x，q_y 和 q_z，写成向量的形式为

$$\boldsymbol{Q}=[q_x \ \ q_y \ \ q_z]^{\mathrm{T}}$$

将作用于微元面积 dA 上的表面力 $\boldsymbol{Q}$dxdy 当作集中力，借助式（5-64），求得表面力的等效节点荷载

$$\boldsymbol{F}=\int_A \boldsymbol{N}^{\mathrm{T}}\boldsymbol{Q}\,\mathrm{d}x\mathrm{d}y$$

将式（5-52）代入上式，得

$$\boldsymbol{F}=\int_{-1}^{1}\int_{-1}^{1}\boldsymbol{N}^{\mathrm{T}}\boldsymbol{Q}A\mathrm{d}\eta\mathrm{d}\zeta \tag{5-67}$$

对于$\eta=\pm1$ 和$\zeta=\pm1$ 的表面，计算公式与式（5-67）相同，轮换积分项的 Adηdζ 即可。

（2）表面力 q 垂直于单元表面的情况。

在任一六面体单元上，设作用于矢量 d$\boldsymbol{\xi}$ 与 d$\boldsymbol{\eta}$ 所在平面的垂直表面力为 q，如图 5.12 所示。表面力 q 沿整体坐标系 x 轴、y 轴和 z 轴的分量分别为 q_x，q_y 和 q_z，且满足关系式

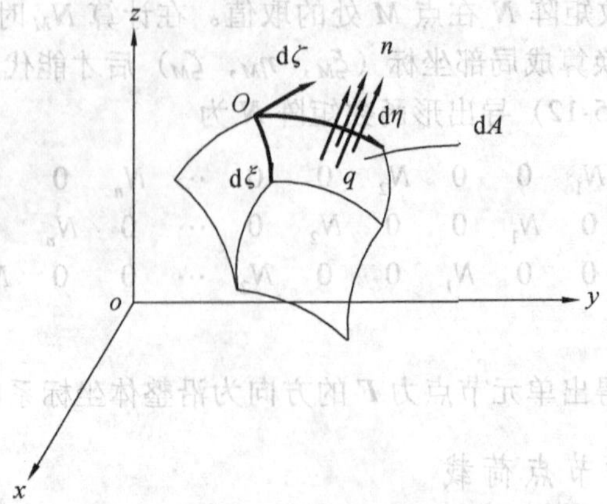

图 5.12　垂直于单元表面的表面力

$$\left.\begin{aligned} q_x &= ql \\ q_y &= qm \\ q_z &= qn \end{aligned}\right\} \tag{5-68}$$

式中，l，m，n 为矢量 $\mathrm{d}\boldsymbol{\xi}$ 与 $\mathrm{d}\boldsymbol{\eta}$ 所在平面的法线 $\boldsymbol{n}$ 与整体坐标系 x 轴、y 轴和 z 轴间夹角的方向余弦。

矢量 $\mathrm{d}\boldsymbol{\xi}$ 与 $\mathrm{d}\boldsymbol{\eta}$ 所在平面的法线 $\boldsymbol{n}$ 的表达式为

$$\begin{aligned} \boldsymbol{n} = \mathrm{d}\boldsymbol{\xi}\times\mathrm{d}\boldsymbol{\eta} &= \begin{vmatrix} \boldsymbol{i} & \boldsymbol{j} & \boldsymbol{k} \\ \dfrac{\partial x}{\partial \xi}\mathrm{d}\xi & \dfrac{\partial y}{\partial \xi}\mathrm{d}\xi & \dfrac{\partial z}{\partial \xi}\mathrm{d}\xi \\ \dfrac{\partial x}{\partial \eta}\mathrm{d}\eta & \dfrac{\partial y}{\partial \eta}\mathrm{d}\eta & \dfrac{\partial z}{\partial \eta}\mathrm{d}\eta \end{vmatrix} \\ &= \left(\frac{\partial y}{\partial \xi}\cdot\frac{\partial z}{\partial \eta}-\frac{\partial z}{\partial \xi}\cdot\frac{\partial y}{\partial \eta}\right)\mathrm{d}\xi\mathrm{d}\eta\boldsymbol{i}+\left(\frac{\partial z}{\partial \xi}\cdot\frac{\partial x}{\partial \eta}-\frac{\partial x}{\partial \xi}\cdot\frac{\partial z}{\partial \eta}\right)\mathrm{d}\xi\mathrm{d}\eta\boldsymbol{j}+\left(\frac{\partial x}{\partial \xi}\cdot\frac{\partial y}{\partial \eta}-\frac{\partial y}{\partial \xi}\cdot\frac{\partial x}{\partial \eta}\right)\mathrm{d}\xi\mathrm{d}\eta\boldsymbol{k} \\ &= l^*\boldsymbol{i}+m^*\boldsymbol{j}+n^*\boldsymbol{k} \end{aligned} \tag{5-69}$$

$$\left.\begin{aligned} l^* &= \left(\frac{\partial y}{\partial \xi}\cdot\frac{\partial z}{\partial \eta}-\frac{\partial z}{\partial \xi}\cdot\frac{\partial y}{\partial \eta}\right)\mathrm{d}\xi\mathrm{d}\eta \\ m^* &= \left(\frac{\partial z}{\partial \xi}\cdot\frac{\partial x}{\partial \eta}-\frac{\partial x}{\partial \xi}\cdot\frac{\partial z}{\partial \eta}\right)\mathrm{d}\xi\mathrm{d}\eta \\ n^* &= \left(\frac{\partial x}{\partial \xi}\cdot\frac{\partial y}{\partial \eta}-\frac{\partial y}{\partial \xi}\cdot\frac{\partial x}{\partial \eta}\right)\mathrm{d}\xi\mathrm{d}\eta \end{aligned}\right\} \tag{5-70}$$

式中，$\boldsymbol{i}$，$\boldsymbol{j}$，$\boldsymbol{k}$ 分别为整体坐标系 x 轴、y 轴和 z 轴的单位矢量。

矢量 $\boldsymbol{n}$ 与整体坐标系 x 轴、y 轴和 z 轴间夹角的方向余弦为：

$$l=\frac{l^*}{|\boldsymbol{n}|},\ m=\frac{m^*}{|\boldsymbol{n}|},\ n=\frac{n^*}{|\boldsymbol{n}|} \tag{5-71}$$

由式（5-56）得

$$|\boldsymbol{n}| = A\mathrm{d}\xi\mathrm{d}\eta \tag{5-72}$$

将式（5-70）和（5-72）代入式（5-71），得

$$\left.\begin{aligned} l &= \left(\frac{\partial y}{\partial \xi}\cdot\frac{\partial z}{\partial \eta} - \frac{\partial z}{\partial \xi}\cdot\frac{\partial y}{\partial \eta}\right)\Big/A \\ m &= \left(\frac{\partial z}{\partial \xi}\cdot\frac{\partial x}{\partial \eta} - \frac{\partial x}{\partial \xi}\cdot\frac{\partial z}{\partial \eta}\right)\Big/A \\ n &= \left(\frac{\partial x}{\partial \xi}\cdot\frac{\partial y}{\partial \eta} - \frac{\partial y}{\partial \xi}\cdot\frac{\partial x}{\partial \eta}\right)\Big/A \end{aligned}\right\} \tag{5-73}$$

将式（5-73）代入式（5-68），得出表面力 q 沿整体坐标系 x 轴、y 轴和 z 轴的分量的向量形式为

$$\boldsymbol{Q} = [q_x \ \ q_y \ \ q_z]^{\mathrm{T}} = q[l \ \ m \ \ n]^{\mathrm{T}} \tag{5-74}$$

将式（5-73）代入式（5-67）求得表面力的等效节点荷载为

$$\boldsymbol{F} = \int_{-1}^{1}\int_{-1}^{1} \boldsymbol{N}^{\mathrm{T}}[l \ \ m \ \ n]^{\mathrm{T}} q\mathrm{d}\xi\mathrm{d}\eta \tag{5-75}$$

用高斯数值积分计算得出的单元节点力 $\boldsymbol{F}$ 的方向是沿整体坐标系的坐标轴方向。

5.5　高斯（Gauss）数值积分

在 5.3 节和 5.4 节导出的单元刚度矩阵及等效节点荷载的计算公式中，出现了大量如下形式的积分运算

$$\int_{-1}^{1} f(\xi)\mathrm{d}\xi,\quad \int_{-1}^{1}\int_{-1}^{1} f(\xi,\eta)\mathrm{d}\xi\mathrm{d}\eta,\quad \int_{-1}^{1}\int_{-1}^{1}\int_{-1}^{1} f(\xi,\eta,\zeta)\mathrm{d}\xi\mathrm{d}\eta\mathrm{d}\zeta,$$

对于以上各个积分式表示的单元刚度矩阵和荷载向量，由于子单元（在整体坐标系内的实际单元）形状复杂多变，在通常情况下，雅可比矩阵 $\boldsymbol{J}$ 和雅可比行列式$|\boldsymbol{J}|$比较复杂，将得不到它们的显式函数。只有对于少数形状规则的单元，被积函数可以显式地表示，可以用函数积分方法求出其积分值。对于三维实体单元，单元刚度矩阵和荷载向量可以解析积分的是单元边界为直线的四面体单元、平行六面体单元和上下底面为全等且平行的三角形组成的五面体单元。对于二维单元，单元刚度矩阵和荷载向量可以解析积分的是周边为直线的三角形单元和平行四边形单元。在这些单元的边界上，只有在边界无中间节点或分布等间距中间节点的情况下，雅可比矩阵 $\boldsymbol{J}$ 才是常数矩阵，相对应的雅可比行列式$|\boldsymbol{J}|$和微元长度、微元面积及微元体积的转换参数也是常数。例如，二维 3 节点三角形单元和三维 4 节点四面体单元等。

因此，除了少数形状规则的简单单元外，一般都不能进行显式解析函数积分，而需要借助于数值积分代替函数积分，即在单元内选出某些点，称为积分点，计算被积函数在这些积分点上的函数值，然后再用对应的加权系数 H_i 乘以这些函数值，最后将求出的总和作为近似的积分值。

常用的数值积分方法分为两类：一类是等间距积分点方法，如辛普生方法；另一类是不等间距积分点方法，如高斯方法。在有限元法中，一般采用不等间距的高斯积分方法。

这主要因为高斯数值积分方法的计算精度较高，可以用较少的积分点达到所需的精度，特别是当被积函数为多项式时，高斯数值积分是精确的。此外，高斯积分方法的积分点对于积分区间的中心是对称分布的，并且对称的积分点具有相同的加权系数。

5.5.1 一维数值积分

在此类积分方法中，在域（a，b）内的积分点 x_i 不是等间距分布。

首先定义 n 次多项式 $p(x)$为

$$P(x)=(x-x_1)(x-x_2)\cdots(x-x_n)=\prod_{i=1}^{n}(x-x_i) \tag{5-76}$$

由以下条件确定 n 个积分点的位置

$$\int_a^b x^i P(x)\mathrm{d}x=0\text{，}(i=0,1,2,\cdots,n-1) \tag{5-77}$$

由式（5-76）和式（5-77）知，$p(x)$具有以下性质：

（1）在积分点上 $p(x)=0$。

（2）多项式 $p(x)$与 x_0，x^1，x^2，…，x^{n-1} 在区间$(a，b)$内正交。

由此可见，n 个积分点的位置 x_i 是在积分域（a，b）内与 x_0，x^1，x^2，…，x^{n-1} 正交的 n 次多项式 $p(x)$构成方程 $\int_a^b x^i P(x)\mathrm{d}x=0$ 的解。

积分函数 $\int_a^b f(x)\mathrm{d}x$ 由式

$$\int_a^b f(x)\mathrm{d}x=\sum_{i=1}^{n}H_i f(x_i)+R \tag{5-78}$$

替代。式中，R 为余项；H_i 为对应于积分点 x_i 的加权系数，且

$$\left.\begin{aligned}
&H_i=\int_a^b L_i^{(n-1)}(x)\mathrm{d}x\\
&L_i^{(n-1)}(x)=\frac{(x-x_1)(x-x_2)\cdots(x-x_{i-1})(x-x_{i+1})\cdots(x-x_n)}{(x_i-x_1)(x_i-x_2)\cdots(x_i-x_{i-1})(x_i-x_{i+1})\cdots(x_i-x_n)}=\prod_{j=1,i\neq j}^{n}\frac{(x-x_j)}{(x_i-x_j)}
\end{aligned}\right\} \tag{5-79}$$

由高斯积分定理知，n 个积分点的高斯积分可以达到（$2n-1$）阶的积分精度。即如果 $f(x)$是（$2n-1$）次多项式，其积分结果是精确的，所有积分点的加权系数之和等于 2，且每个加权系数均大于零。

为了便于计算积分点 x_i 和加权系数 H_i，通常将积分域规格化为（-1，1）。这样计算得到的对原积分域（a，b）的积分点 x_i 坐标值和加权系数 H_i 分别为

$$\frac{a+b}{2}-\frac{a-b}{2}x_i\text{，}\frac{b-a}{2}H_i$$

〖例 5-1〗 求两点高斯积分在积分域（-1，1）上的积分点位置和加权系数。

解： 两点高斯积分的多项式为二次多项式，为

$$P(x)=(x-x_1)(x-x_2)$$

（1）求积分点位置

由式（5-77）得

$$\int_{-1}^{1} x^i P(x)\mathrm{d}x = 0 \text{，（} i = 0,1 \text{）}$$

对于 $i=0$，有

$$\int_{-1}^{1}(x-x_1)(x-x_2)\mathrm{d}x = \frac{2}{3} + 2x_1x_2 = 0$$

对于 $i=1$，有

$$\int_{-1}^{1}x(x-x_1)(x-x_2)\mathrm{d}x = -\frac{2}{3}(x_1+x_2) = 0$$

简化以上二式，得到方程组

$$\begin{cases} x_1x_2 + \dfrac{1}{3} = 0 \\ x_1 + x_2 = 0 \end{cases}$$

求得方程组的解为

$$-x_1 = x_2 = \frac{1}{\sqrt{3}} = \frac{\sqrt{3}}{3}$$

（2）求加权系数

由式（5-79）得

$$H_1 = \int_{-1}^{1} L_1^{(1)}(x)\mathrm{d}x = \int_{-1}^{1}\frac{(x-x_2)}{(x_1-x_2)}\mathrm{d}x = 1$$

$$H_2 = \int_{-1}^{1} L_2^{(1)}(x)\mathrm{d}x = \int_{-1}^{1}\frac{(x-x_1)}{(x_2-x_1)}\mathrm{d}x = 1$$

在表 5.1 中给出了积分域（－1，1）内，积分点数 $n=1\sim6$ 的高斯积分点位置 x_i 和加权系数 H_i 的值。

表 5.1 一维高斯积分点坐标值和加权系数

积分点数 n	积分点 x_i 坐标	加权系数 H_i
1	0.000 000 000 000 000	2.000 000 000 000 000
2	±0.577 350 269 189 626	1.000 000 000 000 000
3	±0.774 596 669 241 483	0.555 555 555 555 556
	0.000 000 000 000 000	0.888 888 888 888 889
4	±0.861 136 311 594 053	0.347 854 845 137 454
	±0.339 981 043 584 856	0.652 145 154 862 546
5	±0.906 179 845 938 664	0.236 926 885 056 189
	±0.538 469 310 105 683	0.478 628 670 499 366
	0.000 000 000 000 000	0.568 888 888 888 889
6	±0.932 469 514 203 152	0.171 324 492 379 170
	±0.612 093 864 662 65	0.360 761 573 048 139
	±0.238 619 186 083 197	0.467 913 934 572 691

5.5.2 二维数值积分

二维高斯数值积分公式由一维高斯积分公式导出。设有二维积分

$$\int_{-1}^{1}\int_{-1}^{1} f(x,y)\mathrm{d}x\mathrm{d}y$$

先令 y 为常数而计算 x 方向的积分，于是有

$$\int_{-1}^{1}\int_{-1}^{1} f(x,y)\mathrm{d}x\mathrm{d}y = \int_{-1}^{1}\left[\sum_{i=1}^{n} H_i f(x_i,y)\right]\mathrm{d}y$$

然后再计算沿 y 方向积分

$$\int_{-1}^{1}\int_{-1}^{1} f(x,y)\mathrm{d}x\mathrm{d}y = \int_{-1}^{1}\left[\sum_{i=1}^{n} H_i f(x_i,y)\right]\mathrm{d}y = \sum_{i=1}^{n}\sum_{j=1}^{m} H_i H_j f(x_i,y_j) \tag{5-80}$$

式中，n，m 分别为沿 x 轴和 y 轴的积分点个数。

上式就是二维高斯数值积分的计算公式，在积分域内共有 $m\times n$ 个积分点。

由高斯积分定理知，n 个积分点的高斯积分可以达到（$2n-1$）阶的积分精度。如果 $f(x,\ y)$是 x 的（$2n-1$）次和 y 的（$2m-1$）次多项式，按式（5-80）的数值积分结果是精确的。

对于线性 4 节点正方形单元，选取 4(2×2) 个高斯积分点；对于二次 8 节点正方形单元选取 9(3×3) 个高斯积分点，就可以满足计算精度的要求，积分点的排列如图 5.13 所示。在有限元法中，通常 n 和 m 的取值相等。

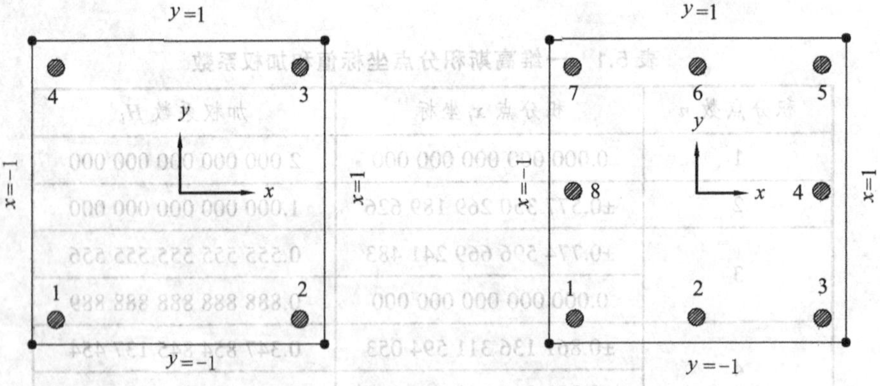

(a) 4 节点线性正方形单元　　(b) 8 节点二次正方形单元

图 5.13　高斯积分点位置分布

5.5.3 三维数值积分

用同样的方法可以导出三维高斯数值计算公式

$$\int_{-1}^{1}\int_{-1}^{1}\int_{-1}^{1} f(x,y,z)\mathrm{d}x\mathrm{d}y\mathrm{d}z = \sum_{i=1}^{n}\sum_{j=1}^{m}\sum_{k=1}^{l} H_i H_j H_k f(x_i, y_j, z_k) \tag{5-81}$$

式中，n，m，l 分别为沿 x 轴、y 轴和 z 轴的积分点个数。

上式就是三维高斯数值积分的计算公式，在积分域内共有 $m\times n\times l$ 积分点。

如果 $f(x, y, z)$ 是 x 的（$2n-1$）次、y 的（$2m-1$）次和 z 的（$2l-1$）次多项式，按式(5-81) 的数值积分结果是精确的。

5.6 应力计算结果的处理

在位移法的有限元分析中，单元位移为基本未知量。从系统平衡方程求解得到的是各个节点的位移值。而实际工程问题所需要的往往是应力分布，特别是最大应力的位置和数值。为此，要利用以下公式由已经求得的节点位移来求出单元内的应力。

$$\boldsymbol{\varepsilon}^e = \boldsymbol{B}^e \boldsymbol{\delta}^e, \quad \boldsymbol{\sigma}^e = \boldsymbol{D}\boldsymbol{B}^e \boldsymbol{\delta}^e$$

由于应变矩阵 $\boldsymbol{B}^e$ 是形函数 N 对坐标进行求导后得到的矩阵，每求导一次，形函数多项式的次数就降低一次，所以通过导数运算得到的应变 $\boldsymbol{\varepsilon}$ 和应力 $\boldsymbol{\sigma}$ 的精度较位移 $\boldsymbol{u}$ 有所降低，即利用以上两式得到的应变 $\boldsymbol{\varepsilon}$ 和应力 $\boldsymbol{\sigma}$ 的解可能具有较大的误差。应力解的误差表现在：

（1）单元内部不满足平衡方程。

（2）单元与单元的交界面上应力一般不连续。

（3）在力的边界上一般也不满足力的边界条件。

因为平衡方程式、力的边界条件以及单元交界面上内力的连续条件是泛函的欧拉方程，只有在位移变分完全任意的情况下，欧拉方程才能精确地满足。在有限元法中，只有当单元尺寸趋于零时，才能精确地满足平衡方程、力的边界条件以及单元交界面上内力的连续条件；当单元尺寸为有限值时，这些方程只能是近似地满足。除非实际应力变化的阶次等于或低于所采用单元的应力的阶次，得到的只能是近似解答。因此，如何从有限元法的位移解得到较好的应力解答，就成为需要研究和解决的问题。

在这一节将介绍几种应力解的处理和改善方法，这些方法不仅适用于等参元，也适用于广义坐标的有限元。其中有一些是简单易行而又行之有效的，在实际计算中经常采用；有些则伴随有相当大的计算量，必要时才采用。

从前面的讨论中已知，由位移法得到的位移解在全域是连续的，应变和应力解在单元内部是连续的而在相邻单元的边界上是不连续的，即在单元边界上发生突变。因此，同一个节点由围绕它的不同单元计算得到的应变值和应力值是不同的。另外，在边界上应力解通常也与力的边界条件不相符合。等参元虽然在（$n+1$）阶高斯积分点上应力具有较高的精度，但在节点上计算得到的应力精度却较差。通常在实际工程问题中人们感兴趣的是单元边界和节点上的应力，因此需对计算得到的应力进行处理，以改善所得到的结果。以下介绍几种应力处理的方法，读者可根据不同要求，合理地选用。

5.6.1 单元平均或节点平均

最简单的处理应力结果的方法是取相邻单元或围绕节点各单元应力的平均值。

1. 取相邻单元应力的平均值

这种方法最常用于3节点三角形单元中。这种最简单而又相当实用的单元得到的应力解在单元内是常数。可以将其看做是单元内应力的平均值，或是单元形心处的应力值。由于应力近似解总是在真正解上下振荡，可以取相邻单元应力的平均值作为这两个单元合成的较大的四边形单元形心处的应力。这样处理后十分逼近真正解，能取得良好的结果。

平均应力可以采用算术平均，即

$$\text{平均应力}=(\text{单元①应力}+\text{单元②应力})/2 \tag{5-82}$$

也可以采用较精确的面积加权平均，即

$$\text{平均应力}=\frac{\text{单元①应力}\times\text{单元①面积}+\text{单元②应力}\times\text{单元②面积}}{\text{单元①面积}+\text{单元②面积}} \tag{5-83}$$

当相邻单元面积相差不大时，二者的结果基本相同。在划分单元时应避免相邻单元的面积相差太大，从而使求解的误差相近。

2. 取围绕节点各单元应力的平均值

取围绕该节点周围的相关单元计算得到该节点应力的平均值

$$\sigma_i=\frac{1}{m}\sum_{e=1}^{m}\sigma_i^e \tag{5-84}$$

式中，m为围绕在i节点周围的全部单元。

计算节点应力的平均值时也可进行面积加权。

应注意这样得到的节点应力值是围绕该节点的有限区域内的应力平均值。这种处理方法对于等参元来说并不能从根本上改善节点应力精度差的问题。

5.6.2 总体应力磨平

前面已经指出用位移法获得的应力场在全域是不连续的，可以用总体应力磨平的方法来改进计算结果，得到在全域连续的应力场。

总体应力磨平方法就是构造一个改进的应力解$\boldsymbol{\sigma}$，此改进解在全域是连续的。改进解与有限元法求得的应力解$\boldsymbol{\sigma}^*$应满足加权最小二乘的原则。有如下关系式

$$A(\boldsymbol{\sigma}^*,\boldsymbol{\sigma})=\sum_{e=1}^{M}\int_V(\boldsymbol{\sigma}^*-\boldsymbol{\sigma})^{\mathrm{T}}C(\boldsymbol{\sigma}^*-\boldsymbol{\sigma})\mathrm{d}V \tag{5-85}$$

式中，M 为计算模型的单元总数；$\boldsymbol{\sigma}$ 为待求的改进的应力解；$\boldsymbol{\sigma}^*$ 为有限元法求得的应力解；C 为权函数。

待求的应力改进值 $\boldsymbol{\sigma}$，它在单元内的分布也取插值的形式，即为

$$\boldsymbol{\sigma}=\sum_{i=1}^{n}\boldsymbol{N}_i^*\boldsymbol{\sigma}_i \tag{5-86}$$

式中，$\boldsymbol{\sigma}_i$ 为待求的改进后的节点应力值；n 为单元的节点数；$\boldsymbol{N}_i^*$ 为修正应力的插值函数（形函数）矩阵。

用于应力插值的单元节点数可以等于求解位移时的节点数，这时应力插值函数 $\boldsymbol{N}_i^*$ 与位移插值函数 $\boldsymbol{N}_i$ 完全相同；应力插值也可采用与位移插值不同的节点数，例如求解位移时采用二次单元，求解应力改进值时可采用一次单元。

将式（5-86）代入式（5-85），根据误差最小的原则有

$$\frac{\partial A(\boldsymbol{\sigma}^*,\boldsymbol{\sigma})}{\partial\boldsymbol{\sigma}_i}=0\text{，}(\ i=1,2,\cdots,N\ )$$

即

$$\sum_{e=1}^{M}\int_V(\boldsymbol{\sigma}^*-\boldsymbol{\sigma})^{\mathrm{T}}C\boldsymbol{N}_i^*\mathrm{d}V=0 \tag{5-87}$$

N 为进行应力磨平时全部单元的总节点数。

式（5-87）是 $N\times S$ 阶线性代数方程组，S 是应力分量数。求解式（5-87）可以得到各个节点的应力改进值，再将求得的节点应力改进值代入式（5-86）就可以得到各单元的应力改进值。

如果插值函数（形函数）是协调的，此应力改进解在单元交界面上是连续的，也即在全域是连续的。如果在求解方程组式（5-87）前已将力边界上的应力边界条件引入（其方法与引入给定位移边界条件相同），则此应力改进解也将满足力边界条件。虽然经总体磨平改进后的应力解 $\boldsymbol{\sigma}$ 在单元内部仍不能精确地满足平衡方程，但一般来说，它将较原来的应力解 $\boldsymbol{\sigma}^*$ 有所改善。

应力总体磨平方法的主要缺点是计算工作量十分庞大。式（5-87）的总阶数为 $N\times S$，当求解位移和应力总体磨平时采取相同的节点数 N 时，式（5-87）的总阶数将大大超过原来求解节点位移时的系统方程组的阶数，这是由于应力分量数 S 总是大于节点位移自由度数。总体应力磨平时，需要形成和求解这样庞大的方程组以及需要耗费甚至比原来求解位移时更多的机时。实际上采用这种方法改进应力解，相当于进行二次有限元计算，一次求位移场，一次求应力场。

5.6.3　单元应力磨平

为了减少改进应力结果的工作量，可以采用单元应力的局部磨平。应该指出：当单元

尺寸不断缩减时，单元的加权最小二乘和单元未加权的最小二乘是相当的。由于函数的正定性，全域的加权最小二乘是各单元最小二乘的和。因此，当单元几何尺寸足够小时，磨平可以在各个单元内进行，即式（5-85）的加权最小二乘函数只取一个单元，并取权函数 C 为单位矩阵，也就是误差最小的原则，

$$A_e(\boldsymbol{\sigma}^*,\boldsymbol{\sigma})=\int_V(\boldsymbol{\sigma}^*-\boldsymbol{\sigma})^{\mathrm{T}}(\boldsymbol{\sigma}^*-\boldsymbol{\sigma})\mathrm{d}V \tag{5-88}$$

求应力改进值$\boldsymbol{\sigma}$，仍采用节点应力$\boldsymbol{\sigma}_i$的插值表示

$$\boldsymbol{\sigma}=\sum_{i=1}^{n}\boldsymbol{N}_i^*\boldsymbol{\sigma}_i \tag{5-89}$$

将式（5-89）代入式（5-88），根据误差最小的原则有

$$\frac{\partial A(\boldsymbol{\sigma}^*,\boldsymbol{\sigma})}{\partial\boldsymbol{\sigma}_i}=0\text{，}(\ i=1,2,\cdots,n\ )$$

或

$$\int_V(\boldsymbol{\sigma}^*-\boldsymbol{\sigma})^{\mathrm{T}}\boldsymbol{N}_i^*\mathrm{d}V=0 \tag{5-90}$$

上式是以$\boldsymbol{\sigma}_i$为未知量的线性代数方程组，利用解析表达式或高斯积分求出各方程的系数后，可求得$\boldsymbol{\sigma}_i$，进而利用式（5-89）计算得到单元内任何一点的应力值。

由于采用了不加权的最小二乘，在式（5-88）中各应力分量不再耦合，因此按式（5-90）磨平应力相当于将各个应力分量分别磨平。由此可以只磨平主要应力分量或感兴趣的应力分量，而不一定将全部应力分量都进行磨平。

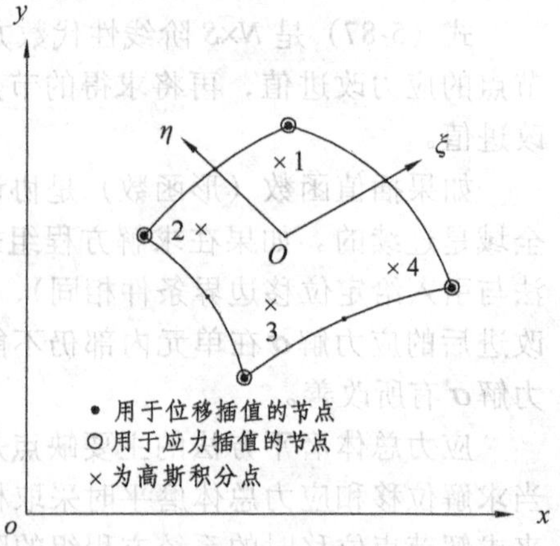

图 5.14　二维等参元

对于等参元来说，有了单元内应力局部磨平的方法，可以利用精度较高的高斯积分点的应力值来改进等参元节点应力的近似性质。以图 5.14 所示的二维单元为例，如果是二次等参元，插值函数中的完全多项式也是二次。若取 2 阶高斯积分，则在（2×2）个高斯积分点上有限元的应力计算值$\boldsymbol{\sigma}^*$具有较高的精度。如果进行应力磨平时只要求得到 4 个角节点的应力改进值，尽管在计算位移时是 8 节点二次等参元，但是由于应力分量磨平计算分别进行，这时应力磨平插值函数 N_i^* 应采用双线性函数，而不是二次等参元的插值函数，即

$$\left.\begin{aligned}&\boldsymbol{\sigma}=\sum_{i=1}^{n}\boldsymbol{N}_i^*\boldsymbol{\sigma}_i\\&N_i^*=\frac{1}{4}(1+\xi_i\xi)(1+\eta_i\eta)\end{aligned}\right\} \tag{5-91}$$

令在（2×2）个高斯积分点上有$\boldsymbol{\sigma}=\boldsymbol{\sigma}^*$。4 个高斯积分点的坐标（见图 5.14）分别为

$$1\left(+\frac{\sqrt{3}}{3},+\frac{\sqrt{3}}{3}\right),\ 2\left(-\frac{\sqrt{3}}{3},+\frac{\sqrt{3}}{3}\right),\ 3\left(-\frac{\sqrt{3}}{3},-\frac{\sqrt{3}}{3}\right),\ 4\left(+\frac{\sqrt{3}}{3},-\frac{\sqrt{3}}{3}\right)$$

将高斯点坐标代入式（5-91）得到以下关系式

$$\begin{bmatrix}\sigma_1^*\\ \sigma_2^*\\ \sigma_3^*\\ \sigma_4^*\end{bmatrix}=\begin{bmatrix}N_1^*(1) & N_2^*(1) & N_3^*(1) & N_4^*(1)\\ N_1^*(2) & N_2^*(2) & N_3^*(2) & N_4^*(2)\\ N_1^*(3) & N_2^*(3) & N_3^*(3) & N_4^*(3)\\ N_1^*(4) & N_2^*(4) & N_3^*(4) & N_4^*(4)\end{bmatrix}\begin{bmatrix}\sigma_1\\ \sigma_2\\ \sigma_3\\ \sigma_4\end{bmatrix} \tag{5-92}$$

式中，σ_1^*，σ_2^*，σ_3^*，σ_4^*为已求出的4个高斯点相应的应力分量；σ_1，σ_2，σ_3，σ_4为磨平后的节点应力值；在转换矩阵$\boldsymbol{N}^*$中，$N_i^*(I)$的I表示节点i的坐标值。

式（5-92）中的转换矩阵由式（5-91）的第二式代入高斯积分点坐标后的插值函数值构成。

对式（5-92）求逆可得

$$\begin{bmatrix}\sigma_1\\ \sigma_2\\ \sigma_3\\ \sigma_4\end{bmatrix}=\begin{bmatrix}1+\frac{\sqrt{3}}{2} & -\frac{1}{2} & 1-\frac{\sqrt{3}}{2} & -\frac{1}{2}\\ -\frac{1}{2} & 1+\frac{\sqrt{3}}{2} & -\frac{1}{2} & 1-\frac{\sqrt{3}}{2}\\ 1-\frac{\sqrt{3}}{2} & -\frac{1}{2} & 1+\frac{\sqrt{3}}{2} & -\frac{1}{2}\\ -\frac{1}{2} & 1-\frac{\sqrt{3}}{2} & -\frac{1}{2} & 1+\frac{\sqrt{3}}{2}\end{bmatrix}\begin{bmatrix}\sigma_1^*\\ \sigma_2^*\\ \sigma_3^*\\ \sigma_4^*\end{bmatrix} \tag{5-93}$$

各应力分量均可由式（5-93）求得。

这种改进节点应力的方法亦称为应力线性外推。求得改进的节点应力值后，如需要求单元内部的应力值仍可按式（5-91）的第一式进行计算。

采用单元局部应力磨平的方法，对于同一节点，由不同相邻单元求得的应力改进值通常是不相同的。可把相关单元求得的改进节点值再取平均后，作为最后节点的应力值。

一般情况下，采用局部应力磨平处理可以得到较好的结果，计算工作量又很小，所以得到较广泛的应用。

5.7 强度理论及等效应力计算

在本书相关的有限元计算中，得出的应力结果均为方向应力，方向应力只有在推导某些公式的过程中使用，在结构强度评定中通常都不用应力沿坐标轴方向的分量（如σ_x，τ_{xy}等）。因为这些分量和物体的形变或材料强度都没有直接的关系。与物体的形变及材料强度直接相关的是应力在其作用截面的法向和切向分量，也就是正应力σ和剪应力τ。下面简单地介绍不同强度理论的等效应力确定方法。

材料破坏的主要形式有两种——流动破坏和断裂破坏。由于破坏形式的不同，强度理论相应也分成两类。一类是解释材料断裂破坏的强度理论——最大拉应力理论（第一强度理论）和最大伸长线应变理论（第二强度理论）；另一类是解释材料流动破坏的强度理论——最大剪应力理论（第三强度理论）和形状改变理论（第四强度理论）。这四个强度理论是在常温和静载条件下经常使用的强度理论。

5.7.1 最大拉应力理论

该理论认为最大拉伸应力是引起材料断裂的主要因素。也就是说不论是多轴应力状态还是单轴应力状态，引起断裂的因素是相同的，均为最大拉伸应力σ_1。因此，不管是单轴应力状态还是多轴应力状态，只要最大拉伸应力达到材料的强度极限σ_b，就会引起断裂。其发生断裂破坏的条件是

$$\sigma_1 = \sigma_b$$

将极限应力σ_b除以安全系数，得出许用应力$[\sigma]$，因此，按该强度理论建立的强度条件是

$$\sigma_1 \leqslant [\sigma] \tag{5-94}$$

5.7.2 最大伸长线应变理论

该理论认为最大伸长应变ε_1是引起材料断裂的主要因素。也就是说不论是多轴应力状态还是单轴应力状态，引起断裂的因素是相同的，均为最大拉伸应变ε_1。因此，不管是单轴应力状态还是多轴应力状态，只要最大拉伸应变达到材料的应变极限ε_b，就会引起断裂。

在单轴应力状态下，假设直到发生断裂时，材料的线应变极限ε_b仍符合虎克定律，则有

$$\varepsilon_b = \sigma_b / E$$

其发生断裂破坏的条件是

$$\varepsilon_1 = \varepsilon_b$$

根据第 3 章的物理方程知，

$$\varepsilon_1 = \frac{1}{E}[\sigma_1 - \mu(\sigma_2 + \sigma_3)]$$

简化得

$$\sigma_1 - \mu(\sigma_2 + \sigma_3) = \sigma_b \tag{5-95}$$

将极限应力σ_b除以安全系数，得出许用应力$[\sigma]$，因此，按该强度理论建立的强度条件是

$$\sigma_1 - \mu(\sigma_2 + \sigma_3) \leqslant [\sigma] \tag{5-96}$$

5.7.3 最大剪应力理论

该理论认为最大剪应力是引起流动破坏的主要因素。也就是说不论是多轴应力状态还是单轴应力状态，最大剪应力τ_{max}是引起流动破坏的因素。在单轴拉伸应力作用下，当横截面上的拉伸应力达到屈服极限σ_s时，与轴线成45°的斜面上的最大剪应力为

$$\tau_{max}^0 = \sigma_s / 2$$

按照这一理论，在多轴应力状态下，当最大剪应力τ_{max}达到τ_{max}^0时，材料就发生流动破坏。其发生流动破坏的条件为

$$\tau_{max} = \tau_{max}^0 = \sigma_s / 2$$

其中最大剪应力满足关系式

$$\tau_{max} = (\sigma_1 - \sigma_3)/2$$

综合以上两式得出流动破坏的条件为

$$(\sigma_1 - \sigma_3) = \sigma_s \tag{5-97}$$

该式为材料开始出现塑性的条件，通常称为塑性条件。如果将屈服极限σ_s除以安全系数，得到材料的许用应力$[\sigma]$。因此，按该强度理论建立的强度条件是

$$\sigma_1 - \sigma_3 \leqslant [\sigma] \tag{5-98}$$

这一理论较为满意地解释了塑性材料出现塑性变形现象，且形式简单，概念明确，所以在机械结构中得到广泛应用。在该理论中，由于忽略了中间主应力σ_2的影响，使得在二轴应力状态下，按该理论所得结果与试验结果相比偏于安全。

5.7.4 形状改变理论

该理论认为形状改变比能是引起材料流动破坏的主要原因。也就是说不论是多轴应力状态还是单轴应力状态，形状改变比能是引起流动破坏的因素。因此，不管是在单轴拉伸应力作用下，还是在多轴应力状态下，只要形状改变比能达到材料的屈服极限值，材料就发生流动破坏。

在单轴拉伸应力状态下，当横截面上的拉伸应力达到屈服极限σ_s时，出现流动破坏，其形状改变比能为

$$u_0 = \frac{1+\mu}{3E}\sigma_s^2$$

按照该理论，在多轴应力状态下，当形状改变比能达到上式的数值时，材料就发生流动破坏，其流动破坏条件为

$$u_x = u_0 = \frac{1+\mu}{3E}\sigma_s^2$$

在多轴应力状态下，其形状改变比能为

$$u_x = \frac{1+\mu}{6E}[(\sigma_1-\sigma_2)^2+(\sigma_2-\sigma_3)^2+(\sigma_3-\sigma_1)^2]$$

综合以上两式得

$$\sqrt{\frac{1}{2}[(\sigma_1-\sigma_2)^2+(\sigma_2-\sigma_3)^2+(\sigma_3-\sigma_1)^2]} = \sigma_s \tag{5-99}$$

式（5-99）即为该理论的塑性条件。如果将屈服极限σ_s除以安全系数，得到材料的许用应力$[\sigma]$，因此，按该强度理论建立的强度条件是

$$\sqrt{\frac{1}{2}[(\sigma_1-\sigma_2)^2+(\sigma_2-\sigma_3)^2+(\sigma_3-\sigma_1)^2]} \leqslant [\sigma] \tag{5-100a}$$

如果已知方向应力，其强度条件为

$$\sqrt{\frac{1}{2}[(\sigma_x-\sigma_y)^2+(\sigma_y-\sigma_z)^2+(\sigma_z-\sigma_x)^2+6(\tau_{xy}^2+\tau_{yz}^2+\tau_{zx}^2)]} \leqslant [\sigma] \tag{5-100b}$$

综合式（5-94）、（5-96）、（5-98）、（5-100a）和（5-100b），可以把四个强度理论的强度条件写成下面统一的形式：

$$\sigma_{cr} \leqslant [\sigma], \tag{5-101}$$

式中，σ_{cr}为当量应力或等效应力，由三个主应力按一定的形式组合而成。

按照从第一强度理论到第四强度理论的顺序，等效应力分别为

$$\left.\begin{aligned} &\sigma_{cr1} = \sigma_1 \\ &\sigma_{cr2} = \sigma_1 - \mu(\sigma_2+\sigma_3) \\ &\sigma_{cr3} = \sigma_1 - \sigma_3 \\ &\sigma_{cr4} = \sqrt{0.5[(\sigma_1-\sigma_2)^2+(\sigma_2-\sigma_3)^2+(\sigma_3-\sigma_1)^2]} \\ &\quad\;\; = \sqrt{0.5[(\sigma_x-\sigma_y)^2+(\sigma_y-\sigma_z)^2+(\sigma_z-\sigma_x)^2+6(\tau_{xy}^2+\tau_{yz}^2+\tau_{zx}^2)]} \end{aligned}\right\} \tag{5-102}$$

在有限元计算中，按第四强度理论给出的等效应力通常称为 von_Mises 应力。

在上面给出的四种常用的强度理论中，第一和第二强度理论适用于脆性材料，如铸铁、混凝土、玻璃等，在通常情况下这些材料以断裂的形式破坏；第三和第四强度理论适用于塑性材料，如碳钢、铜、铝等，在通常情况下这些材料以流动形式破坏。

【习　题】

5-1　平面 8 节点等参数单元的位移函数可以取为

$$\left.\begin{aligned}u(\xi,\eta)&=\alpha_1+\alpha_2\xi+\alpha_3\eta+\alpha_4\xi^2+\alpha_5\xi\eta+\alpha_6\eta^2+\alpha_7\xi^2\eta+\alpha_8\xi\eta^2\\v(\xi,\eta)&=\beta_1+\beta_2\xi+\beta_3\eta+\beta_4\xi^2+\beta_5\xi\eta+\beta_6\eta^2+\beta_7\xi^2\eta+\beta_8\xi\eta^2\end{aligned}\right\}$$

若不研究它的形函数，能推断相邻单元边界的协调性吗？为什么？

5-2 试分析下列平面单元中的位移在两单元公共边界上的连续性。

(1) 3结点三角形单元。

(2) 4结点矩形单元。

(3) 6结点三角形单元。

(4) 4结点直线四边形等参数单元。

(5) 8结点曲线四边形等参数单元。

5-3 在有限元法中，等参元的主要优点是什么？

5-4 在有限元法中，应用等参数单元时，

(1) 坐标变换的精度和位移函数的精度是否一样？

(2) 如何建立局部坐标系（ξ，η，ζ）与整体坐标系之间的关系？

(3) 为什么要采用高斯积分公式？

(4) 高斯数值积分点的数目如何确定？

第6章 结构强度分析与评定准则

6.1 机车车辆强度分析的目的和内容

机车车辆强度分析的目的是为了确定机车车辆承载结构在运用荷载作用下具有的承载能力，保证其在使用期间内的安全性和可靠性；同时应尽可能减小机车车辆及其部件的结构自重，充分发挥结构的整体承载能力。

机车车辆强度分析的内容包括：

（1）确定计算载荷与载荷工况：根据相关的结构强度设计和试验鉴定标准，确定机车车辆在运行中承载结构所承担的各种载荷的大小、作用方式、作用位置以及各种载荷的组合情况等。

（2）强度和刚度计算：在上述计算载荷作用下，确定相关承载结构的强度和刚度。

（3）计算结果评定：强度分析分为静强度和疲劳强度分析，根据计算应力及其应力变化规律分别评价；刚度由结构变形和自振频率评价。

目前，机车车辆承载结构强度分析方法主要采用经典的力学方法和有限元法。对于结构形状简单的零部件（如车轴）用材料力学方法即可获得准确的计算结果；对于结构复杂的零部件（如机车车辆车体结构、构架、摇枕、侧架、车轮和轴箱等）用商业有限元软件进行分析计算，这种方法在现代机车车辆承载结构设计中目前已得到广泛应用。

6.2 机车车辆强度规范

强度规范是机车车辆结构设计、强度计算和试验的法律准则。如果按机车车辆的功能强度规范分为机车的、客车的、货车的和特种机车车辆的四类；如果按线路轨距它分为米轨、准轨和宽轨三类。强度规范的作用在于保证机车车辆的运行性能和使用安全。它对机车车辆结构必须满足的载荷和环境条件以及对设计、制造、试验、维护和使用的要求作出了规定。强度规范多由各国政府的相应机构颁布。制定强度规范时，不仅针对机车车辆在发展中不断遇到的新问题，反映解决这些问题的最新科学技术成就，而且应符合本国的技术政策和实际情况。因此，各国的规范不尽相同，并且每隔几年就会修订一次。

机车车辆强度规范规定了对机车车辆结构的实际要求、载荷和环境条件以及研制程序。在最早提出的静强度规范中，主要规定各种典型的实际载荷情况，内容包括载荷大小和分配，有时还规定详细的载荷分布。强度规范对机车车辆结构设计规定为三级载荷：使用载荷、试验载荷和设计载荷。使用载荷或称为限制载荷，是机车车辆正常运行时可能承受的最大载荷；试验载荷是使用载荷与载荷系数的乘积，它介于使用载荷和设计载荷之间；设计载荷或称为极限载荷，是使用载荷与安全系数的乘积。根据强度规范中对安全系数和载荷系数的规定可以算出载荷的大小。

静强度规范还对结构的刚度特性提出要求。强度规范的内容除静强度外，还涉及动强度、疲劳与断裂等，其中疲劳与断裂分析的载荷条件称为载荷谱。强度规范对保证操纵系统和控制系统可靠性提出要求，对强度设计程序和结构试验内容与安排作出规定，最后还规定应提供的数据和报告的种类、格式和内容。

我国在机车车辆行业的标准是中华人民共和国铁道部标准（TB/T）。

目前，与铁道机车车辆技术发达国家相比，我国的机车车辆强度规范涉及的范围和内容还不完善。特别是在高速铁道机车车辆领域，强度规范几乎是空白，今后急需进一步加大我国在该行业的强度规范制定力度，完善强度规范内容及范围。

随着我国引入国外 200 km/h 和 300 km/h 动车组技术，机车车辆承载结构的设计和强度分析与试验规范越来越多地借鉴国际铁路联盟标准（UIC）、欧洲标准（EN）、国际标准（ISO）、德国工业标准（DIN）和日本工业标准（JIS）等。

在机车车辆强度计算中，目前主要使用的标准和报告有：

◎ TB/T1335—1996《铁道机车车辆强度设计及试验鉴定规范》

◎ TB/T2368—2005《动力转向架构架强度试验方法》

◎ TB/T2395—1993《机车车轴设计与强度计算方法》

◎ TB/T2705—1996《车辆车轴设计与强度计算方法》

◎ UIC510-3/1989《货车 ——二轴和三轴货车转向架在试验台上的试验》

◎ UIC515-4/1993《客车/转向架—走行部/转向架构架强度试验》

◎ UIC615-4/1994《动力车/转向架及走行部/转向架构架强度试验》

◎ EN13103/2002《轮对和转向架/非动力车轴 —设计方法》

◎ EN13104/2002《轮对和转向架/动力车轴 —设计方法》

◎ UIC510-5/2003《整体车轮技术条件》。

◎ EN13979-1/2003《铁路应用轮对和转向架车轮技术验收程序》第一部分：锻制和轧制车轮

◎ UIC566/1992《客车车体及其上安装部件的载荷》

◎ EN12663—2000《铁路应用 —铁道车辆车体结构的强度要求》

◎ UIC515-3/1994《铁道机车车辆/转向架 —走行部/车轴计算方法》

◎ UIC615-1/1994《动力车/转向架 —走行部/组成部分的一般规定》

◎ ERRI B12/RP17—1997《货车》

◎ ORE B136/RP3—1976《车轴计算和结构设计》

◎ DIN6700-1/2001《铁道车辆和铁路车辆部件的焊接》第一部分：基本概念和基本准则

◎ DIN6700-2/2001《铁道车辆和铁路车辆部件的焊接》第二部分：部件等级、焊接企业的认证、缺陷评定

◎ DIN6700-3/2003《铁道车辆和铁路车辆部件的焊接》第三部分：设计准则

◎ DIN6700-4/2001《铁道车辆和铁路车辆部件的焊接》第四部分：实施准则

◎ DIN6700-5/2002《铁道车辆和铁路车辆部件的焊接》第五部分：质量要求

◎ DIN6700-6/2000《铁道车辆和铁路车辆部件的焊接》第六部分：材料焊接添加料焊接方法焊接技术设计资料

◎ JIS E 4501—1995《铁道车辆——车轴强度设计方法》

◎ JIS E 4207—1992《车辆用转向架构架设计通过规则》

◎ JIS E 4208—1988《铁道车辆用转向架的载荷试验方法》

◎ UIC615-0/2003《动力车—转向架和走行部—通用规定》

◎ UIC515-0/2001《客车—转向架—走行部》

◎ UIC515-1/2003《客车—拖车转向架—走行部—抬车转向架结构部件的一般规定》

6.3 结构强度评定方法

众所周知，疲劳破坏是承受动载荷的机械产品和金属结构失效的主要原因，机车车辆的承载结构也是如此。早在 19 世纪 30 年代，铁路在欧洲迅速发展时，铁道机车车辆车轴的轴肩就经常发生疲劳破坏。机车车辆的承载结构车体、构架、车轮、车轴和弹簧等零部件在服役过程中承受的载荷主要是随机疲劳载荷。因此，按传统的静强度方法或对称循环下的疲劳极限进行设计显然不尽合理。其主要原因是：若按对称循环下材料的疲劳极限设计非对称循环的零部件，容易造成强度余量过大，不易于结构的轻量化设计；若按静强度设计则又易造成强度余量不足，这使得近几年来，重载和提速机车车辆承载结构时有疲劳破坏的发生。

目前，铁路技术发达国家（如日本、德国和法国等）均已采用根据材料的 Goodman 疲劳曲线图设计或校核机车车辆承载结构的强度问题，既能保证承载结构在任何载荷循环下的强度安全性，又能充分发挥材料的潜力、降低承载结构的结构质量。

机车车辆承载结构强度评定分为静强度和疲劳强度评定。

6.3.1 静强度评定方法

机车车辆承载结构在相关标准规定的载荷作用下，其静强度满足设计和运行的条件为：

（1）在正常运行载荷作用下，其最大 von_Mises 应力不大于制造材料的许用应力，即

$$\sigma_{\max} \leqslant [\sigma] \tag{6-1}$$

（2）在运行中最大载荷（发生行车事故时承担的载荷）作用下，其最大 von_Mises 应力不大于制造材料的屈服极限σ_s，即

$$\sigma_{\max} \leqslant \sigma_s \tag{6-2}$$

6.3.2 疲劳强度评定方法

1. 单轴和多轴应力状态的判定方法

确定受力体的应力状态是单轴还是多轴应力状态，有学者引进新的参量评定受力体的应力状态，主要有

Davis 和 Connolly 定义参数 *TF* 判别多轴应力状态，该参数为

$$TF = \frac{\sigma_1}{\sigma_{\text{von\_Mises}}} \tag{6-3}$$

Manson 和 Halford 定义参数 *MF* 判别多轴应力状态，该参数为

$$\left.\begin{array}{ll} MF = \dfrac{1}{2-TF} & TF \leqslant 1.0 \\ MF = TF & TF > 1.0 \end{array}\right\} \tag{6-4}$$

Manjoine 定义参数 *MF* 判别多轴应力状态，该参数为

$$MF = 2^{TF-1} \tag{6-5}$$

分析式（6-3）～（6-5）可知，当 $TF=1.0$ 或 $MF=1.0$ 时，处于单轴应力状态，否则处于多轴应力状态。

在对于承受三向动载荷作用的铁道机车车辆承载结构中，其应力分布多为多轴应力状态，且主应力σ_1，σ_2和σ_3的方向同样随时间而变化，式（6-3）～（6-5）的条件很难满足。在工程结构强度分析中，为了简化分析，引入双二轴率的概念。

设

$$\left.\begin{array}{l} \bar{\sigma}_{\max} = \max(|\sigma_1|, |\sigma_3|) \\ \bar{\sigma}_{\min} = \min(|\sigma_1|, |\sigma_3|) \end{array}\right\} \tag{6-6}$$

若定义变量

$$\chi_1 = \bar{\sigma}_{\min} / \bar{\sigma}_{\max} \tag{6-7}$$

$$\chi_2 = \sigma_2 / \bar{\sigma}_{\max} \tag{6-8}$$

变量χ_1，χ_2称为多轴应力状态的双二轴率。

如果变量χ_1和$|\chi_2|$满足以下条件：

$$\left.\begin{array}{l} \chi_1 \leqslant 0.15 \\ |\chi_2| \leqslant 0.15 \end{array}\right\} \tag{6-9}$$

则就可近似地认为该点的多轴应力状态满足“最大主应力占主导地位”的条件，将多轴应力问题转化为单轴应力问题分析。

2. 多轴应力转化为单轴应力的工程方法

机车车辆承载结构在工作载荷作用下，其应力状态多为三向应力状态，式（6-3）～（6-5）

和式（6-9）的条件很难满足。对于此类问题的疲劳强度分析计算主要采用局部应力应变法，这种方法计算精度高、理论基础复杂、计算所需的制造材料的机械性能参数较多，在工程应用中难于实现。在欧洲（德国和法国等）铁路机车车辆行业中，对机车车辆承载结构疲劳强度的分析计算，主要根据国际铁路联盟试验研究中心的研究报告 ORE B12/RP17 给出的方法对其进行疲劳强度校核。

国际铁路联盟试验研究中心的研究报告 ORE B12/RP17 和结构的疲劳文献指出，结构产生疲劳裂纹的方向与最大主应力方向相互垂直，根据结构疲劳破坏的这个显著特点，将三向应力状态转化为单向应力状态，计算应力循环的平均应力和应力幅值，根据制造材料的修正 Goodman 曲线进行结构疲劳强度评定。

三向应力状态向单向应力状态的转化方法和结构疲劳强度的评定的具体方法为：

（1）确定结构在不同载荷工况作用下的主应力值和方向。

（2）将所有载荷工况作用下结构的最大主应力方向确定为基本应力分布方向，其值为最大计算主应力$\sigma_{\max}$，计算其与结构基准线（或计算模型的整体坐标系的坐标轴线）的夹角α，如图 6.1（a）所示。

（3）将在其他载荷工况作用下的主应力投影到基本应力分布方向上，其投影值最小的应力值确定为最小主应力$\sigma_{\min}$，如图 6.1（b）所示。

（4）由最大和最小主应力值计算平均应力σ_m和应力幅σ_a或应力比R。

（5）用修正 Goodman 疲劳曲线或 Moore-Kommers-Japer 疲劳曲线评定结构的疲劳强度。

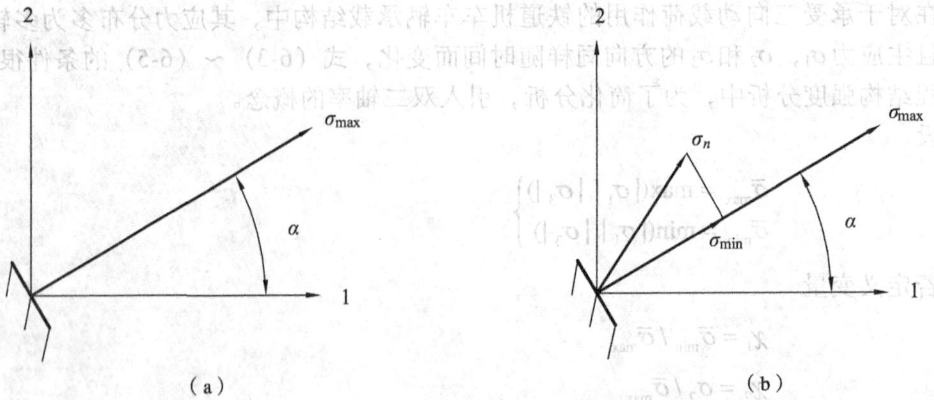

图 6.1 主应力方向确定及其投影示意图

根据计算确定的最大和最小主应力，按下式计算平均应力和应力幅或应力比（应力循环特性）

$$\sigma_m = \frac{\sigma_{\max} + \sigma_{\min}}{2} \tag{6-10}$$

$$\sigma_a = \frac{\sigma_{\max} - \sigma_{\min}}{2} \tag{6-11}$$

$$R = \frac{\sigma_{\min}}{\sigma_{\max}} \tag{6-12}$$

关于空间问题弹性体内的主应力与主应力方向的计算方法详见 3.8.2 节。

6.4 修正的 Goodman 曲线

6.4.1 修正的 Goodman 曲线的形式

修正的 Goodman 曲线是指以屈服极限为限界、并以 Goodman 提出的线性经验公式为基础，用直线替代疲劳极限后，得到的一种简化的疲劳极限图。这里“简化”的意义是直线代替疲劳极限应力线；“修正”是指为体现最大应力不应超过材料屈服极限的原则，用屈服极限作为应力极限对实际疲劳极限线图进行线性修正。

修正的 Goodman 曲线一般划分为 Haigh 图形式（以平均应力为横坐标、应力幅为纵坐标）或 Smith 图形式（以平均应力为横坐标、最大、最小应力为纵坐标）。例如，图 6.2 是 Langer 给出的 Haigh 图形式的低周疲劳的修正的 Goodman 曲线；图 6.3 是以 Smith 形式给出的修正的 Goodman 曲线。

从图 6.3 中可以看出，Smith 图形式的修正的 Goodman 疲劳极限线图具有形式简单和图示信息量大的特点，能够清晰地显示出疲劳极限的上、下应力极限，直观地反映平均应力对疲劳极限的上、下极限应力以及应力幅的影响，使用方便，因此被广泛应用。

图 6.3 所示的修正的 Goodman 疲劳极限线图绘制也很方便，其技术关键是测定材料的强度极限σ_b、屈服极限σ_s 和对称循环下的疲劳极限σ_{-1N}，通过简单的几何作图，即可得到修正的 Goodman 疲劳极限图。

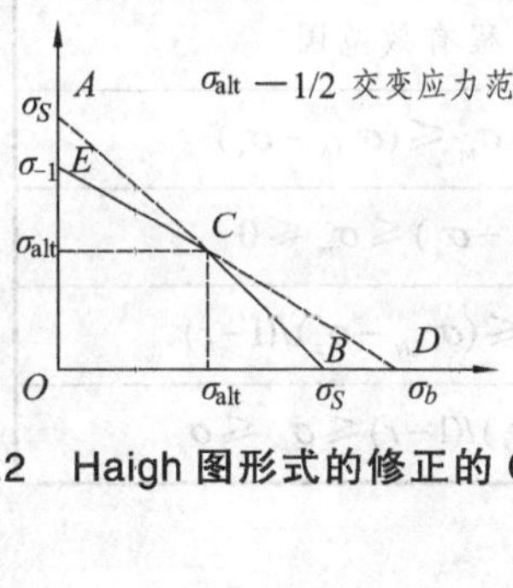

图 6.2　Haigh 图形式的修正的 Goodman 曲线

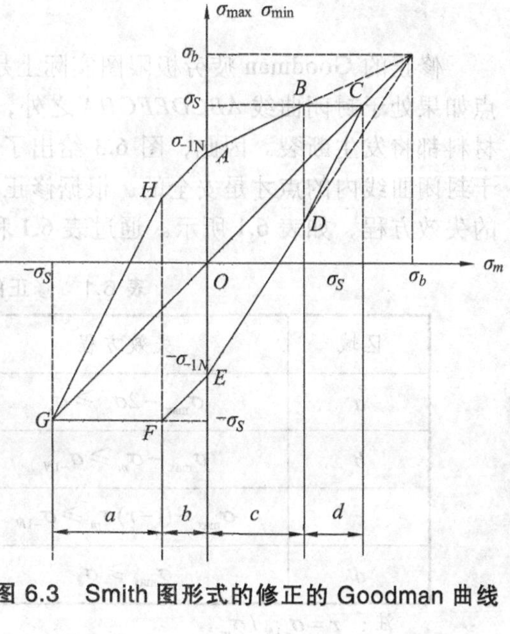

图 6.3　Smith 图形式的修正的 Goodman 曲线

6.4.2 修正的Goodman图的绘制方法

以 Smith 形式给出的修正的 Goodman 曲线的具体绘制方法为：

(1) 建立一个直角坐标系，横坐标轴表示平均应力σ_m、纵坐标轴表示疲劳极限的上、下应力极限σ_{max}、σ_{min}。

(2) 作一条过原点平分上述坐标系Ⅰ、Ⅲ象限的斜线 *GC*，则 *GC* 与横、纵坐标均成 45°角。

(3) 假设压缩屈服极限在数值上与拉伸屈服极限相等，在纵坐标轴上标出强度极限点（0，σ_b）、正、负屈服极限点（0，σ_s）、（0，$-\sigma_s$）和正、负疲劳极限点（0，σ_{-1N}）、（0，$-\sigma_{-1N}$）。

(4) 过点（0，σ_b）作横坐标的平行线与斜线 *GC* 相交，将该交点分别与正、负疲劳极限点即 *A* 点和 *E* 点相连，得斜线 *AB* 和 *ED*。

(5) 过点（0，σ_s）作横坐标轴的平行线，交斜线 *AB* 于 *B*，交斜线 *GC* 于 *C*。

(6) 过 *B* 点作纵坐标轴的平行线，交斜线 *ED* 于 *D*，连接 *CD*，半封闭曲线 *ABCDE* 即为修正的 Goodman 曲线平均应力为正的部分。

(7) 假设压缩屈服前，负平均应力不影响疲劳极限的应力幅，分别过正、负疲劳极限点 *A*，*E* 作与斜线 *GC* 平行的斜线 *AH* 和 *EF*。

(8) 过点（0，$-\sigma_s$）作横坐标轴的平行线，交斜线 *EF* 于 *F* 点，交斜线 *GC* 于 *G* 点。

(9) 过 *F* 点作纵坐标轴的平行线，交斜线 *AH* 于 *H*。

(10) 连接 *G*，*H* 点，则封闭曲线 *ABCDEFGHA* 即为修正的 Goodman 疲劳极限线图。

6.4.3 修正的Goodman曲线的应用

修正的 Goodman 疲劳极限图实际上是一种疲劳破坏包络线，如图 6.3 所示。任何应力点如果处于封闭曲线 *ABCDEFGHA* 之外，表示在指定循环 *N* 次疲劳之后或经过 *N* 次疲劳，材料都将发生断裂。因此，图 6.3 给出了经过 *N* 次循环发生疲劳破坏的应力极限，只有位于封闭曲线内的点才是安全的。根据修正的 Goodman 曲线，可以得出不同平均应力下材料的失效方程，如表 6.1 所示。通过表 6.1 和图 6.3 可以很方便地进行疲劳设计和强度校核。

表 6.1 修正的 Goodman 曲线方程

区域	失效方程	方程有效范围
a	$\sigma_{max}-2\sigma_m \geqslant \sigma_s$	$-\sigma_s \leqslant \sigma_m \leqslant (\sigma_{-1N}-\sigma_s)$
b	$\sigma_{max}-\sigma_m \geqslant \sigma_{-1N}$	$(\sigma_{-1N}-\sigma_s) \leqslant \sigma_m \leqslant 0$
c	$\sigma_{max}-(1-r)\sigma_m \geqslant \sigma_{-1N}$	$0 \leqslant \sigma_m \leqslant (\sigma_{-1N}-\sigma_s)/(1-r)$
d	$\sigma_{max} \geqslant \sigma_s$	$(\sigma_{-1N}-\sigma_s)/(1-r) \leqslant \sigma_m \leqslant \sigma_s$

注：$r=\sigma_{-1N}/\sigma_m$

应该指出：

（1）图 6.3 所示的修正的 Goodman 疲劳极限图假设压缩时的强度极限、屈服极限与拉伸时相等，这一点对于多数材料是合理的。但对于铸铁及一些 Al、Mg 合金，其压缩强度极限、屈服极限比拉伸时高得多，此时图 6.3 给出的是偏于安全的应力极限。

（2）实际材料压缩平均应力对疲劳极限的影响与拉伸平均应力的影响是不同的，一般随压缩平均应力的增加，极限应力幅总是先大幅度增加而后再下降。图 6.3 假设压缩平均应力对极限应力幅没有影响，在压缩屈服前极限应力幅与平均应力是的一样。如此得到的疲劳极限线图是偏于安全的，就工程设计和计算而言，也是可以接受的。

（3）图 6.3 是在单轴应力状态下得到的，只适应于单轴应力疲劳问题。对于多轴应力状态下的疲劳问题，不仅要考虑平均应力的影响，而且还要考虑多轴应力之间的相互作用。因此，需要将静强度理论与修正的 Goodman 曲线结合起来，进行疲劳设计或强度校核。但是，当最大主应力的作用占主导地位时，工程上为了简化，也可以根据最大主应力值的大小以及沿最大主应力方向上的平均应力大小，利用修正的 Goodman 疲劳极限线图直接进行强度设计和校核。

【习　题】

6-1　机车车辆强度计算包括那几部分内容?

6-2　如何判定单轴和多轴应力状态?

6-3　简述修正 Goodman 疲劳极限图的应用范围。

6-4　阐述修正 Goodman 疲劳极限图的绘制方法。

6-5　简述机车车辆强度规范的作用。

6-6　简述机车车辆承载结构的强度评定准则。

6-7　某焊接结构由 Q345 材料制造，Q345 材料的屈服极限 $\sigma_s = 345$ MPa，强度极限 $\sigma_b = 530$ MPa。已知：

（1）母材区域 A 点的最小和最大应力分别为：$\sigma_{min} = 20$ MPa 和 $\sigma_{max} = 110$ MPa；

（2）焊缝区域 B 点的静态和动态应力分别为 $\sigma_{st} = 70$ MPa 和 $\sigma_d = -50 \sim +60$ MPa。试确定区域 A 和区域 B 的疲劳强度是否满足要求。

第7章 车轴和车轮结构设计与强度

7.1 车轴结构设计

提高铁道机车车辆车轴的疲劳强度是保证机车车辆安全运行的重要条件之一。车轴的疲劳断裂曾给世界各国的铁道运输业造成巨大损失，对旅客的生命安全造成了严重威胁。早在19世纪初期，产业革命以后，蒸汽机车和机动载运工具逐渐被广泛使用至今，工程技术人员对车轴疲劳问题的研究已有一个多世纪的历史，期间也提出了许多提高车轴疲劳强度、防止它疲劳断裂的设计方法和制造工艺，有效地提高了车轴的运行安全性。

近年来，随着列车运行速度和载重量的逐步提高，为了降低能耗，改善乘客的舒适性，同时提高列车的载重能力，在现代机车车辆的承载结构设计中，将承载结构部分的质量设计得越来越轻。车轴和车轮作为高速列车的关键承载部件，其结构自重属于簧下振动质量，簧下振动质量的大小，在一定程度上又决定着轮轨动作用力的大小。在新产品设计过程中，在轴重确定的前期下，为了降低轮轨动作用力，应尽可能地减轻簧下质量。

7.1.1 常用设计方法的特点

目前,国际上机车车辆车轴结构设计主要采用两种方法:日本工业标准JIS E4501—1995《铁道车辆—车轴强度设计方法》和国际铁路联盟标准 UIC515—3/1994《铁道车辆/转向架—走行部/车轴计算方法》或欧洲标准 EN13103—2002《轮对和转向架/非驱动车轴 ——设计方法》和EN13104—2002《轮对和转向架/驱动车轴 ——设计方法》给出的设计方法。我国目前机车车辆车轴的设计方法主要采用UIC515－3、EN13103和EN13104给出的方法。车轴强度计算方法采用材料力学或弹性力学理论确定车轴的应力分布。

在机车车辆轮对结构中，车轴与车轮、驱动齿轮、轴盘制动系统的制动盘和滚动轴承等零部件间的配合主要为过盈配合（即轮毂的内径比轴的外径稍小）。由过盈量在半径方向产生接触面压力，由此引起接触面间的摩擦力传递扭矩和轴向力，其装配形式为注油压装（如机车车轮与车轴间的装配）、冷压装配（如车辆车轮与车轴间的装配）和热套装配（滚动轴承与车轴间的装配）。在配合部位，车轴除了承担由弯曲产生的正应力和由扭转产生的剪应力外,还承担由过盈配合引起的沿半径方向的接触应力和由轮毂与车轴之间的产生的沿轴表面的剪应力等。因此，在轮轴间和制动盘与车轴配合部位，由于车轴的结构形状（截面形状阶梯变化）和微动磨损的影响，其应力状态最为复杂，使得车轴在该区域的疲劳强度实际上低于车轴的平直部位，它是车轴疲劳断裂的主要区域。

鉴于上述原因，为了提高车轴的疲劳强度，欧洲各国和日本在轮轴间和制动盘与车轴配合部位采用不同的设计方法，如图 7.1 和表 7.1 所示。

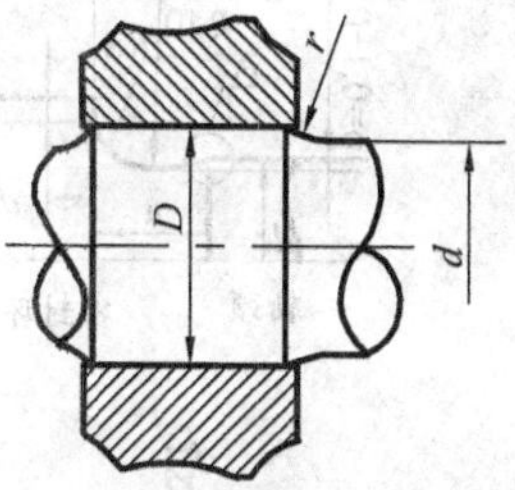

图 7.1 轮轴压装部位结构简图

日本工业标准 JIS E4501—1995 规定在轮轴配合部位采取大的过渡圆弧半径（r=100 mm）和小的直径比（D/d=1.10)，降低过渡圆弧区域应力集中效应，使其疲劳断裂的危险区域出现在轮轴压装部位。为了提高轮座处的疲劳强度，采用高频淬火或渗氮等工艺对车轴进行热处理，轮座表面有高的残余应力。

表 7.1 轮座配合部位车轴结构参数比较

参数项		新干线	TGV	ICE
直径	D/mm	209	212	190
	d/mm	190	184	160
直径比 D/d		1.10	1.15	1.19
圆弧半径 r/mm		100	15,70	15,75

欧洲标准 EN 规定在轮轴间和制动盘与车轴配合部位采用小的过渡圆弧半径和大的直径比 D/d，以降低压装部位的微动磨损，提高其疲劳强度。在过渡圆弧区域有高的应力集中效应，是疲劳断裂的易发生部位。例如：2003 年德国摆式列车 ICE-T 车轴疲劳断裂就出现在该位置。

7.1.2 车轴结构设计

在轴颈部位，出于标准化的考虑，密封环座的直径(d_2)尽可能大于轴颈直径(d_1)30 mm，轴颈和密封环座间的过渡区域结构按图 7.2 所示的结构设计。与轴承内圈端面相对应的轴身处设计一个非常平缓的应力释放槽（深度为 0.1～0.2 mm)，避免在该区域出现应力集中；密封环座和轮座之间的过渡区域可由几个 R25 mm 的圆弧半径构成。如果这个要求不能满足，应选择尽可能大的圆弧半径保证该区域的应力集中效应最低。在图 7.2 中，如果尺寸 a 太大，为了保证尺寸 p，该区域可用圆弧半径为 R40 mm 的圆弧过渡，如图 7.3 所示，图中单位为 mm，以下不再说明。

在独立轮座部位，为了确保车轴的安全使用，在极限磨损状态下，车轮座直径与轴身直径之比至少要达到 1.12；在车轴的初始状态下，建议这个比值保证为 1.15。轮座两侧的两个截面的过渡区域结构应保证其应力集中尽可能小。

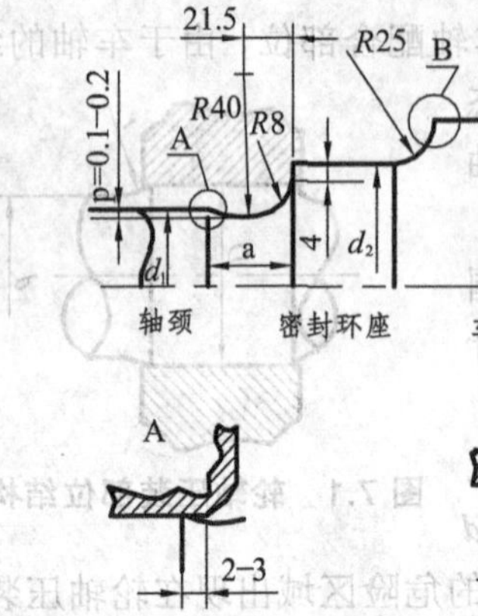

图 7.2　轴颈部位设计实例

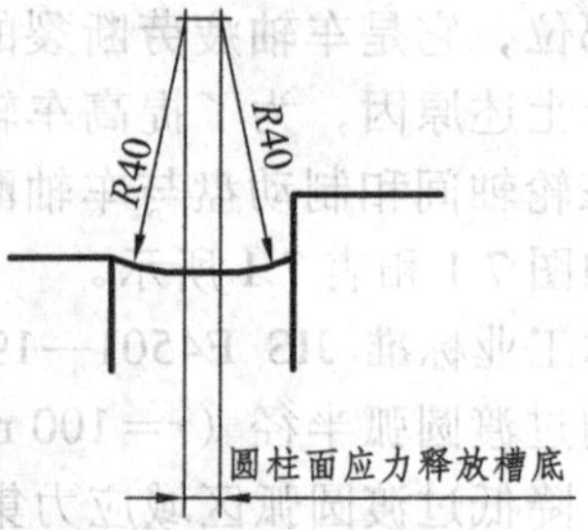

图 7.3　轮轴压装部位设计实例

为了进一步降低轮轴配合表面的微动磨损，特别是在靠近轴身的端面，轮毂的长度要超出轮座 2～7 mm；为了实现在轴身和车轮座、制动盘座或齿轮座间的过渡区域结构具有最小的应力集中，在靠近轴身处设计一个半径为 *R*75 mm 的过渡圆弧。图 7.4 给出一个结构设计实例。

在驱动车轴上，不仅安装车轮，而且安装驱动齿轮；在轴盘制动的非驱动车轴上，不仅安装车轮，而且安装制动盘。齿轮和制动盘与车轴的连接方式与车轮与车轴的连接方式相同，同样属于过盈配合。如果两相邻轮座的距离较小，不能用图 7.4 所示结构实现，为了避免压装零件的轮毂孔端面在该区域造成应力集中，在两轮座间设计一个平滑的应力释放槽将二者分开，应力释放槽的最小深度应略大于轮座的磨损极限，过渡区域的最小圆弧半径应达到 *R*16 mm，如图 7.5 所示的区域 A。如果两相邻轮座的距离较大，两过渡区域分别按图 7.4 所示结构实施，两过渡圆弧区域用圆柱形结构连接，如图 7.5 所示的区域 B。

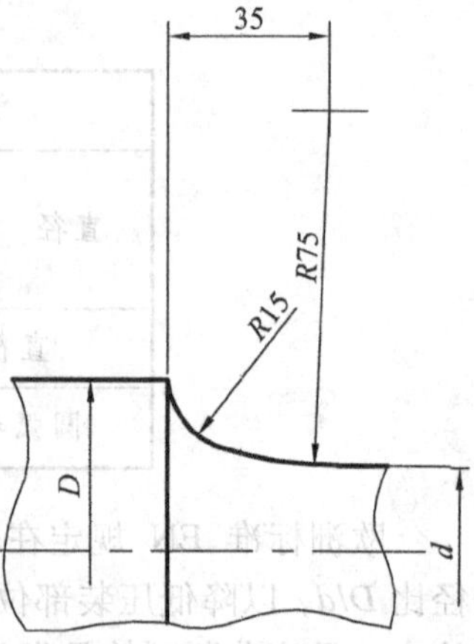

图 7.4　轮轴压装部位设计实例

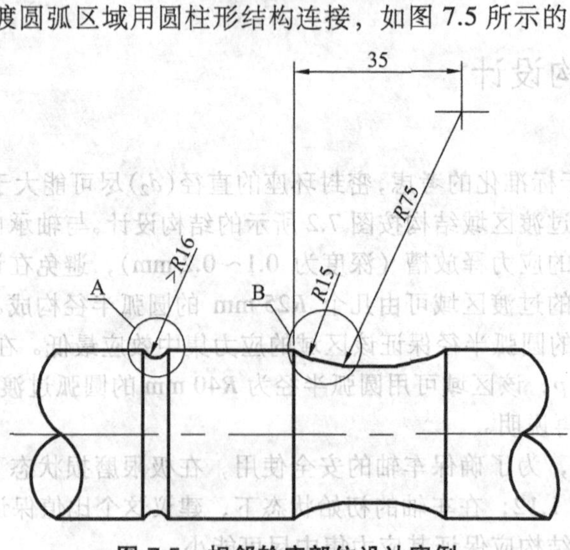

图 7.5　相邻轮座部位设计实例

7.2　车轴强度计算

7.2.1　计算载荷

在机车车辆运行过程中，车轴承受的载荷主要包括：机车车辆上部结构通过一悬挂系统传递到轴箱上的垂向载荷和横向载荷，轮轨接触点作用于车轮上的垂向载荷，横向载荷和纵向载荷，轴箱拉杆作用于车轴上的纵向载荷，驱动系统或制动系统作用于车轴上的载荷以及安装在车轴上驱动齿轮或制动盘产生的载荷。

在机车车辆运行过程中，车轴承担的载荷分为以下 3 类：

（1）簧上和簧下质量载荷。一系簧上质量振动产生的垂向载荷和横向载荷以及一系簧下安装在车轴上的驱动和制动集中质量单元振动引起的垂向载荷。簧上质量振动产生的载荷主要模拟机车车辆通过曲线时该质量对车轴产生的载荷；一系簧下安装在车轴上的集中质量振动产生的载荷主要模拟该质量振动产生的载荷使车轴计算截面的弯矩增大。

（2）驱动载荷。驱动系统作用于车轴上的驱动载荷，按启动牵引力确定。

（3）制动载荷。制动系统作用于车轴上的载荷，按最大制动力确定。

7.2.2　簧上和簧下质量载荷

车轴在簧上和簧下质量载荷作用下，其受力分析如图 7.6 所示。

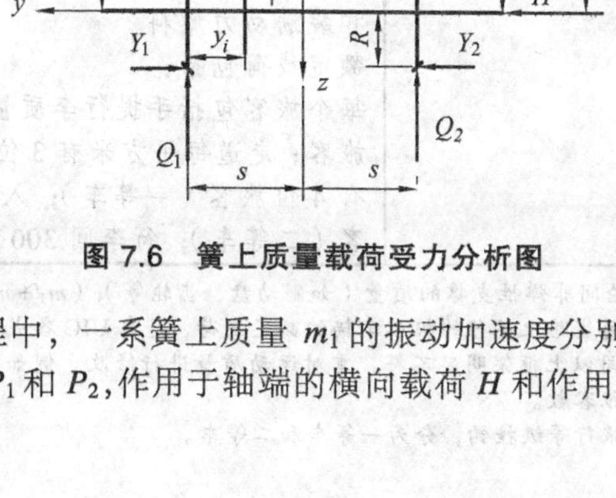

图 7.6　簧上质量载荷受力分析图

机车车辆在运行过程中，一系簧上质量 m_1 的振动加速度分别为 a_v 和 a_L，其引起的作用于轴颈上的垂向载荷 P_1 和 P_2，作用于轴端的横向载荷 H 和作用于轮轨接触点的横向载荷 Y_1，Y_2 分别为

$$P_1 = [(1+a_V)/2 + a_L h_1/(2b)]m_1 g \tag{7-1}$$

$$P_2 = [(1+a_V)/2 - a_L h_1/(2b)]m_1 g \tag{7-2}$$

$$H = Y_1 - Y_2 = a_L m_1 g \tag{7-3}$$

$$Y_1 = 2a_L m_1 g \tag{7-4}$$

$$Y_2 = a_L m_1 g \tag{7-5}$$

分别对左右轮轨接触点取矩，求得轮轨接触点作用于车轮上的垂向载荷 Q_1 和 Q_2 分别为

$$Q_1 = \frac{1}{2s}[P_1(b+s) - P_2(b-s) + (Y_1 - Y_2)R - F_i(2s - y_i)] \tag{7-6}$$

$$Q_2 = \frac{1}{2s}[P_2(b+s) - P_1(b-s) - (Y_1 - Y_2)R - F_i y_i] \tag{7-7}$$

式中，F_i 为安装在车轴上的驱动系统集中质量和制动系统集中质量产生的、作用于车轴的垂向载荷；h 为轮对支撑质量重心与车轴中心线间的垂直距离；m_1 为作用于轮对两轴颈上的质量（包括轴承和轴箱的质量），按表 7.2 确定；$2b$ 为轴箱轴承中心间的横向距离；$2s$ 为车轮名义滚动圆间的横向距离；y_i 为车轴上的集中质量单元质心距左侧车轮名义滚动圆的横向距离；R 为车轮名义滚动圆半径。

表 7.2　质量 m_1 的确定

铁道机车车辆类型	质量（$m_1 + m_2$）
1 机车（没有旅客、行李间和邮政间）	由轴重确定的运用中整车最大许用质量
2 干线机车车辆[①]	运动质量＋1.2×额定载荷 运动质量包括： 不带旅客的机车车辆质量、水箱装满水、沙箱装满沙和装满动力燃料 额定载荷包括： 每个旅客包括手提行李质量 80 kg；每个座位坐一个旅客；走道和入口通道每平方米有 2 位旅客；每间乘务室有两个人；行李间 300 kg/m²
3 城市轨道交通机车车辆[②]	运行质量＋1.2×额定载荷 运行质量包括： 不带旅客的机车车辆质量、水箱装满水、沙箱装满沙和装满动力燃料 额定载荷包括： 每个旅客包括手提行李质量 70 kg；每个座位坐一个旅客；走道每平方米有 3 位旅客；入口通道每平方米有 4 位旅客（一等车）；入口通道每平方米有 5 位旅客（二等车）；行李间 300 kg/m²

注：m_2 为轮对质量和两车轮间非弹性支撑的质量（如制动盘、齿轮等）；（$m_1 + m_2$）为轴重。

① 干线和城市轨道交通线路上运行的机车车辆的额定载荷，是在 UIC 各成员线路正常运行状况下确定的。如果运行状况同以上框架明显不符，需对运动质量进行修改。例如，增加或减少走道和入口通道处每平方米所站旅客数。

② 这些车有时同乘客旅行等级挂钩，分为一等车和二等车。

在上述载荷作用下，车轴任意截面承受的弯矩表达式为

$$\left.\begin{array}{ll} M_x = P_1 \cdot y_L & y_L \leqslant (b-s) \\ M_x = P_1 \cdot y_L + Y_1 \cdot R - Q_1 \cdot (y_L - b + s) & (b-s) < y_L \leqslant (b-s+y_i) \\ M_x = P_1 \cdot y_L + Y_1 \cdot R - Q_1 \cdot (y_L - b + s) - F_i \cdot (y_L - b + s - y_i) & (b-s+y_i) < y_L \leqslant (b+s) \\ M_x = P_1 \cdot y_L + (Y_1 - Y_2) \cdot R - Q_1 \cdot (y_L - b + s) - & \\ \qquad Q_2 \cdot (y_L - b - s) - F_i \cdot (y_L - b + s - y_i) & y_L > (b+s) \end{array}\right\} \tag{7-8}$$

式中，y_L 为计算危险断面距左侧轴颈力 P_1 作用点的横向距离。

上述载荷对车轴产生的弯矩如图 7.7 所示。

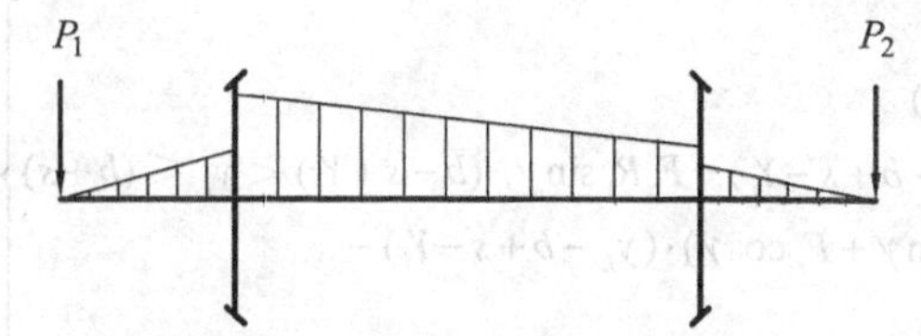

图 7.7　簧上质量载荷作用下车轴弯矩图

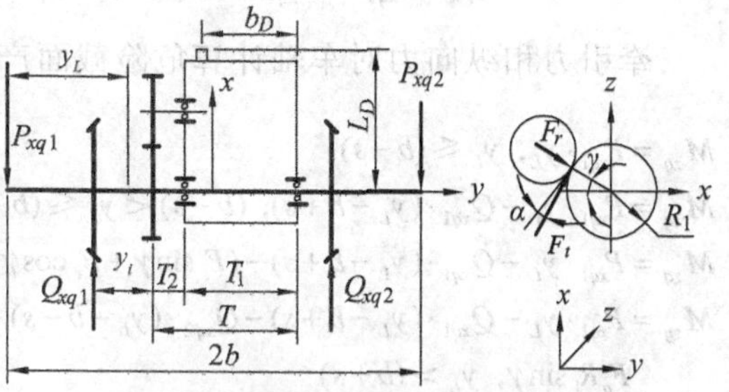

图 7.8　驱动载荷受力分析图

7.2.3　驱动载荷

驱动载荷出现在机车转向架车轴上。如果机车转向架的驱动方式为车轴齿轮通过注油压装方式安装在车轴上，齿轮的结构分为直齿轮、斜齿轮和人字形齿轮。以图 7.8 所示的抱轴斜齿轮驱动系统为例，确定驱动系统对车轴的作用力。

作用于车轴齿轮啮合点作用力的计算关系式为

$$\left.\begin{array}{l} F_t = M_{qt} / R_1 \\ F_a = F_t \tan\beta \\ F_r = F_t \tan\alpha_n / \cos\beta \end{array}\right\} \tag{7-9}$$

式中，M_{qt} 为作用于斜齿轮节圆上的扭矩； F_t 为作用于斜齿轮节圆上的切向力；F_a 为作用于斜齿轮节圆上的轴向力；F_r 为作用于斜齿轮节圆上的径向力；R_1 为安装在车轴上的斜齿轮节圆直径；β 为右旋斜齿轮的节圆螺旋角；α_n 为斜齿轮法面压力角。

如果驱动齿轮传动为直齿轮传动，式（7-9）中的螺旋角$\beta=0$，即可得出作用于直齿轮上的作用力；如果驱动传动为人字形齿轮传动，式（7-9）中的轴向力 $F_a=0$。

由驱动扭矩产生的作用于抱轴轴承上的合力为

$$F_{zL} = M_{qt} / L_D \tag{7-10}$$

式中，L_D 为电机吊挂点到车轴轴线间的距离。

轴承 1 和 2 作用于车轴上的垂向力分别为

$$\left.\begin{aligned}F_{zL1}&=b_D M_{qt}/(L_D\cdot T_1)\\F_{zL2}&=F_{zL}-b_D M_{qt}/(L_D\cdot T_1)\end{aligned}\right\}\tag{7-11}$$

式中，b_D 为电机吊挂点距右侧抱轴箱支撑轴承的横向距离。

由驱动扭矩和驱动齿轮啮合点作用于驱动大齿轮上的力，继而产生的作用于轮轨接触点的牵引力和作用于轴颈上的纵向力分别为

$$\left.\begin{aligned}Q_{xq1}&=M_{qt}/(2R)\\P_{xq1}&=Q_{xq1}+[(F_t\sin\gamma+F_r\cos\gamma)\cdot(b+s-Y_i)+F_aR_1\sin\gamma]/2b\\Q_{xq2}&=M_{qt}/(2R)\\P_{xq2}&=Q_{xq2}+[(F_t\sin\gamma+F_r\cos\gamma)\cdot(b-s+Y_i)-F_aR_1\sin\gamma]/2b\end{aligned}\right\}\tag{7-12}$$

牵引力和纵向力对车轴计算危险截面产生的弯矩为

$$\left.\begin{aligned}&M_{zq}=P_{xq1}\cdot y_L,\ y_L\leqslant(b-s)\\&M_{zq}=P_{xq1}\cdot y_L-Q_{xq1}\cdot(y_L-b+s),\ (b-s)<y_L\leqslant(b-s+Y_i)\\&M_{zq}=P_{xq1}\cdot y_L-Q_{xq1}\cdot(y_L-b+s)-(F_t\sin\gamma+F_r\cos\gamma)\cdot(y_L-b+s-Y_i)-F_aR_1\sin\gamma,\ (b-s+Y_i)<y_L\leqslant(b+s)\\&M_{zq}=P_{xq1}\cdot y_L-Q_{xq1}\cdot(y_L-b+s)-Q_{xq2}\cdot(y_L-b-s)-(F_t\sin\gamma+F_r\cos\gamma)\cdot(y_L-b+s-Y_i)-\\&\quad F_aR_1\sin\gamma,\ y_L>(b+s)\end{aligned}\right\}\tag{7-13}$$

车轴计算危险截面承受的扭矩为

$$\left.\begin{aligned}&M_{yq}=0,\ y_L<(b-s)\ \text{或}\ y>(b+s)\\&M_{yq}=M_{qt}/2,\ (b-s)\leqslant y_L\leqslant(b+s)\end{aligned}\right\}\tag{7-14}$$

由驱动齿轮啮合点作用于驱动大齿轮上的力，产生的作用于轴箱上的垂向力为

$$\left.\begin{aligned}P_{zq1}&=[(F_t\cos\gamma-F_r\sin\gamma)\cdot(b+s-Y_i)-F_{zL1}(b+s-Y_i)-F_{zL2}(b+s-Y_i-T)+F_aR_1\cos\gamma]/2b\\P_{zq2}&=[(F_t\cos\gamma-F_r\sin\gamma)\cdot(b-s+Y_i)-F_{zL1}(b-s+Y_i)-F_{zL2}(b-s+Y_i+T)-F_aR_1\cos\gamma]/2b\end{aligned}\right\}\tag{7-15}$$

作用于轴颈上的垂向力对车轴计算危险截面产生的弯矩为

$$\left.\begin{aligned}&M_{xq}=P_{zq1}\cdot y_L,\ y_L\leqslant(b-s+Y_i)\\&M_{xq}=P_{zq1}\cdot y_L-(F_t\cos\gamma-F_r\sin\gamma)\cdot(y_L-b+s-Y_i),\ (b-s+Y_i)<y_L\leqslant(b-s+Y_i+T_2)\\&M_{xq}=P_{zq1}\cdot y_L-(F_t\cos\gamma-F_r\sin\gamma)\cdot(y_L-b+s-Y_i)+F_{zL1}\cdot(y_L-b+s-Y_i-T_2)-F_aR_1\cos\gamma,\\&\quad(b-s+Y_i+T_2)<y_L\leqslant(b-s+Y_i+T)\\&M_{xq}=P_{zq1}\cdot y_L-(F_t\cos\gamma-F_r\sin\gamma)\cdot(y_L-b+s-Y_i)+F_{zL1}\cdot(y_L-b+s-Y_i-T_2)+\\&\quad F_{zL2}\cdot(y_L-b+s-Y_i-T)-F_aR_1\cos\gamma,\ (b-s+Y_i+T)<y_L\end{aligned}\right\}\tag{7-16}$$

如果驱动方式为轮对空心轴传动，车轴承担的驱动载荷为驱动扭矩 M_{qt}，通过空心轴传动系统作用于车轴上，其作用位置在一侧车轮轮辐上，如图 7.9 所示。车轴任意计算截面承受的扭矩为

$$\left.\begin{aligned}&M_{yq}=0,\ \ y_L<(b-s),\ \ y_L>(b+s)\\&M_{yq}=M_{qt}/2,\ \ (b-s)\leqslant y_L\leqslant(b+s)\end{aligned}\right\}\tag{7-17}$$

由驱动扭矩产生的作用于轮轨接触点的牵引力和作用于轴颈上的纵向力分别为

$$Q_{q1}=Q_{q2}=\frac{M_{qt}}{2R} \tag{7-18}$$

$$P_{q1}=P_{q2}=Q_{q1} \tag{7-19}$$

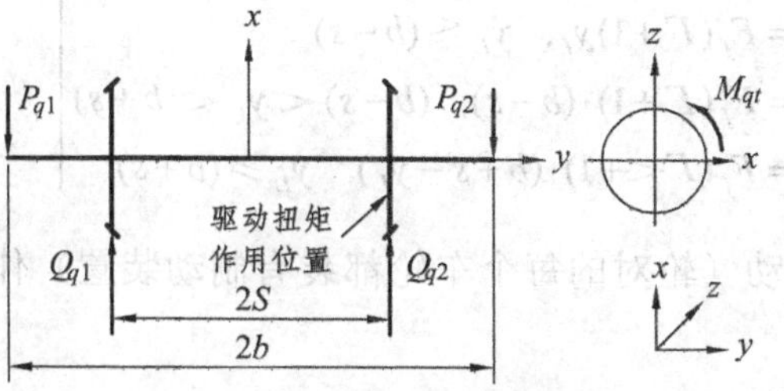

图 7.9　驱动载荷受力分析图

牵引力和纵向力对车轴计算危险断面产生的弯矩为

$$\left.\begin{aligned}
&M_{zq}=P_{q1}\cdot y_L,\quad y_L\leqslant(b-s)\\
&M_{zq}=P_{q1}\cdot y_L-Q_{q1}\cdot(y_L-b+s),\quad (b-s)<y_L\leqslant(b+s)\\
&M_{zq}=P_{q1}\cdot y_L-Q_{q1}\cdot(y_L-b+s)-Q_{q2}\cdot(y_L-b-s),\quad y_L>(b+s)
\end{aligned}\right\} \tag{7-20}$$

7.2.4　制动载荷

机车车辆的机械制动方式分为双侧踏面制动、单侧踏面制动、单侧或双侧轮辐式盘形制动和轴式盘形制动。对于不同的制动方式，在车轴上的作用力分为如下几类分别计算。

（1）双侧踏面制动（轮对的每个车轮都装有制动装置）作用于车轴上的弯矩和扭矩计算表达式为

$$\left.\begin{aligned}
&M_{xZ}=0.3F_f\Gamma y_L,\quad y_L\leqslant(b-s)\\
&M_{xZ}=0.3F_f\Gamma(b-s),\quad (b-s)<y_L<(b+s)\\
&M_{xZ}=0.3F_f\Gamma(b+s-y_L),\quad y_L\geqslant(b+s)\\
&M_{yZ}=0,\quad y_L\leqslant(b-s)\ \text{或}\ y_L\geqslant(b+s)\\
&M_{yZ}=0.3R\cdot P,\quad (b-s)<y_L<b+s)\\
&M_{zZ}=0.3F_f(\Gamma+0.3)y_L,\quad y_L\leqslant b-s)\\
&M_{zZ}=0.3F_f(\Gamma+0.3)(b-s),\quad (b-s)<y_L<(b+s)\\
&M_{zZ}=0.3F_f(\Gamma+0.3)\cdot(b+s-y_L),\quad y_L\geqslant(b+s)
\end{aligned}\right\} \tag{7-21}$$

（2）单侧踏面制动（轮对的每个车轮都装有制动装置）作用于车轴上的弯矩和扭矩计算表达式为

$$\left.\begin{aligned}
&M_{xZ}=F_f\varGamma y_L,\ y_L\leqslant(b-s)\\
&M_{xZ}=F_f\varGamma(b-s),\ (b-s)<y_L<(b+s)\\
&M_{xZ}=F_f\varGamma(b+s-y_L),\ y_L\geqslant(b+s)\\
&M_{yZ}=0,\ y_L\leqslant(b-s)\text{或}\ y_L\geqslant(b+s)\\
&M_{yZ}=0.3R\cdot P,\ (b-s)<y_L<(b+s)\\
&M_{zZ}=F_f(\varGamma+1)y_L,\ y_L\leqslant(b-s)\\
&M_{zZ}=F_f(\varGamma+1)\cdot(b-s),\ (b-s)<y_L<(b+s)\\
&M_{zZ}=F_f(\varGamma<+1)\cdot(b+s-y_L),\ y_L\geqslant(b+s)
\end{aligned}\right\}\tag{7-22}$$

（3）轮辐式盘形制动（轮对的每个车轮都装有制动装置）作用于车轴上的弯矩和扭矩计算表达式为

$$\left.\begin{aligned}
&M_{xZ}=F_f\varGamma y_L,y_L\leqslant(b-s)\\
&M_{xZ}=F_f\varGamma(b-s+y_f),\ (b-s)<y_L<(b+s)\\
&M_{xZ}=F_f\varGamma(b+s-y_L),\ y_L\geqslant(b+s)\\
&M_{yZ}=0,\ y_L\leqslant(b-s)\text{或}\ y_L\geqslant(b+s)\\
&M_{yZ}=0.3R\cdot P,\ (b-s)<y_L<(b+s)\\
&M_{zZ}=F_f\varGamma(R_b/R)y_L,\ y_L\leqslant(b-s)\\
&M_{zZ}=F_f\varGamma(R_b/R)(b-s),\ (b-s)<y_L<(b+s)\\
&M_{zZ}=F_f\varGamma(R_b/R)(b+s-y_L),\ y_L\geqslant(b+s)
\end{aligned}\right\}\tag{7-23}$$

（4）车轴式盘形制动（每根车轴装有两个制动盘）作用于车轴上的弯矩和扭矩计算表达式为

$$\left.\begin{aligned}
&M_{xZ}=F_f\varGamma y_L,\ y_L\leqslant(b-s+y_f)\\
&M_{xZ}=F_f\varGamma(b-s+y_f),\ (b-s+y_f)<y_L<(b+s-y_f)\\
&M_{xZ}=F_f\varGamma(b+s-y_f-y_L),\ y_L\geqslant(b+s-y_f)\\
&M_{yZ}=0,\ y_L\leqslant(b-s)\text{或}\ y_L\geqslant(b+s)\\
&M_{yZ}=0.3R\cdot P,\ (b-s)<y_L<(b+s)\\
&M_{zZ}=F_f\varGamma(R_b/R)y_L,\ y_L\leqslant(b-s+y_f)\\
&M_{zZ}=F_f\varGamma(R_b/R)(b-s+y_f),\ (b-s+y_f)<y_L<(b+s-y_f)\\
&M_{zZ}=F_f\varGamma(R_b/R)(b+s-y_f-y_L),\ y_L\geqslant(b+s-y_f)
\end{aligned}\right\}\tag{7-24}$$

式中，$\varGamma$为由制动摩擦片和制动盘材料决定的系数；F_f为制动闸瓦压力；P为制动时轮轨垂向作用力；R_b为制动盘摩擦圆半径；y_f为制动盘到车轮名义滚动圆的横向距离。

7.2.5　危险截面的确定

在车轴应力分布中，在实心或空心车轴的圆柱外表面和空心车轴的孔表面区域，应力

集中系数 $K=1$，然而截面尺寸的变化意味着应力集中的增大，最大应力出现在：① 不同直径的两个相邻圆柱面的过渡区域；② 分割槽或退刀槽区域；③ 轮（车轮或齿轮或制动盘）或轴承内圈与车轴过盈配合的起始或终止区域；④截面的最大弯矩处。以某高速动力车转向架轮对空心轴传动系统的车轴结构为例，其危险截面的确定如图 7.10 所示。

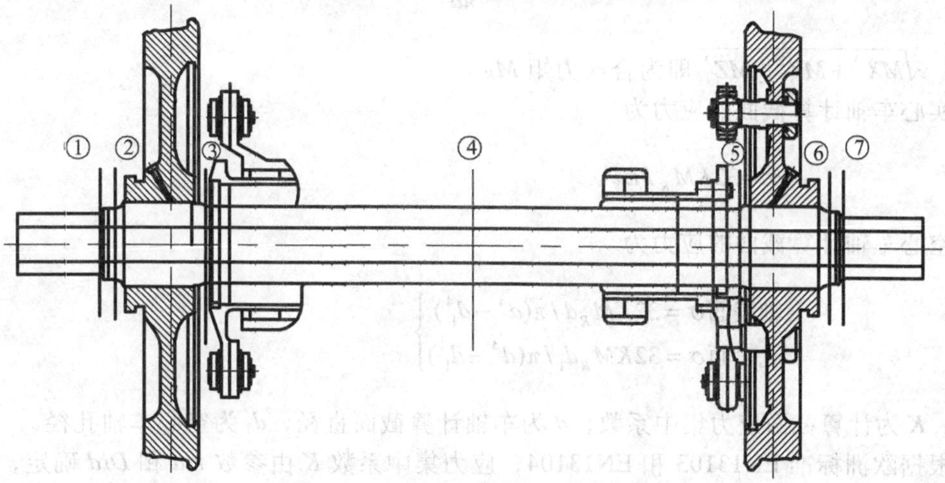

图 7.10　车轴结构与强度计算截面

7.2.6　应力计算

在上述载荷的作用下，车轴每个计算危险截面承受的合力矩为

$$M_R = \sqrt{MX^2 + MY^2 + MZ^2} \tag{7-25}$$

式中，对于牵引工况：

$$MX = M_x + M_{xq},\ MY = M_y + M_{yq},\ MZ = M_z + M_{zq}$$

对于制动工况：

$$MX = M_x + M_{xZ},\ MY = M_y + M_{yZ},\ MZ = M_z + M_{zZ}$$

其中，MX 和 MZ 产生弯曲应力，MY 产生剪应力。

圆截面弯曲梁的弯曲应力为

$$\sigma_n = \frac{32\sqrt{MX^2 + MZ^2}}{\pi d^3} \tag{7-26}$$

圆截面梁的两截面相对扭转应力为

$$\sigma_t = \frac{16MY}{\pi d^3} \tag{7-27}$$

由合应力导出的两个主应力分别为

$$\sigma_1 = \frac{\sigma_n + \sqrt{\sigma_n^2 + 4\sigma_t^2}}{2},\quad \sigma_2 = \frac{\sigma_n - \sqrt{\sigma_n^2 + 4\sigma_t^2}}{2} \tag{7-28}$$

在通常情况下，由于弯曲应力的绝对值远远高于剪应力（10～20 倍），按照莫尔（Mohr）应力理论确定的等效应力作为直径为 d 的截面的检验应力：

$$\sigma=\sigma_1-\sigma_2=\sqrt{\sigma_n^{\ 2}+4\sigma_t^{\ 2}}=\frac{32}{\pi d^3}\sqrt{MX^2+MY^2+MZ^2} \tag{7-29}$$

式中，$\sqrt{MX^2+MY^2+MZ^2}$ 即为合成力矩 M_R。

实心车轴计算截面的应力为

$$\sigma=32KM_R/\pi d^3 \tag{7-30}$$

空心车轴计算截面的应力为

$$\left.\begin{aligned}&\text{轴表面}\sigma=32KM_R d/\pi(d^4-d_1^4)\\&\text{孔表面}\sigma=32KM_R d_1/\pi(d^4-d_1^4)\end{aligned}\right\} \tag{7-31}$$

式中，K 为计算截面应力集中系数；d 为车轴计算截面直径；d_1 为空心车轴孔径。

根据欧洲标准 EN13103 和 EN13104，应力集中系数 K 由参数 r/d 和 D/d 确定，划分为如图 7.11（两个圆柱截面间的过渡区域）和图 7.12 所示（应力释放槽或退刀槽过渡区域）的两类结构形式。

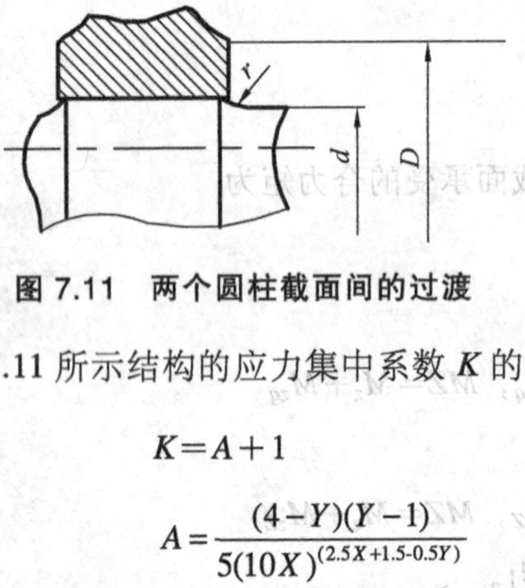

图 7.11 两个圆柱截面间的过渡

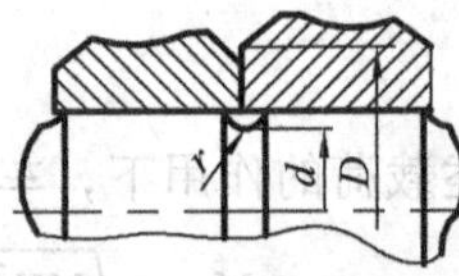

图 7.12 应力释放槽或退刀槽过渡

图 7.11 所示结构的应力集中系数 K 的计算式为

$$K=A+1 \tag{7-32}$$

$$A=\frac{(4-Y)(Y-1)}{5(10X)^{(2.5X+1.5-0.5Y)}} \tag{7-33}$$

图 7.12 所示结构的应力集中系数 K 的计算式为

$$K=A\times B+1 \tag{7-34}$$

$$A=\frac{(4-Y)(Y-1)}{5(10X)^{(2.5X+1.5-0.5Y)}} \tag{7-35}$$

$$B=\frac{-1.2X^2+37X}{Y^6}+1.74 \tag{7-36}$$

式中，$X=r/d$；$Y=D/d$；r 为过渡曲线半径；d 为计算应力集中区域的圆柱截面直径；D 为相对圆柱截面直径。

对于安装在客车和货车上的非驱动车轴，仅计算制动工况。

7.3　车轮结构设计

在组成机车车辆的所有零部件中，车轮的工作条件是最恶劣的部件之一。车轮在承担机车车辆质量的情况下，承受大量诸如由闸瓦摩擦、钢轨接头、来自车上和轮轨间持续不断的动态载荷引起的很高的热应力和机械应力产生的机械损伤。

由于受车轮直径大小、辐板与轮毂和轮辋相交点的限制，车轮设计通常只是在原有的基础上对辐板几何形状或几何尺寸作局部的改动。因为踏面形状取决于相关标准的规定，轮辋厚度由车轮踏面的磨耗量决定。因此，所有车轮设计人员所能做的工作相当有限。从总的设计观点来看，由于车轮与车轴和钢轨接触面的要求，踏面和轮毂的设计几乎是不变的，常见的车轮辐板形状通常有4大类：直辐板、波形辐板、盆形辐板、S形辐板，如图7.13所示。

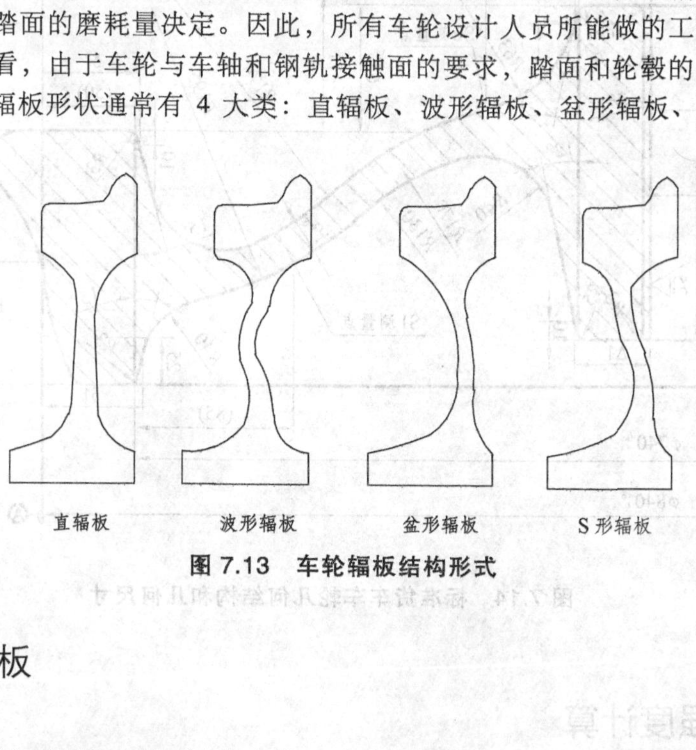

图7.13　车轮辐板结构形式

7.3.1　直辐板

一般在轮盘制动情况下采用该种车轮。这种车轮在垂直载荷及单独热载荷作用下辐板应力较小，但轮辋热应力及残余应力均较大，横向载荷作用下的应力也较大。该轮的径向刚度大，横向刚度小，这种车轮的强度、刚度性能较差。

7.3.2　波形辐板

国际铁路联盟UIC标准规定的标准车轮即为此种形状，这种车轮在横向及热载荷作用下的应力、残余应力均较大，横向刚度较小，其显著优点是径向刚度小。

7.3.3　盆形和 S 形辐板

这两种车轮的强度和刚度性能比较接近，盆形较 S 形要好一些。它们的各项性能均比较好，特别是热负荷的承受能力和横向刚度均较大。

目前，对于采用踏面制动的机车、客车和货车车轮，其结构几何形状和几何尺寸基本趋于标准化，如图 7.14 所示的名义滚动圆直径为 840 mm 的货车车轮。

对于采用轮盘制动的机车车辆车轮和采用轮对空心轴驱动的机车车轮，轮辐几何形状和几何尺寸取决于制动盘的几何结构和安装方式，或空心轴驱动装置在车轮轮辐上安装方式。

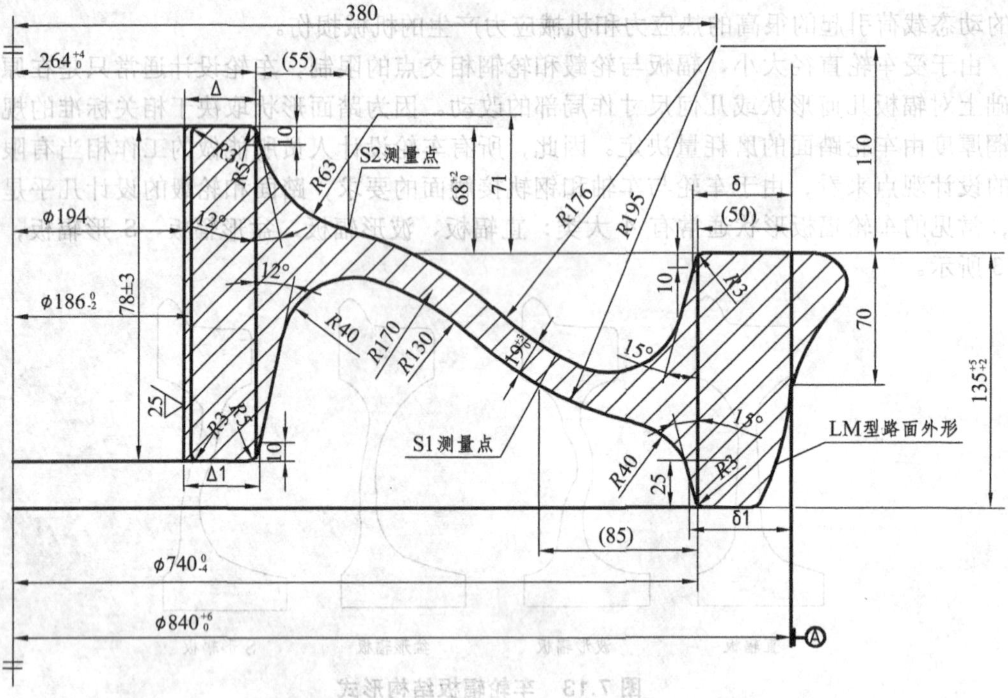

图 7.14　标准货车车轮几何结构和几何尺寸

7.4　车轮强度计算

在常规的车轮强度计算中，主要考虑车轮在多种复合载荷（机械载荷和热载荷）作用下辐板区域的疲劳，关于车轮踏面的磨耗和剥离的研究属于摩擦学的范畴。在机车车轮运行过程中，车轮疲劳失效会带来灾难性的后果。自 1998 年 6 月 4 日德国第一代 ICE 高速列车的弹性车轮在 Eschede 铁路桥上发生事故以来，车轮疲劳失效的研究得到了前所未有的重视。随着列车运行速度和载重量的不断提高，轮轨动作用力将不断加大，作为承载和运动部件的车轮所承受的工作载荷显著增加。近年来，提速列车、准高速列车和高速列车车轮疲劳破坏时有发生，给列车的安全运行留下了隐患。

7.4.1　计算模型

车轮结构具有复杂的几何形状，传统的弹性力学计算方法难以得出计算精度较高的解。随着有限元法和数值计算方法的不断发展，应用有限元法（FEM）对车轮强度进行分析得到推广。对于轴对称结构的车轮，采用 ANSYS 有限元软件提供的轴对称单元进行计算，此类单元可承受非轴对称载荷；对于为非轴对称结构的车轮，采用三维 8 节点或 20 节点六面体实体单元或 10 节点四面体单元建立有限元计算模型，如图 7.15 所示。

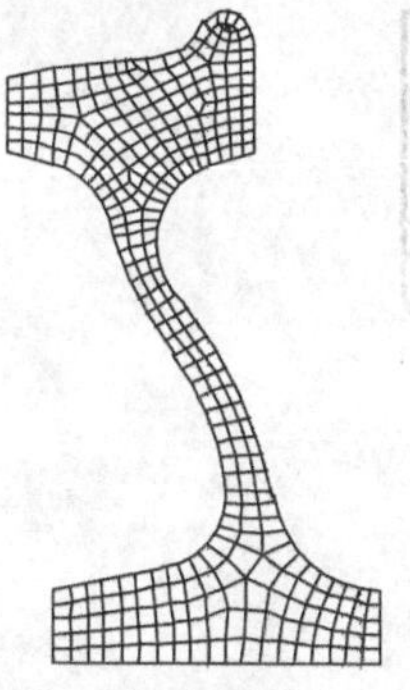

（a）2D 轴对称模型

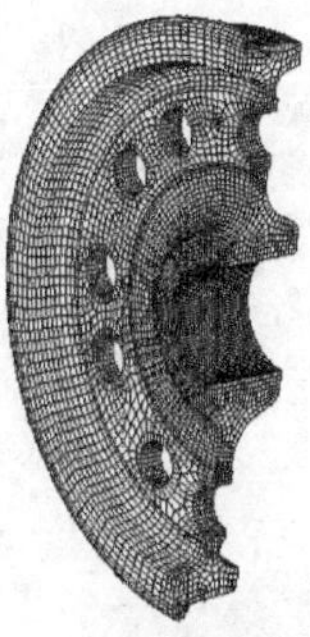

（b）3D 实体模型

图 7.15　车轮有限元（FEM）模型

7.4.2　车轮强度计算载荷工况

在车轮的工作寿命期间，由于车轮踏面的磨耗、表面剥离和表面擦伤等破坏，当其达到一定的程度需进行旋轮处理，直到其几何尺寸达到设计的极限状态（磨耗到限），该车轮的使用周期完成。因此，磨耗到限车轮的应力水平高于新造车轮。在强度计算时，分别以新车轮和车轮磨耗到限车轮的几何尺寸作为计算的基础，以保证车轮在整个使用周期内的安全性。

在机车车辆运行过程中，车轮承担的主要载荷包括轮轨接触点作用力、轮轴过盈配合产生的力和车轮高速旋转产生离心力。因此，根据国际铁路联盟标准 UIC510－5 和欧洲标准 EN13979－1，将机车车辆车轮在线路运行中承担的载荷划分为如下 3 个载荷工况。

（1）直线运行工况。

垂直动载荷 P_1＋过盈量Δ＋最高运行速度对应的角速度

（2）曲线运行工况。

垂直动载荷 P_2＋横向动载荷 H_2＋过盈量Δ＋最高运行速度对应的角速度

（3）道岔通过工况。

垂直动载荷 P_3＋横向动载荷 H_3＋过盈量Δ＋最高运行速度对应的角速度

$$P_j = 1.25P_0\ (j = 1,2,3) \tag{7-37}$$

$$H_2 = \alpha P_0 \tag{7-38}$$

$$H_3 = \alpha\beta P_0 \tag{7-39}$$

式中，α 为横向载荷系数；对于导向轮对：α=0.7；对于非导向轮对：α=0.6。β 取值为 0.6；P_0 为轮重。

对于采用踏面制动的车轮，在上述 3 个载荷工况工况中，叠加紧急制动时产生的热载荷。

在不同载荷工况下，作用于轮轨作用点的载荷对车轮作用力的方向和位置如图 7.16 所示。

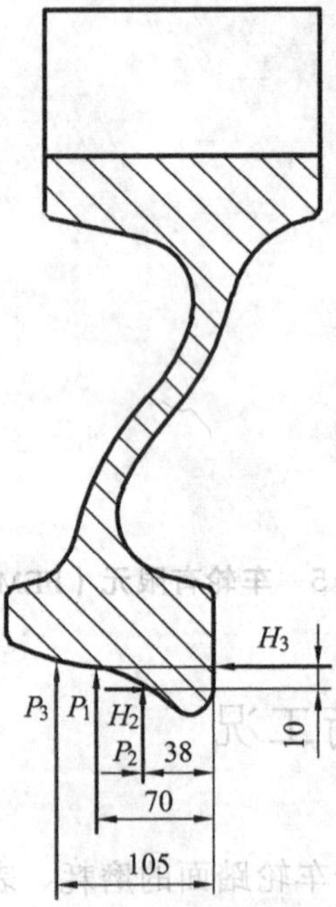

图 7.16　不同载荷工况下轮轨力位置

7.4.3　应力计算方法

在每个载荷工况下，用有限元法计算车轮在上节确定的载荷绕车轮旋转 180° 的情况下的应力分布。对于轴对称结构，利用在轴对称单元上可施加按傅立叶级数展开的非轴对称载荷，分别计算 0°～180°条件下的车轮应力分布，即可确定车轮的最大应力 σ_{max} 和最小应力 σ_{min}；对于非轴对称结构，确定载荷绕车轮旋转 180°的条件下的车轮应力分布，找出车轮的最大应力 σ_{max} 和最小应力 σ_{min}。

7.4.4　静强度评定

在上述载荷的作用下，车轮静强度满足设计和运行的条件为：其最大 von_Mises 应力不大于许用应力，即 $\sigma_{max} \leqslant [\sigma]$。

7.4.5　疲劳强度评定

按照 6.3.2 节给出的疲劳强度评定方法对车轮的疲劳强度进行评定。

通过有限元计算程序输出计算模型节点的应力分布信息，利用弹性力学理论计算节点的三个方向的主应力值及其与节点位置基准夹角的方向余弦，确定每个节点在不同载荷工况作用下的最大和最小主应力值，按下式计算平均应力和应力幅：

$$\sigma_m = \frac{\sigma_{\max} + \sigma_{\min}}{2}, \quad \sigma_a = \frac{\sigma_{\max} - \sigma_{\min}}{2} \tag{7-40}$$

根据修正的 Goodman 曲线评定车轮的疲劳强度。

车轮制造材料的光滑试棒对称循环疲劳极限为σ_{-1}，考虑到实际车轮结构与光滑试棒存在着由结构截面刚度突变、局部微小结构细节的缺口效应和表面加工质量等级的差异，车轮结构的疲劳极限低于光滑试棒的疲劳极限。这些因素对车轮对称循环疲劳极限的影响按下式计算：

$$\sigma_{-1d} = \frac{\sigma_{-1} \cdot \varepsilon \cdot \beta}{K_s} \tag{7-41}$$

其中，σ_{-1} 为车轮材料光滑试棒对称循环疲劳极限；σ_{-1d} 为车轮零件对称循环疲劳极限；K_s为有效应力集中系数；β为表面加工系数；ε为尺寸系数。

〖例 7-1〗　以国产 270 km/h 高速动力车驱动车轮为例，用上述确定的计算载荷工况和疲劳强度评定方法对其进行疲劳强度分析。

动力车轴重 19.5 t，存活率 p=95%，置信度γ=95%的 CL60 钢制造车轮辐板区域的 Haigh 形式的 Goodman 疲劳曲线如图 7.17 所示。

解： 用 ANSYS5.7 有限元分析软件实施车轮结构静强度分析，车轮的有限元计算模型由 52 168 个三维 8 节点六面体实体单元和 62 986 个节点组成，如图 7.18 所示。计算载荷及载荷工况同 7.4.2 节。

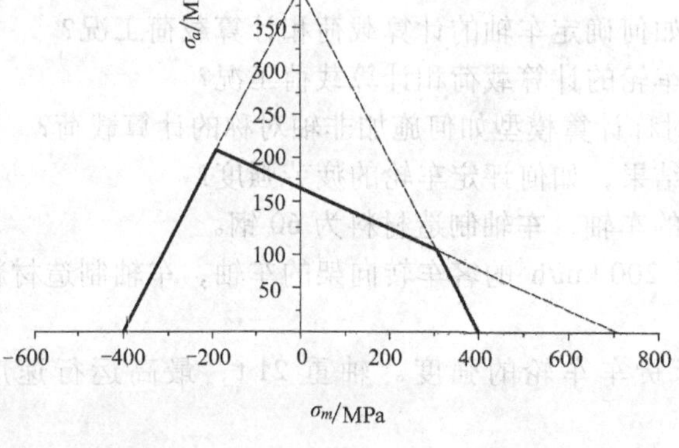

图 7.17　Haigh-Goodman 曲线

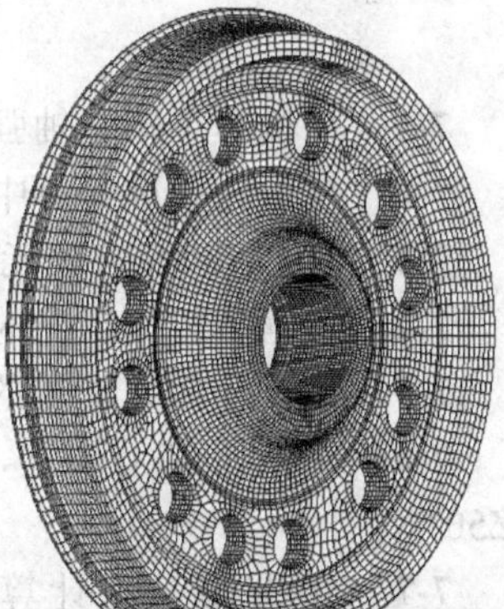

图 7.18　动力车驱动车轮有限元模型

(1) 静强度计算结果及分析

在不同载荷工况下，车轮的最大 von_Mises 应力及其位置见表 7.3，其值均小于 CL60

表 7.3 不同载荷工况的最大 von_Mises 应力值

载荷工况	应力/MPa	位　　置
1	292.070	轮轴接触面
2	296.460	
3	294.240	

钢的许用应力$[\sigma]=307$ MPa，车轮的静强度满足设计要求。

(2) 疲劳强度计算结果及分析

按上述给出的疲劳强度评定方法对车轮的 3 个载荷工况的计算结果进行处理。计算结果表明，车轮腹板孔边各节点的应力幅最大，是车轮疲劳强度的薄弱区域，其与许用应力幅的比较如图 7.19 所示。

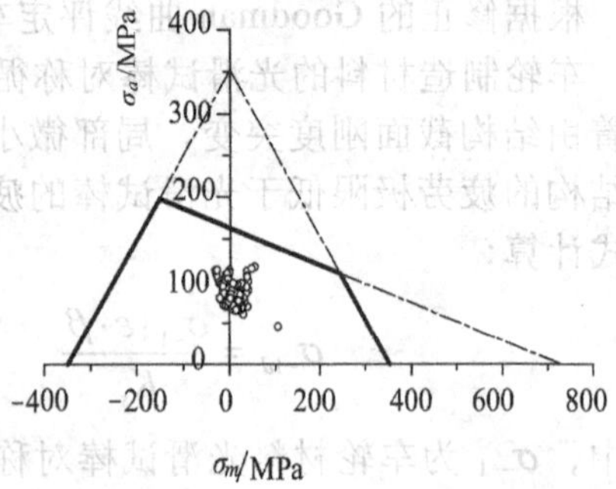

图 7.19 车轮腹板孔边应力与许用应力比较

图 7.19 所示的结果表明，在疲劳强度分析中，出现最大 von_Mises 应力的节点位置，其最大应力幅与对应的许用应力幅之差均大于车轮腹板孔边最大应力幅与对应的许用应力幅之差，不是结构的危险位置。其主要原因是结构的疲劳强度取决于应力循环过程的平均应力和应力变化幅度或应力比，在轮轴过盈配合区域其平均应力较大，应力变化幅度较小。因此，在车轮制造过程中，需对危险区域进行适当的加工处理，消除或降低由表面质量等引起的应力集中，提高结构的疲劳强度。

(3) 结论

计算结果表明，高速动力车车轮的结构强度满足设计要求。

【习　题】

7-1 在机车车辆车轴强度计算时，如何确定车轴的计算载荷和计算载荷工况？

7-2 在车轮强度计算中，如何确定车轮的计算载荷和计算载荷工况？

7-3 在 ANSYS 有限元软件中，轴对称计算模型如何施加非轴对称的计算载荷？

7-4 根据多载荷工况的有限元分析结果，如何评定车轮的疲劳强度？

7-5 试设计 25 t 轴重的货车转向架的车轴，车轴制造材料为 60 钢。

7-6 试设计 17 t 轴重、运行速度为 200 km/h 的客车转向架的车轴，车轴制造材料为 LZ50 钢。

7-7 用有限元法计算图 7.14 所示货车车轮的强度。轴重 21 t，最高运行速度为 120 km/h，车轮制造材料为 CL60 钢。

第 8 章 焊接结构设计与强度

疲劳破坏是焊接结构的主要破坏形式之一。其中由疲劳裂纹引起的断裂失效达 70%～80%，有时甚至高达 90%。影响焊接结构疲劳强度的因素有：焊接缺陷、接头应力集中、材料应力集中敏感性、残余应力和不合理结构设计等。其中：焊接缺陷（裂纹、夹渣、气孔、根部未焊透和咬边等）、接头应力集中、材料应力集中敏感性和残余应力是影响焊接接头疲劳寿命的主要因素，也是产生疲劳裂纹的根源。

焊接接头的裂纹萌生常常在无宏观焊接缺陷（在无损探伤精度可探缺陷）的情况下，在焊趾和焊缝根部启裂。而这个部位是焊接接头韧性最低的部位（包括熔合区和焊缝），又是残余应力峰值存在的区域，对低碳钢和低强度钢甚至达到材料的屈服极限，该区域实际上已无应力增加的余地，只有塑性应变增加的可能。当塑性应变达到极限，则开始形成裂纹，因此，这个区域的塑性和韧性变得特别重要。

8.1 选材准则

承受动载荷的焊接结构应选用优质钢材，降低碳、硫、磷和氧化物的含量，采用微合金化或 TMCP 技术等途径提高母材韧性，优化相匹配的焊接材料和焊接规范保证焊接接头强度，提高该区域的韧性，这些是提高焊接结构启裂寿命的主要材料和工艺条件。

8.1.1 选择强度高、韧性好的材料

在保证材料强度要求的基础上，焊接结构应选用韧性、延性好的材料作为母材。材料的疲劳强度取决于材料的机械性能，但是随着材料强度极限的提高，应力集中程度随之增加，如图 8.1 所示。图 8.1 为原轧制表面板材试样在脉动拉伸载荷作用下，2×10^6 次循环应力的疲劳强度σ_0 与母材抗拉强度σ_b 之间的关系。当σ_b 低于 700 MPa 时，其疲劳强度随σ_b 的增加而提高，两者的比值分布在 0.4～0.625 之间；当σ_b 继续增加时，疲劳强度不再提高。图中阴影线是采用机加工试样的疲劳试验结果。由此可见，钢材表面的粗糙度对钢材疲劳强度的敏感性随σ_b 增加而增强。图 8.2 为带有不同缺口板材试样的钢材强度极限与疲劳强度之间的关系。试样宽度 25 mm，它是经过机械加工的板材试样；在板中心有一个 5 mm 直径的圆孔，理论应力集中系数为 2.65；在板的两侧开 45°V 形缺口，缺口根部半径 r= 0.5 mm，理论应力集中系数为 6.0。试验结果清楚地表明，缺口引起的应力集中程度对钢材

疲劳强度的敏感性随σ_b增加而增强。当材料强度极限$\sigma_b \geqslant 700$ MPa 时，疲劳强度不再随强度极限的增加而提高，这就是说钢材的强度极限越高，其应力集中敏感性越大。高强度钢材不适于作为制造承受疲劳载荷的焊接结构的母材。

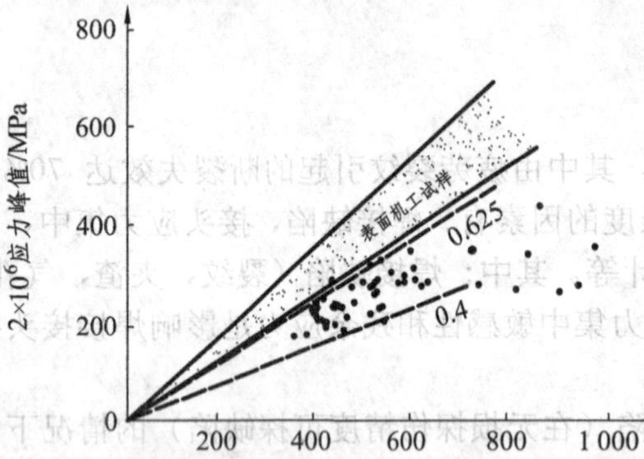

图 8.1　脉动拉伸载荷作用下保留轧制表面板材试样的钢材抗拉强度与疲劳强度之间的关系

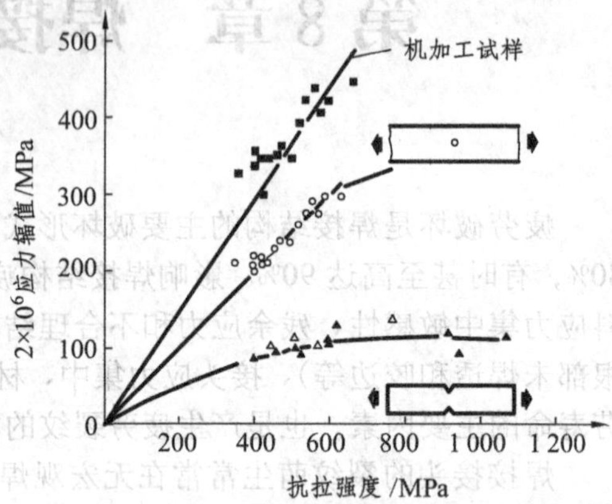

图 8.2　脉动拉伸载荷作用下，带缺口板材试样对系钢材疲劳强度的敏感性

8.1.2　选择焊接性能好的材料

焊接结构选材，要兼顾母材可焊性，选择韧性好的母材有利于减小缺口应力集中敏感性，有利于提高焊接结构的启裂寿命，减小产生焊接裂纹的倾向，防止焊接接头发生低温脆断。

8.2　焊接接头设计

在机车车辆焊接结构中，焊缝分为承载焊缝和非承载焊缝。在承载焊缝中主要采用对接焊缝与角焊缝。两者的主要区别在于所传递力流的偏转和导致的疲劳缺口效应。

8.2.1　对接焊缝

对接焊缝是板材间的一种连接焊缝，它基本不存在力流偏转问题，因而应力集中系数很小。对接焊缝连接的板材可处于同一平面之内或有一微小交角。焊缝形式有 I 形（即不开坡口）、V 形、U 形（有或没有钝边）、双 V 形和双 U 形（双 V 形即 X 形）以及卷边对接焊缝等。

母材的主要受载情况有三种，即沿焊缝方向的拉伸或压缩载荷（用$\sigma_{//}$表示）、垂直于焊缝方向的拉伸或压缩载荷（用$\sigma_{\perp}$表示）以及沿焊缝方向上的剪切载荷（用$\tau_{//}$表示）。弯曲和横向剪切是次要载荷。

图 8.3 所示为对接焊缝布置的三种常用形式，即横向焊缝、纵向连续焊缝和纵向断续焊缝。

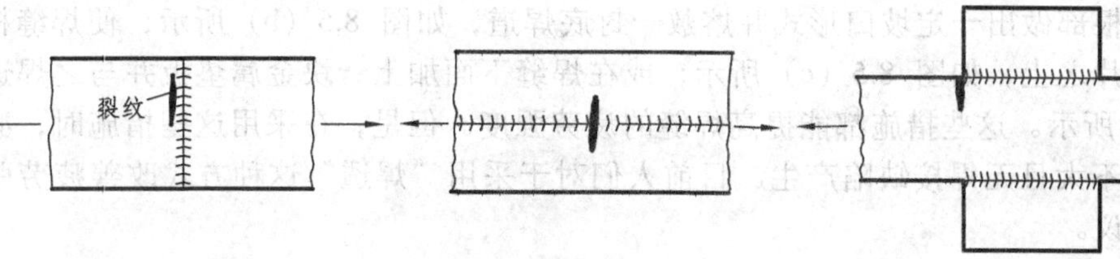

（a）横向焊缝　（b）纵向连续焊缝　（c）纵向断续焊缝

图 8.3　对接焊缝布置方式

试件的裂纹萌生危险部位常出现在咬边和焊缝根部缺口处。连续焊缝试件常出现在焊缝长度范围之内的起、收弧处或明显可见的焊波处。断续焊缝试件则常在焊缝端部，如图 8.4 和图 8.3（c）所示。断裂面总是垂直于主要加载方向。

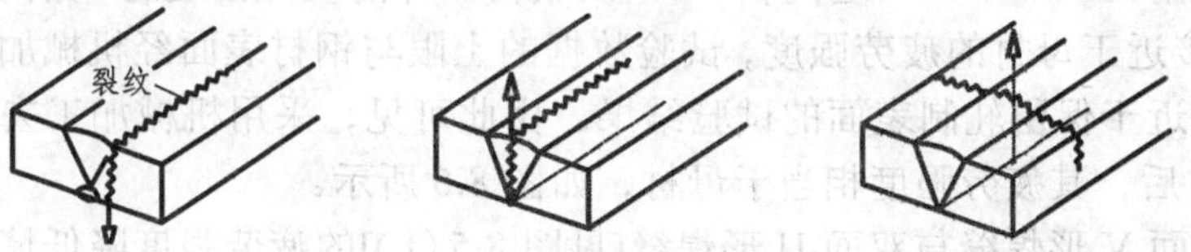

（a）焊趾　（b）焊缝根部　（c）起、熄弧处或焊缝鳞纹

图 8.4　对接焊缝裂纹萌生部位示意

低强度结构钢的连续对接焊缝的疲劳强度降低系数在横向拉伸（$\sigma_{\perp}$）时介于 0.5～0.9 之间，在纵向拉伸（$\sigma_{//}$）且无缝端时介于 0.7～0.9 之间，在剪切应力状态（$\tau_{//}$）时介于 0.6～0.9 之间。因此，对接焊缝接头比铆接接头（其为 0.5～0.6）能承受更高的载荷。

由此可以看出，横向拉伸应力状态（$\sigma_{\perp}$）下焊缝强度会有较大下降，因而应采取一定措施来改善焊缝强度，这是需要首先考虑的问题。下面介绍有关措施，它们同样也能改善剪切应力状态下的焊缝强度。

常见的对接焊缝形式如图 8.5 所示。影响焊缝接头疲劳性能的最主要因素是焊缝的外形和焊趾咬边缺陷。图 8.5（a）所示为单面施焊的横向 V 形坡口（有或没有钝边）或 I 形对接焊缝。承受$\sigma_{\perp}$应力时在焊缝根部处的拉伸弯曲应力会大大降低其疲劳强度。

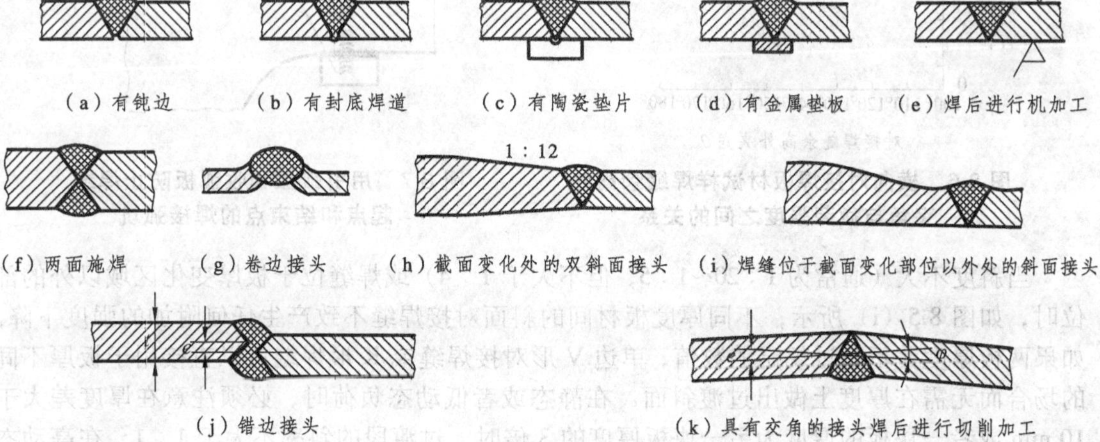

（a）有钝边　（b）有封底焊道　（c）有陶瓷垫片　（d）有金属垫板　（e）焊后进行机加工

（f）两面施焊　（g）卷边接头　（h）截面变化处的双斜面接头　（i）焊缝位于截面变化部位以外处的斜面接头

（j）错边接头　（k）具有交角的接头焊后进行切削加工

图 8.5　对接焊缝的各种形式示意

在焊缝根部做出一定坡口形式并熔敷一封底焊道，如图 8.5（b）所示；使焊缝根部成形于陶瓷垫片之上，如图 8.5（c）所示；或在焊缝下面加上一块金属垫板并与之焊透，如图 8.5（d）所示。这些措施都能提高焊缝的疲劳强度。但是，在采用这些措施时，必须保证焊缝余高不大且无焊接缺陷产生。目前人们对于采用“焊透”这种方式改善疲劳强度的能力仍有争议。

如图 8.5（e）所示的焊后进行机械加工削平焊缝余高，能进一步改善焊缝的疲劳强度，由于磨削要产生微小磨痕因而其效果不如机械加工。主要是因为切削加工去掉了焊缝外表所有的缺口效应，焊缝中只有熔合区被稀释金属材料（母材）中的微观缺陷能降低其强度。

在脉动拉伸载荷作用下，垂直于受力方向的横向对接焊缝接头的疲劳试验结果指出，焊缝余高外夹角在 120°～150°之间，2×10^6 次载荷循环的疲劳强度随θ角的增加而提高。当$\theta=180°$时，接近于母材的疲劳强度，试验数据的上限与钢材表面经机械加工后的试验结果相近，下限接近于保留轧制表面的试验结果。由此可见，采用机械加工去掉对接焊缝余高（使$\theta=180°$）后，其疲劳强度相当于母材，如图 8.6 所示。

厚板的双面 V 形焊缝与双面 U 形焊缝[见图 8.5（f）]的疲劳强度降低情况与具有根部封底焊道的 V 形焊缝相当。

卷边对接焊缝[见图 8.5（g）]常用于薄板气体保护焊，具有明显缺口效应和偏心倾向，其疲劳强度降低系数为 0.5。

焊道起弧和收弧处的弧坑会使强度降低，焊接时可用引弧板和收弧板加以避免。引（收）弧板在焊后可以依次去掉，如图 8.7 所示。

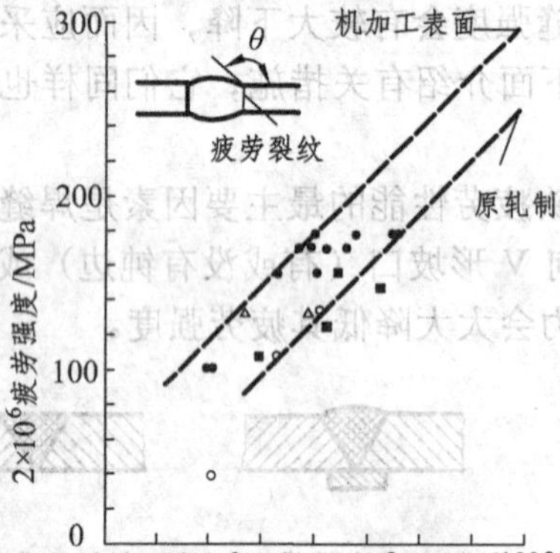

图 8.6 横向对接焊板材试样焊缝余高外夹角与疲劳强度之间的关系

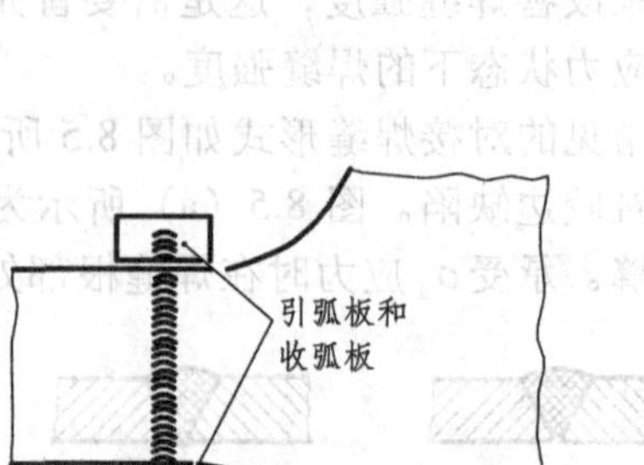

图 8.7 用引弧板和收弧板防止焊缝起点和结束点的焊接弧坑

当斜度不大（通常为 1∶20～1∶5，但不大于 1∶4）或焊缝位于板厚变化区域以外的部位时，如图 8.5（i）所示，不同厚度板材间的斜面对接焊缝不致产生任何附加的强度下降。如果两板厚度差不超过规定的数值，单边 V 形对接焊缝或 K 形焊缝可以直接用于板厚不同的场合而无需在厚度上做出过渡斜面。在静态或者低动态负荷时，必须注意在厚度差大于 10 mm 或者一块板的厚度为另一块板厚度的 3 倍时，过渡段的斜率不大于 1∶1；在高动态负荷时，必须注意厚度差大于 3 mm，或者一块板的厚度为另一块板厚度的 1.5 倍时，其一侧处于同一平面上的对接焊缝和厚度差大于 6 mm 的在板中心对接焊缝上，过渡段的斜率不大于 1∶4，且保证在应力方向上无锯齿型缺陷。

当板材间交接成微小角度时，由于存在附加弯曲应力和缺口应力的影响，其对接焊缝的疲劳强度将有所下降。

不同宽度板材间的对接焊缝，只有当具有合适的过渡圆弧和过渡斜面，即不同宽度间具有圆顺的过渡轮廓，或钢板宽度的过渡段与不同厚度板材对接情况类似，且焊缝离开过渡部分有足够距离时（见图 8.7）强度下降才不致太大。

对接接头对接不良时，比如产生错边[见图 8.5(j)]及形成交角[即角度偏差，见图 8.5(k)]时，疲劳强度会因附加弯曲应力和缺口应力的影响而降低。弯曲应力和缺口应力随偏心量 e 和板厚 t 之比值而变化。图 8.8 所示为不同对接偏心的铝合金板对接焊接接头的疲劳试验结果，用疲劳强度降低系数 $k=1+3e/t$ 表示，与试验结果吻合很好。

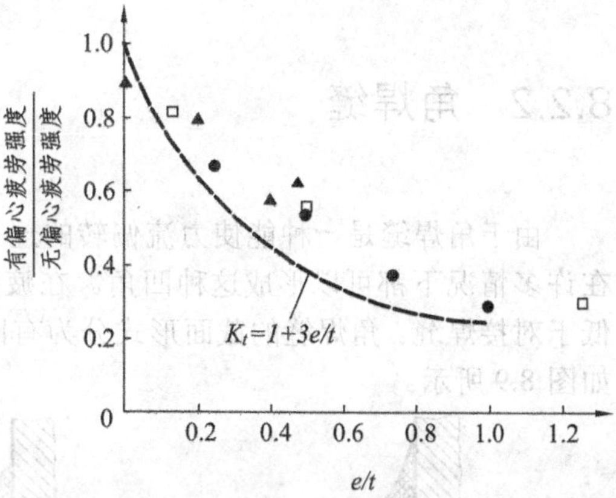

图 8.8　横向对接焊缝错边对疲劳强度的影响

为改善构件的疲劳强度，应尽量消除焊缝外形中的尖锐缺口。除去已提及的各种措施之外，对焊趾区进行仔细的平整加工、采用较小的焊趾角及控制焊缝的余高等亦有一定效果。如进行打磨或钨极惰性气体保护焊（TIG）修整，则可获得更加平滑的焊趾。

搭接接头和“加强盖板”为仿照铆接结构而得，由于具有较大缺口效应，疲劳强度会大大降低，因此被认为是过时的焊接形式而较少使用。

焊趾亦可经过局部处理以提高疲劳强度，用惰性气体保护钨极电弧或等离子束重熔焊缝与母材间的热影响区，可产生局部硬化并消除其形状和材料的局部不均匀性。喷丸强化或锤击强化也能使强度增加。

焊接缺陷，特别是熔合不良（未焊透与未熔合）、咬边、焊缝根部缺口、夹渣和焊接裂纹等会大大降低疲劳强度，接头中无其他不连续性缺陷及缺口时尤为如此。因而应尽量避免焊接缺陷，特别是高质量焊缝中的焊接缺陷，为此应通过无损检验（如 X 射线探伤、超声波探伤、磁粉探伤、渗透法检测和表面外观检验等）来检查是否存在上述焊接缺陷。在焊缝上咬边较大或夹渣较多时，疲劳强度降低显著，其降低系数在 0.4 以下。

接头坡口制备的有关情况（不同的尺寸和形状、切削加工或火焰切割等）只能通过可能出现的焊接缺陷对疲劳强度产生间接影响。用火焰切割方法开坡口比较容易产生焊接缺陷。

定位（点固）焊很容易引起裂纹及其他焊接缺陷，对疲劳强度要求较高时应避免使用。

构件或试件尺寸主要从两个方面考虑，即缺口强度的尺寸效应（用应力梯度、等效曲率半径和疲劳缺口系数等表示）及主要出现于较大构件、由焊接过程本身引起的焊缝横向残余应力（试件中残余应力不大）对疲劳强度产生影响。承受拉伸脉动载荷时，横向残余压应力使强度增加，横向残余拉应力使强度下降。

焊缝外形相同时承受切应力 $\sigma_{//}$ 的试件与承受横向载荷 $\sigma_{\perp}$ 的试件相比，由于前者力流偏转较为平缓及缺口效应较弱，故其疲劳强度下降较少。因此，承受轴向载荷的对接接头试件，只要去掉焊缝端部，斜向对接焊缝试件会比一般的（横向）对接焊缝试件具有较高的疲劳强度。

焊缝纵向受载（平行于受力方向的纵向焊缝$\sigma_{//}$）时，焊缝形状方面的缺口效应不显著，试验研究表明其疲劳强度将取决于焊接缺陷即焊缝质量，如焊缝表面的焊波纹、起弧、熄弧处焊缝表面及根部未熔合（这种缺陷是影响疲劳强度的主要因素）等情况。采用能产生黏性熔渣、细熔滴的焊条有利于形成细鳞焊缝。由于这个原因，使用厚皮二氧化钛焊条（钛型焊条）比钙基焊条可得到纵向强度较高的焊缝。

8.2.2 角焊缝

由于角焊缝是一种能使力流偏转的连接焊缝，因此，在凹角处会产生强烈的缺口效应。在许多情况下都可以形成这种凹角。在疲劳强度方面，角焊缝由于具有较强的缺口效应而低于对接焊缝。角焊缝的截面形式分为有凹形角焊缝、平面角焊缝和凸形角焊缝三种形式，如图 8.9 所示。

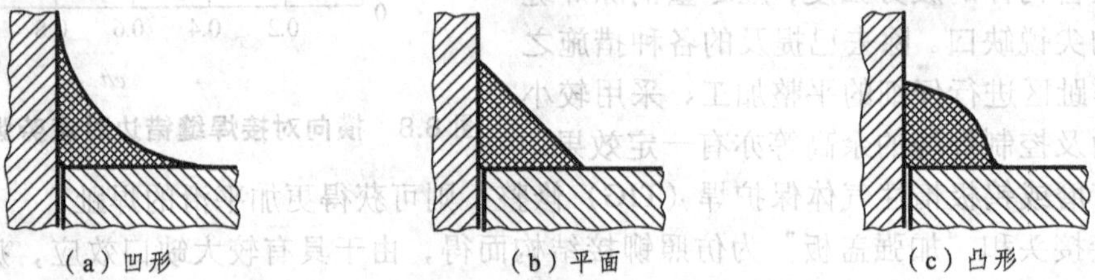

图 8.9 角焊缝截面形式

角焊缝根据板厚和疲劳性能要求分为开坡口和不开坡口两类。

在开坡口的角焊缝中，分为单边 V 形和 K 形焊缝及其变种，如图 8.10 所示，主要用于丁字和十字焊接接头。单边V形和K形焊缝的制造质量通常不可能与高质量的对接焊缝相比，要在焊缝根部开坡口并从两面施焊封底也较为困难，因而这些焊缝大都具有根部间隙。为消除根部间隙，可使用陶瓷垫片或金属垫板，但这样又容易使焊缝对焊接缺陷更加敏感；而焊接缺陷的无损检验（X 射线探伤、超声波探伤、磁粉探伤、渗透法检测和表面外观检验等）也难于进行，即便进行也不易得到准确结果。此外，焊缝切削加工也只能在焊趾区局部进行。

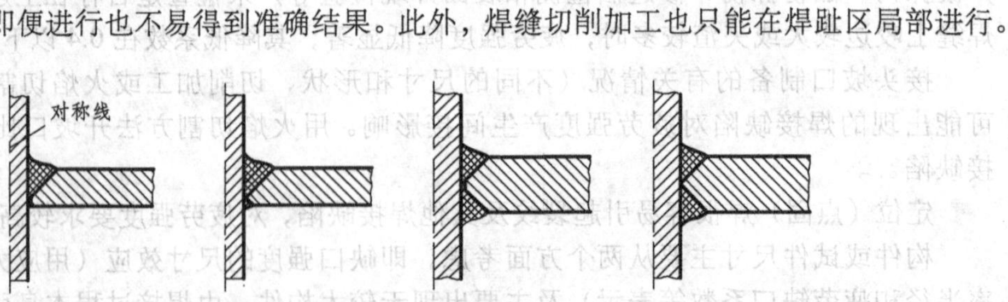

图 8.10 单边 V 形和 K 形焊缝角焊缝

单边 V 形焊缝和 K 形焊缝的裂纹萌生部位与一般对接接头相同。各种能改善对接接头疲劳强度的措施也可用于单边 V 形和 K 形焊缝，只是由于焊缝质量等原因而作用相应较小而已。最重要的是力求获得较好的焊缝外形。采用较小的焊趾角并使焊趾更为平滑（即以凹形角焊缝作为封顶焊道、对焊趾进行机械加工或 TIG 修整、使根部间隙很小或消除间隙）将有利于提高接头的疲劳强度。

在不开坡口的角焊缝中，焊缝的布置形式有单面和双面焊缝，如图 8.11 所示。可以是连续焊缝或断续焊缝，后者还可分为双面并列焊缝或交错焊缝。单面角焊缝一般不用于承受动态载荷的场合，但只要能避免焊缝根部处使根部间隙扩张的弯曲受载情形，便也能在像双面角焊缝那样用于承受动态载荷的场合。断续焊缝应尽可能地避免用于承受动态载荷的场合，因为焊缝端部能使疲劳强度大大下降。在焊缝金属耗量相同时，较薄的连续角焊缝的强度特性大大优于较厚的断续焊缝。凸形角焊缝因具有极强的缺口效应也应尽可能地避免使用。这类焊缝在我国机车车辆承载焊接结构中应用比较少。但其由于不用制造坡口及装配工作量较少而具有经济实用的优点。

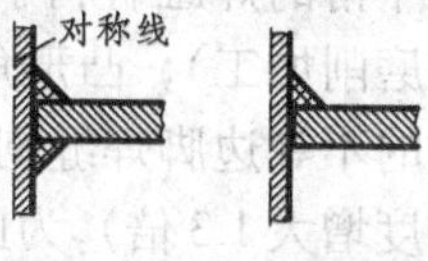

（a）双面布置　（b）单面布置

图 8.11　角焊缝布置

角焊缝构件母材的受载情况与对接焊缝相同，即有母材中平行于焊缝的应力（用 $\sigma_{//}$ 表示）、母材中垂直于焊缝的应力（用 $\sigma_{\perp}$ 表示）以及沿焊缝方向上的剪切载荷（用 $\tau_{//}$ 表示）三种，弯曲与横向剪切仅为次要载荷。单面角焊缝不允许有环绕其中心线的弯曲载荷。

$\sigma_{\perp}$ 和 $\tau_{//}$ 两种载荷情形下裂纹萌生危险点常位于焊趾缺口和焊缝根部缺口处，承受 $\sigma_{//}$ 时则在焊接起熄弧处或明显的焊波处如图 8.12 所示。断续焊缝可能在焊缝端部产生裂纹，裂纹前沿与主要受载方向垂直。

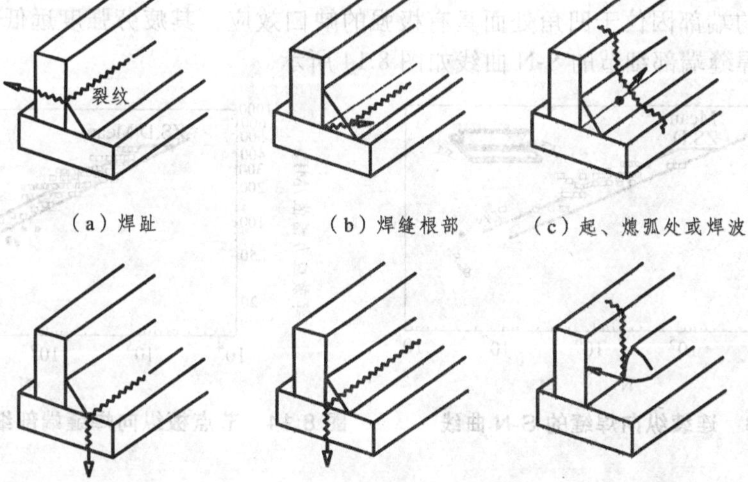

（a）焊趾　（b）焊缝根部　（c）起、熄弧处或焊波

（d）焊趾　（e）焊缝根部　（f）焊缝顶端

图 8.12　角焊缝裂纹萌生部位

角焊缝与对接焊缝的不同之处在于：设计者可把角焊缝的厚度作为一个自由参数来选择以有利于提高疲劳强度。选择时主要应考虑角焊缝临界厚度这样一个问题 —— 只要大于这个厚度，裂纹就不会首先出现在焊缝中，而是出现在焊趾横截面上。常有一种错误的说法，即焊缝厚度不影响疲劳裂纹的产生（即便有影响，也是负面影响）。事实上这与焊缝中裂纹萌生的情况并不相符。焊缝根部的应力强度因子与裂纹扩展至焊缝表面所需的时间主要取决于焊缝厚

度。只是对于焊趾范围内的裂纹，焊缝厚度才不起作用。疲劳受载时焊缝的临界厚度取决于接头形状和尺寸、焊缝布置和局部缺口的分布情况，其值并不简单等同于静载情况下所获得的数值。因此，即使对那些所谓适用于一般情况的焊缝临界厚度，选择时亦应多加小心。

平滑的焊趾有利于提高疲劳强度，比如凹形角焊缝的焊趾（采用平焊位置焊接，焊后可进行磨削加工）；凸形角焊缝则不适于承受疲劳载荷。平面角焊缝的坡角不应超过45°，坡度平缓的不等边脚焊缝则更有利于疲劳强度。焊缝根部处如熔深较大则很有好处（可使焊缝实际厚度增大1.3倍），为此可采用大熔深手工焊或自动焊焊接方法（埋弧焊和CO_2气体保护焊）。由于根部间隙太大有损于强度，因此焊缝的实际厚度变小会妨碍受压时间隙的闭合。

角焊缝焊趾亦可像对接焊缝那样进行焊后处理以提高疲劳强度，比如可进行焊趾重熔、喷丸强化、锤击强化和磨削等。

与对接焊缝相比，角焊缝中可能存在的焊接缺陷对疲劳强度的影响较小，这是因为角焊缝接头本身的缺口效应已经很大，使得焊缝中的其他不连续性缺陷相形见绌。但应特别注意避免未焊透（熔深不够）及咬边等缺陷。一个明显的咬边缺陷可使疲劳强度下降一半左右。由于无法用无损检验方法来确定角焊缝中是否存在根部缺陷，故建议采取一定工艺措施，比如预焊一薄型根部焊道，以避免产生这些缺陷。对角焊缝来说，焊接时焊件装配不良对于疲劳强度的影响同样低于对接焊缝。

因为角焊缝具有极强的缺口效应，故设计时应考虑将其布置在低应力区或以一对接焊缝代替，这样可使结构强度有较大的增加。

连续纵向角焊缝接头的S-N曲线如图8.13所示。焊缝纵向受载时，由焊接过程引起焊缝的纵向残余拉应力将使其疲劳强度下降。节点板对接接头（其他情况下应避免采用断续对接焊缝）的端部因位于凹角处而具有极强的缺口效应，其疲劳强度远低于连续纵向焊缝接头，此类焊缝端部细节的S-N曲线如图8.14所示。

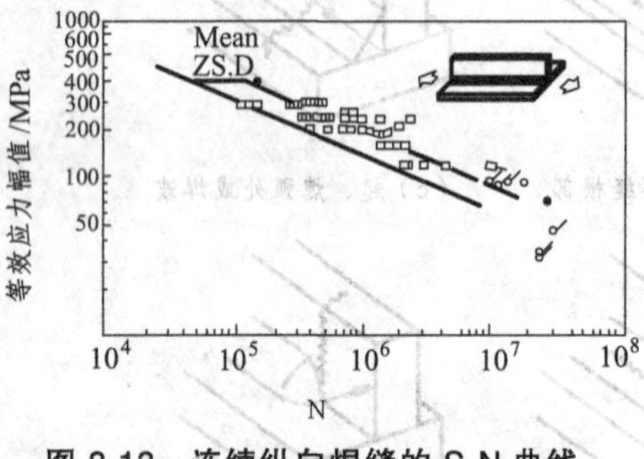

图 8.13 连续纵向焊缝的S-N曲线

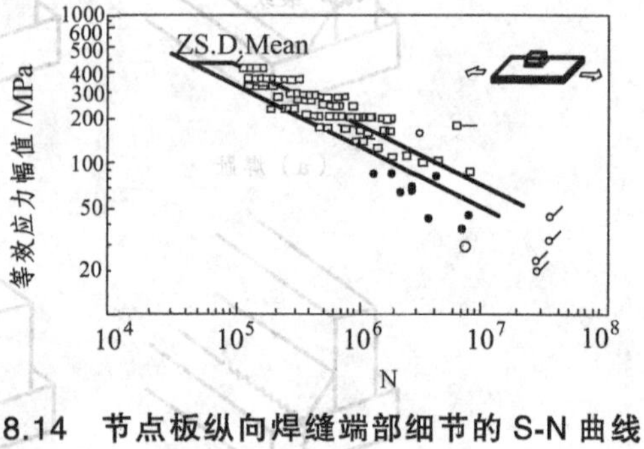

图 8.14 节点板纵向焊缝端部细节的S-N曲线

8.3 提高焊缝疲劳强度的工艺措施

焊接接头在高周疲劳范围内的疲劳强度可能是很低的。因此，工程技术人员经常会面临这样的问题：如何提高结构的工作疲劳强度，或者在设计阶段就事先采取必要的措施，或者在结构焊成之后进行适当处理。

实际上，只有在设计阶段便采取措施，焊接结构的疲劳强度才可能得到改善。提高静载条件下强度的最重要措施，即相应增大承载横截面积。在承受动态疲劳载荷条件下却不起作用甚至起反作用。这是因为在已经“补强”的边缘周围会产生附加的缺口效应。此外，对于不满足使用要求的已成型结构，可以适当降低其上（能引起疲劳破坏）的工作载荷，但这也仅仅是临时性的应急措施。

为提高已成型焊接结构的工作疲劳强度，采用适当的工艺措施是十分必要的。如果所涉及的焊接接头需具有特别高的工作疲劳强度，则这些措施在设计阶段便可预先做出安排。以下将要介绍的工艺措施，Gurney 曾作过更为详尽的讨论，它们均基于下述实际现象：

（1）改善焊缝形状可降低缺口应力集中。

（2）改善焊缝缺口区内材料的状态可消除微观孔穴、微小夹杂物及微观裂纹。

（3）在焊缝缺口区内产生残余压应力将有利于提高疲劳强度。

（4）对焊缝缺口表面进行涂镀可防腐蚀。

8.3.1 磨　削

用磨盘（磨痕顺着外形轮廓方向）或砂轮（磨痕垂直于外形轮廓）对焊趾（或焊缝端部）进行局部磨削将降低其缺口效应，焊缝金属与母材间热影响区中的微观缺口亦可得以消除，这将延迟裂纹萌生。通过磨削来消除缺口残余应力并使表面硬化亦会带来一定好处。磨削焊趾时，如仅仅磨出一个与母材板面相切的过渡圆弧是不够的，应如图 8.15（b）所示那样，同时向下磨掉焊趾区母材的一部分材料，这是非常重要的。这种方法对于改善横向焊缝的强度特别有用。对接焊缝（以及带有角焊缝的 K 形焊缝）经磨削之后其强度得以改善，甚至可达未施焊轧制板材的强度。角焊缝经磨削之后强度改善程度不及对接焊缝，其强度还取决于焊缝根部处破坏的萌生情况。对纵向焊缝端部进行磨削，其强度改善效果不如横向焊缝那样显著。对严重影响疲劳强度的重要焊缝缺口进行磨削是必不可少的常规做法。

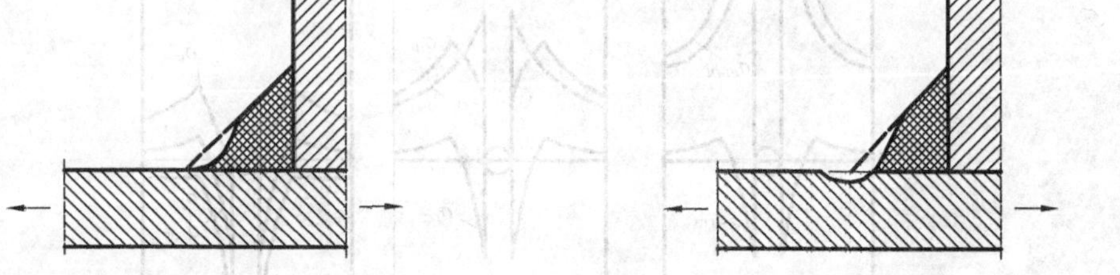

（a）仅磨出与母材板面相切的过渡圆弧　　（b）同时向下磨掉焊趾区母材的一部分材料（较好）

图 8.15　焊趾磨削加工

8.3.2 TIG 修整

用 TIG（钨极惰性气体）焊炬或等离子束焊炬局部重熔焊趾以改善对接焊缝或角焊缝

上焊趾缺口的外形（使焊趾半径达到 5～10 mm）以及消除焊趾区可能存在的微观缺口，这一方法即称为“TIG 修整”。进行修整之前，焊趾表面应清刷或磨削（如有可能）。采用这一方法可能会引起局部过度硬化，修整焊道（即重熔焊趾而形成的焊道）的端部也可能会对强度产生不利影响。因此，建议修整的起止处应在焊趾缺口部位之外的焊缝表面上。TIG 修整主要适用于横向焊缝，实践中（特别是对于高强钢结构）已有成功运用。

8.3.3 预先超载

预超载法及下述有关方法均基于残余压应力对于疲劳过程的抑制作用。具有严重缺口的焊接接头的疲劳强度几乎不受拉伸预应力的影响（在有无焊接残余拉应力的试件之间，其持久应力幅仅有微小差别），而在承受压缩预应力时却有很大提高。全部或部分处于压缩区内的应力幅几乎不引起损伤并可能闭合一部分现有裂纹，故在缺口区内局部产生（尽可能高的）残余压应力可使强度较大提高。当然，如施以能产生过高压应力的集中载荷，可能会因局部屈服而对缺口残余应力产生不利影响。因此，为了使这种方法在实践中能发挥作用，必须避免使用此类载荷。对于静载强度较高的钢材来说，产生和保持高残余压应力是特别有用的方法。

实际中，只要施以一拉伸载荷（一次性）便可在缺口顶端得到所希望的压应力。如图 8.16 所示，在（弹性）卸载之后，缺口残余应力的符号总是与（弹塑性）加载时缺口应力的符号相反。如需进行更为准确的定量分析，则应考虑到焊缝缺口区域内屈服应力的变化情况。弯曲超载不宜用于提高疲劳强度，因为在弯曲压缩区内会产生与之不利的残余拉应力。此外，多次拉伸加载也应予避免，因为这样可能会产生低周疲劳。一般情况下，通常用一加大的载荷进行结构验收试验，这样就自然而然地用到了预超载方法。

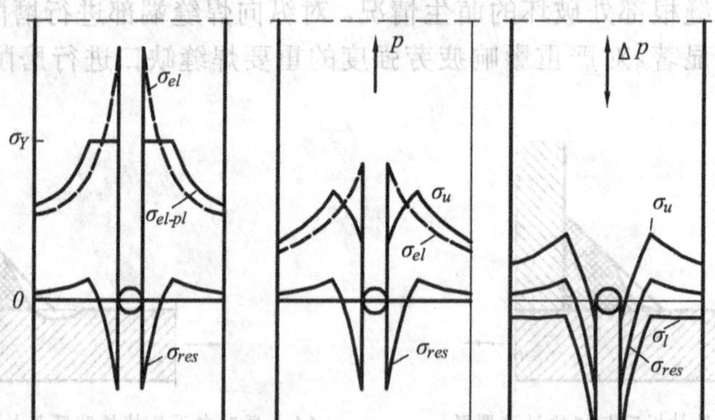

图 8.16 由预拉伸超载形成的缺口根部残余压应力

σ_{el}— 无残余应力的弹性缺口应力；σ_{el-pl}— 预超载情况下的弹塑性缺口应力；
σ_{res}— 残余缺口应力；σ_u— 循环加载时的上限应力（含残余应力）；
σ_l— 循环加载时的下限应力（含残余应力）

8.3.4　表面压缩

本方法包括那些能在缺口顶端横向变形受到拘束时，借助局部集中的表面压力引起屈服进而产生残余压应力的措施。冷作硬化改善疲劳强度的作用微不足道，但却有利于消除微观裂纹和改善缺口外形。除此之外还有硬金属丸喷丸强化、缺口表面锤击强化以及缺口顶端滚压强化，这些方法可用于横向焊缝，但不宜在出现工作载荷峰值（会改变缺口残余应力状态）的情况下使用，故实际上很少用于焊缝之上。

8.3.5　局部加压

用一对圆截面压头挤压（“点”压缩），如图 8.17 所示的无限板可在其上产生具有连续径向压力的轴对称残余应力状态。这种方法从理论上讲特别适用于纵向焊缝的端部处理，如图 8.18 所示，但却很少进行实际试验。较长的横向焊缝不可能用这种方法改善强度，因为部分焊缝会因此而承受残余拉应力。对于点焊接头，这一方法在实践中已获成功（“焊后加压”）。若让压头作用在两夹紧圈上，便可避免板与压头直接接触而防止压头边上板厚局部增加，同时还能在板中产生较高径向压力——故这是对此法的一种有效改进。采用这种方法，点焊接头的疲劳极限便可成倍提高。

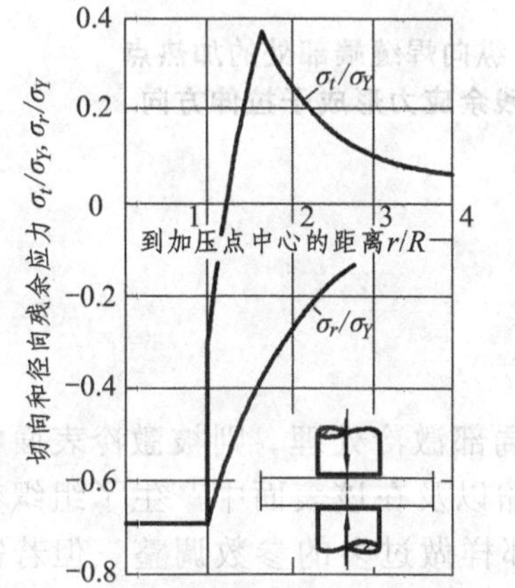

图 8.17　局部加压形成的残余应力

σ_t— 切向应力；σ_r— 径向应力；
σ_Y— 屈服应力；R— 加压点半径

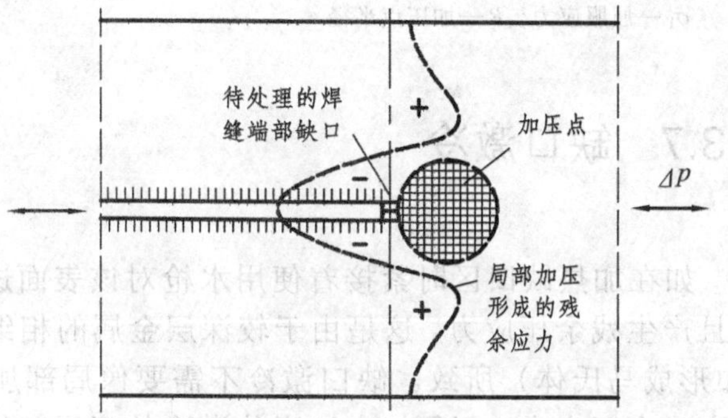

图 8.18　纵向焊缝端部处的加压点
——残余应力形成于拉伸方向

8.3.6　局部加热

对无限板上一圆形区域（“点”）进行短期（几秒钟）加热（一般用氧-乙炔焰）使其超过再结晶温度会在板中产生压缩屈服，冷却之后便得到轴向对称的径向残余拉应力（由于加热点收缩）和切向残余压应力（由于径向拉应力的约束作用），如图 8.19 所示。如加热点到焊缝端部的距离及与焊端的相互位置得当，则此切向残余压应力便可提高纵向焊缝端部的疲劳强度。对于钢板来说，加热点到焊缝端部的最佳距离可依据加热后形成的红色，即 280°C 回火色环来调整，最好使焊缝端部缺口到此色环的距离为 10～20 mm。

加热点的布置不同于加压点，它垂直于焊缝端部（即垂直于拉伸方向），以便切向压应力能作用在焊缝端部之上，如图 8.20 所示。径向拉应力若作用在焊缝端部之上则会对强度产生不利影响。要采用局部加热方法，必须对最高温度、加热速度，加热面积和加热点到焊缝端部间距离等参数进行调整试验，故这种方法在实际中亦用得不多。

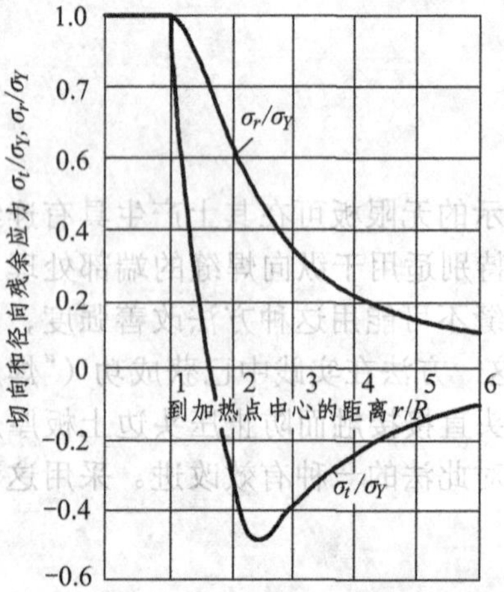

图 8.19 局部加热形成的残余应力

σ_t— 切向应力；σ_r—径向应力；
σ_Y—屈服应力；R—加压点半径

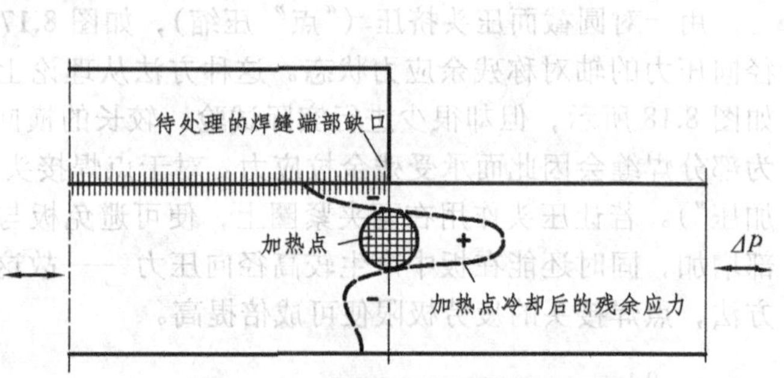

图 8.20 纵向焊缝端部处的加热点
——残余应力形成于拉伸方向

8.3.7 缺口激冷

如在加热缺口区时紧接着使用水枪对该表面进行局部激冷处理，则被激冷表面将硬化且产生残余压应力。这是由于较深层金属的相继收缩以及在该表面中产生了组织变化（如形成马氏体）所致。缺口激冷不需要像局部加热那样做过多的参数调整，但若需形成高残余压应力，则须切实注意使激冷处理局部集中。有关此法的实际使用经验目前尚不多见。

8.3.8 缺口涂镀

焊缝外部缺口表面的金属或塑料镀层之所以能提高疲劳强度，主要是因为它们的防腐蚀作用，同时也因为它们能在一定（较小）程度上降低缺口应力（仅当镀层具有足够大的弹性模量时），裂纹的萌生将因此而得以推迟。

8.3.9　几种工艺方法的定量分析与比较

在 T · R · 格内尔著的《焊接结构的疲劳》一书中介绍并评述了多位学者所做的用不同工艺方法提高焊接接头工作疲劳强度的韦勒试验。各种方法提高工作疲劳强度的程度很不一致。如图 8.21 和 8.22 所示为英国焊接研究所对同一种试件（横向筋板接头和纵向筋板接头）按照统一的条件进行试验研究得出的结果，可用于对各种方法进行定量比较。图中除 TIG 修整是对高强钢试件得出之外，其余各 S-N 曲线均由低强钢试件得出。图中未画出缺口激冷和缺口涂镀的有关曲线，同样也未包括铝合金试件的有关试验结果（局部加压和塑料镀层对铝合金已有成功应用）。幅值变动较大的载荷序列对于强度的影响在图中也未反映清楚。

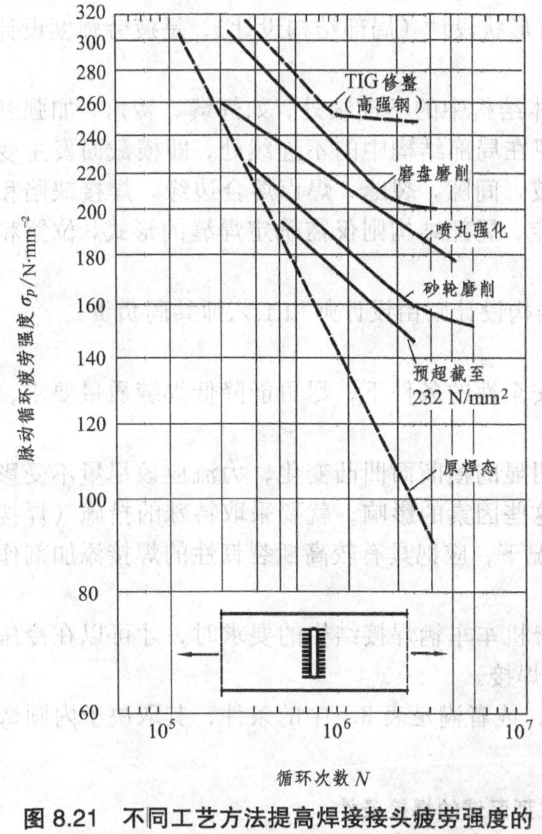

图 8.21　不同工艺方法提高焊接接头疲劳强度的比较（结构钢，横向筋板接头，脉动加载）

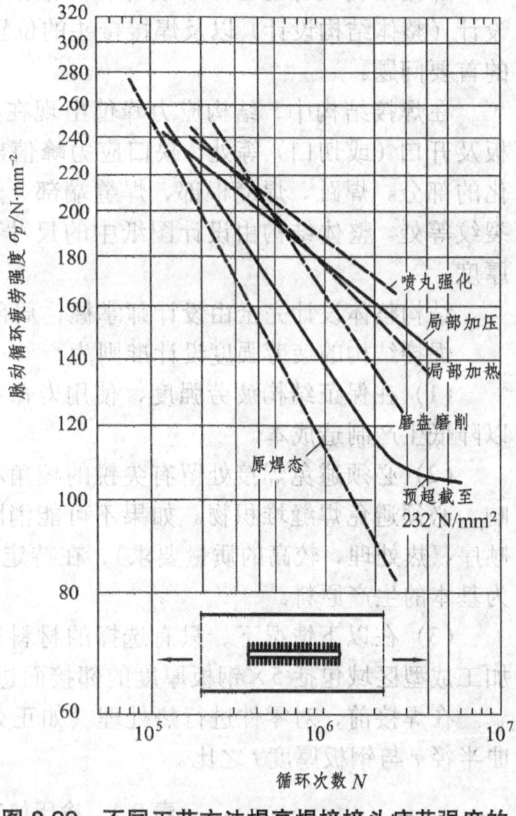

图 8.22　不同工艺方法提高焊接接头疲劳强度的比较（结构钢，纵向筋板接头，脉动加载）

预先超载法相对来说作用不大，而 TIG 修整（至少对高强钢）的作用却很大，表面压缩、局部加热和局部加压的作用则介于两者之间。所有这些方法均能有效地提高焊接接头的疲劳极限及高周疲劳强度（$N \geqslant 10^5$ 或 $\sigma \leqslant \sigma_s$）。

因此，采用上述工艺方法可使工作疲劳强度相对较低的焊接接头的疲劳特性得到较大改善（特别是在高周疲劳和疲劳极限范围之内）。那些基于残余压应力的方法建议仅用于应力循环次数很高以及不能预先压缩超载等场合，而磨削和 TIG 修整在应力循环次数较低时仍可采用。对于萌生于内部缺陷或焊缝根部的疲劳破坏，这些方法则完全（或在很大程度上）不起作用。

8.4 焊接结构疲劳设计准则

焊接结构及其构件的设计时，在满足焊缝必须能够看见和容易实现的情况下，合理选择焊缝质量等级，应做到既能满足所需的疲劳强度、使用寿命和安全性，又能使所需费用尽可能降低。

疲劳强度设计是指按照规定的目标（例如：焊缝质量等级、应力水平和制造成本指标等），对强度、寿命和安全性进行优化并使组成结构的各构件都具有相同的疲劳强度、疲劳寿命和安全性的一种设计方法。

焊接结构设计包含形状设计和焊接接头设计。形状设计包括整体结构及其构件的形状设计（整体结构设计）以及焊接接头的位置与形状设计（局部结构设计），是疲劳强度设计的首要问题。

在焊接结构中，结构应力峰值出现在整体结构中的不连续处，如焊缝、转角、加强劲板及开口（或切口）等处；缺口应力峰值出现在局部结构中的不连续处，即横截面发生变化的部分、焊趾、焊缝根部、焊缝端部、焊波、间隙、裂缝、焊点熔合边缘、焊接缺陷和裂纹等处。整体结构由设计图纸中的尺寸确定，局部结构则仅需确定焊缝的形式、位置和厚度。

结构整体设计完全由设计师掌握，局部结构设计则由设计师和工艺师共同负责。

焊接结构的疲劳强度设计准则为：

（1）在保证结构疲劳强度、使用寿命和安全性的条件下，尽可能降低焊缝质量要求，以降低生产制造成本。

（2）必须避免焊接处留有尖锐的棱角和明显的横断面凹凸变化，力流应该尽量不受影响，必须避免焊缝堆积物。如果不可能消除这些因素的影响，就要采取特殊的措施（焊接顺序、热处理、较高的质量要求），在特定情况下，应把具有较高断裂韧性的焊接添加剂作为基本的生产原料。

（3）在以下情况下，只有选择的材料符合机车车辆焊接结构的要求时，才可以在冷压加工成型区域包括5×钢板厚度的邻接面进行焊接。

在焊接前，对零件进行热处理（如正火），或者满足表8.1中的条件，其取决于内圆弯曲半径 r 与钢板厚度 t 之比。

表 8.1 冷压加工成型区域的焊接条件

最小 r/t	最大 t/mm
10	50
3	24
2	12
1.5	8
1	4^a

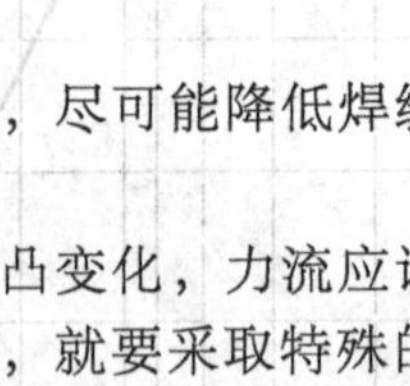

注：a 在 S235J2G3 中允许到 6 mm。

(4) 对于要求高安全性的结构，不允许把螺栓头和螺母的焊接作为防止松动的安全措施。

(5) 如果采用对接焊缝，钢板的厚度和宽度不相等时，就应根据应力状况确定过渡段，以保证合理的力流分布。

(6) 承受拉伸、弯曲和扭转的构件应采用长而圆滑的过渡结构以减小刚度突变。

(7) 优先选用对接焊缝、单边 V 形焊缝和 K 形焊缝，尽可能不用不开坡口的角焊缝。

(8) 采用不开坡口的角焊缝时最好用双面焊缝，避免单面焊缝。

(9) 采用带有搭接板的搭接接头和弯曲搭接接头，尽可能不用偏心连接。

(10) 使焊缝（特别是焊趾、焊缝根部和焊缝端部）位于低应力区（例如：弯曲时的中性层区域、承受小弯矩的部分区域、孔边缘上使缺口应力为零的区域、过渡段和转角以外的部位），避免不同因素引起的缺口效应的叠加。

(11) 在焊趾缺口、焊缝根部缺口和焊缝端部缺口之前或之后（处于力流之中），设置一些缓冲缺口以消除或降低缺口区域的应力。

(12) 避免能扰乱力流的开口（或切口），但与力流垂直的加强劲板须切角。

(13) 避免焊缝布置在同一截面。

(14) 承受拉伸与弯曲的构件如需加强，则加强件的长度要小，以减少加强件对构件变形的约束。

(15) 承受横向弯曲的构件应缩短支承间距以减小弯矩。

(16) 横向力应作用于剪切中心之上以减小扭矩。

(17) 承受扭转的构件，为避免横截面翘曲受阻，可采用切除翼缘端部、翼缘端部斜接等形式以及采用横截面不产生翘曲的型材。

(18) 使焊缝能包围较大面积或局部增加构件壁厚，以减轻外力作用于薄壁构件上时引起的局部弯曲。

(19) 在薄板范围内合理布置焊缝以减轻弯曲变形。

(20) 在特别危险的部位以螺栓接头或铆接接头、锻造连接件或铸造连接件代替焊接接头（尤其当这样做更便于装配时）。

(21) 消除能引起腐蚀的根部间隙。

(22) 角焊缝一般来说是等腰的，如果由于结构的原因或者为了改善构件的力流分布而要求非等腰角焊缝时，那么在就要为了确定焊缝厚度而附加标出焊脚长度。

8.5　焊接构架

我国焊接构架的应用较晚，加之焊接结构生产制造工艺比较落后，近年来研制的新型机车车辆转向架焊接构架连连发生疲劳破坏（产生疲劳裂纹或断裂），严重阻碍了焊接构架的推广应用。

转向架构架是转向架其他零部件的安装基础，同时也是承载体和传力体，故转向架构架的疲劳强度决定着铁道机车车辆在使用期限内的运行安全性、可靠性和经济性。20 世纪 60 年代，国外铁道车辆转向架焊接构架的研究已取得了显著的成绩，构架自重大大减轻，能满足使用寿命为 30 年，每年运行 20 万公里的要求（UIC515-4）。德国 ICE、法国 TGV 和我国“蓝箭”动力车的使用寿命为 30 年，每年运行 30 万公里。

8.5.1 焊接构架轻量化设计评定准则

机车车辆转向架焊接构架结构几何尺寸设计取决于所承担的运行载荷，在设计阶段根据运用条件按计算载荷进行强度校核。计算载荷包括垂向载荷、横向载荷和纵向载荷。横向载荷和纵向载荷的大小主要取决于垂向载荷，垂向载荷依赖于机车车辆的轴重。垂向载荷分别作用于转向架构架的一、二系悬挂弹簧的安装座处，在不考虑结构刚度突变引起应力集中的情况下，二轴式机车车辆转向架焊接构架在三向复合载荷作用下承受的最大力矩和由此引起的最大应力出现在一、二系悬挂弹簧的安装座区域附近。因此，由“轴距×轴重/（构架质量×1 m）”得出的无量纲值能衡量焊接构架的轻型化水平，该值越大表明构架的轻型化水平越高。

表 8.2 给出了我国高速动力车转向架“中华之星”及研究设计的某高速动力车转向架 GSD、德国西门子公司研制的准高速内燃机车 DE30C、AMTRAK 转向架及第一代 ICE 高速动力车转向架、法国 TGV 高速动力转向架和国内某电力机车转向架及其焊接构架的一些主要技术参数和“轴距×轴重/（构架质量×1 m）”的值。由此可见，其中后六种焊接构架的轻型化程度在同一水平上，而第一种转向架的焊接构架的轻量化水平较低。

表 8.2 Bo-Bo 轴式机车转向架及焊接构架主要技术参数

机车代号	—	中华之星	GSD	TGV	ICE	DE30AC	AMTRAK
机车种类	电力机车	高速电力机车				准高速内燃机车	
轴的质量/t	23	19.5	19	17	19	30	30
轴距/m	2.8	3.0	3.0	3.0	3.0	2.9	2.7
构架结构形式	日字型	口字型	H 型	H 型	口字型	H 型	H 型
构架质量/kg	2 914	1 500	1 630	1 200	1 500	2 300	2 000
轴距×轴的质量/（构架质量×1 m）	22.1	39.0	35.0	42.5	38.0	37.8	40.5

8.5.2 构架强度分析常用标准

计算载荷和计算载荷工况根据我国和国际铁路联盟相关标准确定。

机车：UIC615-4《动力车/转向架及走行部/转向架构架强度试验 》和 UIC615-1《动力车/转向架—走行部/组成部分的一般规定》和 TB/T 2368—2005《动力转向架构架强度试验方法》;

货车：UIC510-3《货车——二轴和三轴货车转向架在试验台上的试验》和 TB/T 1335—96《铁道车辆强度设计及试验鉴定规范》;

客车：UIC515-4《客车/转向架—走行部/转向架构架强度试验》和 TB/T 1335—96《铁道车辆强度设计及试验鉴定规范》。

8.5.3　强度计算分类

（1）超常载荷作用下的静强度计算。

计算的目的是验证构架在运用中出现的几个最大载荷联合作用下不发生永久变形。

（2）模拟运行载荷作用下的静强度计算。

计算的目的是验证在运用中的主要载荷（垂向的、横向的、纵向的及轨道扭曲的影响）共同作用下不产生疲劳裂纹。

（3）模拟运行载荷作用下的疲劳强度计算。

计算的目的是验证转向架构架的疲劳强度和检查潜在的薄弱环节及评估其安全余量。

（4）模拟运行中的特殊载荷作用下的疲劳强度计算。

计算的目的是验证转向架构架安装的部件（抗侧滚扭杆、减振器、制动设备等）以及通过小曲线半径时而引起的交变应力不会有导致局部疲劳裂纹发生的危险。

8.5.4　计算载荷与计算载荷工况

作用于转向架构架上的载荷主要包括：垂向载荷、横向载荷、扭曲载荷、制动载荷和纵向载荷等。

（1）超常载荷工况下的计算载荷。

① 作用于转向架上的垂向载荷：

$$F_{Z\max} = (1+\beta)(n_b P_0 - m_z g)\ (\text{N}) \tag{8-1}$$

式中，β为垂向动载荷系数，对于货车转向架β=0.5；对于客车和机车转向架β=0.4；m_z为转向架质量（kg）；P_0为轴重（N）；n_b为每台转向架的轴数。

② 作用于转向架上的横向载荷：

$$F_{Y\max} = 2\left(10^4 + \frac{P_0}{3}\right)(\text{N}) \tag{8-2}$$

在三轴转向架中（n_b=3），则假设其中间轮对不参与横向力的传递。

③ 扭曲载荷：

对于货车和客车转向架，当转向架装有悬挂装置时，转向架构架承受的扭曲载荷为线路最大扭曲的 10‰。

对于机车转向架，为了模拟转向架的脱轨工况，转向架的扭曲载荷相应于某一个车轮在其平面内 100% 的卸载。

（2）正常运行载荷工况下的计算载荷。

① 作用于转向架构架上每侧梁的垂向静载荷：

对于机车和客车转向架：

$$F_Z=(n_bP_0-m_Zg)/2\ \text{(N)} \tag{8-3}$$

对于货车转向架：

$$F_Z=(n_bP_0-m_Zg)\ \text{(N)} \tag{8-4}$$

② 作用于转向架上的垂向动载荷：

对于机车和客车转向架，将机车车辆通过曲线时由离心力和风力引起的车体侧滚运动对构架左右侧梁垂向载荷的影响，由垂向载荷的某一百分数α表示，这里$\alpha=0.1$；由于车体的垂向运动（浮沉）而引起的垂向载荷的动态变化用垂向载荷的某一百分数β表示，这里$\beta=0.2$。

系数α和β之和等于 0.3，通常符合常规铁路线路的正常运行条件。若线路条件变差，对于转向架可以通过提高上述系数来考虑，例如：$\alpha+\beta=0.4$。

对于货车转向架，将货车通过曲线时由离心力和风力引起的车体侧滚运动对构架左右侧梁垂向载荷的影响，由垂向载荷的某一百分数α表示。对于旁承间距为 1 700 mm 的标准货车转向架$\alpha=0.2$，对于旁承间距 $2Bg$ 不同于 1 700 mm 的转向架，$\alpha=0.2\times\dfrac{1\,700}{2Bg}$；由于车体的垂向运动（浮沉）而引起的垂向载荷的动态变化用垂向载荷的某一百分数β表示，$\beta=0.3$。

③ 作用于转向架上的横向载荷：

对于机车和客车：

$$F_Y(N)=0.5(F_Z+0.5m_Zg)\ \text{(N)} \tag{8-5}$$

对于货车：

$$F_Y(N)=0.4\times0.5(F_Z+m_Zg)\ \text{(N)} \tag{8-6}$$

④ 扭曲载荷：

对于货车、客车和机车转向架，当转向架装有悬挂装置时，转向架构架承受的扭曲载荷为线路最大扭曲的 5‰。

⑤ 纵向载荷：

对于货车和客车转向架，通常不施加纵向载荷。但是为了转向架构架安全，强度计算时应考核制动工况产生的纵向载荷对构架强度的影响。

对于机车转向架，纵向载荷按启动牵引力与制动力的较大者考虑。

对于机车转向架构架，电机振动产生的动载荷根据电机在构架上的安装方式确定。

在上述确定的载荷作用下，对于机车和客车转向架构架，基于静强度结果对构架进行疲劳强度评定的计算载荷工况分为 13 个载荷工况，每个载荷工况的载荷组合见表 8.3，各向载荷作用位置如图 8.23 所示。

对于货车转向架构架，基于静强度结果对构架进行疲劳强度评定的计算载荷工况分为 11 个载荷工况，每个载荷工况的载荷组合见表 8.4。

在以上规定的机车、客车和货车转向架构架载荷工况中，扭曲载荷是否考虑分为以下三种情况。

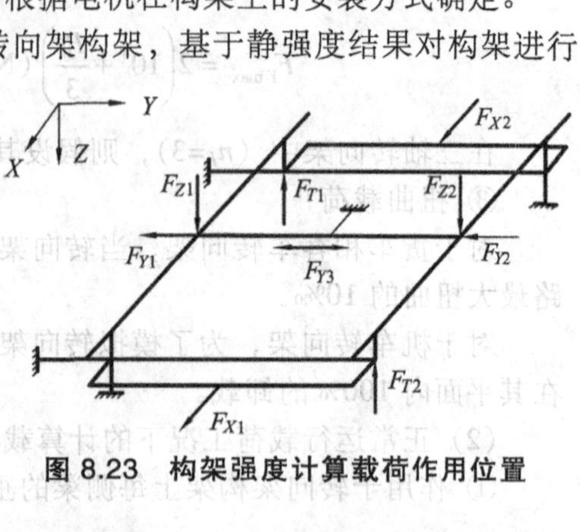

图 8.23 构架强度计算载荷作用位置

(1) 如果计算表明构架不受扭曲载荷的影响（例如：扭转刚度低的构架或为铰节构架转向架），则在强度分析中不需要考虑扭曲载荷。

表 8.3　机车和客车转向架构架计算载荷工况及载荷组合

载荷工况	作用于侧梁上的垂向载荷		横向载荷	纵向载荷	扭曲载荷
	左侧梁	右侧梁			
1	F_Z	F_Z	0	0	0
2	$(1+\alpha-\beta)F_Z$	$(1-\alpha-\beta)F_Z$	0	F_X	0
3	$(1+\alpha-\beta)F_Z$	$(1-\alpha-\beta)F_Z$	F_Y	F_X	0
4	$(1+\alpha-\beta)F_Z$	$(1-\alpha-\beta)F_Z$	F_Y	F_X	F_T
5	$(1+\alpha+\beta)F_Z$	$(1-\alpha+\beta)F_Z$	0	F_X	0
6	$(1+\alpha+\beta)F_Z$	$(1-\alpha+\beta)F_Z$	F_Y	F_X	0
7	$(1+\alpha+\beta)F_Z$	$(1-\alpha+\beta)F_Z$	F_Y	F_X	F_T
8	$(1-\alpha-\beta)F_Z$	$(1+\alpha-\beta)F_Z$	0	F_X	0
9	$(1-\alpha-\beta)F_Z$	$(1+\alpha-\beta)F_Z$	$-F_Y$	F_X	0
10	$(1-\alpha-\beta)F_Z$	$(1+\alpha-\beta)F_Z$	$-F_Y$	F_X	F_T
11	$(1-\alpha+\beta)F_Z$	$(1+\alpha+\beta)F_Z$	0	F_X	0
12	$(1-\alpha+\beta)F_Z$	$(1+\alpha+\beta)F_Z$	$-F_Y$	F_X	0
13	$(1-\alpha+\beta)F_Z$	$(1+\alpha+\beta)F_Z$	$-F_Y$	F_X	F_T

注：对于客车转向架构架，所有载荷工况下的纵向载荷为零。

表 8.4　货车转向架构架计算载荷工况及载荷组合

载荷工况	垂向载荷			横向载荷	扭曲载荷
	2 位旁承 F_{Z2}	下心盘 F_{ZC}	1 位旁承 F_{Z1}		
1	0	F_Z	0	0	0
2	0	$(1+\beta)F_Z$	0	0	0
3	0	$(1-\beta)F_Z$	0	0	0
4	0	$(1-\alpha)(1+\beta)F_Z$	$\alpha(1+\beta)F_Z$	F_Y	0
5	0	$(1-\alpha)(1+\beta)F_Z$	$\alpha(1+\beta)F_Z$	F_Y	F_T
6	$\alpha(1+\beta)F_Z$	$(1-\alpha)(1+\beta)F_Z$	0	$-F_Y$	0
7	$\alpha(1+\beta)F_Z$	$(1-\alpha)(1+\beta)F_Z$	0	$-F_Y$	F_T
8	0	$(1-\alpha)(1-\beta)F_Z$	$\alpha(1-\beta)F_Z$	F_Y	0
9	0	$(1-\alpha)(1-\beta)F_Z$	$\alpha(1-\beta)F_Z$	F_Y	F_T
10	$\alpha(1-\beta)F_Z$	$(1-\alpha)(1-\beta)F_Z$	0	$-F_Y$	0
11	$\alpha(1-\beta)F_Z$	$(1-\alpha)(1-\beta)F_Z$	0	$-F_Y$	F_T

(2) 如果计算表明扭曲载荷的效果仅在构架的局部明显不同于垂向和横向力（例如，在两类载荷作用下产生的应力出现在构架的不同部位）时，那么扭曲载荷可以与其他载荷

类型分开单独施加，在强度分析中进行考核。

(3) 如果以上两种情况都不满足，则在强度分析中同时施加垂向、横向和扭曲载荷。

8.5.5 焊接构架疲劳强度评定

按照 6.3.2 节给出的疲劳强度评定方法对焊接的疲劳强度进行评定。

对采用有限元方法分析的构架结构，通过有限元计算程序输出计算模型节点的应力分布信息，利用 6.3.2 节的方法计算节点的三向主应力值及其与节点位置基准夹角的方向余弦，确定每个节点在不同载荷工况作用下的最大和最小主应力值，按下式计算平均应力和应力幅或应力比（应力循环特性）。

$$\sigma_m = \frac{\sigma_{\max} + \sigma_{\min}}{2}, \quad \sigma_a = \frac{\sigma_{\max} - \sigma_{\min}}{2}, \quad R = \frac{\sigma_{\min}}{\sigma_{\max}}$$

根据修正的 Goodman 曲线或 Moore-Kommers-Japer 疲劳曲线评定疲劳强度。

8.5.6 算　例

1. 计算模型和载荷工况

以某液力传动机车转向架焊接构架为例，按上述确定的计算载荷工况和疲劳强度评定方法对其进行疲劳强度分析。

转向架轴重 19.5 t，转向架质量为 8.7 t，每台转向架的启动牵引力为 68 kN，每台转向架在紧急制动是制动力为 30 kN，构架质量为 1 562 kg，每轴箱一系悬挂弹簧系统垂向和水平方向刚度分别为 1 389.5 N/mm 和 694.9 N/mm。

构架由箱型侧梁，箱型辅助横梁和钢管组成，制造材料为 Q345。侧梁上下盖板的厚度为 16 mm，腹板的厚度为 12 mm，其内部布置筋板的厚度为 10 mm；钢管的壁厚为 14 mm；辅助横梁上盖板厚度为 14 mm，腹板厚度为 12 mm，其内部布置筋板厚度为 12 mm。

Q345 钢母材和焊缝的 Moore-Kommers-Japer 疲劳曲线如图 8.24 所示。

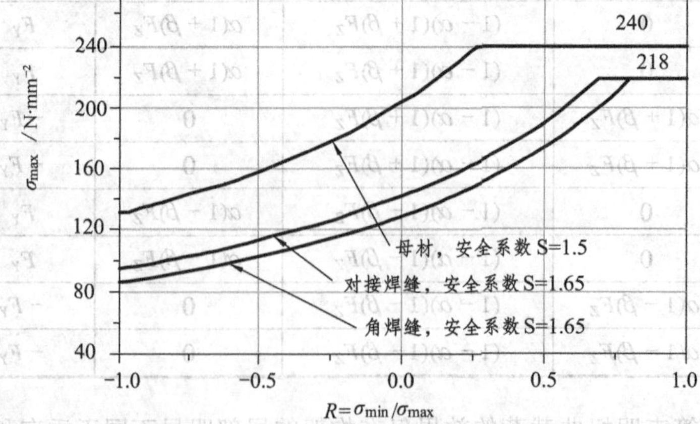

图 8.24　Q345 钢板母材和焊缝区域 Moore-Kommers-Japer 疲劳曲线

用 ANSYS5.5.3 有限元分析软件实施结构静强度分析，构架的有限元计算模型由 41 967 个三维四节点壳单元和 42 369 个节点组成，如图 8.25 所示。

图 8.25　构架有限元模型离散图

载荷工况按表 8.3 确定。

2. 边界条件

为了准确地模拟构架在计算载荷作用下的应力分布规律，各向约束边界条件施加于构架的一系弹性悬挂系统定位区域，且各向约束均为弹性约束，避免因施加约束引起结构局部应力集中，影响构架的应力分布规律。

每个计算载荷工况中的垂向载荷、横向载荷、纵向载荷、牵引力或制动力和驱动系统作用力的大小根据机车的技术参数确定，各向载荷分别作用于构架与车体、轮对和驱动制动系统安装的相关位置。

3. 静强度计算结果及分析

在不同载荷工况下，焊接构架的最大 TOP 面和 BOTTOM 面的 von_Mises 应力及其位置见表 8.5，在载荷工况 1（垂直静载荷工况）和载荷工况 13（最大载荷工况）下构架的 von_Mises 应力分布如图 8.26 和 8.27 所示。构架在每个载荷工况的载荷作用下的最大 TOP 面和 BOTTOM 面的 von_Mises 应力均小于 Q345 钢的许用应力$[\sigma]=240\ N/mm^2$，焊接构架的静强度满足设计要求。

表 8.5　不同载荷工况的最大 von_Mises 应力值（N/mm^2）和出现位置

载荷工况	TOP					BOTTOM				
	节点号	最大应力	节点位置/mm			节点号	最大应力	节点位置/mm		
			X	Y	Z			X	Y	Z
01	20 972	86.823	0.0	1 045.0	0.0	33 284	83.568	− 22.5	− 1 000.0	− 339.0
02	2 976	78.927	43.3	1 081.5	0.0	15 642	75.372	− 22.5	10 00.0	− 339.0
03	15 627	117.345	− 531.7	1 100.0	− 290.2	18 394	107.635	834.0	− 1 100.0	− 182.5
04	15 627	128.794	− 531.7	1 100.0	− 290.2	29 274	131.292	− 605.3	− 918.5	− 170.4
05	2 976	113.13	43.3	1 081.5	0.0	15 642	107.795	− 22.5	1 000.0	− 339.0
06	15 627	136.877	− 531.7	1 100.0	− 290.2	14 676	120.731	− 561.7	1 081.5	− 279.9
07	15 627	148.624	− 531.7	1 100.0	− 290.2	29 274	134.07	− 605.3	− 918.5	− 170.4
08	18 904	78.811	43.3	1 081.5	0.0	33 284	75.113	− 22.5	− 1 000.0	− 339.0
09	33 269	117.388	− 531.7	− 1 100.0	− 290.2	2 314	107.547	834.0	1 100.0	− 182.5
10	20 152	122.09	535.5	− 305.0	2.0	20 552	153.934	535.5	− 655.0	2.0
11	18 904	113.046	43.3	1 081.5	0.0	33 284	107.652	− 22.5	− 1000.0	− 339.0
12	33 269	137.764	− 531.7	− 1 100.0	− 290.2	32 547	120.827	561.7	− 1081.5	− 279.9
13	33 269	125.764	− 531.7	− 1 100.0	− 290.2	20 552	166.354	535.5	− 655.0	2.0

注：TOP 和 BOTTOM 表示壳单元在厚度方向上的两个表面。

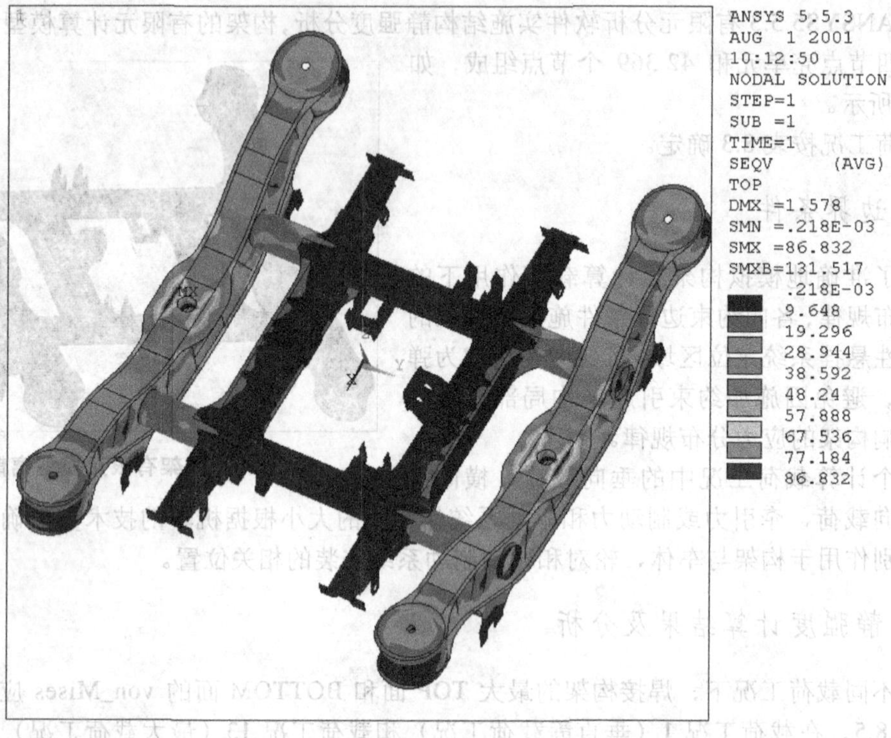

(a)

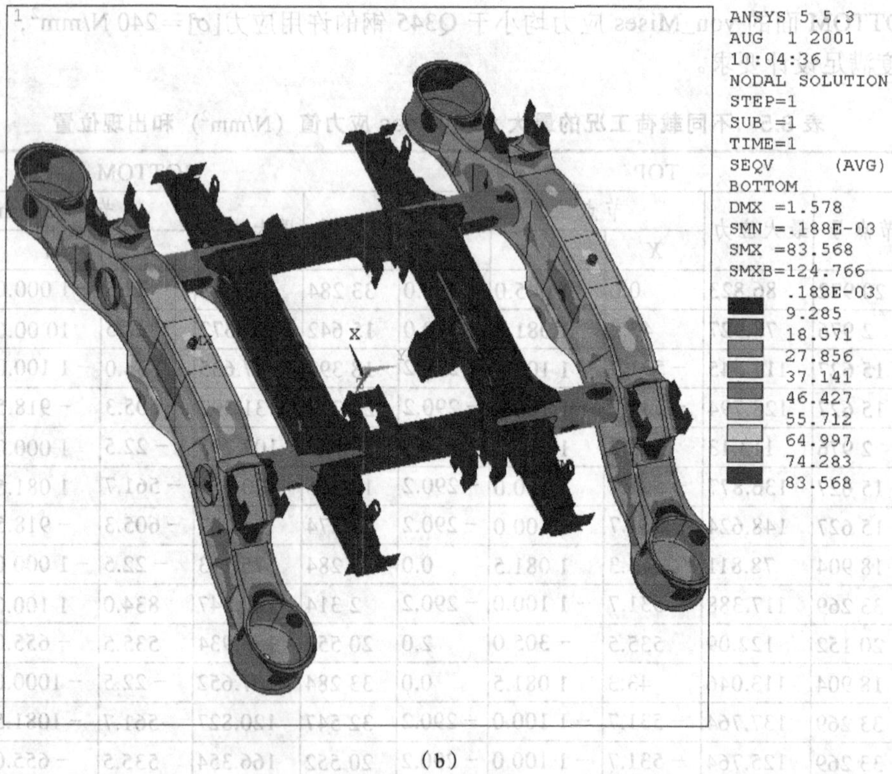

(b)

图 8.26 载荷工况 1 TOP 和 BOTTOM 面 von_Mises 应力分布

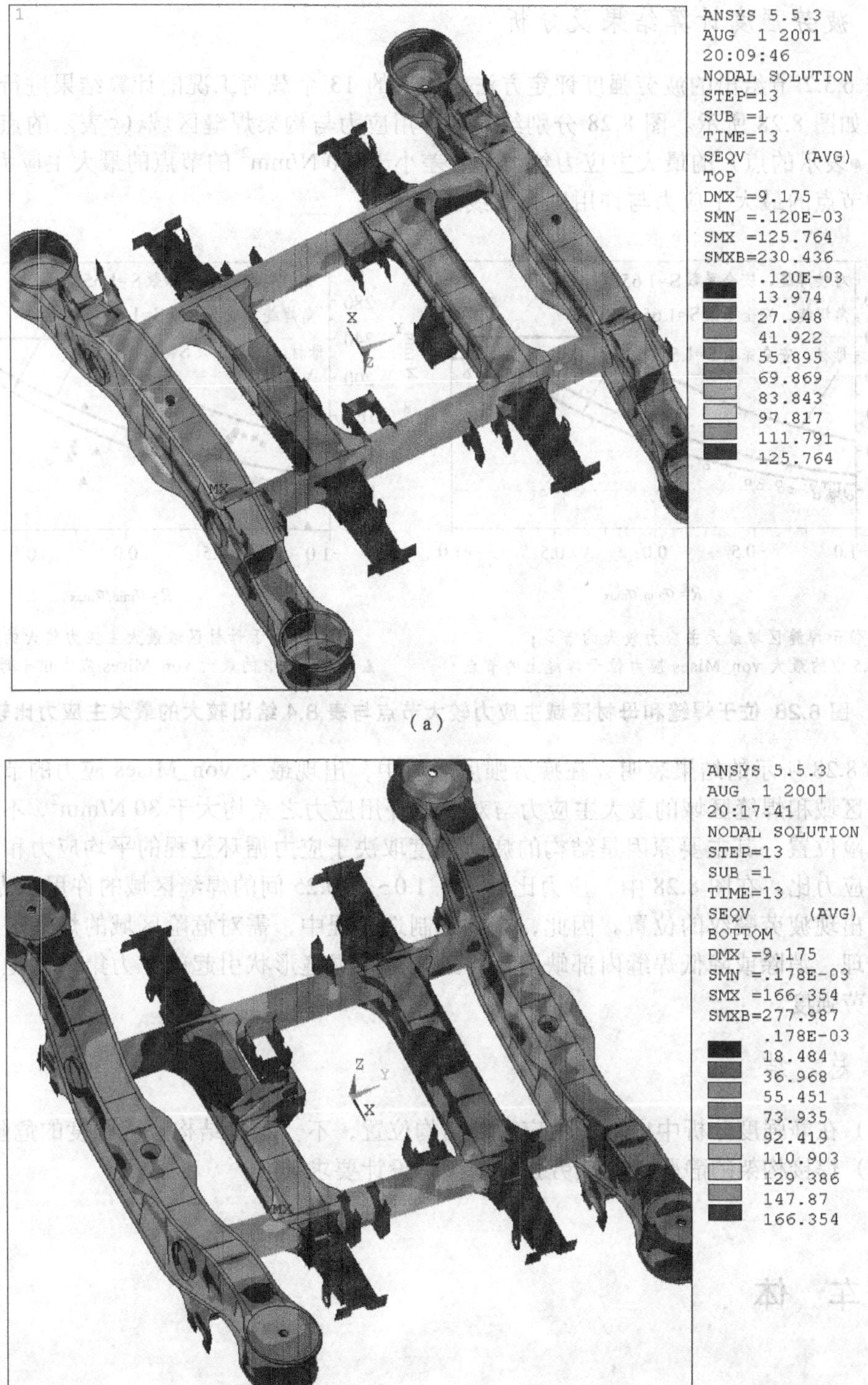

图 8.27 载荷工况 13 TOP 和 BOTTOM 面 von_Mises 应力分布

4. 疲劳强度计算结果及分析

按 6.3.2 节给出的疲劳强度评定方法对构架的 13 个载荷工况的计算结果进行处理，计算结果如图 8.28 所示。图 8.28 分别给出了许用应力与构架焊缝区域（○表示的点）和母材区域（●表示的点）的最大主应力绝对值之差小于 20 N/mm^2 的节点的最大主应力及表 8.5 给出的节点的最大主应力与许用应力曲线的比较。

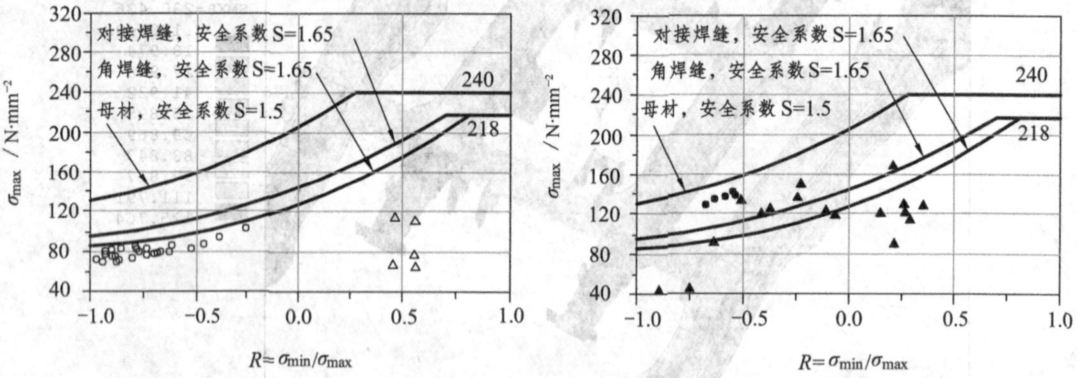

○为位于焊缝区域最大主应力较大的节点；△为表 8.5 中的最大 von_Mises 应力位于焊缝上的节点

●为位于母材区域最大主应力较大的节点；▲为表 8.5 中的最大 von_Mises 应力位于母材上的节点

图 8.28 位于焊缝和母材区域主应力较大节点与表 8.4 给出较大的最大主应力比较

图 8.28 所示的结果表明，在疲劳强度分析中，出现最大 von_Mises 应力的节点位置，其母材区域和焊缝区域的最大主应力与对应的许用应力之差均大于 30 N/mm^2，不是结构疲劳的危险位置。其主要原因是结构的疲劳强度取决于应力循环过程的平均应力和应力变化幅度或应力比。在图 8.28 中，应力比 R 在 -1.0～-0.25 间的焊缝区域的许用应力值最低，为易于出现疲劳裂纹的位置。因此，在构架制造过程中，需对危险区域的焊缝进行适当的加工处理，消除或降低焊缝内部缺陷、焊趾咬边和焊缝形状引起的应力集中，提高焊缝区域的疲劳强度。

5. 总 结

（1）在静强度分析中出现最大应力的结构位置，不一定是结构疲劳强度的危险位置。

（2）焊接构架的静强度和疲劳强度均满足设计要求。

8.6 车 体

8.6.1 机车车辆车体的作用及现代机车车辆对它的要求

机车车辆车体为内燃、电力机车、客车和货车机械结构的主要组成部分之一，车体金属（碳钢、铝合金或不锈钢）结构通常由底架、侧墙、端墙、车顶、车门和车窗等几部分组成，底架是车体的基础。内燃、电力机车的车体是内燃机、传动装置、电器设备和辅助装置等的安装基础；客车车体主要运输旅客；货车车体主要装载货物，客车和某些货车上还装有给水、取暖、通风、空调、车电照明、液压站及各种附属设备。机车车辆的车体应具有以下作用：

(1) 将所承受的垂直载荷传给转向架。

(2) 通过车钩、缓冲装置传递机车与车辆之间的纵向力。

(3) 承受转向架传来的各种随机的振动载荷。

由此可见，机车车辆的车体应在铅垂面及水平面内具有足够的强度和刚度，保证安装在它上面的各种设备正常工作、保证安全运输旅客和货物是车体结构设计的首要目标。为了合理设计车体底架的构件断面，应对它进行强度、刚度计算及应力计算或测定。

车体按其承载方式不同，可分为底架承载、侧墙与底架共同承载（统称侧墙承载）和整体承载结构三大类。现代机车、客车和棚车车体为整体承载结构，敞车车体为侧墙承载结构，平车车体为底架承载结构，其结构特征和适用范围见表 8.6。

表 8.6 车体结构承载方式的类型与特征

承载方式	结构特征	适用范围
底架承载	用大型工字钢作中梁，为适应车钩水平中心线距轨面高度的要求及尽可能降低地板面距轨面高度，中梁两端制成鱼腹形	平车底架，低边车底架及非侧墙承载敞车底架等以及调车机车车体
侧墙承载	用槽钢或乙型钢作中梁。具有较强的枕梁及心盘座结点，具有很大的垂直刚度	板柱式敞车车体，桁架式敞车车体及板梁式无盖漏斗车车体等
整体承载	用槽钢或乙型钢作中梁。具有较强的枕梁及心盘座结点。底架、侧墙与车顶构成一刚性很大的筒体	机车车体、客车车体、保温车车体、棚车车体及有盖漏斗车车体等

车体按其制造材料和工艺可分为金属材料与木材混合结构以及全金属结构。全金属车体结构又可分为铆接结构和焊接结构。

我国铁道机车车辆车体已由金属材料与木材混合结构和底架承载结构发展为侧壁承载或整体承载的全金属焊接或铆接结构。

近年来，在高速和重载铁道机车车辆和城市轨道车辆的车体金属结构中，已由普通碳素钢的全钢焊接结构发展为耐候钢的全钢焊接、铝合金焊接或拉铆和不锈钢焊接结构，从而延长了机车车辆的厂修周期与使用寿命。

车体金属结构是由若干纵向梁及若干横向梁组成。底架中部断面较大并沿其纵向中心线贯通全车的纵向梁称为中梁，它是底架的"脊梁"。两侧的纵向梁称为边梁，侧墙在其上面"生根"。底架两端的横向梁称为端梁（客车一般称为缓冲梁；机车称为牵引端梁)。在转向架支承处设有枕梁，它是横向梁中最强的梁。侧墙承载和整体承载的车体，承载侧墙通过枕梁、变压器或柴油机安装梁及其他大横梁将大部分载荷传给中梁和边梁。在两枕梁之间设有若干大横梁。此外，在中、边梁间还设有若干小横梁以安装或固定车内设备。通常在底架上面铺设钢地板。在这些梁件中，对于机车、客车和货车车体，以牵引端梁、中梁、边梁和枕梁受力最大，因而最为重要。对于机车车体，在没有中梁的结构中，以边梁、牵引端梁、枕梁和电力机车变压器安装梁（或内燃机车的柴油机安装梁）受力最大。

8.6.2 机车车辆车体焊接结构的特点

作为在钢轨上运行的活动的结构物，车体焊接结构具有如下一些特点：

(1) 车体结构除采用一般轧制（或压型）的乙型钢，工字钢，槽钢和角钢外，就是用中、薄板作“蒙皮”。因此，控制其焊接变形的要求较高。为此，车体的各主要部件都要在刚性焊接夹具上进行装配与焊接。这样，一方面可减少焊接变形，同时也可确保组装质量及提高生产效率。

(2) 车体结构的刚性大。在承载车体结构上，某些梁件经常出现疲劳裂纹，绝大多数是由于结构设计不合理、刚度不协调，导致应力集中而引起的。

(3) 车体结构相对简单，且相同焊缝多，适合于在流水线上进行批量生产。因此广泛采用 CO_2 气体保护焊或焊剂层下埋弧自动焊和半自动焊。

(4) 钢材加工处理量大。为减少机车车辆在制作过程中的锈蚀，要对车体结构用钢材进行抛丸预处理，预处理后的钢材要预涂底漆，能防止在随后的制造过程中发生锈蚀。因此，要研究所选用的预涂底漆与所采用的焊接工艺方法的相容性，以减少或避免在焊前的附加处理。

(5) 由于材料供应规格的限制，在制造过程中不可避免地要对材料进行“接长”。例如，对于用作车体底架中梁的工字钢、槽钢和乙型钢，用作边梁的工字钢和槽钢，用作敞车侧立柱的帽形钢、角柱角钢，槽钢横带、上边梁槽钢，用作棚车的侧立柱槽钢、端柱槽钢及上侧梁角钢等都有可能要对接接长。此时要严格按设计规定的接头区域开坡口，按工艺要求进行焊接使构件达到规定的焊缝尺寸。对中梁和边梁等重要梁结构的对接焊缝还要进行严格的探伤检查。

8.6.3 机车车辆车体焊接结构设计的一般注意事项

机车车辆结构在运行过程时，承受反复的随机的冲击载荷和持续振动载荷作用。因此，在设计和制造机车车辆焊接结构时，需采取措施，以降低焊接接头及其与基本金属附近区域的局部应力集中。在最大拉应力区，应慎用横向拼接焊缝。应尽可能避免搭接、断续焊缝、附加垫板的对接及其他足以引起应力集中的各种接头形式，宜选用对接接头形式，因为它能保证应力及力流比较均匀地分布。在重要构件的焊接接头中，建议对接焊缝与力线方向成 60° 角，而对于有措施保证焊缝质量或较次要构件，则可以制成 90° 角。当两个对接板材厚度相差在 3 mm 以上的构件进行对接焊接时，应将较厚的构件制成 1∶5～1∶3 的坡度，以使断面缓和过渡。

在采用搭接接头时，角焊缝的焊脚尺寸取值不小于 4 mm（当被连接件厚度大于 4 mm 时）或取为被连接件的最小厚度。搭接接头的端面焊缝，建议采用凹入形状或焊成 2∶3（长焊脚沿力流方向）的不等腰三角形形状。

在承受拉伸或压缩载荷的焊接搭接接头中，禁止采用单一的端部横向搭接焊缝。钢板搭接重叠部分或搭接部分的长度，应取不小于较薄板厚的 5 倍。

丁字接头最好采用双侧角焊缝，在组合梁件中，也可采用单侧角焊缝。但枕梁腹板与中梁，中梁隔板与腹板和盖板的丁字接头焊缝必须双侧焊，并且要达到足够的焊脚尺寸。

8.6.4　客车和货车车体上的计算载荷及载荷工况

目前，我国设计和制造的客车和货车车体上的计算载荷及载荷工况主要按 TB/T1335 标准确定。但是，在我国引进的 200 km/h 动车组车体强度设计和计算中主要根据 EN12663 标准确定。

按 TB/T1335 确定的车体计算载荷和载荷工况主要包括：

1. 垂向静载荷

作用在客车和货车车体上的垂向静载荷几包括车体自重、车辆载重以及整备重量。

（1）车体自重。

在进行车辆强度计算时，车体自重包括车体钢结构、木结构的重量以及固接在车体上的车辆其他零部件的重量，其数值视具体结构而定。

（2）车辆载重。

① 货车载重：对于一般货车，取标记载重（打印在车体上的额定载重）为车辆载重，对于敞车，考虑雨雪增载作用，则取标记载重的 1.15 倍作为敞车的载重。

货车载重一般认为是沿地板面均布的。对于可能装运大型笨重货物的敞车和平车，其载重的分布情况可按设计任务书（或建议书）提出的要求考虑。

② 客车载重：包括旅客及其自带行李的质量以及乘务人员的质量等。旅客及其自带行李的重量按车辆容纳人数来计算。

座车的容纳人数分两种情况考虑：长途客车按座位总数加 50% 的超员计算，此时每一旅客及其自带行李的质量之和取为 80 kg；市郊客车按座位总数加上站立人数计算，站立人数按每平方米的地板自由面积（坐者足部所占面积，其宽度自座位边缘起 200 mm 不计在内）站立 7 人考虑，此时每一旅客及其自带行李的质量取为 65 kg；卧车的容纳人数按卧铺总数计算，此时每一旅客及其自带行李的质量之和取为 90 kg；餐车的容纳人数按餐桌座位总数计算，每人质量取为 65 kg。客车乘务人员数目按各型车辆的实际情况考虑。客车载重一般也认为沿地板面均匀分布。

（3）整备重量。

客车整备重量包括旅客用的水、取暖用的煤（或油）以及餐车的燃料、冰和餐料等的重量，其数值按装满备足的情况考虑。整备重量的分布可视各型客车结构的具体情况而定。

2. 垂向动载荷

垂向动载荷 P_d 是由于轨道不平顺、钢轨接缝等线路原因以及由于车辆本身状态不良（如车轮滚动圆偏心、呈椭圆状、和踏面擦伤等）等因素，引起轮轨间冲击和车辆簧上质量振动而产生的。由于上述因素千变万化，所以垂向动载荷很难从理论上进行精确计算，通常可由垂向静载荷 P_{st} 乘以垂向动载荷系数 K_{dy} 而得，即 $P_d = K_{dy} \cdot P_{st}$。

垂向动载荷系数 K_{dy} 的数值与车辆运行速度 V（km/h），转向架弹簧悬挂装置的静挠度 f_{st}（mm）以及所要计算的零部件在弹簧悬挂系统中的位置等因素有关，并由以下经验公式计算：

$$K_{dy}=\frac{1}{f_{st}}(a+bV)+\frac{dc}{\sqrt{f_{st}}} \tag{8-7}$$

式中，V 为车辆运行速度；f_{st} 为弹簧静挠度；a，b，c 为系数。

计算时系数取如下数值：簧上部分的零部件（包括摇枕），$a=0.15$，$b=0.05$，$c=0.427$；簧下部分的零部件（不包括轮对），$a=0.35$，$b=0.05$，$c=0.569$。其中，b 不论簧上部分或簧下部分取值都相同。对于货车：$d=1.65$；对于客车：$d=3.0$。

对于具有二系弹簧悬挂装置的转向架，其构架等零部件处于摇枕弹簧（中央弹簧）和轴箱弹簧之间，它既不属于簧上部分的零部件，也不是簧下部分的零部件，所以 K_{dy} 不能直接用式（8-7）计算，而需要采用线性插值的办法按下式计算：

$$K_{dy}=(K_{dyx}-K_{dys})\frac{f_{st2}}{f_{st2}+f_{st1}}+K_{dys} \tag{8-8}$$

式中，K_{dyx}，K_{dys} 分别为簧下部分和簧上部分零部件的垂向动载荷系数，可按式（8-7）计算；f_{st1} 为轴箱弹簧的静挠度（mm）；f_{st2} 为摇枕弹簧的静挠度（mm）。

垂向动载荷 P_d 的分布情况与相应的垂向静载荷 P_{st} 的分布相同。

在鉴定车辆强度时，垂向动载荷按静态作用考虑，而动载荷引起的交变应力对结构强度的影响则采用适当降低许用应力的办法加以考虑。

3. 侧向力

作用在车体上的侧向力包括风力与离心力。车辆运行时受到自然界风力的作用。当风从车辆侧面吹来并垂直于车体侧墙，同时车辆又在线路的曲线区段运行时，车体所受的侧向力等于风力与离心力之和。

(1) 风力。

风力按风压力乘以车体侧向投影面积计算。风压力取为 0.54 kN/m^2（或 540 Pa），以均布载荷的形式作用于车体的侧向投影面（过去以合力的形式作用于车体侧向投影面积的形心上）。

(2) 离心力。

车辆运行在线路的曲线区段时，将承受离心惯性力（通常称为离心力）的作用，整个车辆的离心力作用在车辆的重心上，其方向沿径向指向曲线外侧。计算时通常把车体及转向架的离心力分别考虑。对于重载货车，其车体的重心通常取在距轮对中心线上 1 800 mm 处，而重载客车则取在距轮对中心线上方 1 600 m 处。离心力使车体产生向曲线外侧倾覆的趋势，并使车辆靠外轨一侧的零部件产生垂向增载。车体离心力 H_1 的作用情况如图 8.29 所示，其数值可按下式计算：

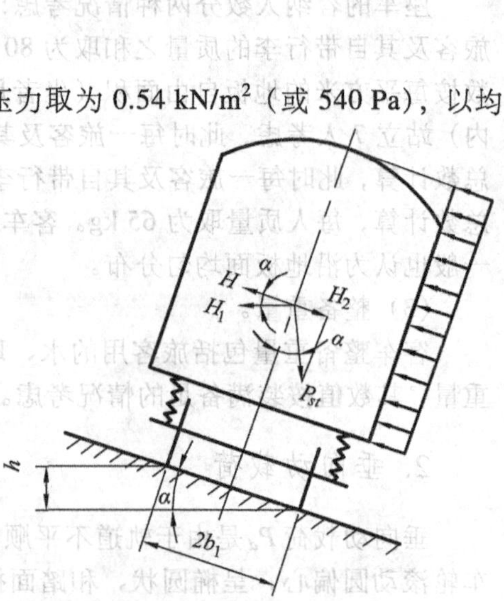

图 8.29　侧向力的作用

$$H_1 = \frac{P_{st}}{gR}\left(\frac{V}{3.6}\right)^2 \quad (\text{N}) \tag{8-9}$$

式中，P_{st} 为车体垂向静载荷（N）；g 为重力加速度（m/s^2），其值常取 9.81；R 为曲线半径（m）；V 为通过曲线时车辆最大允许速度（km/h）。

为了减小离心力 H_1 对车辆的作用，在线路的曲线区段上外轨铺设得比内轨高出一个 h 值，如图 8.29 所示。h 通常称为外轨超高量，其数值与曲线半径 R 的大小有关。

由于外轨超高，就使得车辆向轨道内侧倾斜，这样车体的垂向静载荷 P_{st}（包括车体自重、载重等）就会在与离心力 H_1 相反的方向上产生一个分力 H_2，它可以抵消一部分离心力的作用。

从图 8.29 中看出

$$H_2 = P_{st}\sin\alpha = P_{st}\frac{h}{2b} \tag{8-10}$$

式中，h 为曲线区段的外轨超高量（mm），它与曲线半径 R 以及通过曲线时列车平均速度有关，其值可参看铁路工程的有关书籍；$2b$ 为轮对两滚动圆之间的距离（mm），其值为：$2b$＝1 493 mm。

考虑到外轨超高影响后，在曲线区段车体仍承受着未抵消的离心力作用，把力 H_1 和 H_2 沿着垂直于车体侧壁的方向（即 H_2 的方向）投影，其两者之差为

$$H = H_1\cos\alpha - H_2$$

由于角度 α 很小，故 $\cos\alpha \approx 1$，因此

$$H = H_1 - H_2 = P_{st}\left(\frac{V^2}{3.6^2 gR} - \frac{h}{2b}\right) \quad (\text{N}) \tag{8-11}$$

为了简化计算，如果在设计任务书（或建议书）中没有特殊规定，根据我国目前的车辆运行速度和曲线区段的外轨超高情况，式（8-11）中 H 的数值可按下式确定

$$H = \alpha P_{st} \quad (\text{N}) \tag{8-12}$$

式中，对于货车：α=7.5%；对于客车：α=10%。

计算中假定力 H 的方向与风力的方向是一致的。

车体在侧向力及垂向静载荷作用下的分离体，如图 8.30 所示。图中外侧旁承的垂向反力 P_1、心盘上的垂向力 P_2 和水平反力 H_3 可根据具体结构按平衡条件求得。

由上述可见，侧向力的求得是不困难的，但由于力 H_1 和 H_2 均为空间力，而风压力则是一种分布面力，故要精确计算（或试验）出它们对车体零部件应力的影响却是较为复杂的。

为了简化计算，通常在评定车体侧墙（包括底架边梁和枕梁）的强度时，可不施加侧向力而以增大垂向载荷来考虑侧向力的影响。垂向载荷增加数值：货车为垂向静载荷 P_{st} 的 10%；客车为垂向静载荷 P_{st} 的 12.5%。

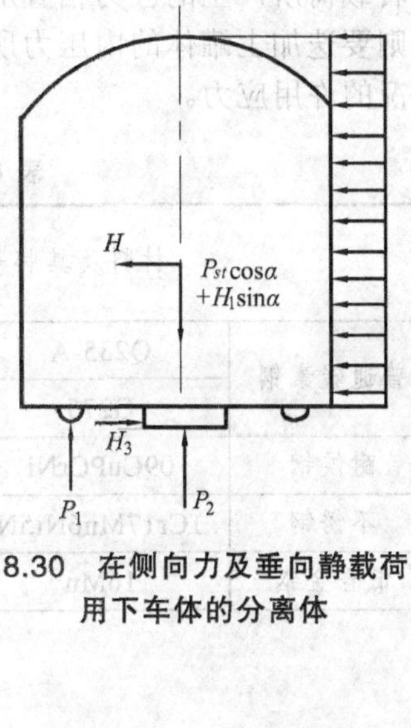

图 8.30　在侧向力及垂向静载荷作用下车体的分离体

4. 扭转载荷

当车辆通过线路的缓和曲线区段，前位转向架已进入缓和曲线，而后位转向架处于平直道上时，前位转向架的外侧的下旁承与车体相应的上旁承接触，并造成后位转向架的内侧下旁承与车体相应的上旁承接触。这样，在垂向静载荷作用下，车体除了支承在前后转向架的两个心盘上之外，还支承在处于对角线上的 1、4 位（或 2、3 位）旁承上。因此，车体将承受扭转变形，扭矩的大小为 P_1l，其中 P_1 为 1、4 位（或 2、3 位）旁承的反力，l 为同一枕梁上心盘中心线与旁承中心线之间的横向距离。计算车体强度时，$P_1l=40$ kN · m，它们作用在车体两个枕梁所在的横截面内。

5. 纵向力

纵向力是当列车启动、变速，特别是当紧急制动和调车作业时，在机车与车辆之间以及车辆与车辆之间所产生的牵引或压缩冲击力。纵向力通过车钩缓冲装置作用于车辆底架端梁车钩箱的前（或后）从板座上，使车体产生偏心拉伸（或压缩）变形。纵向力的大小与机车功率、列车重量、运行速度、制动机性能、缓冲器容量、车体纵向刚度以及调车时的车辆碰撞速度等因素有关。因此，要准确地决定纵向力的数值也是很困难的。目前，国外都依据大量的运用和试验资料并应用概率论理论定出较为合适的数值，作为车体强度计算和试验的载荷值。

在评定一般货车车体的强度时，我国 TB/T1335—1996《铁道车辆强度设计及试验鉴定规范》规定必须考虑以下两种工况及其载荷组合，而在考虑客车车体强度时，则仅考虑第一工况及其载荷组合；货车必须按第一工况和第二工况的载荷组合方式进行。

(1) 第一工况。

第一工况是指列车在高速运行中变速或制动时的情况。这时车体的受力特点是垂向动载荷大，而纵向力并不很大（相对于第二工况而言）。此时规定：客车和货车的纵向拉伸力分别为 980 kN 和 1 125 kN；客车和货车的压缩力分别为 1 180 kN 和 1 400 kN，该力分别沿自动车钩中心线作用在车体底架端梁车钩箱的前从板座或后从板座上。

此纵向力在车体钢结构中所产生的应力必须与垂向静载荷、垂向动载荷、侧向力以及扭转载荷所产生的应力相叠加，敞车还要计入散粒货物的静、动侧压力所引起的应力，罐车则要迭加上罐体的内压力所引起的应力。叠加后的应力其值不得大于表 8.7 中所列第一工况的许用应力。

表 8.7 车辆金属零部件的许用应力/MPa

材料及其牌号			车体及转向架零件（轮对除外）		制动零件
			第一工况	第二工况	
普通碳素钢	Q235-A	$\sigma_s=235$	161	212	136
	Q275	$\sigma_s=275$	188	248	159
耐候钢	09CuPCrNi	$\sigma_s=294$	184	250	156
不锈钢	1Cr17Mn6Ni5N	$\sigma_s=275$	188	248	159
低合金钢	16Mn	$\sigma_s=345$	216	293	183

续表 8.7

材料及其牌号			车体及转向架零件（轮对除外）		制动零件
			第一工况	第二工况	
普通铸钢	ZG200-400	$\sigma_s = 200$	115	154	98
	ZG230-450	$\sigma_s = 230$	132	177	113
低合金铸钢	B 级钢	$\sigma_s = 280$	150	200	128
	C 级钢	$\sigma_s = 420$	195	250	166
铝合金	LF6	$\sigma_s = 157$	100	140	—
		$\sigma_b = 314$	转向架零件除外		
弹簧钢	60Si2Mn	$\sigma_s = 1\ 177$	抗压和弯曲变形：981 剪切和扭转变形：736		

注：① 不锈钢 1Cr17Mn6Ni5N 的力学性能根据 GB1220 选取。
　　② 铝合 LF6 的全力学性能根据 GB3193 选取。

(2) 第二工况。

第二工况是指货车在进行调车作业时的情况。这时车体的受力特点是垂向动载荷及其他动载荷都很小，而纵向力却很大。此时规定纵向压缩力取为 2 250 kN。该力有两种作用方式：一是沿车钩中心线作用于底架两端梁车钩箱的后从板座上（即两端对压）；二是该纵向力沿车钩中心线作用于底架一端的后从板座上，而被车辆及其货物的纵向惯性力所平衡（即单端冲击）。纵向惯性力 N_g 由车体自重所产生的惯性力 N_1、转向架自重所产生的惯性力 N_2 以及车辆所载货物的惯性力 N_3 三部分组成，其合力作用在重载车辆的重心上，则

已知　$N_1 + N_2 + N_3 = 2\ 250\ (\text{kN})$

得

$$N_i = 2\ 250\frac{P_i}{P_{st}},\ (i = 1,2,3) \tag{8-13}$$

式中，P_i（i＝1，2，3）分别表示车体自重、转向架自重和货物的质量所产生的重力（N）；P_{st} 为重载车辆的垂向静载荷（N）。

如已知 N_1、N_2、N_3 的数值，则在第二工况的第二种作用方式中货车车体的受力图是不难得到的，如图 8.31 所示。第二工况的纵向力在车体中所产生的应力一般仅需与垂向静载荷所产生的应力相叠加；对于敞车和罐车，则需分别考虑散粒货物的静侧压力和罐体内压力对车体（罐体）应力的影响。叠加后的应力值不大于表 8.7 给出的第二工况的许用应力。

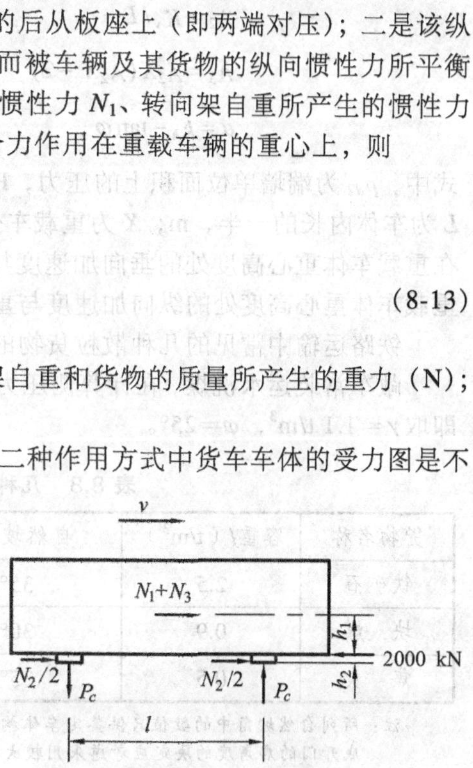

图 8.31　单端冲击时车体受力情况

6. 散粒货物的侧压力

货车装运散粒货物时，车体侧墙和端墙承受着沿其全长（端墙为全宽）均布的散粒货物侧压力，且其垂直于侧（端）墙。

当进行第一工况的强度考核时，仅考虑散粒货物对侧墙的压力，其作用于侧墙单位面积的压力按下式计算：

$$p_{d1}=0.5\gamma h\sqrt{(1-K_v)^2+A_0^2}\times\sqrt{1+A_0^2}\times 9\,810 \tag{8-14}$$

$$A_0=K_h-(1-K_v)\tan\varphi \tag{8-15}$$

式中，p_{d1}为侧墙单位面积上的压力，Pa；γ为散粒货物的容重，t/m³；h为散粒货物实际装载高度（可根据标记载重、货物容重以及车体内长和内宽等确定），m；φ为散粒货物的自然坡角(散粒货物自由堆放时，其自由表面与水平面之间可能保持的最大角度)；K_v为端墙上在重载车体重心高度处的垂向加速度与重力加速度的比值（一般可取 0.7)；K_h为端墙上在重载车体重心高度处的纵向加速度与重力加速度的比值（一般可取 0.4)。

在进行第二工况的强度考核时，其侧墙单位面积上的压力按下式计算

$$p_{d1}=0.5\gamma h[1+(\tan\varphi)^2]\times 9\,810 \tag{8-16}$$

端墙单位面积上的压力按下式计算：

$$p_{d2}=0.5\gamma h\sqrt{1+A_3+(A_1+A_2h)^2}\times\sqrt{1+(A_1+A_2h)^2}\times 9\,810 \tag{8-17}$$

$$A_1=a-K_vH/L+K_vX\tan\varphi/L \tag{8-18}$$

$$A_2=K_v/L \tag{8-19}$$

$$A_3=A_2X(A_2X-2) \tag{8-20}$$

$$a=k_h-\tan\varphi \tag{8-21}$$

式中，p_{d2}为端墙单位面积上的压力，Pa；H为散粒货物表面至重载车体重心间的距离，m；L为车体内长的一半，m；X为重载车体重心至计算侧压力处的水平距离，m；K_v为端墙上在重载车体重心高度处的垂向加速度与重力加速度的比值（一般可取 1.0)；K_h为端墙上在重载车体重心高度处的纵向加速度与重力加速度的比值（一般可取 3.0)。

铁路运输中常见的几种散粒货物的容重γ和自然坡角φ的数值见表 8.8。

敞车常装运水洗煤，在计算侧压力p_{d1}和p_{d2}时，常采用更大的容重和更小的自然坡角，即取$\gamma=1.1$ t/m³，$\varphi=25°$。

表 8.8 几种散粒货物的容重和自然坡角

货物名称	容重/（t/m³）	自然坡角φ	货物名称	容重/（t/m³）	自然坡角φ
铁矿石	2.5	35°	半湿的沙	1.8	40°
块 煤	0.9	30°	谷 物	0.8	25°
焦 炭	0.5	35°	食 盐	1.0	45°

注：所列自然坡角中的数值只供鉴定车体构件的强度时采用。但在设计自动卸货的车辆时，其端壁斜度及底开门的启角度的决定应考虑采用较大的自然坡角。例块煤取$\varphi=40°$，铁矿石取$\varphi=45°$。

7. 罐体的内压力

装运液体货物的罐车，其罐体承受着液体蒸发气体的内压力以及液体纵向冲击时所产

生的压力。装运气体的罐车，其罐体仅承受所运压缩气体的气压。

罐体内的液体蒸汽压力或压缩气体的气压可根据该罐车设计任务书（或建议书）中规定的安全阀最高允许压力取值。液体纵向冲击时所产生的压力等于按式（8-13）计算的液体纵向惯性力 N_3 除以罐体端板的垂直投影面积所得的商。罐体强度计算和试验时，认为此压力沿整个罐体的内壁是均匀分布的，即与上述液体蒸汽压力及压缩气体气压的分布相同。

8. 车辆在机械化装卸时所受的力

需上翻车机的敞车的上边梁和立柱必须满足翻车机的作业要求，对车辆总重为 84 t 的敞车，翻车机一个压头的最大垂向压力为 118 kN，作用在上边梁的任何位置，均布于最小 200 mm 的长度上；侧墙立柱根部的内倾总弯矩为 235 kN · m，均匀分摊给所有立柱。其所产生的应力均不大于表 8.7 所规定的第二工况的许用应力。其他载重敞车及固定使用翻车机的敞车，应根据车辆总重和所用翻车机的结构确定上边梁和立柱的载荷值。

地板应能满足叉车装卸作业的要求，前轮距为 760 mm，每轮载荷为 20 kN，作用在地板的任何位置所产生的应力均不大于表 8.7 所规定的第二工况的许用应力。当进行这种强度考核时，钢地板可按四周简支计算。当木地板直接承载时，其跨距不得大于 400 mm。

以上只是原则性地叙述了作用在车辆车体上的 8 种载荷情况及其计算方法，至于它们的具体数值（纵向力除外）及分布情况则与各种车辆的结构形式和技术参数等因素有关，进行强度校核时可参阅 TB/T1335—1996《铁道车辆强度设计及试验鉴定规范》。

8.6.5 机车车体上的计算载荷及载荷工况

1. 作用于机车车体上的载荷

（1）垂向载荷：作用于机车车体上的垂向静载荷包括车体自重和设备质量，垂向动载荷系数通常取为 $k_d=0.3$。

（2）横向载荷：分为列车未平衡离心力或超高过剩力及侧向风力 W，未平衡离心力或超高过剩力用加速度 a_h 表示。

对于低速机车，$a_h=0.85\ \text{m/s}^2$，$W=5.5\times10^{-4}\ \text{N/mm}^2$；

对于运行速度不小于 200 km/h 的高速机车，$a_h=1.05\ \text{m/s}^2$，$W=7.0\times10^{-4}\ \text{N/mm}^2$。

由离心力或超高过剩以及侧风引起的车体横向载荷沿车体长度方向按均布载荷计算；内部机械、电子部件的未平衡离心力或超高过剩力则按水平方向的集中载荷来处理。

（3）纵向水平载荷：分为作用于车钩缓冲器上的纵向压缩载荷 P_{ZY}、纵向拉伸载荷 P_{ZL} 和列车启动时的启动牵引力或列车紧急制动时的制动力。

对于低速机车，$P_{ZY}=200$ t，$P_{ZL}=150$ t；

对于运行速度大于 200 km/h 的高速机车，$P_{ZY}=150$ t，$P_{ZL}=100$ t。

（4）扭曲载荷：机车通过缓和曲线或由线路不平顺产生的车体扭转载荷；其取值为 40 kN · m。

（5）冲击载荷：分为列车启动或紧急制动时在车体上布置的大设备受到因加速力或减

速力产生的纵向冲击载荷和在车体上布置的大设备的横向冲击载荷。这类冲击载荷用加速度来表示，纵向冲击加速度 $a_{ZCH}=30\ m/s^2$，横向冲击加速度 $a_{HCH}=9.81\ m/s^2$。

2. 计算载荷工况

在上述计算载荷作用下，机车车体静强度计算的载荷工况划分为如下 13 个工况：

（1）垂直静载：车体自重＋设备质量。

（2）垂直动载：1.3 g×（车体自重＋设备质量）。

（3）纵向压缩：车体自重＋设备质量＋P_{ZY} 纵向压缩力。

（4）纵向拉伸：车体自重＋设备质量＋P_{ZL} 纵向拉伸力。

（5）启动牵引：启动牵引力。

（6）启动或制动冲击：车体自重＋设备质量＋转向架重量×a_{ZCH}。

（7）正向作业吊：车体自重＋设备质量。

（8）整体起吊：车体自重＋设备质量＋转向架质量。

（9）一位救援：车体自重＋设备质量＋一位转向架质量。

（10）二位救援：车体自重＋设备质量＋二位转向架质量。

（11）司机室保护：车体自重＋设备质量＋前窗下弦梁均布 300 kN 的纵向压力。

（12）车体安装大设备纵向冲击：a_{ZCH}×（车体安装设备质量）。

（13）车体安装大设备横向冲击：a_{HCH}×（车体安装设备质量）。

3. 静强度评定

在上述计算载荷工况的载荷作用下，用 Q345 钢材制造车体的最大 von_Mises（等效）应力不得大于表 8.9 给出的许用应力值。

表 8.9 Q345 钢材的许用应力和安全系数

载荷工况	安全系数	许用应力/MPa		失效形式
		6～16（每毫米）	大于 16（每毫米）	
3，4，6，7，8，9，10，11，12 和 13	1.5	350	350	防止断裂
	1.0	315（母材）	295（母材）	防止屈服
	1.1	286（焊缝）	268（焊缝）	
1，2 和 5	2.2	230	230	防止断裂
	1.5	210（母材）	196（母材）	防止疲劳
	1.65	190（焊缝）	178（焊缝）	

4. 疲劳强度评定

目前，铁道机车车辆车体结构的强度计算主要是静强度计算，国内外对铁道机车车辆车体结构疲劳强度分析几乎处于空白，国际铁路联盟标准相关标准也未对车体结构的疲劳强度作出明确规定。以下对车体结构疲劳强度理论分析计算载荷的确定主要依据标准为：

（1）UIC566VE-1992《客车车体及其上安装部件强度》标准；

（2）UIC615-4/1994《动力车—转向架和走行部—构架强度试验》标准；
（3）德国 Stahl415-1970《铁道车辆载荷工况和安全系数》标准；
（4）ERRI B12/RP17-1997《货车》；
（5）EN12663-2000《铁路应用—铁道车辆车体结构的强度要求》。

车体结构和减振器座疲劳强度分析考虑的计算载荷主要有：
（1）车体结构自重和安装设备质量；
（2）垂向动载荷系数 k_d；
（3）横向振动加速度 a_h；
（4）侧向风压 W；
（5）整车启动牵引力与紧急制动力的最大值；
（6）线路扭曲载荷。

在上述六种载荷的联合作用下，按照 6.3.2 节给出的疲劳强度评定方法对车体的疲劳强度进行评定。

为了确定车体上的每个节点的最大等效主应力是否超出许用应力值，需找出每一节点的应力比或最大和最小应力。从制造材料的修正 Goodman 疲劳曲线或 Moore-Kommers-Japer 疲劳曲线中查出相应的许用应力值，与该节点的最大应力值比较，如果节点的最大应力值小于许用应力，则该节点的疲劳强度满足设计要求，否则，该节点区域在车体运行过程中出现疲劳破坏，需改进该处的结构设计。

5. 车体固有频率

在完全装好设备的状态下，车体的固有频率与转向架的固有频率之比不能为整数倍，否则车体与转向架在运行过程中出现共振。例如，车体的自振频率与转向架的点头频率之比应大于 $\sqrt{2}$。在完全装好设备的状态下，通常机车车体的最低自振频率——一阶垂直弯曲自振频率要求大于 10 Hz。

8.6.6 算　例

以 120 km/h、23 t 轴重 Bo-Bo-Bo 轴式交流传动重载电力机车车体为例，说明车体强度计算过程。

1. 计算模型和载荷工况

车体由底架、侧墙、司机室、端墙和顶盖组成筒型整体承载结构，制造材料为 Q345E。

车体主体结构的静强度和疲劳强度有限元分析使用 ANSYS5.7 有限元软件在微机工作站上进行，车体结构有限元模型如图 8.32 所示，车体的主体结构离散为三维壳单元（如：车体的底架、侧墙和司机室等主体结构），台架安装条离散为三维梁单元，设备质量离散为三维质量单元。有限元模型的节点总数为 190 844，单元总数为 191 647 个，其中：三维壳单元 161 146 个、三维梁单元 943 个、三维质量单元 710 个、实体单 28 008 个和弹簧单元 840 个。

图 8.32　机车车体有限元模型

有限元模型的坐标原点在底架中间枕梁上盖板中性面的中点，*X* 轴和 *Y* 轴均指向变压器侧，Z 轴符合右手定则。

车体有限元计算模型质量（包括车体结构自重和安装设备质量）为 80 896 kg。

车体静强度计算载荷工况数为 13 个，详见 8.6.5 节。

2. 边界条件

在车体结构有限元强度计算中，车体结构自重和设备重量以质量形式在计算模型中考虑，其他载荷根据载荷的作用方式分别以面载荷、线载荷和节点载荷的形式作用于相关位置。约束条件根据不同的载荷工况具体确定，主要作用于二系弹簧安装座和车钩缓冲器的前后冲板座上。

3. 静强度计算结果及分析

下面给出 13 个载荷工况的计算结果。

（1）垂直静载工况：TOP 面的最大 von_Mises 应力为：62.117 MPa；出现在＋*Y* 侧中间转向架支撑点，BOTTOM 面的最大 von_Mises 应力为：69.826 MPa，出现在－*Y* 侧中间转向架支撑点，车体的应力分布如图 8.33 所示。

（2）垂直动载工况：TOP 面的最大 von_Mises 应力为：80.752 MPa；出现在＋*Y* 侧中间转向架支撑点，BOTTOM 面的最大 von_Mises 应力为：90.774 MPa，出现在－*Y* 侧中间转向架支撑点，车体的应力分布如图 8.34 所示。

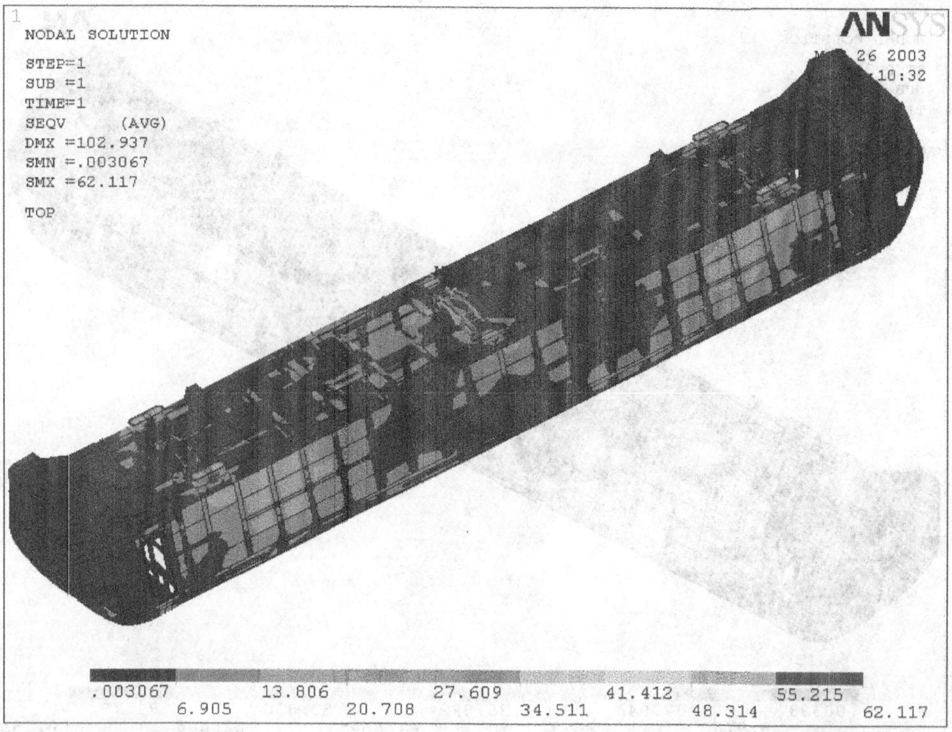

(a)

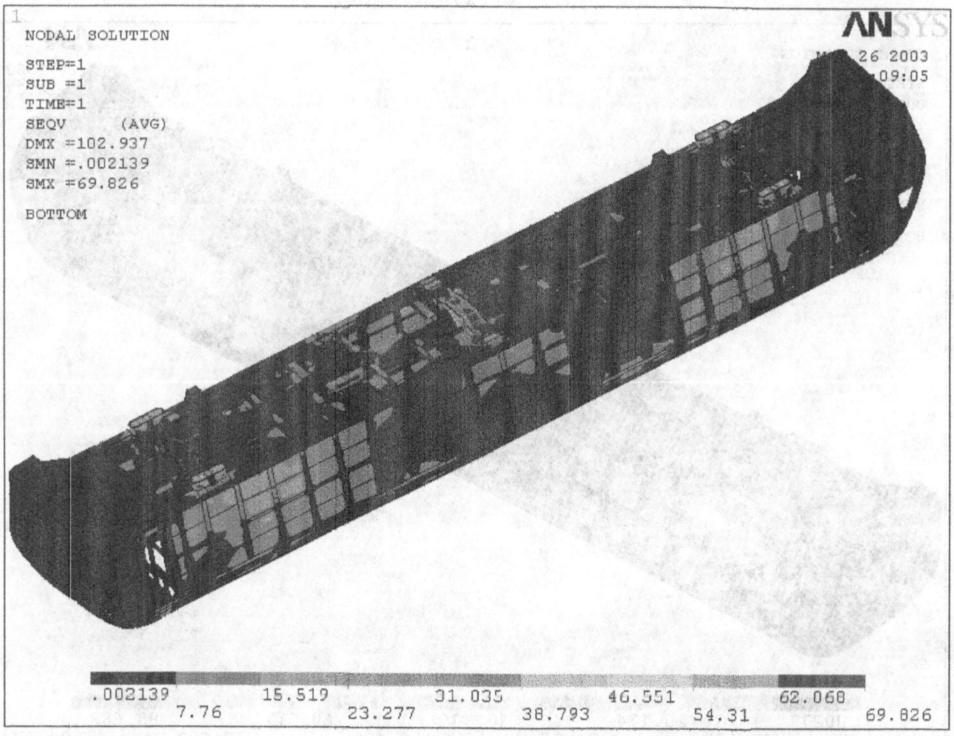

(b)

图 8.33　垂直静载工况 TOP 和 BOTTOM 面的 von_Mises 应力分布

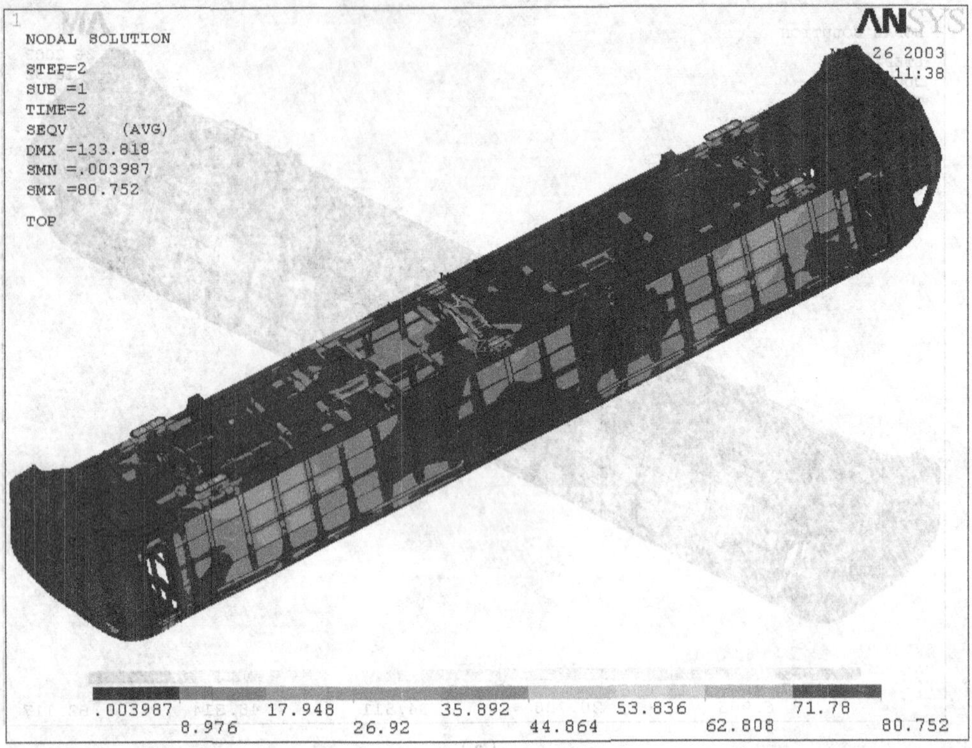

(a)

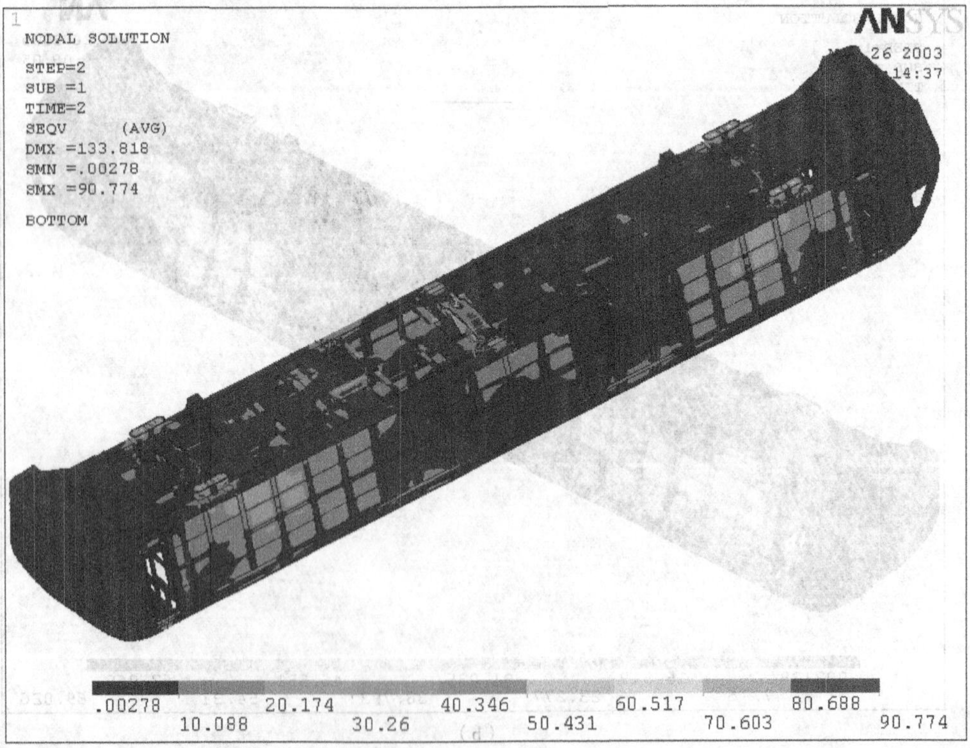

(b)

图 8.34 垂直动载工况 TOP 和 BOTTOM 面的 von_Mises 应力分布

（3）纵向压缩工况：TOP 和 BOTTOM 面的最大 von_Mises 应力均为 318.091 MPa，出现在后冲板上的开口区域；侧墙 TOP 面的最大 von_Mises 应力为 189.259 MPa，出现在 $+X-Y$ 侧与司机室相连的侧墙上弦梁区域；底架 TOP 面的最大 von_Mises 应力为 259.669 MPa，出现在 $-X$ 侧车钩箱区域的立板上；侧墙 BOTTOM 面的最大 von_Mises 应力为 191.866 MPa，出现在 $-X+Y$ 侧与司机室相连的侧墙上弦梁区域；底架 BOTTOM 面的最大 von_Mises 应力为 249.324 MPa，出现在 $-X$ 侧车钩箱区域的立板上。其应力分布如图 8.35 所示。

（4）纵向拉伸工况：TOP 和 BOTTOM 面的最大 von_Mises 应力为 243.841 MPa，均出现在 $+X$ 侧前冲板上的开口区域；侧墙 TOP 面的最大 von_Mises 应力为 134.544 MPa，出现在 $-X-Y$ 侧与司机室相连的侧墙上弦梁区域；底架 TOP 面的最大 von_Mises 应力为 226.546 MPa，出现 $-X$ 侧在车钩箱区域的立板上；侧墙 BOTTOM 面的最大 von_Mises 应力为 137.265 MPa，出现在 $+X+Y$ 侧与司机室相连的侧墙上弦梁区域；底架 BOTTOM 面的最大 von_Mises 应力为 222.233 MPa，出现 $-X$ 侧在车钩箱区域的立板上。其应力分布如图 8.36 所示。

（5）正向启动冲击工况：TOP 和 BOTTOM 面的最大 von_Mises 应力为 100.215 MPa 和 91.481 MPa，均出现在车体底架的大牵引横梁附近台架的圆弧上。

（6）正向启动牵引工况：TOP 面的最大 von_Mises 应力为 242.992 MPa，出现在底架大牵引横梁内部 $-Y$ 侧隔板上靠近上盖板的母材区域；BOTTOM 面的最大 von_Mises 应力为 228.978 MPa，出现在底架大牵引横梁内部的中梁母材区域。

（7）正向作业吊工况：TOP 和 BOTTOM 面的最大 von_Mises 应力分别为 106.437 MPa 和 123.703 MPa，均出现在变压器侧的台车座与底架变梁连接的焊缝区域。

（8）整车起吊工况：TOP 和 BOTTOM 面的最大 von_Mises 应力分别为 180.253 MPa 和 209.591 MPa，均出现在 $+X+Y$ 侧的台车座与底架边梁连接的焊缝区域。

（9）一位救援：TOP 和 BOTTOM 面的最大 von_Mises 应力分别为 169.32 MPa 和 167.749 MPa，出现在 $+X+Y$ 侧车门框下端圆弧区域。

（10）二位救援：TOP 和 BOTTOM 面的最大 von_Mises 应力分别为 170.343 MPa 和 168.933 MPa，出现在 $-X-Y$ 侧车门框下端圆弧区域。

（11）司机室安全保护工况：TOP 和 BOTTOM 面的最大 von_Mises 应力分别为 323.16 MPa 和 268.772 MPa，出现在司机室前窗上部圆弧拐角区域。

（12）纵向 3 g 冲击工况：TOP 和 BOTTOM 面的最大 von_Mises 应力均为 235.865 MPa，均出现在 $+X$ 侧前冲板上的开口区域；台架 TOP 和 BOTTOM 面的最大 von_Mises 应力分别为 176.485 MPa 和 211.511 MPa，均出现在 $+X-Y$ 侧焊接在端枕梁上靠近走道的安装通讯信号柜的台架圆弧过渡区域。

（13）横向 1 g 冲击工况：TOP 和 BOTTOM 面的最大 von_Mises 应力分别为 326.0 MPa 和 292.319 MPa，均出现在 $+X-Y$ 侧二系弹簧座与枕梁连接的焊缝区域；台架 TOP 面的最大 von_Mises 应力为 124.607 MPa，出现在 $-X+Y$ 侧焊接在大牵引横梁上靠近走道的台架筋板与上盖板连接焊缝区域；台架 BOTTOM 面的最大 von_Mises 应力为 112.571 MPa，出现在 $-X+Y$ 侧焊接在大牵引横梁上靠近走道的台架筋板与上盖板连接焊缝区域。

车体在 8.6.5 节给出的 13 个载荷工况的计算载荷作用下，其最大 von_Mises 应力均小于表 8.9 给出的 Q345 材料的许用应力。因此，车体的静强度满足设计要求。

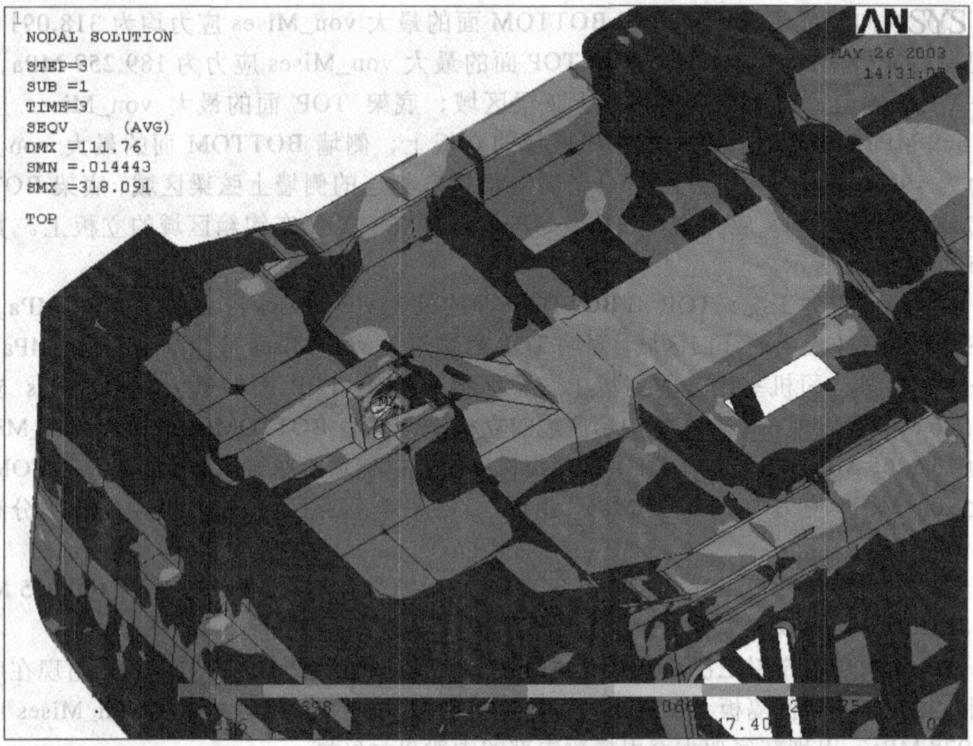

(a)

(b)

图 8.35 纵向压缩工况 TOP 和 BOTTOM 面的 von_Mises 应力分布

(a)

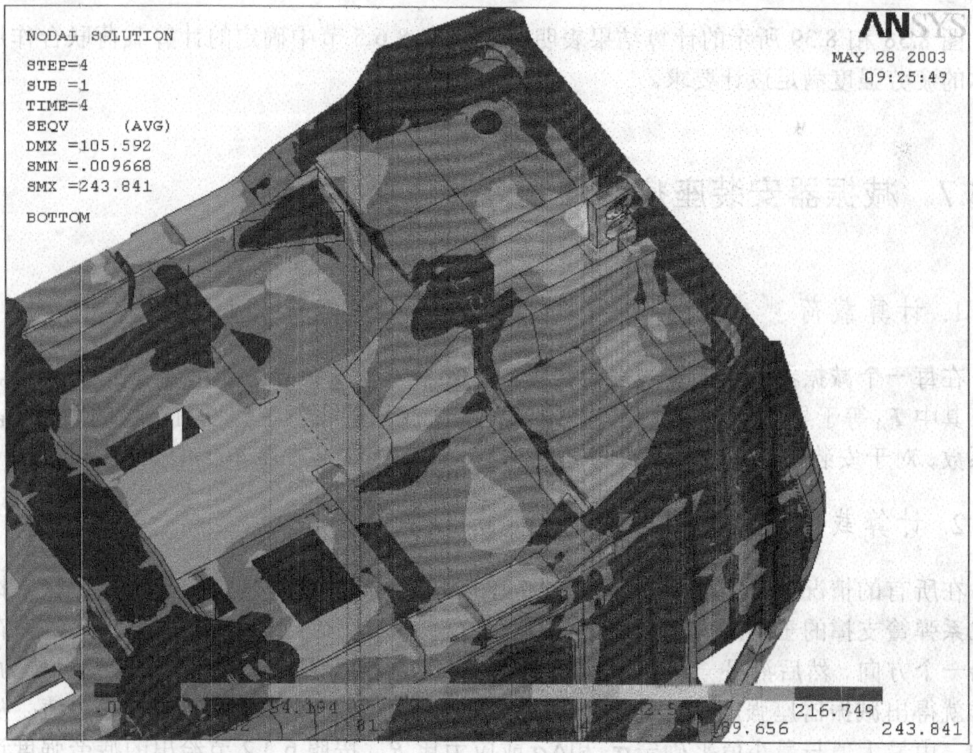

(b)

图 8.36　纵向拉伸工况 TOP 和 BOTTOM 面的 von_Mises 应力分布

4. 疲劳强度计算结果及分析

根据 8.6.5 节给出的机车车体疲劳强度分析的基本载荷进行组合，确定车体在不同载荷组合工况下的应力分布，按 6.3.2 节给出的疲劳强度评定方法确定车体结构每个节点的最大应力、最小应力和应力比，进而评定车体的疲劳强度。

整个车体位于焊缝区域和母材区域节点的最大等效主应力与其相对应的许用应力的比较如图 8.37 和 8.38 所示。

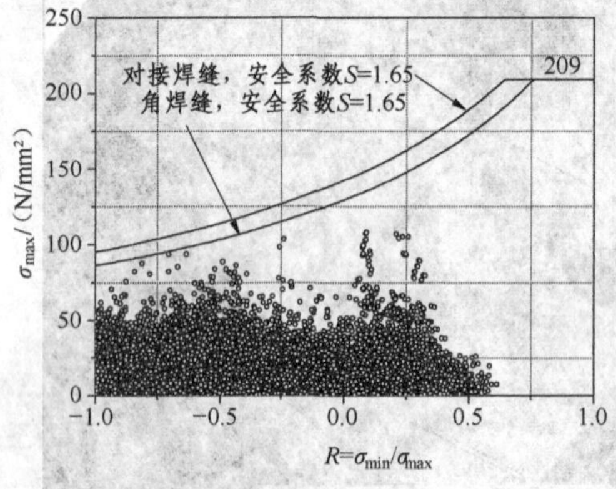

图 8.37　位于车体所有焊缝区域的等效主应力与许用应力的比较

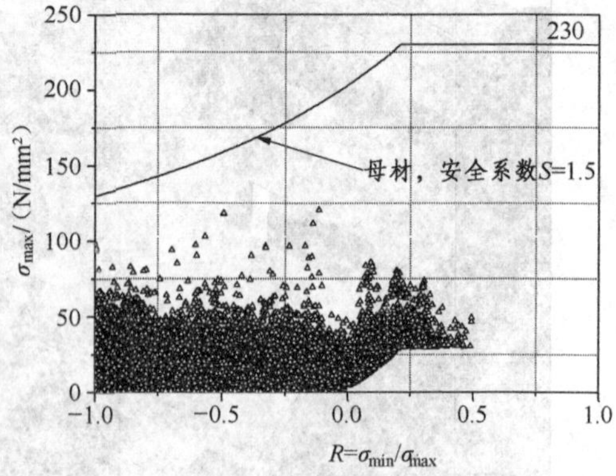

图 8.38　位于车体所有母材区域的等效主应力与许用应力的比较

图 8.38 和 8.39 所示的计算结果表明，车体在 8.6.5 节中确定的计算载荷联合作用下，车体的疲劳强度满足设计要求。

8.6.7 减振器安装座疲劳强度评定

1. 计算载荷

在每一个减振器（抗摇头、垂向和横向减振器）的安装处，作用于一个等于 $k_{jzhq}F_A$ 的力，其中 F_A 等于导致疲劳的载荷，其值通常等于减振器在额定速度时产生的力。k_{jzhq} 为载荷系数，对于安装在机车上的减振器座 $k_{jzhq}=1.5$；对于安装在客车上的减振器座 $k_{jzhq}=1.2$。

2. 计算载荷工况及计算方法

在所有的情况下，首先在构架或车体上施加一垂向载荷，确定构架一系弹簧支撑或车体二系弹簧支撑的垂向反力 Q_{11}，Q_{12}，Q_{21} 和 Q_{22}。然后加上作用于减振器座上的载荷，首先沿一个方向，然后沿另一个方向，同时验证诸反力 Q_{11}，Q_{12}，Q_{21} 和 Q_{22} 之和保持为常量。这样就得出减振器座强度计算的三个载荷工况，在每个节点可以得到三个应力值，从这些值中，由最大值与最小值来确定 σ_m 和 $\Delta\sigma$ 或应力比 R。按照 6.3.2 节给出的疲劳强度评定方法对减振器安装座的疲劳强度进行评定。

【习　题】

8-1　提高焊接结构疲劳强度的措施有哪些？

8-2　举例说明焊接结构疲劳设计准则。

8-3　如何确定机车、客车和货车转向架构架强度计算的计算载荷和载荷工况？

8-4　如何确定机车、客车和货车车体强度计算的计算载荷和载荷工况？

8-5　如何确定减振器安装座疲劳强度评定的计算载荷和载荷工况？

第9章 弹簧悬挂系统结构分析

20世纪60年代，为了改善机车车辆的动力学性能，一种能够提供车体与转向架间的全方位大变形的圆柱形螺旋压缩圆弹簧系统，先后在当时的联邦德国和英国铁路的试验内燃、电力机车的二系悬挂系统中应用，这种具有大变形的圆柱形螺旋压缩圆弹簧称为高圆簧。

高圆簧自问世以来，在世界各国铁道机车车辆的二系悬挂系统上得到了广泛应用，显著改善了铁道机车车辆的运行稳定性、安全性、曲线通过性能，提高了铁道机车车辆的运行速度。

在低速机车车辆和准高速机车车辆的二系悬挂系统上，为了兼顾其横向动力学性能和曲线通过性能，1965年，联邦德国的Krupp MaK公司研制出如图9.1所示的高圆簧一端加橡胶垫结构，既保证了高速稳定运行所需的较大的横向刚度，又保证了通过小半径曲线时较小的纵向刚度。

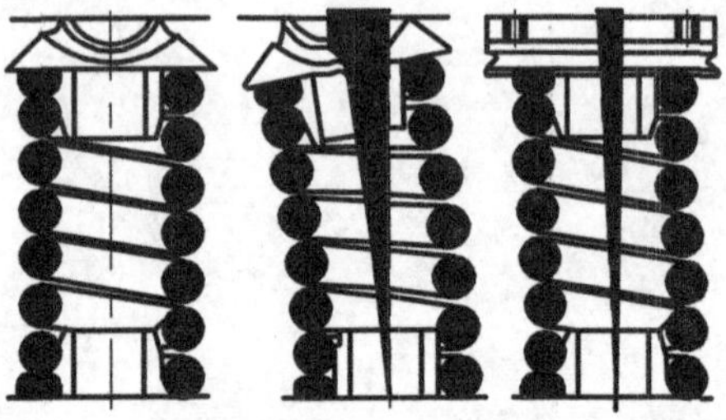

图9.1 复合弹簧系统水平方向变形关系

在德国第一代ICE高速动力车上，二系高圆簧的垂向静挠度达到169 mm，最大水平方向的变形量达到70 mm、落车状态下的基础应力为639 MPa，最大工作应力达到1 024 MPa。在我国，由于受弹簧制造材料和制造工艺的限制，目前采用高圆簧悬挂系统的商业运营机车车辆，其落车状态下的应力水平基本保持在400～500 MPa。在Bo-Bo轴式机车转向架上采用每侧布置3组簧结构；在Co-Co轴式机车转向架上采用每侧布置4组簧结构，给转向架和车体结构设计带来了许多困难。

采用高圆簧结构的机车车辆二系悬挂系统的主要优点是不仅简化了转向架结构设计，而且显著改善了动力学性能。尽管作为橡胶垫的二系悬挂系统结构也很简单，然而难于实现大的垂向静挠度，因此这类结构主要用于构造速度不大于120 km/h的机车车辆二系悬挂系统上，在准高速和高速机车车辆上，二系悬挂系统均采用高圆簧结构。

在采用高圆簧结构的二系悬挂系统上，高圆簧既是弹簧减振装置，又是车体与转向架间在水平面内的相对弹性运动装置，因此，高圆簧不仅承担垂向载荷，而且还要承担水平方向的载荷（在机车车辆上指纵向和横向合成载荷），其工作负荷相当繁重，最大工作合成剪应力有时达到垂向载荷作用下的1.5～2倍。

由于受高圆簧制造材料许用应力的限制，在其结构上难于实现。采用高圆簧一端或两端加橡胶垫的结构形式，橡胶垫既可吸收高频振动，还可降低高圆簧的应力水平，同时可以调整悬挂系统的横向和纵向刚度（见图9.1），满足高圆簧结构应用的强度要求。

9.1　高圆簧结构设计

9.1.1　常用弹簧材料的力学性能

在铁道机车车辆弹簧悬挂系统中，圆柱形螺旋压缩圆弹簧是在较高的应力水平下服役，弹簧材料表面承受的应力最大，弹簧制造材料的综合力学性能和材料的表面质量直接影响弹簧的使用寿命。因此，保证和提高弹簧材料力学性能和物理、化学性能及合理确定弹簧制造工艺，是保证铁道机车车辆弹簧正常工作的关键。

铁道机车车辆弹簧材料主要采用弹簧钢制造。目前，为了进一步提高弹簧的疲劳强度，已开始使用高强度钢制造机车车辆弹簧。在表 9.1 中给出了几种常用热轧弹簧钢的力学性能，其相对应的许用应力按载荷类型从表 9.2 中选取。

表 9.1　几种常用热轧弹簧钢的力学性能

<table>
<tr><th rowspan="2">牌号</th><th colspan="3">热处理方法</th><th rowspan="2">屈服极限 σ_s/MPa</th><th rowspan="2">强度极限 σ_b/MPa</th><th colspan="2">延伸率/%</th><th rowspan="2">断面收缩率 φ/%</th><th rowspan="2">直径规格/mm</th><th rowspan="2">推荐温度范围/°C</th><th rowspan="2">推荐硬度范围 HRC</th><th rowspan="2">性能</th></tr>
<tr><th>淬火温度/°C</th><th>淬火介质</th><th>回火温度/°C</th><th>δ_5</th><th>δ_{10}</th></tr>
<tr><td>55Si2Mn</td><td>870</td><td rowspan="8">油</td><td>480</td><td>1170</td><td>1274</td><td></td><td>6</td><td>30</td><td rowspan="8">5～80</td><td rowspan="4">－40～200</td><td rowspan="4">45～50</td><td rowspan="4">较高的疲劳强度，广泛用于机械和交通工具</td></tr>
<tr><td>55Si2MnB</td><td>870</td><td>480</td><td>1 170</td><td>1 274</td><td></td><td>6</td><td>30</td></tr>
<tr><td>60 Si2Mn</td><td>870</td><td>480</td><td>1 170</td><td>1 274</td><td></td><td>5</td><td>25</td></tr>
<tr><td>60Si2MnA</td><td>870</td><td>440</td><td>1 372</td><td>1 586</td><td></td><td>5</td><td>20</td></tr>
<tr><td>55CrMnA</td><td>830～860</td><td>460～510</td><td>1 078</td><td>1 225</td><td>9</td><td></td><td>20</td><td rowspan="2">－40～250</td><td rowspan="2">47～52</td><td rowspan="2">抗高温，用于承受较大载荷的较大弹簧</td></tr>
<tr><td>60CrMnA</td><td>830～860</td><td>460～510</td><td>1 078</td><td>1 225</td><td>9</td><td></td><td>20</td></tr>
<tr><td>60Si2CrVA</td><td>850</td><td>410</td><td>1 666</td><td>1 862</td><td>6</td><td></td><td>20</td><td rowspan="2">－40～210</td><td rowspan="2">45～50</td><td rowspan="2">高的疲劳性能，抗高温</td></tr>
<tr><td>50CrVA</td><td>850</td><td>500</td><td>1 127</td><td>1 274</td><td>10</td><td></td><td>40</td></tr>
</table>

注：表中弹簧材料的剪切模量 $G = 78\ 000$ MPa。

表 9.2 几种常用热轧弹簧钢的许用剪应力

材料		55Si2Mn，55Si2MnB 60 Si2Mn，60Si2MnA 50CrVA	55CrMnA，60CrMnA
许用应力[τ]/MPa	Ⅲ类（τ_s）	740	710
	Ⅱ类	590	570
	Ⅰ类	445	430

弹簧承受的工作载荷分为以下三类：

(1) Ⅲ类载荷——受静载荷以及载荷作用次数在 1×10^3 次以下的载荷。

(2) Ⅱ类载荷——承受变载荷作用次数在 $1\times10^3\sim1\times10^6$ 次范围内的载荷。

(3) Ⅰ类载荷——承受变载荷作用次数在 1×10^6 次以上的载荷。

9.1.2 结构设计

高圆簧结构形式与圆柱螺旋压缩圆弹簧的结构形式基本相同，设计方法完全相同。结构设计主要包括几何参数和端圈结构形式的确定。

铁道机车车辆使用的圆柱螺旋压缩圆弹簧的端圈结构形式主要分为两端圈并紧并磨平、两端圈制扁并紧而端圈不磨或磨平及两端圈不并紧并磨平。端圈磨平部分至少达到圆周长的 3/4，通常端圈取为 3/4 圈，端头厚度不小于簧条直径的 1/8（最好取为 1/4）。在这三种端圈结构形式中，两端圈不并紧结构可以降低或避免端圈与相邻有效圈之间的接触力，有利于提高弹簧的疲劳寿命。在高圆簧和有效圈数小于两圈的弹簧结构中，要求端圈与相邻有效圈在工作过程中不接触或尽量避免接触。

在高圆簧结构设计时，通常给出高圆簧在工作过程中承受的静载荷、安装空间（落车状态下高圆簧的高度，称为工作高度）和满足机车车辆动力学性能所要求的静挠度范围。由此可以确定高圆簧的初步垂向刚度值和自由高度。

在高圆簧设计初始阶段，首先根据高圆簧在落车状态下承担的垂向静载荷，确定其制造材料；然后根据机车车辆动力学性能要求的垂向静挠度或垂向刚度和悬挂系统的安装空间，初步确定簧条直径、弹簧中径和有效圈数。最后根据垂向静挠度和最大动挠度按下式计算高圆簧的节距

$$t = d + \frac{f_{vj} + f_{vd}}{n} + \delta_1 \tag{9-1}$$

式中，t 为高圆簧的节距；n 为高圆簧的有效圈数；d 为簧条直径；f_{vj} 为高圆簧在落车状态下的静挠度；f_{vd} 为最大垂向动挠度；δ_1 为余隙，其是指在最大工作载荷作用下，相邻有效圈之间应保留的间隙，一般取为$\delta_1 \geqslant 0.1\text{d}$。但对于水平方向变形较大的高圆簧，该值可以适当放大，以降低高圆簧的制造难度和避免相邻有效圈之间在工作过程中发生接触。

高圆簧的自由高度按下式近似确定：

$$H_0 = nt + d \tag{9-2}$$

高圆簧的垂向刚度为

$$K_v = \frac{Gd^4}{8nD^3} \tag{9-3}$$

式中，D 为弹簧中径，K_v 为高圆簧垂向刚度。

根据 GB/T1239.6—1992《圆柱螺旋弹簧设计计算》的规定，采用常规弹簧制造材料和常规加工工艺的弹簧，在最大试验载荷作用下，由下式计算弹簧的剪应力

$$\tau_{max} = \frac{8P_{max}D}{\pi d^3} \tag{9-4}$$

应不大于表 9.2 给出的Ⅲ类载荷的许用剪应力 τ_s。

式中，P_{max} 为最大试验载荷，通常最大试验载荷取为弹簧压并状态的载荷。

在压并状态下，高圆簧的压并高度满足如下关系式：

$$H_b = (n_1 - 0.3)d_{max} \tag{9-5}$$

式中，d_{max} 为最大簧条直径，通常取 $d = d_{max}$；n_1 为高圆簧的总圈数，$n_1 = n + 1.5$；与压并高度相对应的压并载荷为

$$P_{max} = K_v(H_0 - H_b) \tag{9-6}$$

如果按式（9-4）确定的在压并状态下的最大剪应力 τ_{max} 大于许用剪应力 τ_s，需重新确定高圆簧的几何参数。反之，按下式计算高圆簧在不同垂向载荷作用下的工作应力

$$\tau_i = \frac{8KP_iD}{\pi d^3} \tag{9-7}$$

式中，P_i 为不同工作状态下，高圆簧承担的垂向载荷；K 为曲度系数，按下式计算：

$$K = \frac{4C-1}{4(C-1)} + \frac{0.615}{C} \tag{9-8}$$

其中，C 为旋绕比，$C = D/d$。

旋绕比 C 值越小，卷制越困难，工作时弹簧材料截面内侧的剪应力大于平均应力就越多，弹簧的刚度也越小；C 值大，情况则相反。对于机车车辆用热卷圆柱螺旋压缩弹簧，C 值通常取为 4～6。

9.2　高圆簧横向刚度计算

到目前为止，有许多确定螺旋压缩圆弹簧横向刚度的计算方法，用这些方法确定的高圆簧的横向刚度与其实测横向刚度值相差较大，如图 9.2 所示。在铁道机车车辆设计和方案论证阶段，如果铁道机车车辆二系悬挂系统的刚度参数不能准确确定，铁道机车车辆系统动力学分析结果将存在较大的计算误差，给铁道机车车辆新产品开发带来困难及经济损失。根据高圆簧试验测试结果，修正了由弹性理论导出的横向刚度公式，给出高圆簧横向刚度分析的有效方法，其结果相对图 9.2 所示的方法具有较高的计算精度。

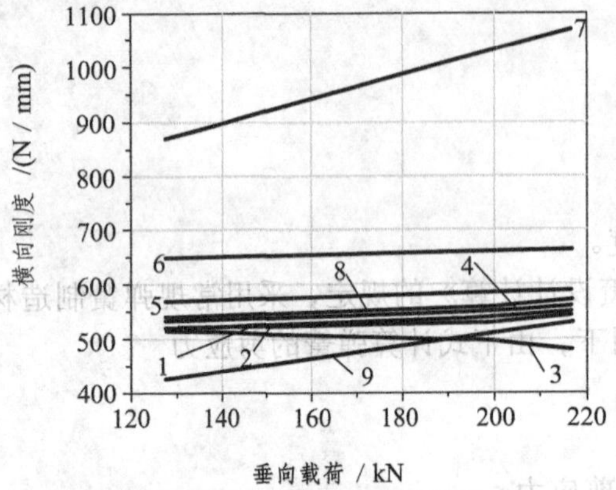

图 9.2 高圆簧横向刚度理论值与试验值的比较

1—BS1726；2—Delam；3—Haringx；4—kerwilson；5—Gross；6—Sparing；7—Timoshenko；8—铁道车辆法；9—试验值

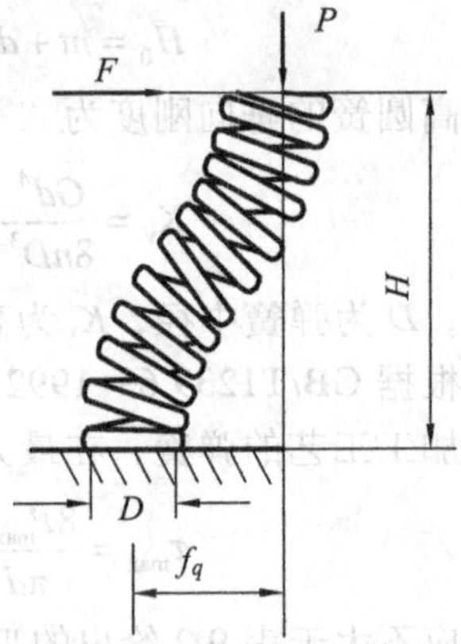

图 9.3 高圆簧横向刚度分析模型

9.2.1 计算模型

高圆簧横向刚度的分析模型如图 9.3 所示，将高圆簧简化为一等截面弹性直杆，其等效弯曲刚度 B 和剪切刚度 S 分别为

$$B = \frac{E}{2(2G+E)} D^2 K_v H \tag{9-9}$$

$$S = \frac{E}{G} K_v H \tag{9-10}$$

式中，H 为高圆簧的计算高度；E 为高圆簧制造材料的弹性模量；G 为高圆簧制造材料的剪切弹性模量。

由高圆簧组成的铁道机车车辆二系悬挂系统为超静定结构，承受横向载荷 F 和垂向载荷 P 作用的高圆簧简化为：两端刚性定位、在水平方向运动过程中高圆簧两端保持平行。由于结构的对称性，零弯矩点 W 为高圆簧的中点。因此，取高圆簧的一半为研究对象，由图 9.4 所示长度为 dx 的微单元受力分析导出高圆簧在复合载荷作用下的力、力矩和变形关系式为

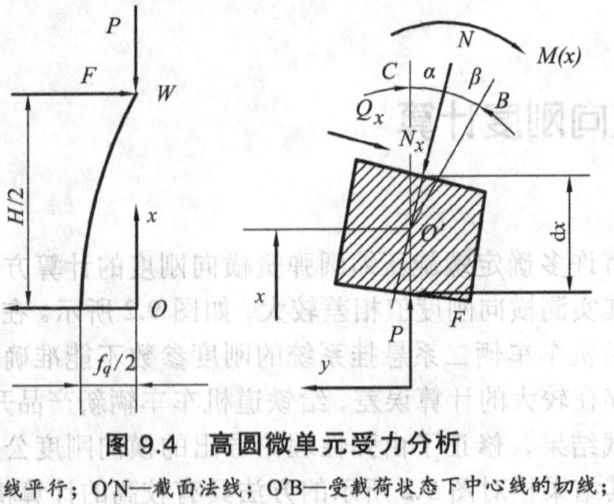

图 9.4 高圆微单元受力分析

O′C—与未受载荷时系统中心线平行；O′N—截面法线；O′B—受载荷状态下中心线的切线；α—弯曲角；β—剪切角

$$\frac{\mathrm{d}y}{\mathrm{d}x}=-(\alpha+\beta) \tag{9-11}$$

$$\frac{\mathrm{d}\alpha}{\mathrm{d}x}=\frac{M_x}{B} \tag{9-12}$$

$$\beta=\frac{Q_x}{S} \tag{9-13}$$

由于$\alpha<10°$，因此，高圆簧微单元的受力满足如下关系式

$$Q_x=P\cdot\alpha+F \tag{9-14}$$

$$M_x=P\cdot y+F\left(\frac{H}{2}-x\right) \tag{9-15}$$

由式（9-11）～（9-15）导出高圆簧的微分方程为

$$\frac{\mathrm{d}^2y}{\mathrm{d}x^2}+k^2y=-k^2\frac{F}{P}\left(\frac{H}{2}-x\right) \tag{9-16}$$

其中，

$$k=\sqrt{\frac{P}{B}\left(1+\frac{P}{S}\right)} \tag{9-17}$$

其边界条件为：$x=0$时，$\alpha=0$；$x=\frac{H}{2}$时，$y\left(\frac{H}{2}\right)=0$。对式（9-16）积分求得高圆簧横向变形与承受载荷关系式为

$$y(x)=-\frac{F}{Pk}\left(1+\frac{P}{S}\right)\left[\sin(kx)-\tan\left(\frac{kH}{2}\right)\cos(kx)\right]-\frac{F\left(\frac{H}{2}-x\right)}{P} \tag{9-18}$$

9.2.2　横向刚度分析

在 9.2.1 节中，导出了高圆簧横向变形表达式，当$x=0$时，$y(0)=\frac{f_q}{2}$，由式（9-18）可得出高圆簧横向刚度表达式

$$K_q=\frac{P}{\frac{2}{k}\left(1+\frac{P}{S}\right)\tan\left(\frac{kH}{2}\right)-H} \tag{9-19}$$

目前，我国适于制造高圆簧的弹簧材料为 50CrVA，其弹性模量 $E=206\,000\ \mathrm{N/mm^2}$，剪切弹性模量 $E=78\,000\ \mathrm{N/mm^2}$。将式（9-9）、(9-10)、(9-17) 和高圆簧垂向变形关系式 $P=K_vf_v$ 代入式（9-19）简化得

$$K_q=K_v/R \tag{9-20}$$

其中

$$R=1.065\,3\frac{D}{f_v}\sqrt{\frac{H}{f_v}+0.3811}\tan\left(0.938\,7\frac{f_v}{D}\sqrt{\frac{H}{f_v}+0.3811}\right)-\frac{H}{f_v} \tag{9-21}$$

式中，f_v为与垂向载荷相对于的垂向静挠度。

9.2.3 计算高度的确定

在圆柱螺旋压缩圆弹簧横向刚度计算公式中，将弹簧的计算高度假设为

$$H = H_0 - f_v - d \tag{9-22}$$

其中，H_0为弹簧自由高度。

试验研究表明，这一假设是影响高圆簧横向刚度分析误差的主要原因，将高圆簧横向刚度测试结果用非线性数值统计方法处理，导出高圆簧计算高度修正系数 k_H 与其垂向变形 f_v、弹簧中径 D 和有效圈数 n 的关系，如图 9.5 所示。修正后的计算高度为

$$H = k_H(H_0 - f_v - d) \tag{9-23}$$

高圆簧横向刚度计算公式由式（9-20）、(9-21) 和（9-23）组成。

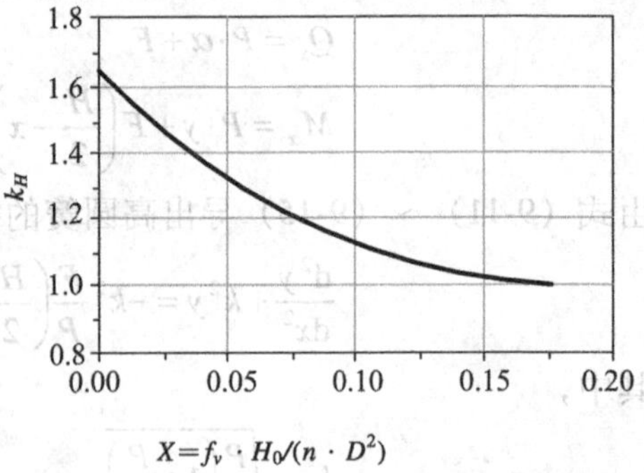

图 9.5　修正系数 k_H 与 $f(f_v, D, n)$ 的关系

9.3 橡胶垫特性参数计算

在现代机车车辆上，由于橡胶具有重量轻、能衰减振动与隔离噪声，特别是吸收高频振动的优良性能，使橡胶件得到了广泛的应用。

由于橡胶的制造工艺复杂，使得橡胶的物理化学性能与其名义值相差很大，一个牌号的橡胶的性能通常相差到 20% 左右，最好的工艺流程也可能相差 10%。

橡胶属于黏弹性材料，其性能具有显著的非线性特性，如图 9.6 所示圆柱形橡胶垫的垂向载荷与垂向变形间的关系。橡胶变形时，能吸收机械能，特别是能吸收高频振动能量。

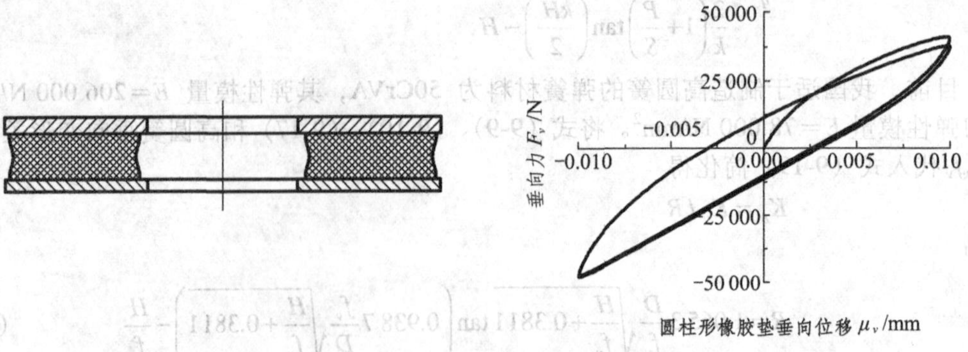

图 9.6　橡胶垫载荷与变形关系

9.3.1 橡胶材料的特性

1. 橡胶的硬度、剪切模量和弹性模量

在橡胶的技术条件中，一般不规定橡胶的弹性模量和剪切模量，只规定橡胶的硬度。

试验研究表明，橡胶的剪切模量和弹性模量主要取决于橡胶的硬度。橡胶硬度用肖氏硬度（HS）表示，如图 9.7 所示。图示是表示剪切模量、弹性模量与硬度的关系曲线，其中数据是属于静态剪切模量 G_s 和静态弹性模量 E_s，对于相应的动态数值 G_d 和 E_d，则可根据动静刚度比（简称动静比）$d=\dfrac{E_d}{E_s}$ 求得。动静比与硬度的关系也在图 9.7 中给出。在机车车辆振动计算时，橡胶元件的刚度应按照 G_d 和 E_d 来计算。

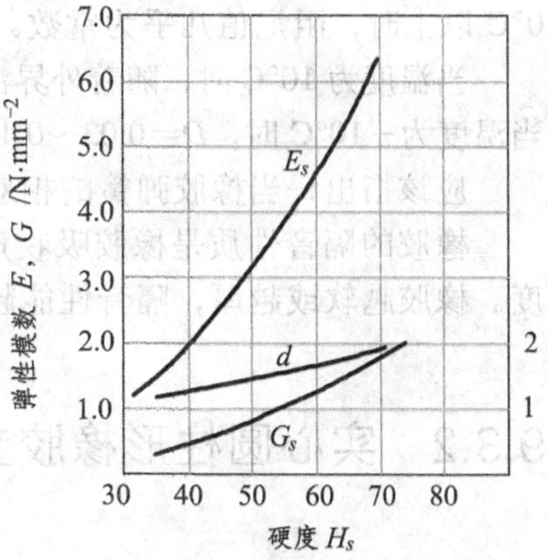

图 9.7 橡胶的 G，E，d 与 H_s 的关系

在实际使用范围内，橡胶的静态剪切模量与肖氏硬度的关系可以近似地用下式表示

$$G_s = 0.117e^{0.034\text{HS}} \ (\text{N/mm}^2) \tag{9-24}$$

由于橡胶剪切模量的数值不大，因此橡胶元件的剪切刚度相对较小。它除承受剪切外，橡胶元件一般用来承受压缩载荷而不用来承受拉伸载荷。这是因为拉伸载荷对橡胶元件的局部缺陷和表面拉伤比较敏感的缘故。

橡胶的弹性特性和耐久性与温度有关。以常温（20°C）时的橡胶强度为准，温度增加，则强度下降；温度降低，则强度上升。在 150°C 以内，大多数橡胶的弹性模量和剪切模量变化不大，高于 150°C 时就会下降，且橡胶同时软化。当温度升高到 230°C 时，橡胶开始发粘，达 240°C 时，橡胶就完全失去弹性。低温下橡胶的刚度急剧增加，并且变硬以致脆化。较高和较低的温度都影响橡胶的耐久性。橡胶的弹性模量随温度变化的关系如图 9.8 所示。图中纵坐标 $E_r(1\times10^{-7}\ \text{N/mm}^2)$ 值为变形 10 s 后的测量值，横坐标为温度 t（°C）。从图示曲线可以看出橡胶的弹性模数随温度的变化情况。当温度降低到 −60°C 左右，橡胶的弹性模数急剧增加，该温度是橡胶冷脆化的临界转折点，当温度升高到 200°C 左右，橡胶的弹性模数急剧下降。

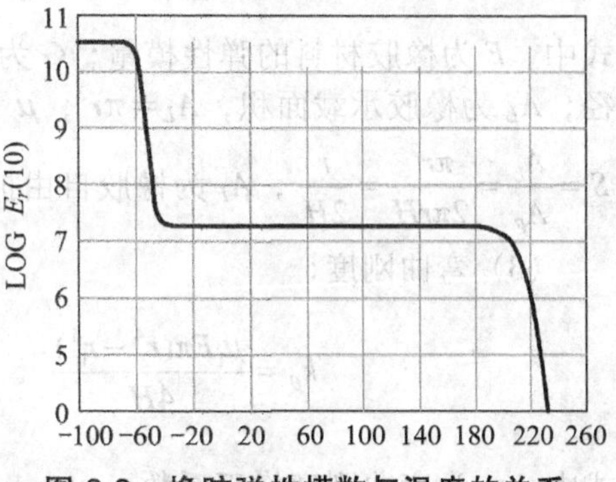

图 9.8 橡胶弹性模数与温度的关系

2. 能量的吸收（阻尼特性）

橡胶在变形时，显出一种重要的性能，即吸收机械能，特别是吸收高频振动能量。橡胶的这种性质可用来减振。

橡胶吸收振动能量是由于其在变形时产生内部摩擦所致。被吸收的机械能转化为热能后，其中一部分使橡胶温度升高；一部分在橡胶的振动过程中通过热辐射和热传导的方式耗散了。由于橡胶的低热传导系数有可能使它的局部温升高到不能容许的程度，所以承受振动载荷的橡胶件的结构几何尺寸不可过大。

受压橡胶的吸振率随振动频率的增高而增大。温度越低，橡胶弹簧的阻尼越大。但在0°C以上时，阻尼值几乎为常数。

当温度为10°C时，随着外界激扰频率的不同，橡胶弹簧的相对阻尼系数$D=0.03\sim0.05$；当温度为-10°C时，$D=0.03\sim0.15$。通常可以认为橡胶弹簧的相对阻尼系数$D=0.03\sim0.05$。

应该指出：当橡胶弹簧的相对阻尼不够时，应另设减振器来衰减振动。

橡胶的隔音性质是橡胶吸收声频振动性能的表现，这种能力决定于橡胶层的厚度和硬度。橡胶越软或越厚，隔音性能越好。

9.3.2 实心圆柱形橡胶垫计算

(1) 压缩状态下的垂向刚度：

$$k_v=\frac{A_L\mu}{H}E \tag{9-25}$$

(2) 剪切刚度：

$$k_q=\frac{A_L G}{H\left[1+\frac{4}{9}\left(\frac{H}{2r}\right)^2\right]} \tag{9-26}$$

式中，E为橡胶材料的弹性模量；G为橡胶材料的剪切模量；H为橡胶厚度；r为圆柱体半径；A_L为橡胶承载面积，$A_L=\pi r^2$；μ为垂向形状系数，$\mu=1.2(1+1.65S^2)$；S为面积比，$S=\frac{A_L}{A_F}=\frac{\pi r^2}{2\pi rH}=\frac{r}{2H}$；$A_F$为橡胶自由扩张面积，$A_F=2\pi rH$。

(3) 弯曲刚度：

$$k_\theta=\frac{\mu_1 E\pi(r_2^4-r_1^4)}{4H} \tag{9-27}$$

式中，μ_1为弯曲刚度修正系数，$\mu_1=1+\frac{2}{3}mS$；m为修正系数，如果硫化钢板，$m=4.67$。

(4) 橡胶垫的压缩应力和剪切应力分别按下式计算。

①压应力：

$$\sigma=\frac{P}{A_L} \tag{9-28}$$

式中，P为作用于橡胶垫的垂向载荷。

②剪应力：

$$\tau = \frac{Q}{A_L} \tag{9-29}$$

式中，Q 为作用于橡胶垫的横向载荷。

9.3.3　中间带孔的圆柱形橡胶垫刚度计算

中间带孔的圆柱形橡胶垫结构如图 9.6 所示。压缩状态下的垂向刚度 k_v 的计算同式(9-25)，计算时须用以下关系式替代式中相关参数。

（1）橡胶承载面积 $A_L = \pi(r_2^2 - r_1^2)$。

（2）橡胶自由扩张面积 $A_F = 2\pi(r_2 - r_1)H$。

式中，r_1 为圆柱体的外半径；r_2 为孔的内半径。

（3）剪切刚度

$$k_q = \frac{A_L G}{H\left[1+\frac{4}{9}\left(\frac{H}{2r_2}\right)^2\right]} \tag{9-30}$$

（4）弯曲刚度

$$k_\theta = \frac{\mu_1 E\pi(r_2^4 - r_1^4)}{4H} \tag{9-31}$$

9.3.4　橡胶的许用应力和许用应变

橡胶元件的使用寿命与它工作时的应力和应变状况有关，所以应合理地选取许用应力和许用应变。选择许用应力时，不仅要考虑橡胶的材料成分、载荷作用方式（拉伸、压缩、剪切和扭转）、橡胶表面与油及其他腐蚀物质的接触、振动发热等因素，而且还要考虑橡胶与金属元件的硫化黏结强度。

橡胶元件的疲劳破坏主要由拉伸应力集中处产生的裂纹、与金属黏结处发生剥离以及压缩侧的褶皱等逐步发展形成的。因此，在设计时，应尽量避免橡胶元件有应力集中，并尽量使元件表面的变形比较均匀。

当中等硬度（40～70 HS）的橡胶标准试件的拉断强度为 10～20 N/mm^2 时，橡胶元件在不同工作载荷作用下的许用应力和许用变形根据表 9.3 给出的数据确定。

表 9.3　橡胶的许用应力和许用应变

载荷形式	许用应力/（N/mm^2）			许用应变/%	
	静载荷	短时间冲击载荷	持续动载荷	静载荷	动载荷
拉　伸	1～2	1～1.5	0.5～1	—	—
压　缩	3～5	2.5～5	1～1.5	15	5
平行剪切	1～2	1～2	0.3～0.5	25	8
旋转剪切	2	2	0.3～1	—	—
扭转剪切	2	2	0.3～0.5	—	—

注：金属外套相对于同轴的内套转动时产生的剪切，称为旋转剪切；相对旋转如图 9.6 所示橡胶垫的上下钢板绕轴线相对旋转产生的剪切，称为扭转剪切。

9.4 高圆簧一端加橡胶垫系统横向刚度计算

由于受我国圆柱形螺旋压缩弹簧制造材料和制造工艺的限制，为了降低高圆簧的工作应力和复合弹簧系统的水平方向刚度值，部分机车车辆转向架二系悬挂系统采用了并联高圆簧一端加橡胶垫的结构形式，减少了每台转向架布置高圆簧的组数。

9.4.1 弹簧系统的数学模型

根据弹簧特性参数分析的经典计算方法将高圆簧和橡胶垫简化为弹性杆，其等效弯曲刚度和剪切刚度分别为:

1. 高圆簧

（1）弯曲刚度

$$B_i = \frac{E}{2(2G+E)} \cdot \frac{H_i d_i^4}{16 n_i D_i}，(i=1,2,\cdots,n) \tag{9-32}$$

（2）剪切刚度

$$S_i = \frac{H_i d_i^4}{8 n_i D_i^3} E，(i=1,2,\cdots,n) \tag{9-33}$$

式中， D_i 为第 i 根高圆簧的中径； d_i 为第 i 根高圆簧的簧条材料直径； n_i 为第 i 根高圆簧的有效圈数； f_v 为并联高圆簧在垂向载荷作用下的静挠度； n 为每组高圆簧的个数； H_i 为第 i 根高圆簧计算高度， $H_i = k_{hi}(H_0 - d_i - f_v)$； H_0 为高圆簧自由高度； k_{hi} 为第 i 根高圆簧的计算高度修正系数。

2. 橡胶垫

（1）弯曲刚度

$$B = k_\theta H \tag{9-34}$$

（2）剪切刚度

$$S = k_q H \tag{9-35}$$

式中，H 为橡胶垫的计算高度；k_θ为橡胶垫的弯曲刚度；k_q 为橡胶垫的剪切刚度。

由于并联高圆簧和橡胶垫之间的连接座刚度远远大于其二者的刚度，故将连接座简化为刚性杆。由并联高圆簧一端加圆柱形或圆环形橡胶垫组成的机车车辆转向架二系弹簧系统，在垂向载荷 P 和水平方向载荷 F 的作用下，弹簧系统水平方向发生变形时，高圆簧的下端安装面刚性固定，橡胶垫的安装面只能平动。并联高圆簧、橡胶垫和刚性杆在水平方

向载荷 F、垂向载荷 P 和弯矩 M 的作用下的受力分析和坐标系如图 9.9（a）、9.9（b）和 9.9（d）所示。

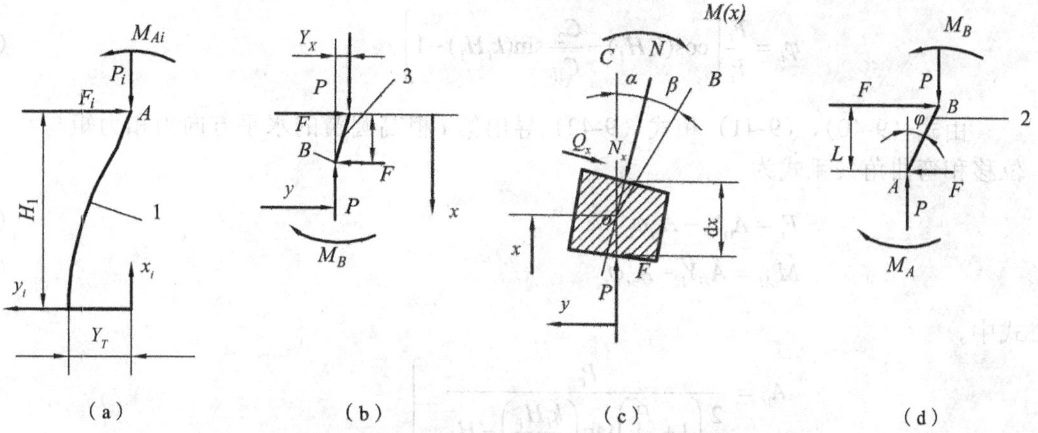

图 9.9　并联高圆簧一端加橡胶垫系统及其微单元计算模型

1—高圆簧；2—刚性连接杆；3—橡胶垫；α—弯曲角；β—剪切角

9.4.2　高圆簧的变形方程

在图 9.9（a）中，取长度为 $\mathrm{d}x$ 的高圆簧微单元为研究对象，导出第 i 根高圆簧在力 F_i，P_i 和力矩 M_{Ai} 作用下的微分方程

$$\frac{\mathrm{d}^2 y_i}{\mathrm{d}x^2}+k_i^2 y_i=-\frac{F_i}{P_i}k_i^2\left(H_i-x-\frac{M_{Ai}}{F_i}\right) \tag{9-36}$$

$$k_i=\sqrt{\frac{P_i}{B_i}\left(1+\frac{P_i}{S_i}\right)},\ \frac{\mathrm{d}y_i}{\mathrm{d}x}=-\left(1+\frac{P_i}{S_i}\right)\alpha_i-\frac{F_i}{S_i},\ P=\sum_{i=1}^{n}P_i=\sum_{i=1}^{n}\frac{Gd_i^4}{8n_iD_i^3} \tag{9-37}$$

边界条件为：$x=0$ 时，$\alpha_i(0)=0$；$x=H_i$ 时，$y_i(H_i)=0$。对式（9-36）积分求得第 i 根高圆簧的变形表达式为

$$y_i(x)=\frac{F_i}{P_i}\left[C_{1i}\sin(k_ix)+C_{2i}\cos(k_ix)-(H_i-x)+\frac{M_{Ai}}{F_i}\right] \tag{9-38}$$

$$\alpha_i(x)=\frac{F_i}{P_i}\left[\cos(k_ix)-\frac{C_{2i}}{C_{1i}}\sin(k_ix)-1\right] \tag{9-39}$$

$$C_{1i}=-\frac{1+\dfrac{P_i}{S_i}}{k_i},\ C_{2i}=-\frac{C_{1i}\sin(k_iH_i)+\dfrac{M_{Ai}}{F_i}}{\cos(k_iH_i)} \tag{9-40}$$

假设第 i 根高圆簧在力 F_i，P_i 和力矩 M_{Ai} 作用下的水平方向位移和弯曲角分别为 Y_i 和 φ_i，由式（9-38）和式（9-39）得

$$Y_i=\frac{F_i}{P_i}\left[C_{2i}-H_i+\frac{M_{Ai}}{F_i}\right] \tag{9-41}$$

$$\varphi_i=\frac{F_i}{P_i}\left[\cos(k_iH_i)-\frac{C_{2i}}{C_{1i}}\sin(k_iH_i)-1\right] \tag{9-42}$$

由式（9-40）、(9-41）和式（9-42）导出第 i 根高圆簧的水平方向力和力矩与水平方向位移和弯曲角关系式为

$$F_i=A_{1i}Y_i-A_{2i}\varphi_i \tag{9-43}$$

$$M_{Ai}=A_{2i}Y_i-A_{3i}\varphi_i \tag{9-44}$$

式中，

$$\left.\begin{aligned}
A_{1i}&=\frac{P_i}{\dfrac{2}{k_i}\left(1+\dfrac{P_i}{S_i}\right)\tan\left(\dfrac{k_iH_i}{2}\right)-H_i}\\
A_{2i}&=A_{1i}\frac{B_ik_i}{P_i}\tan\left(\frac{k_iH_i}{2}\right)\\
A_{3i}&=A_{1i}\frac{B_i}{P_i}\left[\left(1+\frac{P_i}{S_i}\right)-\frac{k_iH_i}{\tan(k_iH_i)}\right]
\end{aligned}\right\} \tag{9-45}$$

9.4.3 橡胶垫的变形方程

为了使研究的问题具有代表性，以图 9.1 所示回转式橡胶垫为例，在图 9.9（b）中，取长度为 dx 的橡胶垫微单元为研究对象，导出回转式橡胶垫在力 F、P 和力矩 M_B 作用下的微分方程为

$$\frac{\mathrm{d}^2y}{\mathrm{d}x^2}+2k_x\frac{\mathrm{d}y}{\mathrm{d}x}+k^2y=-\frac{F}{P}k^2\left[H-x+\frac{M_B}{F}-\frac{2k_x^2}{k^2}\right] \tag{9-46}$$

$$k=\sqrt{\frac{P}{B}\left(1+\frac{P}{S}\right)}\,,\ \frac{\mathrm{d}y}{\mathrm{d}x}=-\left(1+\frac{P}{S}\right)\alpha-\frac{F}{S}\,,\ k_x=-\frac{P}{2R_mB}\,,\ b^2=k_x^2-k^2 \tag{9-47}$$

式中，R_m 为回转式橡胶垫的回转半径。

边界条件：$x=0$ 时，$\alpha(0)=0$；$x=H$ 时，$y(H)=0$。对式（9-46）积分求出橡胶垫的变形关系式为

（1）若 $b^2>0$ 时

$$y(x)=\frac{F}{P}\left[C_1\mathrm{e}^{xa_1}+C_2\mathrm{e}^{xa_2}-(H-x)-\frac{M_B}{F}\right] \tag{9-48}$$

$$\alpha(x)=-\frac{F}{P}\left(\frac{C_1}{A}a_1\mathrm{e}^{xa_1}+\frac{C_2}{A}a_2\mathrm{e}^{xa_2}+1\right) \tag{9-49}$$

$$a_1=-k_x+\sqrt{|b^2|}\ ,\ a_2=-k_x-\sqrt{|b^2|} \tag{9-50}$$

$$C_1=-\frac{A\cdot e^{a_2H}+a_2\dfrac{M_B}{F}}{a_1\cdot e^{a_2H}-a_2\cdot e^{a_1H}}\ ,\ C_2=\frac{A\cdot e^{a_1H}+a_1\dfrac{M_B}{F}}{a_1\cdot e^{a_2H}-a_2\cdot e^{a_1H}}\ ,\ A=1+\frac{P}{S} \tag{9-51}$$

（2）若 $b^2\leqslant 0$ 时，

$$y(x)=\frac{F}{P}\left[C_1e^{-k_xx}\sin(bx)+C_2e^{-k_xx}\cos(bx)-(H-x)-\frac{M_B}{F}\right] \tag{9-52}$$

$$\alpha(x)=-\frac{F}{P}\left[\frac{(C_1b-C_2k_x)}{A}e^{-k_xx}\cos(bx)-\frac{(C_1k_x+C_2b)}{A}e^{-k_xx}\sin(bx)+1\right] \tag{9-53}$$

$$C_1=\frac{k_x\dfrac{M_B}{F}-A\cdot e^{-k_xH}\cdot\cos(bH)}{e^{-k_xH}[b\cos(bH)+k_x\sin(bH)]}\ ,\ C_2=\frac{b\dfrac{M_B}{F}+A\cdot e^{-k_xH}\cdot\sin(bH)}{e^{-k_xH}[b\cos(bH)+k_x\sin(bH)]}$$

$$b=\sqrt{|k_x^2-k^2|} \tag{9-54}$$

假设橡胶垫在力 F、P 和力矩 M_B 作用下的水平方向位移和弯曲角分别为 Y_X 和 φ_X，由式（9-48）和（9-49）或式（9-52）和（9-53）得：

（1）当 $b^2>0$ 时，

$$Y_X=\frac{F}{P}\left[C_1+C_2-H-\frac{M_B}{F}\right] \tag{9-55}$$

$$\varphi_X=-\frac{F}{P}\left(\frac{C_1}{A}a_1e^{Ha_1}+\frac{C_2}{A}a_2e^{Ha_2}+1\right) \tag{9-56}$$

（2）当 $b^2\leqslant 0$ 时，

$$Y_X=\frac{F}{P}\left[C_2-H-\frac{M_B}{F}\right] \tag{9-57}$$

$$\varphi_X=-\frac{F}{P}\left[\frac{(C_1b-C_2k_x)}{A}e^{-k_xH}\cos(bH)-\frac{(C_1k_x+C_2b)}{A}e^{-k_xH}\sin(bH)+1\right] \tag{9-58}$$

由式（9-51）、（9-55）和式（9-56）或式（9-54）、（9-57）和式（9-58）导出橡胶垫承担的水平方向力和力矩与水平方向位移和弯曲角的关系式为

$$F=A_1Y_X-A_2\varphi_X \tag{9-59}$$

$$M_B=-A_4Y_X+A_3\varphi_X \tag{9-60}$$

式中，

$$A_1=\frac{P\cdot R_{22}}{R}\ ,\ A_2=\frac{P\cdot A\cdot R_{12}}{R}\ ,\ A_3=\frac{P\cdot A\cdot R_{11}}{R}\ ,\ A_4=\frac{P\cdot R_{21}}{R}\ ,\ R=R_{11}\cdot R_{22}-R_{12}R_{21} \tag{9-61}$$

（1）当 $b^2>0$ 时，

$$\left.\begin{aligned}&R_{11}=\frac{A\cdot(e^{a_1H}-e^{a_2H})}{a_1\cdot e^{a_2H}-a_2\cdot e^{a_1H}}-H,\quad R_{12}=\frac{a_1-a_2}{a_1\cdot e^{a_2H}-a_2\cdot e^{a_1H}}-1\\&R_{21}=\frac{A\cdot(a_1-a_2)e^{(a_1+a_2)H}}{a_1\cdot e^{a_2H}-a_2\cdot e^{a_1H}}-1,\quad R_{22}=\frac{a_1a_2\cdot(e^{a_1H}-e^{a_2H})}{a_1\cdot e^{a_2H}-a_2\cdot e^{a_1H}}\end{aligned}\right\}\tag{9-62}$$

（2）当 $b^2\leqslant 0$ 时，

$$\left.\begin{aligned}&R_{11}=\frac{A\cdot\sin(bH)}{b\cos(bH)+k_x\sin(bH)}-H\\&R_{12}=\frac{b}{e^{-k_xH}[b\cos(bH)+k_x\sin(bH)]}-1\\&R_{21}=A\cdot e^{-k_xH}\left\{\cos(bH)-1+\frac{\sin(bH)[b\sin(bH)-k_x\cos(bH)]}{b\cos(bH)+k_x\sin(bH)}\right\}\\&R_{22}=\frac{(b^2+k_x^2)\cdot\sin(bH)}{b\cos(bH)+k_x\sin(bH)}\end{aligned}\right\}\tag{9-63}$$

9.4.4　系统的水平方向刚度确定

长度为 L 的刚性杆一端与高圆簧连接；另一端与橡胶垫连接，在刚性杆与高圆簧的连接点 A 处，满足关系式：$Y_1=Y_2=\cdots=Y_n=Y_T$ 和 $\varphi_1=\varphi_2=\cdots=\varphi_n=\varphi_T$。作用于并联高圆簧 A 点处的力和力矩为

$$F_A=\sum_{i=1}^{n}F_i=\sum_{i=1}^{n}A_{1i}Y_T-\sum_{i=1}^{n}A_{2i}\varphi_T\tag{9-64}$$

$$M_A=\sum_{i=1}^{n}M_{Ai}=\sum_{i=1}^{n}A_{2i}Y_T-\sum_{i=1}^{n}A_{3i}\varphi_T\tag{9-65}$$

并联高圆簧和橡胶垫由一根刚性杆连接，因此，在并联高圆簧和橡胶垫与刚性杆的连接点 A 和 B 处满足关系式 $\varphi_X=\varphi_T=\varphi$，作用于刚性杆两端的力和力矩平衡方程为：

$$F_A=F\ ,\ M_A+P\cdot L\cdot\varphi+L\cdot F=M_B\tag{9-66}$$

并联高圆簧一端加橡胶垫系统在垂向载荷 P、水平方向载荷 F 的作用下，系统水平方向产生的变形量满足 $f_Q=Y_T+Y_X+L\cdot\varphi$ 的条件，与式（9-59）、（9-60）、（9-64）、（9-65）和式（9-66）联立，导出弹簧系统载荷与变形关系式为

$$\left.\begin{aligned}&\sum_{i=1}^{n}A_{1i}Y_T-A_1Y_X+\left(A_2-\sum_{i=1}^{n}A_{2i}\right)\varphi=0\\&\sum_{i=1}^{n}A_{2i}Y_T+(A_4+L\cdot A_1)Y_X+(P\cdot L-\sum_{i=1}^{n}A_{3i}-A_3-L\cdot A_2)\varphi=0\\&Y_T+Y_X+L\cdot\varphi=f_Q\end{aligned}\right\}\tag{9-67}$$

求解线性方程组式（9-67）导出高圆簧和橡胶垫的线位移及二者与刚性杆连接端的弯曲角为

$$Y_T = f_Q \cdot \frac{D_T}{D}\,,\ Y_X = f_Q \cdot \frac{D_X}{D}\,,\ \varphi = f_Q \cdot \frac{D_\varphi}{D} \tag{9-68}$$

式中，

$$D = \begin{vmatrix} \sum_{i=1}^{n} A_{1i} & -A_1 & A_2 - \sum_{i=1}^{n} A_{2i} \\ \sum_{i=1}^{n} A_{2i} & A_4 + L \cdot A_1 & P \cdot L - \sum_{i=1}^{n} A_{3i} - A_2 - L \cdot A_3 \\ 1 & 1 & L \end{vmatrix} \neq 0$$

$$D_T = \begin{vmatrix} -A_1 & A_2 - \sum_{i=1}^{n} A_{2i} \\ A_4 + L \cdot A_1 & P \cdot L - \sum_{i=1}^{n} A_{3i} - L \cdot A_2 - A_3 \end{vmatrix}$$

$$D_X = -\begin{vmatrix} \sum_{i=1}^{n} A_{1i} & A_2 - \sum_{i=1}^{n} A_{2i} \\ \sum_{i=1}^{n} A_{2i} & P \cdot L - \sum_{i=1}^{n} A_{3i} - L \cdot A_2 - A_3 \end{vmatrix}$$

$$D_\varphi = \begin{vmatrix} \sum_{i=1}^{n} A_{1i} & -A_1 \\ \sum_{i=1}^{n} A_{2i} & A_4 + L \cdot A_1 \end{vmatrix}$$

将式（9-68）代入式（9-59）或式（9-64）导出弹簧系统的水平方向刚度关系式为

$$K_Q = \frac{A_1 \cdot D_X - A_2 D_\varphi}{D} = \frac{D_T \sum_{i=1}^{n} A_{1i} - D_\varphi \sum_{i=1}^{n} A_{2i}}{D} \tag{9-69}$$

分析并联高圆簧一端加橡胶垫系统水平方向刚度关系式（9-69）可知，系统的水平方向刚度值仅依赖于高圆簧和橡胶垫的结构几何参数，及其弹簧制造材料的弹性模量和剪切模量以及刚性杆的长度，是弹簧系统的一个固有特性参数。当橡胶垫的结构为圆柱形、圆环形或矩形截面的平垫时，橡胶垫的回转半径 $R_m \to +\infty$。

9.5　高圆簧两端加橡胶垫系统横向刚度计算

9.5.1　弹簧系统的数学模型

根据弹簧特性参数分析的经典计算方法将高圆簧和橡胶垫简化为弹性杆，其等效弯曲刚度和剪切刚度与 9.4.1 节相同。

由并联高圆簧两端加结构形状相同的圆柱形或圆环形橡胶垫组成的机车车辆转向架二系弹簧系统，在垂向载荷 P 和水平方向载荷 F 的作用下，弹簧系统的变形关系如图 9.10 所示。系统水平方向发生变形时，与高圆簧下端相连的橡胶垫安装面刚性固定，与高圆簧上端相连的橡胶垫的安装面只能平动。

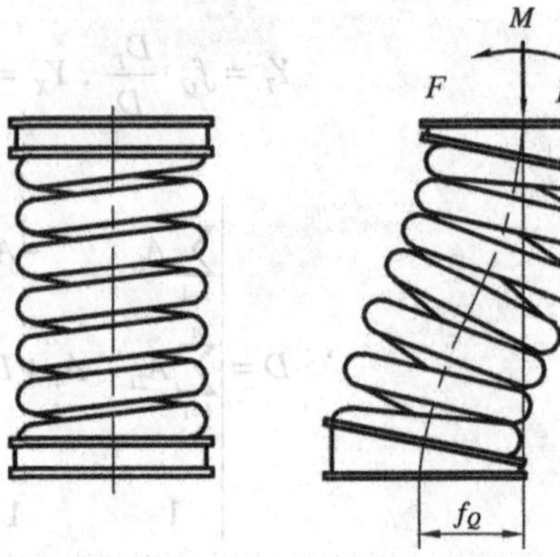

图 9.10 系统载荷与变形关系

由于结构的对称性，取并联高圆簧两端加橡胶垫系统的一半为研究对象，W 为系统的零弯矩点。高圆簧、橡胶垫和刚性杆在水平方向载荷 F、垂向载荷 P 和弯矩 M 的作用下的受力分析和坐标系如图 9.11 的 (a)、(b) 和 (d) 图所示。

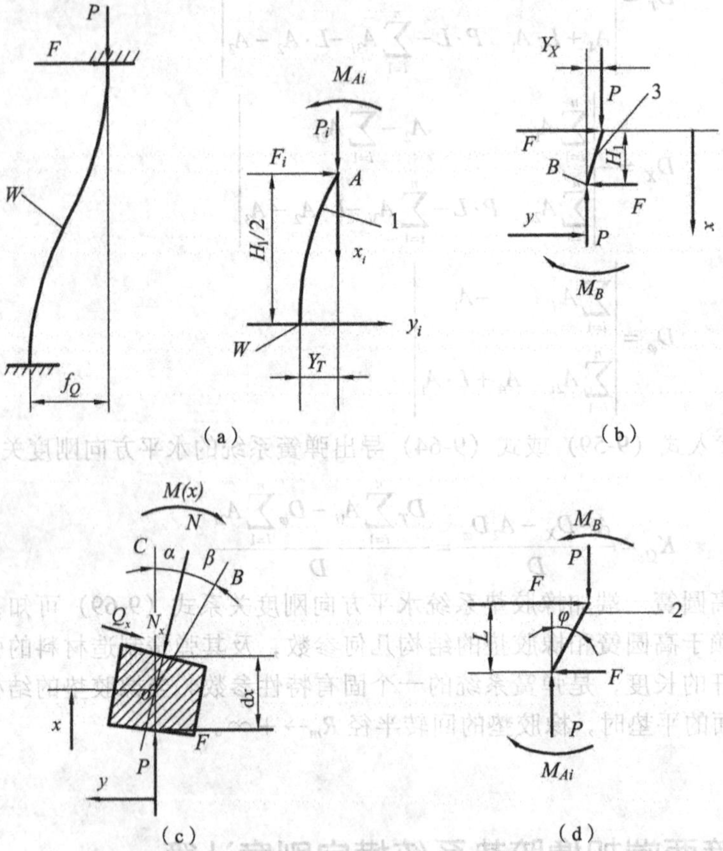

图 9.11 并联高圆簧两端加橡胶垫系统及其微单元计算模型

1—高圆簧；2—刚性连接杆；3—橡胶垫；α—弯曲角；β—剪切角

9.5.2 高圆簧的变形方程

在图 9.11 (a) 中，取长度为 dx 的高圆簧微单元为研究对象，导出第 i 根高圆簧在力

F_i、P_i和力矩 M_{Ai} 作用下的微分方程

$$\frac{d^2 y_i}{dx^2}+k_i^2 y_i=-\frac{F_i}{P_i}k_i^2\left(\frac{H_i}{2}-x\right) \tag{9-70}$$

$$k_i=\sqrt{\frac{P_i}{B_i}\left(1+\frac{P_i}{S_i}\right)}\,,\ \frac{dy_i}{dx}=-\left(1+\frac{P_i}{S_i}\right)\alpha_i-\frac{F_i}{S_i}\,,\ P=\sum_{i=1}^{n}P_i=\sum_{i=1}^{n}\frac{Gd_i^4}{8n_iD_i^3} \tag{9-71}$$

边界条件为：$x=\dfrac{H_i}{2}$时，$y_i\left(\dfrac{H_i}{2}\right)=0$，对式（9-70）积分求得第 i 根高圆簧的变形表达式为

$$y_i(x)=\frac{F_i}{P_i}\left[C_{1i}\sin(k_i x)+C_{2i}\cos(k_i x)-\left(\frac{H_i}{2}-x\right)\right] \tag{9-72}$$

$$\alpha_i(x)=-\frac{F_i}{A_{Ti}P_i}[C_{1i}k_i\cos(k_i x)-C_{2i}k_i\sin(k_i x)+A_{Ti}] \tag{9-73}$$

$$A_{Ti}=1+\frac{P_i}{S_i}\,,\ C_{2i}=-C_{1i}\tan\left(\frac{k_i H_i}{2}\right) \tag{9-74}$$

假设第 i 根高圆簧在力 F_i，P_i和力矩 M_{Ai} 作用下的水平方向位移和弯曲角分别为 Y_i和 φ_i，由式（9-72）和（9-73）得

$$Y_i=\frac{F_i}{P_i}\left(C_{2i}-\frac{H_i}{2}\right) \tag{9-75}$$

$$\varphi_i=-\frac{F_i}{A_{Ti}P_i}(C_{1i}k_i+A_{Ti}) \tag{9-76}$$

由式（9-74）、（9-75）和（9-76）导出第 i 根高圆簧的水平方向力和力矩与水平方向位移和弯曲角关系式为

$$F_i=A_{1i}Y_i-A_{2i}\varphi_i \tag{9-77}$$

$$M_{Ai}=A_{2i}Y_i-A_{3i}\varphi_i \tag{9-78}$$

式中，

$$\left.\begin{aligned}&A_{1i}=\frac{2P_i}{\dfrac{2}{k_i}\left(1+\dfrac{P_i}{S_i}\right)\tan\left(\dfrac{K_i H_i}{2}\right)-H_i}\\&A_{2i}=A_{1i}\frac{B_i k_i}{P_i}\tan\left(\frac{k_i H_i}{2}\right)\\&A_{3i}=A_{2i}\frac{H_i}{2}\end{aligned}\right\} \tag{9-79}$$

9.5.3　橡胶垫的变形方程

在高圆簧两端加橡胶垫系统中，橡胶垫的结构形式主要为圆柱形或中间有孔的圆柱形橡胶垫，其变形的微分方程不同于 9.4.3 节。

在图 9.11（b）中，取长度为 dx 的橡胶垫微单元为研究对象，按上述原理，导出橡胶垫在力 F、P 和力矩 M_B 作用下的微分方程为

$$\frac{\mathrm{d}^2 y}{\mathrm{d}x^2}+k^2 y=-\frac{F}{P}k^2\left[H-x+\frac{M_B}{F}\right] \tag{9-80}$$

$$k=\sqrt{\frac{P}{B}\left(1+\frac{P}{S}\right)},\ \frac{\mathrm{d}y}{\mathrm{d}x}=-\left(1+\frac{P}{S}\right)\alpha-\frac{F}{S} \tag{9-81}$$

边界条件：$x=0$ 时，$\alpha(0)=0$；$x=H$ 时，$y(H)=0$。对式（9-80）积分求出橡胶垫的变形关系式为

$$y(x)=\frac{F}{P}\left[C_1\sin(kx)+C_2\cos(kx)-(H-x)-\frac{M_B}{P}\right] \tag{9-82}$$

$$\alpha(x)=\frac{F}{P}\left[\cos(kx)-\frac{C_2}{C_1}\sin(kx)-1\right] \tag{9-83}$$

$$C_1=-\frac{1+\dfrac{P}{S}}{k},\ C_2=\frac{\dfrac{M_B}{F}-C_1\sin(kH)}{\cos(kH)} \tag{9-84}$$

假设橡胶垫在力 F，P 和力矩 M_B 作用下的水平方向位移和弯曲角分别为 Y_X 和 φ_X，由式（9-82）和式（9-83）得

$$Y_X=\frac{F}{P}\left[C_2-H-\frac{M_B}{F}\right] \tag{9-85}$$

$$\varphi_X=\frac{F}{P}\left[\cos(kH)-\frac{\mathrm{C}_2}{\mathrm{C}_1}\sin(kH)-1\right] \tag{9-86}$$

由式（9-84）、(9-85）和（9-86）导出橡胶垫承担的水平方向力和力矩与水平方向位移和弯曲角的关系式为

$$F=A_1Y_X-A_2\varphi_X \tag{9-87}$$

$$M_B=-A_2Y_X+A_3\varphi_X \tag{9-88}$$

式中，

$$\left.\begin{aligned}A_1&=\frac{P}{\dfrac{2}{k}\left(1+\dfrac{P}{S}\right)\tan\left(\dfrac{kH}{2}\right)-H}\\A_2&=A_1\frac{Bk}{P}\tan\left(\frac{kH}{2}\right)\\A_3&=A_1\frac{B}{P}\left[\left(1+\frac{P}{S}\right)-\frac{kH}{\tan(kH)}\right]\end{aligned}\right\} \tag{9-89}$$

9.5.4　系统的水平方向刚度确定

长度为 L 的刚性杆一端与高圆簧连接；另一端与橡胶垫连接，在刚性杆与高圆簧的连接点 A 处，满足关系式：$Y_1=Y_2=\cdots=Y_n=Y_T$ 和 $\varphi_1=\varphi_2=\cdots=\varphi_n=\varphi_T$。作用于并联高圆簧 A 点处的力和力矩为

$$F_A=\sum_{i=1}^{n}F_i=\sum_{i=1}^{n}A_{1i}Y_T-\sum_{i=1}^{n}A_{2i}\varphi_T \tag{9-90}$$

$$M_A=\sum_{i=1}^{n}M_{Ai}=\sum_{i=1}^{n}A_{2i}Y_T-\sum_{i=1}^{n}A_{3i}\varphi_T \tag{9-91}$$

并联高圆簧和橡胶垫由一根刚性杆连接，因此，在并联高圆簧和橡胶垫与刚性杆的连接点 A 和 B 处满足关系式 $\varphi_X=\varphi_T=\varphi$，作用于刚性杆两端的力和力矩的平衡方程为

$$F_A=F\ ,\ M_A+P\cdot L\cdot\varphi+L\cdot F=M_B \tag{9-92}$$

并联高圆簧两端加橡胶垫系统在垂向载荷 P、水平方向载荷 F 和弯矩 M 的作用下，系统水平方向产生的变形量满足 $f_Q=2(Y_T+Y_X+L\cdot\varphi)$ 的条件，与式（9-87）、(9-88)、(9-90)、(9-91）和（9-92）联立，导出弹簧系统载荷与变形关系式为

$$\left.\begin{aligned}&\sum_{i=1}^{n}A_{1i}Y_T-A_1Y_X+\left(A_2-\sum_{i=1}^{n}A_{2i}\right)\varphi=0\\&\sum_{i=1}^{n}A_{2i}Y_T+(A_2+\mathrm{L}\cdot A_1)Y_X+\left(P\cdot L-\sum_{i=1}^{n}A_{3i}-A_3-L\cdot A_2\right)\varphi=0\\&Y_T+Y_X+L\cdot\varphi=\frac{f_Q}{2}\end{aligned}\right\} \tag{9-93}$$

求解线性方程组式（9-93），导出高圆簧和橡胶垫的线位移及二者与刚性杆连接端的弯曲角为

$$Y_T=f_Q\cdot\frac{D_T}{2D}\ ,\ Y_X=f_Q\cdot\frac{D_X}{2D}\ ,\ \varphi=f_Q\cdot\frac{D_\varphi}{2D} \tag{9-94}$$

式中，

$$D=\begin{vmatrix}\sum_{i=1}^{n}A_{1i} & -A_1 & A_2-\sum_{i=1}^{n}A_{2i}\\ \sum_{i=1}^{n}A_{2i} & A_2+L\cdot A_1 & P\cdot L-\sum_{i=1}^{n}A_{3i}-L\cdot A_2-A_3\\ 1 & 1 & L\end{vmatrix}\neq 0$$

$$D_T=\begin{vmatrix}-A_1 & A_2-\sum_{i=1}^{n}A_{2i}\\ A_2+L\cdot A_1 & P\cdot L-\sum_{i=1}^{n}A_{3i}-L\cdot A_2-A_3\end{vmatrix}$$

$$D_X = -\begin{vmatrix} \sum_{i=1}^{n} A_{1i} & A_2 - \sum_{i=1}^{n} A_{2i} \\ \sum_{i=1}^{n} A_{2i} & P \cdot L - \sum_{i=1}^{n} A_{3i} - L \cdot A_2 - A_3 \end{vmatrix}$$

$$D_\varphi = \begin{vmatrix} \sum_{i=1}^{n} A_{1i} & -A_1 \\ \sum_{i=1}^{n} A_{2i} & A_2 + L \cdot A_1 \end{vmatrix}$$

将式（9-94）代入式（9-87）或式（9-90）导出弹簧系统的水平方向刚度关系式为

$$K_Q = \frac{A_1 \cdot D_X - A_2 D_\varphi}{2D} \quad \text{或} \quad K_Q = \frac{D_T \sum_{i=1}^{n} A_{1i} - D_\varphi \sum_{i=1}^{n} A_{2i}}{2D} \tag{9-95}$$

分析并联高圆簧两端加橡胶垫系统水平方向刚度关系式（9-95）可知，系统的水平方向刚度值仅依赖于高圆簧和橡胶垫的结构几何参数及其弹簧制造材料的弹性模量和剪切模量以及刚性杆的长度，是弹簧系统的一个固有特性参数。

9.6 高圆簧一端或两端加橡胶垫系统稳定性评定准则

承受轴向压力的细长杆，当轴向压力逐渐增加到某一极限值时，细长杆原有的直线形状的平衡由稳定变为不稳定，此时如再作用一微小的水平方向干扰力，由直线形状的平衡就转变为曲线形状的平衡。在干扰力解除后，它将保持曲线形状的平衡，而不能恢复其原来的直线形状，此时细长杆水平方向刚度变为零；如再增大作用于细长杆上的轴向压力，其水平方向刚度变为负值，压杆丧失稳定性。其物理意义为：此时需给承受轴向压力的细长杆施加一与水平方向变形相反的载荷才能保证细长杆的稳定性。因此，将这中评定系统稳定性的方法称为水平方向刚度法，简称刚度法。计算时，通过给高圆簧一端或两端加橡胶垫悬挂系统施加不同的垂向载荷，由式（9-69）或式（9-95）计算悬挂系统水平方向刚度趋近于零值时所对应的垂向载荷即为系统的临界载荷。在工作载荷作用下，如果系统的水平方向刚度小于零，则弹簧系统为不稳定系统，反之为稳定系统。

9.7 高圆簧应力计算

式（9-7）给出的弹簧剪应力计算公式只适用于承受垂向载荷的弹簧剪应力计算。在高圆簧一端或两端加橡胶垫的悬挂系统中，高圆簧同时承受垂向载荷、水平方向载荷和弯矩的联合作用，其有效圈上任意截面的合成应力由下式计算：

$$\sigma = \frac{K}{W}\sqrt{k_1(\theta) + k_2(\theta) f_{T\theta} + k_3(\theta) f_{T\theta}^2 + k_4(\theta) + k_5(\theta)\varphi_\theta + k_6(\theta)\varphi_\theta^2} \tag{9-96}$$

其中，

$$W = \frac{\pi d^3}{32} \tag{9-97}$$

$$\left.\begin{aligned}
&k_1(\theta) = M^2 + \frac{1}{4}P_V^2 D^2 + \frac{1}{4}F_L^2 D^2\theta^2 \tan^2\alpha - \frac{1}{2}F_L P_V D^2\theta\sin\theta\tan\alpha + \\
&\qquad MF_L D\theta\tan\alpha - MP_V D\sin\theta + \frac{1}{4}F_L^2 D^2\cos^2\theta \\
&k_2(\theta) = -MP_V + P_V^2 D\sin\theta - P_V F_L D\theta\tan\alpha \\
&k_3(\theta) = P_V^2 \\
&k_4(\theta) = -MF_L D\sin\theta + \frac{1}{2}F_L P_V D^2\sin^2\theta - \frac{1}{2}F_L^2 D^2\theta\sin\theta\tan\alpha \\
&k_5(\theta) = \frac{1}{4}F_L^2 D^2\sin^2\theta \\
&k_6(\theta) = F_L P_V D\sin\theta
\end{aligned}\right\} \tag{9-98}$$

式中，θ 为高圆簧任意截面的极角，(从高圆簧下端有效圈的起始点算起)；α 为高圆簧的螺旋角；φ_θ 为高圆簧任意截面相对于水平面的转角；$f_{T\theta}$ 为高圆簧任意截面与下端面在水平方向上的相对位移；P_V 为作用于高圆簧的垂向载荷；F_L 为作用于高圆簧下端的水平方向载荷；M 为作用于高圆簧下端的弯矩。

在高圆簧一端或两端加橡胶垫悬挂系统中，为了用式（9-96）计算悬挂系统在给定的水平方向位移 f_Q 和垂向载荷 P_V 联合作用下的应力分布，需按下述步骤进行计算：

（1）对于高圆簧一端加橡胶垫系统。

① 由式（9-67）和式（9-68）计算高圆簧上、下两端在水平方向的相对位移 f_T 和上（或下）端相对于水平面的弯曲角 φ；

② 由式（9-64）和式（9-65）分别计算作用于高圆簧两端的水平方向力 F_L 和弯矩 M；代入式（9-98）计算参数 $k_i(\theta)$（$i=1,2,\cdots,6$）；

③ 由式（9-48）和式（9-49）分别计算高圆簧任意截面与下端面在水平方向上的位移 $f_{T\theta}$ 和弯曲角 φ_θ。

④ 将上述求得的各个参数值代入式 (9-96) 计算高圆簧的应力分布，找出最大应力值，检验是否小于许用应力。

（2）对于高圆簧两端加橡胶垫系统.

① 由式（9-93）和式（9-94）计算高圆簧上、下两端在水平方向的相对位移 f_T 和上（或下）端相对于水平面的弯曲角 φ；

② 由式（9-90）和式（9-91）分别计算作用于高圆簧两端的水平方向 F_T 和弯矩 M；代入式（9-98）计算参数 $k_i(\theta)$（$i=1,2,\cdots,6$）；

③ 由式（9-72）和式（9-73）分别计算高圆簧任意截面与下端面在水平方向上的位移 $f_{T\theta}$ 和弯曲角 φ_θ。

④ 将上述求得的各个参数值代入式（9-96）计算高圆簧的应力分布，找出最大应力值，检验是否小于许用应力。

〖例 9-1〗 计算某机车转向架二系高圆簧两端加橡胶垫系统的各向刚度和弹簧的应力水平。高圆簧和橡胶垫的几何参数在表 9.4 中给出。

表 9.4　高圆簧和橡胶垫的结构几何参数

高圆簧	簧条直径/mm	52
	弹簧中径/mm	250
	有效圈数	6.5
	自由高度/mm	551
橡胶垫	自由高度/mm	50
	外　　径/mm	300
	内　　径/mm	162
	硬　　度/HS	60
参　数	垂向静载荷/N	65 400
	最大水平变形量/mm	70

解：

（1）橡胶垫和高圆簧特性参数计算

① 弹簧及橡胶垫材料选择及材料机械性能参数：

弹簧材料选取优质热轧弹簧钢 50CrVA，其弹性模量 $E_G=2.1\times10^5$ MPa，剪切模量 $G_G=7.85\times10^4$ MPa。橡胶垫的橡胶材料硬度为 HS60，由图 9.7 或式（9-24）确定橡胶的弹性模量 $E_X=4.3$ MPa，剪切模量 $G_X=1.25$ MPa。

② 橡胶垫特性参数计算（单层环形）：

承载面积 $A_L=\pi(D_1^2-D_2^2)/4=50\,073.84\ (\text{mm}^2)$；

自由扩张面积 $A_f=\pi(D_1+D_2)h_0=36\,285.39\ (\text{mm}^2)$；

承载面积与自由扩张面积之比 $S=\dfrac{A_L}{A_f}=1.38$；

垂向形状系数 $\mu=1.2(1+1.65S^2)=4.970\,7$；

垂向刚度 $K_{vX}=A_L\mu E_X/h_0=42\,801.8\ (\text{N/mm})$；

横向刚度 $K_{LX}=\dfrac{A_LG_X}{h_0[1+(4/9)(h_0/D_1)^2]}=2\,500.5\ (\text{N/mm})$。

如果橡胶硫化于钢板时：m=4.67；

形状系数 $\mu_1=1+\dfrac{2}{3}ms=5.296\,4$；

弯曲刚度 $K_\theta = \dfrac{\pi E_X \mu_1 (D_1^4 - D_2^4)}{64 h_0} = 331\,340.8\,(\text{N}\cdot\text{m/rad})$；

垂向静挠度 $f_{vX} = \dfrac{P_v}{K_{vX}} = 1.53\,(\text{mm})$；

环形橡胶垫的压应力 $\sigma = \dfrac{P_v}{A_L} = 1.31\,(\text{MPa})$。

在系统最大水平方向变形状态下，橡胶垫的最大水平方向变形量为 7.1 mm，其剪应力为 0.35 MPa。橡胶垫承担的压应力和剪应力均小于表 9.3 给出的许用应力。因此，橡胶的强度满足要求。

③ 高圆簧刚度计算：

垂向刚度 $K_{vG} = \dfrac{G_G d^4}{8nD^3} = 706.23\,(\text{N/mm})$；

在垂向载荷 $P_v = 65\,400\ \text{N}$ 作用下的静挠度

$$f_{vG} = \frac{P_v}{K_{vG}} = 92.6\,(\text{mm})\text{；}$$

由式（9-19）高圆簧横向刚度 $K_{qG} = 351.8\,(\text{N/mm})$。

（2）系统垂向和横向刚度计算

① 由式（9-95）求得系统的横向刚度 $K_q = 219.3\,(\text{N/mm})$。

② 在垂直方向上，由于高圆簧和橡胶垫是串联连接，其合成垂向刚度计算式为

$$K_v = \frac{K_{vX}\cdot K_{vG}}{K_{vX} + 2K_{vG}} = 683.7\,(\text{N/mm})\text{。}$$

（3）高圆簧的应力计算

弹簧曲度系数 $C = D/d = 4.807\,7$；

应力修正系数 $K = \dfrac{4(C-1)}{4(C-1)} + \dfrac{0.615}{C} = 1.324\,9$。

① 压并状态下的应力：

压并状态下，高圆簧承担的垂向载荷 $P_{vY} = 113\,703.8\,(\text{N})$，

$$\tau = \frac{8P_{vY}D}{\pi d^3} = 514.81\,(\text{MPa})\text{。}$$

② 落车静挠度下的应力：

$$\tau = K\frac{8P_vD}{\pi d^3} = 392.31\,(\text{MPa})\text{。}$$

③ 落车状态＋最大水平方向变形 70 mm 下的应力：

机车通过小半径曲线时，高圆簧加橡胶垫结构系统的最大水平方向的变形量为 70 mm，高圆簧承担的水平方向变形量为 55.45 mm，其合成应力为 $\sum\tau = K\tau = 635.49\ \text{MPa}$，高圆簧的应力分布如图 9.12 所示。

④ 垂向静挠度＋35.0 mm 垂向动挠度下的应力：

$$f_{v1} = 127.6\,(\text{mm})\text{；}$$

$$P_{v1} = K_v f_{v1} = 90\,114.95\ (\text{N})；$$

$$\tau = K\frac{8P_{v1}D}{\pi d^3} = 540.58\ (\text{MPa})。$$

⑤ 垂向静挠度 + 17.5 mm 垂向动挠度 + 40 mm 水平方向变形下的应力：

如果考虑 17.5 mm 的垂向动挠度和 40.0 mm 的水平方向变形，其中高圆簧承担的水平方向变形为 31.33 mm，其合成应力为 $\sum\tau = K\tau = 610.94\ \text{MPa}$，高圆簧的应力分布如图 9.13 所示。

综合上述应力分析，高圆簧的应力水平符合现有运行机车的要求。

（4）系统稳定性校验

系统在压并状态下的横向刚度 $K_L = 239.99\ \text{N/mm} > 0$，系统的临界载荷大于压并载荷 $P_{vY} = 113\,703.8\ (\text{N})$，因此，弹簧系统的稳定性满足要求。

（5）倾覆稳定性校验

$$f_{L\max} = \frac{P_v D}{K_{qG}h + P_v} = 78.47\ (\text{mm})。$$

弹簧两端面相对横移量最大为 55.45 mm，小于弹簧临界水平方向变形量，因此弹簧的倾覆稳定性满足要求。

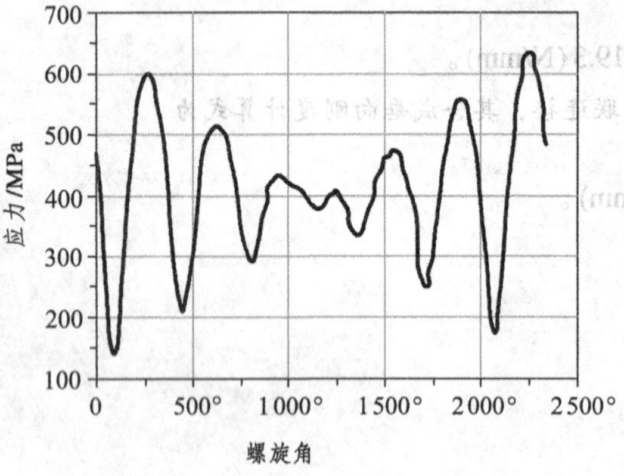

图 9.12 高圆簧的应力分布（一）

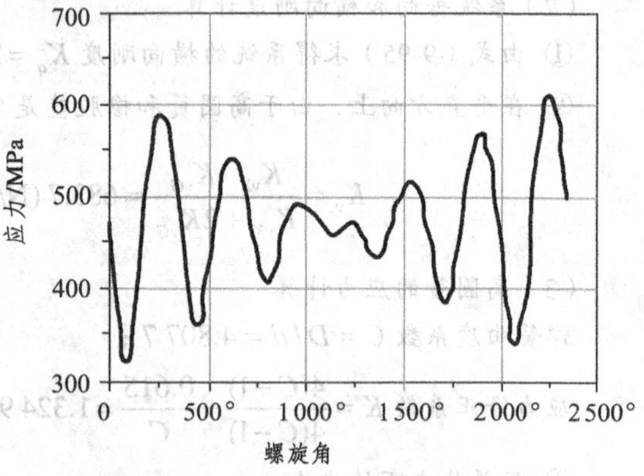

图 9.13 高圆簧的应力分布（二）

【习 题】

9-1 如何评定采用高圆簧一端或两端加橡胶垫系统的稳定性？

9-2 已知弹簧参数：中径 $D = \phi 217.0$ mm、弹簧钢丝直径 $d = \phi 37.0$ mm、有效圈数 $n = 1.5$、自由高度 $H_0 = 164.4$ mm、弹簧横向挠度 $f_L = 10.0$ mm 和承担的垂向载荷 $P_V = 41\,692.5$ N，计算弹簧的垂向刚度、横向刚度和应力分布。

9-3 已知高圆簧结构几何参数：

中径 $D = \phi 242.0$ mm；弹簧钢丝直径 $d = \phi 46.0$ mm；有效圈数 $n = 7.0$；自由高度 $H_0 = 613.1$ mm；弹簧水平分析变形量 $f_L = 70.0$ mm。

环形橡胶垫结构几何参数：

外径 D_1＝286.0 mm；内径 D_2＝202.0 mm；自由高度 H_0＝13.0 mm；层数一层系统承担的垂向载荷 P_V＝69 896.25 N。

试计算系统的垂向刚度、横向刚度、橡胶垫的应力和高圆簧的应力分布，并评定其稳定性。

9-4　已知并联高圆簧一端加橡胶垫悬挂系统的结构几何参数（见表 9.5、9.6），试计算系统的垂向刚度、横向刚度、橡胶垫的应力和高圆簧的应力分布，并评定其稳定性。

表 9.5　高圆簧结构几何参数

名　称	内　圈	外　圈
高圆簧材料直径/mm	29	45
高圆簧中径/mm	143	235
有效圈数	10	6.5
总圈数	11.5	8.0
自由高度/mm	525.41	
工作高度/mm	429	
垂向静载荷/N	23 318.69	46 865.87
高圆簧最大水平分析变形量/mm	51.48	

表 9.6　环形橡胶垫结构几何参数

外　径/mm	275
内　径/mm	80
硬　度/HS	60
橡胶垫自由高度/mm	35

参考文献

[1] 李廉锟主编. 结构力学（上册）. 北京：高等教育出版社，1985

[2] 李景湧编著. 有限元法. 北京：北京邮电大学出版社，2000

[3] 王勖成，邵敏. 有限单元法基本原理和数值方法. 北京：清华大学出版社，1997

[4] 王洪生，吴家麒，谢惠民编. 有限元法基础及应用. 长沙：国防科技大学出版社，1990

[5] 高德平主编. 机械工程中的有限元法基础. 西安：西北工业大学出版社，1993

[6] 徐芝纶. 弹性力学. 第 3 版. 北京：高等教育出版社，1990

[7] UIC515-4. 1993 Eisenbahnfahrzeuge für den Transport Von Fahrgästen: Laufdrehgestelle - Laufwerk "Festigkeitsprüfung am Rahmen Von Drehgestellen ", York，1992

[8] R. M. Kretschmer Lastkollektive für Hochgeschwindigkeits - Drehgestelle，ein Schritt zur Verfeinerung der Lastannahmen，ZEV - Glas. Ann. 1983（4）：103～112

[9] UIC 615-4. 1994 Triebfahrzeuge: Drehgestelle und Laufwerke "Festigkeitsprüfung an Strukturen Von Drehgestellrahmen"，York，1993

[10] UIC510-5. 2003 Technische Zulassung Von Vollraedern，rue Jean Rey，2003

[11] ERRI（Europäisches Institut für Eisenbahnforschung） B12/RP17. Güterwagen. Utrecht: Banth Verlag.1997

[12] 佘雷兵，龚积球. 高柔度圆弹簧（加橡胶垫）的稳定性研究. 中国铁道科学，1991（2）：43～53

[13] 席德陵，龚积球，张定贤等. 高柔度圆弹簧（加橡胶垫）稳定性计算的研究. 铁道学报，1992（4）：1～7

[14] 米彩盈. 一种确定高圆簧横向刚度的有效方法. 西南交通大学学报，1998（3）：294～298

[15] 米彩盈. 确定高圆簧两端加橡胶垫系统横向刚度的一种新方法. 内燃机车，2000（4）：16～18

[16] 米彩盈，郭同生. 机车转向架复合弹簧悬挂系统稳定性分析方法的讨论. 机车电传动，2000（1）：37～39

[17] 米彩盈，张开林，张红军. 摆式列车内燃动力车转向架二系弹簧系统稳定性分析 ——刚度法. 西南交通大学学报，2000（6）：624～28

[18] 米彩盈，李芾. 并联高圆簧一端加橡胶垫系统水平方向刚度及稳定性分析. 内燃机车，2001（10）：5～9

[19] 米彩盈. 并联高圆簧两端加橡胶垫系统水平方向刚度分析. 机车电传动，2001（6）：23～26

[20] 米彩盈，李芾. 高速动力车车轴强度分析的工程方法. 铁道学报，2002（2）：26～29

[21] 米彩盈，李芾. 焊接转向架构架疲劳强度评定的工程方法. 内燃机车，2002（6）：11～14

[22] 米彩盈，李芾. 铁道车辆轴箱弹簧横向刚度分析. 铁道机车车辆，2003（6）：33～35

[23] 米彩盈，李芾. 高速动力车转向架焊接构架优化设计. 机车电传动，2005（1）：46～49
[24] 席德陵，严学奇，张定贤. 大柔度螺旋弹簧的静力分析. 上海铁道学院学报，1988(4)：87～96
[25] 郭荣生. 螺旋弹簧的横向弹性特性. 铁道车辆，1976（4）：7～17
[26] 米彩盈. Co-Co 轴式机车转向架二系悬挂系统选型分析. 内燃机车，1998（7）：14～17
[27] 刘鸿文主编. 材料力学. 第 2 版. 北京：高等教育出版社，1983
[28] 孙竹生，鲍维千主编. 内燃机车总体及走行部. 北京：中国铁道出版社，1995
[29] 户原春彦主编. 防振橡胶及其应用. 北京：中国铁道出版社，1982
[30] 王元良主编. 焊接及焊接结构. 北京：中国铁道出版社，1986
[31] T · R · 格内尔著. 焊接结构的疲劳. 北京：机械工业出版社，1988
[32] D.拉达伊著. 焊接结构疲劳强度. 北京：机械工业出版社，1994
[33] TB/T2395—1993. 机车车轴设计与强度计算方法，1993
[34] TB/T2705—1996. 车辆车轴设计与强度计算方法，1996
[35] TB/T1335—1996. 铁道车辆强度设计及试验鉴定规范，1996
[36] I. Belous，H. Holland，M. Kuhnen. CAD-gestützte Auslegung Von Radsatzwellen für Schienen-fahrzeuge. Der Eisenbahningenieur，2000（5）：48～9
[37] UIC515 — 3/1993. Eisenbahnfahrzeuge/Drehgestelle - Laufwerke: Verfahren für die Berechnung Von Radsatz-wellen. 1994
[38] EN13101—2002. Radsätze und Drehgestelle/Laufradsatzwellen - Konstruktions- und Berechnungsrichtlinie. 2002
[39] 13104—2001. Radsätze und Drehgestelle/Treibradsatzwellen - Konstruktions- und Berechnungsrichtlinie. 2001
[40] BN421022—1992. Berechnung Von Radsatzwellen für angetriebene Lastfälle
[41] 严隽耄主编. 车辆工程. 北京：中国铁道出版社，1999
[42] 高速动力车转向架联合设计组. 高速动力车轮对静强度、动强度和疲劳强度试验报告. 1995
[43] A. E. Davis，F. Connolly Stress Distributions and Plastic Deformation in Rotating Cylinders of Strain-Hardening Materials. Journal ofApplication Mechanics. Trans. ASME. 1976：25～30
[44] 王相平，周柏卓，杨晓光. 多轴疲劳理论在航空发动机零部件寿命预测中的应用. 沈阳航空工业学院学报. 2004，21（4）：1～4
[45] Raison，J. Thermomechanisches und akustisches Verhalten der Räder von Eisenbahn-fahrzeugen. ZEV＋DET Glas.Ann. 1998，122（9/10）：375～384
[46] UIC566 VE 3. Ausgabe vom 01.01.90 einschließlich Zusätze und Änderung. Beanspruchung Von Reisezugwagenkästen und deren Anbauteilen
[47] TB/T2368-2005. 动力转向架构架强度试验方法. 2005.
[48] UIC510-5/2003. Technische Zulassung von Vollraedern，rue Jean Rey，2003
[49] EN13979-1-2003.Railway Application-Wheelsets and Bogies-Monobloc Wheels-Technical

Approval Procedure . Part1: Forged and Rolled Wheels. Berlin: Beuth Verlag GmbH，2003

[50] 米彩盈，李芾. 高速动力车车轮强度分析的工程方法. 内燃机车. 2005，(9)：11～13

[51] EN12663-2000. Structural requirements of railway vehicle bodies. Berlin: Beuth Verlag GmbH，2000

[52] Merkblatt Stahl415. Lastannahmen und Sicherheitsfaktoren für Schienenfahrzuege. Berlin: Beuth Verlag GmbH，1970

[53] 孙翔编译. 世界各国的高速铁路. 成都：西南交通大学出版社，1992

[54] OER(Forschungs- und Versuchsamt des Internationalen Eisenverbandes) Frage B12/RP17-1982. Standardisierung der Gütterwagen. Utrecht: Banth Verlag. 1982

[55] DIN6700-1/2001. Schweißen von Schienenfahrzeugen und –fahrzeugteilen. Teil 1: Grundbegriffe, Grundregeln. Berlin: Beuth Verlag GmbH，2001

[56] DIN6700-2/2001. Schweißen von Schienenfahrzeugen und –fahrzeugteilen. Teil 2: Bauteilklassen, Anerkennung der Schweißbetriebe, Konformitätsbewertung. Berlin: Beuth Verlag GmbH，2001

[57] DIN6700-3/2003. Schweißen von Schienenfahrzeugen und –fahrzeugteilen. Teil 3: Konstruktionsvorgaben. Berlin: Beuth Verlag GmbH，2003

[58] DIN6700-4/2001. Schweißen von Schienenfahrzeugen und –fahrzeugteilen. Teil 4: Ausführungsregeln. Berlin: Beuth Verlag GmbH，2001

[59] DIN6700-5/2002. Schweißen von Schienenfahrzeugen und –fahrzeugteilen. Teil 5: Güteanforderungen. Berlin: Beuth Verlag GmbH，2002

[60] DIN6700-6/2000. Schweißen von Schienenfahrzeugen und –fahrzeugteilen. Teil 6: Werkstoffe, Schweißzusätze, Schweißverfahren, schweißtechnische Planungsunterlagen. Berlin: Beuth Verlag GmbH，2000